Frank Murken
Orleansstraße 60
31135 Hildesheim

Zu diesem Buch

Skandale sind und waren in diesem Land niemals Mangelware. Georg M. Hafner und Edmund Jacoby haben eine Skandalchronik zusammengestellt, die die Geschichte der Bundesrepublik von der Gründung 1949 bis zum Fall der Mauer 1989 lebendig dokumentiert. Contergan, Barschel, Flick oder Neue Heimat – man erinnert sich irgendwie daran, doch nicht genau. Hier erfährt man aus kompetenter Feder, wie es sich tatsächlich verhielt. Unter den Autoren finden sich Hans Magnus Enzensberger, Peter Härtling, Alfred Mechtersheimer und viele andere.
Den fortgesetzten Skandalen seit der Wiedervereinigung widmet sich ein weiterer, von Hafner und Jacoby herausgegebener Band, »Neue Skandale der Republik« (rororo 9690).

Edmund Jacoby ist Verlagslektor in Frankfurt am Main, er gab das »Lexikon Linker Leitfiguren« heraus. Georg M. Hafner ist Fernsehjournalist beim Hessischen Rundfunk und Autor mehrerer Bücher. Angaben zu den Autoren siehe Seite 393.

Die Skandale der Republik

1949 – 1989. Von der Gründung der Bundesrepublik bis zum Fall der Mauer

Herausgegeben von Georg M. Hafner und Edmund Jacoby

Rowohlt

Überarbeitete Neuausgabe
Veröffentlicht im Rowohlt Taschenbuch Verlag GmbH,
Reinbek bei Hamburg, September 1994
Die Originalausgabe erschien 1989 bei der
Büchergilde Gutenberg, Frankfurt am Main
Copyright © 1989 Büchergilde Gutenberg,
Frankfurt am Main
Copyright © 1994 by Rowohlt Taschenbuch Verlag GmbH,
Reinbek bei Hamburg
Der Beitrag »Kassensturz« von Hans Magnus Enzensberger
ist dem Band »Mittelmaß und Wahn« entnommen.
Copyright © 1988 Suhrkamp Verlag, Frankfurt am Main
Umschlaggestaltung: Büro Hamburg
(Fotos: dpa, Ullstein Bilderdienst)
Druck und Bindung Clausen & Bosse, Leck
Printed in Germany
1690-ISBN 3 499 19682 4

Inhalt

Vorwort — 9

Bernt Engelmann
1949/53: **Der Allertüchtigste: Hans Globke** — 13

Jörg Friedrich
1954: **Die Affäre John** — 21

Samuel Schirmbeck
1957: **Die Nitribitt** — 31
Ein Mord und viele Täter

Alfred Mechtersheimer
1957 ff.: **Bestechende Beschaffungskonzepte** — 43
HS 30, Starfighter und so weiter

Heinrich Senfft
1959 ff.: **Friedrich Zimmermann und die bayerischen Spielbanken** — 51

Helga Dierichs
1961/62: **Contergan** — 59

Jürgen Seifert
1962: **Die Spiegel-Affäre** — 67

Wilfried F. Schoeller
1963: **Das Ärgernis des Schweigens** — 83
Der Meinungskampf um Hochhuths
Papststück »Der Stellvertreter«

	Heiner Lichtenstein	
1969:	**NS-Verbrechen – bewältigt im Sinn der Täter**	93
	Ludger Schulze	
1971:	**Der Bundesliga-Skandal**	103
	Wolf-Dieter Narr	
1972:	**Radikalenerlaß/Berufsverbote**	109
	Benedict Maria Mülder	
1974 ff.:	**»Die Leute verdienen sich an Berlin kaputt«** Berliner Sumpf- und Skandalchronik	119
	Esther Schapira	
1974:	**Herstatt und seine Bank**	131
	Fritz Vahrenholt	
1976:	**Seveso und die Folgen**	143
	Wolfgang Kraushaar	
1977:	**Der Kanzler und seine Krisenstäbe** Der nicht erklärte Ausnahmezustand während der Schleyer-Entführung	151
	Peter Härtling	
1981:	**Zorniger Waldgang** Erinnerungen an den Bau der »Startbahn West«	173
	Herfried Münkler	
1982 ff.:	**Die Neue Heimat**	179
	Jürgen Saupe	
1982:	**Die Affäre Langemann**	189

	Hans Magnus Enzensberger	
1982:	**Kassensturz**	195
	Ein Bonner Memorandum	

	Manfred Buchwald	
1983:	**Die Sensation als Droge**	227
	Die »Hitler-Tagebücher«	

| | Veronika Arendt-Rojahn | |
| 1983: | **Cemal Altun und das Recht auf Asyl** | 233 |

| | Barbara Sichtermann | |
| 1983/84: | **Die Affäre Wörner/Kießling** | 243 |

| | Norbert Seitz | |
| 1985: | **Die Juwelenaffäre Scholl** | 249 |

	Claus-Peter Lieckfeld	
1985 ff.:	**Saubere Kost**	255
	Lebensmittelskandale ohne Ende	

	Micha Brumlik	
1985:	**Das Öffnen der Schleusen**	261
	Bitburg und die Rehabilitation des Nationalismus in der Bundesrepublik	

	Hans-Jürgen Wirth	
1986:	**Alles halb so wild**	275
	Der Beschwichtigungsskandal um Tschernobyl	

	Eckart Spoo	
1986:	**Die Staatsbombe**	285
	Wie Niedersachsens Regierungschef Ernst Albrecht den Terrorismus bekämpfte	

	Norbert Gansel	
1986 ff.:	**Waffenschmuggel im Staatsinteresse**	295
	oder: Wie man mit U-Boot-Plänen	
	untertauchen kann	
	Volker Skierka	
1987:	**Die Affäre Barschel**	331
	Gerd Rosenkranz	
1987:	**Atom außer Kontrolle**	345
	Transnuklear-Affäre, Atommüllskandal,	
	Proliferationsverdacht	
	Eckart Spoo	
1987/88:	**Nur ein Taschengeld**	359
	Niedersächsische Spielbanken-Affären	
	Heike Mundzeck	
1988/89:	**Die Memminger Abtreibungsprozesse**	369

Nachbemerkung	389
Zu den Autoren	393
Namenregister	399
Skandalstichwörter	405

Vorwort

Die Geschichte einer Demokratie ist nicht zuletzt die Geschichte ihrer Skandale. Das gilt auch für die Geschichte der Bundesrepublik seit ihrer Gründung. Denn Demokratie bedeutet die fortwährende Auseinandersetzung zwischen Machtapparaten und denen, die sie (und sich ihrer) bedienen, auf der einen und der Öffentlichkeit auf der anderen Seite, der die Aufgabe zufällt, die Macht zu kontrollieren. Da Macht begierig macht auf noch mehr Macht, und das heißt, auf ihre demokratisch unbehelligte Ausübung, versuchen sich die Mächtigen der Kontrolle durch die Öffentlichkeit zu entziehen. Sobald es dieser einmal gelingt, einen Zipfel der über die Geheimnisse der Herrschaft ausgebreiteten Decke zu lüpfen, stellt sie daher ziemlich regelmäßig Verstöße gegen die in Form von Gesetzen aufgestellten demokratischen Spielregeln fest – und schlägt Alarm. Das ist dann der Skandal. So betrachtet, ist ein politischer Skandal nicht nur etwas Anstößiges, sondern auch ein Sieg des demokratischen Prinzips der öffentlichen Kontrolle – doch er ist dies selten vollständig und immer nur für kurze Zeit. Skandale lassen sich, einmal aufgedeckt, selten restlos klären, denn wären die demokratischen Kontrollmechanismen dazu stets in der Lage, gäbe es auch nicht die Dunkelzone unkontrollierter Macht, in der allein Skandale gedeihen. Eine perfekte Demokratie – wie sie wohl Utopie bleiben wird – würde keine Skandale kennen.

Aber auch ein politisches System, in dem nicht die Öffentlichkeit den Staat, sondern der Staat alle öffentlichen Äußerungen kontrolliert, ist so lange skandalfrei, wie diese umfassende Kontrolle funktioniert. Tut sie dies nicht mehr, bricht das ganze System zusammen – und wird in toto zum Skandal, wie das der DDR unseligen Angedenkens.

Die privilegierteste öffentlich-demokratische Kontrollinstanz in einer parlamentarischen Demokratie wie der Bundesrepublik sind die Parlamente. Sie sind freilich in der Parteiendemokratie zugleich Teil des Herrschaftsapparats und deshalb zum Aufdecken von Skandalen nur äußerst begrenzt tauglich. Das gilt auch für die parlamentarische Opposition, denn es drängt sie stets, endlich (oder wieder) an die Futtertröge der Macht zu gelangen, und so hat sie oft allzuviel Verständnis für das Treiben der Regierungsfraktion. Oft muß sie auch Vergeltung, das Ausgraben gemeinsamer Leichen, fürchten. Die Lebensweisheit, wonach eine Hand die andere wäscht, wäre für die Verursacher von Skandalen eine patente Rückversicherung, gäbe es da nicht die unverbesserlichen Nörgler am sonst so reibungslos geschmierten System, die nicht aufhören wollen, »Skandal« zu schreien. Läßt sich ein Skandal nicht mehr leugnen, setzt das Parlament einen Untersuchungsausschuß ein, und im Brustton der Empörung verkündet man, niemanden schonen zu wollen. Allein, die parlamentarischen Untersuchungsausschüsse in der Geschichte unserer Republik waren selten mehr als eine Ansammlung wackerer Laienschauspieler, die ein Skandalstück so lange zu spielen hatten, bis das allgemeine Interesse versiegte und die nach Parteienproporz abgestimmten Abschlußberichte nur noch breites Gähnen provozierten. Eine Ausnahme, die zeigte, was die Regel sein sollte, stellte der Untersuchungsausschuß des Kieler Landtags in Sachen Barschel dar, der in Anspruch nehmen darf, Licht in das unvorstellbare Dickicht des wohl größten Skandals der Republik gebracht zu haben. Was allerdings nicht verhinderte, daß manche Details erst viel später herauskamen.

Was für die Parlamente gilt, ist ähnlich auch über unsere ach so unabhängige Justiz zu sagen. In guter deutscher Tradition hat sie sich immer wieder zur Exekutive der Exekutive gemacht oder machen lassen, wo sie die Rechtmäßigkeit des exekutiven Handelns zu prüfen die Pflicht gehabt hätte.

Weit mehr als Parlamentarier und Justiz haben sich die Vertreter eines gern verächtlich gemachten und von staatsfrommen Menschen besonders mißtrauisch beäugten Berufsstands um die Aufdeckung von Skandalen Verdienste erworben: die Journalisten. Die Aufklärung über die in diesem Buch festgehaltenen Skandale ist fast ausschließlich die Frucht journalistischer Hartnäckigkeit. Wobei das Hamburger Nachrichtenmagazin

»Der Spiegel« unstrittig der Spitzenreiter ist. Selten genug konnten die der Unabhängigkeit und Überparteilichkeit verpflichteten öffentlich-rechtlichen Medien dabei mithalten. Politische Magazine wie »Monitor«, »Panorama« oder »Report Baden-Baden«, die sich mühten, ihren Teil zum demokratischen Geschäft des Skandalierens beizutragen, vermochten sich auf die Dauer kaum dem Einfluß selbsternannter Zensurinstanzen zu entziehen.

Journalisten arbeiten nicht im luftleeren Raum. Sie sind Teil einer öffentlichen Meinung, die ihre Interessen und Anschauungen prägt und auf deren Resonanz sie angewiesen sind. In ihrer ursprünglichen Form findet öffentliche Meinung ihren Ausdruck in Zusammenrottungen auf der Straße. Das Recht auf Demonstrationen, das in der Geschichte der Republik immer wieder beschnitten werden sollte, ist das Recht, Empörung über skandalöse Vorgänge und Zustände zu äußern. Es ist ein demokratisches Grundrecht, ohne das die Geschichte der Demokratie in der Bundesrepublik nicht vorstellbar ist.

Was hat nun die Skandale aufdeckende und über Skandale sich empörende Öffentlichkeit in mehr als vierzig Jahren Bundesrepublik erreicht? Ist unser Gemeinwesen über der Auseinandersetzung mit seinen Skandalen demokratischer geworden? – Eines jedenfalls steht fest: Die jährliche Skandaldichte nimmt sprunghaft zu.

Das mag daran liegen, daß sich die Sensibilität für Skandale erhöht hat. In dem unpolitischen Klima der Adenauerzeit erregte allenfalls eine Affäre mit den klassischen vordemokratischen Skandalingredienzien – schöne Frauen, Hörigkeit, Drogen, Prominenz und Geld – Aufmerksamkeit, während der Grundskandal der Gesellschaft, das fortlebende Nazierbe, nur von einer ziemlich kleinen Minderheit überhaupt als Skandal benannt wurde. Erst spät erwachte der Geist demokratischer Kritik. Daß die Verfassungsordnung auch vor ihren amtlich bestallten Schützern geschützt werden muß, ist ebenso eine Erkenntnis, die erst in einer Zeit wachsender Skepsis gegenüber staatlichen Institutionen breiteren Anklang finden konnte.

Wenn die Aufmerksamkeit gegenüber skandalösen Vorgängen im Vergleich zu den Gründerjahren der Republik gewachsen ist, so gilt dies aber auch für den immer undurchdringlicheren Filz von Politik und Wirtschaft. Aus diesem skandalträchtigen Dunkel heraus wurden, wie etwa die Parteispendenaffären zeigten, immer wieder mit größter Unverfrorenheit Angriffe auf die Grundlagen der Demokratie vorgetragen. Wer Licht in die Verhältnisse bringen wollte, brauchte Gespür und Standvermögen.

Und doch zeugt der Erfolg der Bundesrepublik (auch jenseits der Grenzen ihres Gründungsterritoriums) von der Attraktivität einer stabilen Demokratie mit funktionierenden Institutionen. Daß diese im Selbstlob der Republik allzugern beschworene Stabilität nicht zur Erstarrung geworden ist, verdanken wir denen, die Skandale aufgedeckt und sich empört haben. Das Nest der Republik würde vor Dreck starren, wenn angebliche Nestbeschmutzer nicht von Zeit zu Zeit das Gröbste herausgeräumt hätten. Ihnen gehört der Rücken gestärkt gegen die, die nach jedem Griff in die öffentlichen Kassen »Haltet den Dieb« schreien und für die die »Spiegel-Affäre« ein Skandal um das Nachrichtenmagazin statt um Franz Josef Strauß und die Barschel-Affäre eine »Affäre Pfeiffer« ist. Die Geschichte der Republik lehrt, daß die Auseinandersetzung mit ihren Skandalen zu den vornehmsten demokratischen Bürgerpflichten gehört.

1949/53

Der erste handfeste Skandal, den das gerade – mit Inkrafttreten des Grundgesetzes am 24. Mai 1949 – als »Bundesrepublik Deutschland« aus der Taufe gehobene Gemeinwesen erlebte, war der um den Beschluß des Bundestags, ausgerechnet Bonn zum Sitz der wichtigsten Bundesorgane zu machen. Ein Hamburger Nachrichtenmagazin namens »Der Spiegel« brachte an den Tag, daß bei dieser Entscheidung mit an Sicherheit grenzender Wahrscheinlichkeit Abgeordnetenbestechung im Spiel war. Es ist eine Ironie der Geschichte, daß diese erste, die »Hauptstadt-Affäre«, mit einem Namen verknüpft ist, der wie kein anderer für einen viel grundsätzlicheren Skandal steht, für den Geburtsmakel der Republik: daß der neue Staat Personal und Institutionen weitgehend unverändert von dem alten, dem Nazireich, übernahm. Dieser Name ist der des Hans Globke.

Die Hauptstadtdebatte von 1949 erlebte zweiundvierzig Jahre später eine Neuauflage, als es um die Frage ging, ob der Sitz des Parlaments und der Regierung von Bonn nach Berlin verlegt werden sollte. Auch hier verdeckte eine vehemente Diskussion das eigentliche Problem, nämlich wie sich aus der getrennten Geschichte der beiden deutschen Nachkriegsstaaten eine gemeinsame demokratische Kultur entwickeln könnte.

Verdrängung der Geschichte zugunsten administrativer Maßnahmen, durchgeführt vom aus der jeweiligen Vergangenheit übernommenen »qualifiziertesten« Personal – das ist seit Hans Globke ein Markenzeichen deutscher Politik geblieben.

Bernt Engelmann

Der Allertüchtigste: Hans Globke

In den zwölf Jahren der Nazidiktatur hatte das für alle »Polizeisachen«, für die Drangsalierung der Juden und anderer mißliebiger Minderheiten sowie für Ausbürgerungen und viele andere Schikanen zuständige Reichsministerium des Innern als Chef zunächst, von 1933 bis 1943, den ehemaligen Leiter der Politischen Polizei Münchens, Dr. Wilhelm Frick, der schon vor dem Hitler-Putsch von 1923 alle Naziaktivitäten gedeckt und gefördert hatte. Frick wurde im Nürnberger Hauptkriegsverbrecherprozeß zum Tode verurteilt und 1946 hingerichtet. Sein Nachfolger als Reichsminister des Innern und Chef der deutschen Polizei wurde Heinrich Himmler, der »Reichsführer SS«, der 1945 bei seiner Gefangennahme Selbstmord verübte. Frick und Himmler – das waren für Hitler die Garanten der inneren Sicherheit seiner Diktatur, die zuverlässigen Vollstrecker der Befehle zur Vernichtung aller wirklichen oder vermeintlichen Gegner, aller »Lebensunwerten« und »Untermenschen«.
Aber Frick und Himmler hatten natürlich im Reichsinnenministerium etliche tüchtige Beamte zu Helfern. Und wer war der Allertüchtigste? Am 25. April 1938 schrieb Minister Frick an Rudolf Heß, den damaligen »Stellvertreter des Führers«, er wolle seinen »unzweifelhaft ... befähigtsten und tüchtigsten Beamten«, trotz dessen früherer Zugehörigkeit zur katholischen Zentrumspartei, zum Ministerialrat befördert wissen, denn »in ganz hervorragendem Maße ist er an dem Zustandekommen ... des Gesetzes zum Schutze des deutschen Blutes und der deutschen Ehre« beteiligt gewesen. Und so geschah es: Hitler beförderte diesen Allertüchtigsten auf dem Gebiet der »Rassegesetze«, die die Grundlage für die Vernichtung der jüdischen Deutschen geschaffen hatten, zum Ministerialrat.

Weitere sieben Jahre lang, bis zum Untergang der Nazi-Diktatur, war dieser hohe Beamte, wie alle Geschäftsverteilungspläne seines Ministeriums zeigen, zuständig für nahezu alles, was dem Terror der Nazis, dem millionenfachen Massenmord und allen anderen Rechtsbrüchen einen Anschein von Legalität und vor allem den bürokratisch-technischen Durchführungsrahmen gab. Sein direkter Vorgesetzter im Reichsinnenministerium war Staatssekretär und SS-Obergruppenführer Dr. Wilhelm Stuckart, ein »Alter Kämpfer« und wilder Antisemit, und zusammen mit seinem Chef Stuckart gab dieser Beamte auch den offiziellen Kommentar zu den die Juden entrechten den »Nürnberger Gesetzen« heraus. Dieser allertüchtigste Ministerialrat hieß Dr. Hans Maria Globke.
Er war 1898 in Düsseldorf geboren, in Aachen aufgewachsen, hatte in Köln und Bonn Jura studiert, war Mitglied der Bonner Bavaren im Cartell-Verband (CV) katholischer Studenten und 1922, bereits Dr. jur., der Zentrumspartei geworden. Bald darauf wurde er stellvertretender Polizeipräsident von Aachen, und bis 1932 avancierte er, noch unter der Kanzlerschaft des Zentrumspolitikers Heinrich Brüning, zum Regierungsrat im Innenministerium.
In dieser Stellung hatten ihn die Nazis 1933 übernommen, wogegen sie viele andere hohe Beamte als »politisch unzuverlässig« oder auch als »Nichtarier« oder »jüdisch Versippte« aus dem Amt entfernten, wofür Regierungsrat Dr. Globke die Richtlinien ausarbeitete.
Bleibt zu fragen, wie sich Ministerialrat Dr. Globke verhielt, als das Hitlerregime im Frühjahr 1945 in Schutt und Schande unterging. Nun, gerade noch ehe Berlin von der Roten Armee eingeschlossen wurde, konnte er sich mit Hilfe seines »Sonderausweises« ins oberbayerische Kochel absetzen, wo seine Familie bereits war. Dort glaubte er sich in Sicherheit, doch schon kurz nach dem Einmarsch der Amerikaner bekam er einen Wink von gutunterrichteter kirchlicher Seite, sein Name stehe unter der Nummer 101 auf der alliierten Liste der Hauptkriegsverbrecher. Daraufhin suchte und fand er Asyl bei dem Pro-

vinzial des Dominikanerordens, Pater Laurentius Simer, im Kloster Walberberg bei Köln, wo er sich einige Monate lang versteckt hielt. Aber dann stöberten ihn amerikanische Fahnder dort auf, nahmen ihn fest und brachten ihn nach Hessisch-Lichtenau, wo sich das Sammellager für hohe Ministerialbeamte des Naziregimes befand. In diesem Lager entdeckte ihn wenig später der amerikanische Ankläger Dr. Robert Kempner, der bis 1933 selbst Regierungsrat im Berliner Innenministerium und dort auch der Flurnachbar des Kollegen Dr. Globke gewesen war.

Kempner, nun in amerikanischer Offiziersuniform, suchte Zeugen der Anklage für die bevorstehenden Kriegsverbrecherprozesse, und Globke, vor 1933 ein eifriger Zentrumsmann und bis 1945 in hoher Stellung, ja im Zentrum der Macht des Verbrecherregimes, schien sich für diese Rolle vorzüglich zu eignen. Er war nämlich, wie er Kempner nun beteuerte, in den zwölf Jahren der Nazi-Diktatur nicht nur die rechte Hand des den Tod am Galgen erwartenden Ministers Dr. Frick und des bereits verstorbenen »Reichsführers SS« Himmler gewesen, sondern auch der wichtigste Agent des katholischen Episkopats, der Vertrauensmann des heimlichen Widerstands und der Retter – leider nur ganz weniger – von den Nazis Verfolgter gewesen!

Seine besonderen Fürsprecher waren der Bischof von Berlin, Kardinal Graf Preysing, der ehemalige Zentrumsführer Heinrich Krone sowie zwei Rechtsanwälte, Verbindungsleute der katholischen Kirche zum 20. Juli-Kreis, die die blutige Rache Hitlers an allen Mitwissern des mißglückten Attentats wunderbarerweise überlebt hatten: Dr. Josef Müller, genannt »Ochsensepp«, ein alter Freund Dr. Globkes, und des »Ochsensepps« politischer Schüler Dr. Otto Lenz.

Bei soviel Fürsprache kam es dann gar nicht mehr zu einer Anklage gegen Ministerialrat Dr. Globke. Dieser wurde vielmehr, wie Dr. Robert Kempner später erklärte, der »wertvollste«, weil bestens informierte und stets aussagebereite Zeuge der Anklage. Allerdings schob Dr. Globke vorzugsweise alle Schuld denen zu, die schon tot waren, und entlastete überdies

mit erstaunlicher Großzügigkeit diejenigen, die ihm selbst oder seinen eigenen Entlastungszeugen hätten gefährlich werden können. Davon profitierte vor allem Staatssekretär Dr. Stukkart, über den Globke aussagte:
»Ja, ich war in vielen Dingen besser unterrichtet als er. Ich war manchmal erstaunt, wie uninformiert Dr. Stuckart war.«
(SS-Obergruppenführer Dr. Stuckart, die dankbare Oberkrähe, hackte seiner hilfreichen Unterkrähe dann natürlich ebenfalls kein Auge aus und kam selbst sehr glimpflich davon: 1949 wurde er in Nürnberg zu vier Jahren Gefängnis verurteilt, jedoch »aus gesundheitlichen Gründen« sofort auf freien Fuß gesetzt. Die Berliner Spruchkammer stufte ihn verblüffenderweise als »Mitläufer« ein; das ihm auferlegte »Bußgeld« – 500 DM! – wurde ihm gestundet bis zum Erhalt seiner Pensionsnachzahlung als Staatssekretär. Er wurde dann Stadtkämmerer in Helmstedt, Zweiter Landesvorsitzender des in Bonn und Hannover mitregierenden »Bundes der Heimatvertriebenen und Entrechteten« (BHE) in Niedersachsen, schließlich Geschäftsführer des Instituts zur Förderung der niedersächsischen Wirtschaft (durch Spenden an die richtigen Parteien). Bei einem Autounfall kam er 1953 ums Leben, sonst wäre ihm vielleicht noch eine ähnlich glänzende Fortsetzung seiner Nazi-Karriere vergönnt gewesen, wie sie sein allertüchtigster Ministerialrat Dr. Hans Maria Globke in Bonn bereits begonnen hatte.
Dort war seit Mai 1949 der Sitz der Bundesregierung der aus den drei westlichen Besatzungszonen geschaffenen Bundesrepublik Deutschland, und an der Spitze dieses jungen Staats stand der frühere rheinische Zentrumspolitiker Konrad Adenauer, der sich den erfahrenen Ministerialrat Dr. Globke zum engsten Mitarbeiter erkor. Zuvor allerdings hatte Globke sein demokratisches Gesellenstück zu liefern gehabt: Kanzler Adenauer wollte unbedingt eine linksrheinische Hauptstadt, am liebsten Bonn, das zu Füßen seines Altersitzes in Rhöndorf lag. Die große Mehrheit des Parlaments wollte dagegen Frankfurt am Main zur Bundeshauptstadt machen, wofür die Bedeutung und die günstige Verkehrslage der Mainmetropole ebenso

sprachen wie die dort bereits getroffenen Vorbereitungen und getätigten Investitionen. Globke, nach seiner Freilassung zunächst Stadtkämmerer in Aachen, dann Vizepräsident des Landesrechnungshofs von Nordrhein-Westfalen und seit 1949 Ministerialdirigent im Stab Konrad Adenauers, wurde mit der Leitung einer Hauptstadt-Kommission betraut, angeblich nur zur Prüfung der Kostenfrage. Als die Kommission ihr Ergebnis dann vorlegte, stand fest: Die Mehrheit für Frankfurt war auf wenige Stimmen zusammengeschmolzen, und als es zur Abstimmung kam, da gab es sogar eine ganz knappe Mehrheit für die »provisorische Hauptstadt« Bonn. Später gestanden dann vier Abgeordnete der Bayernpartei, daß sie entgegen einem Fraktionsbeschluß, für Frankfurt zu stimmen, bei der geheimen Abstimmung für Bonn votiert hätten. Sie gaben auch freimütig zu, von Kanzlervertrauten Geldzuwendungen erhalten zu haben, bestritten aber jeden ursächlichen Zusammenhang zwischen der Geldannahme und ihrer Gewissensentscheidung. So ging der erste Skandal der eben erst gegründeten BRD wie das Hornberger Schießen aus. Adenauer befand anscheinend, daß sein Globke sich gut bewährt habe, und am 8. Juli 1950 wurde dieser zum Ministerialdirektor im Bundeskanzleramt befördert und mit der Leitung der Personalabteilung betraut.

Damals, am 12. Juli 1950, empörte sich der SPD-Abgeordnete Dr. Adolf Arndt, selbst Nazi-Verfolgter, im Bundestag unter Bezug auf Globkes Mitwirkung an den »Rassegesetzen«: »Hier handelt es sich um mit Paragraphen verübte Ächtung, um mit Paragraphen verübten Mord! Und Herr Globke hat das ganz genau gewußt! ... Er war bei Seiß-Inquart im Haag, bei Bürckel in Metz, bei Wagner in Straßburg, bei Forster in Danzig, bei Neurath und Frank in Prag, bei Antonescu in Bukarest und bei Tiso, Mach und Karasin in Preßburg. Das sind nur einige dieser Reisen. Überall, wo dieser Korreferent für Judenfragen mit dem SS-Obergruppenführer Stuckart erschien, soll natürlich von Juden – außer in Straßburg, wo ein Dokument dafür vorliegt, das ist Pech! – nie gesprochen worden sein ... Aber alle Welt weiß, daß von diesen Plätzen aus und nach diesen Besprechun-

gen sich die Blutspur der gemarterten und gemordeten Juden in die Vernichtungslager nach Auschwitz und Maidanek zog ...«
Aber Globke blieb im Amt, und drei Jahre später, 1953, wurde er Staatssekretär des Bundeskanzleramts.
Damals schrieb der »Spiegel«: »... ›§ 7 der Geschäftsordnung der Bundesregierung bestimmt: (1) Der Staatssekretär des Bundeskanzleramts nimmt zugleich die Geschäfte eines Staatssekretärs der Bundesregierung wahr.‹ Der Kanzler bestimmt nach dem Grundgesetz die Richtlinien der Politik. Vorbereitung und Ausführung dieser Politik werden von seinem Staatssekretär mitbestimmt. Entscheidungen auf Kabinettsebene werden von Globke bearbeitet. Er stellt die Tagesordnung der Kabinettssitzung auf. Die Ministerien schicken ihre Kabinettsvorlagen, auch ihre Personalvorschläge, an ihn. Hans Globke trägt sie dann dem Kanzler vor. Und dieser Vortrag, in den Globkes Meinung unvermeidlich einfließt, ist naturgemäß ein wichtiges Element der ›einsamen Entschlüsse‹ Konrad Adenauers. Diese Stellung Globkes wird schließlich untermauert durch die Verfügungsgewalt über den nicht abzurechnenden ›Reptilienfonds‹ ... und die Weisungsbefugnis an die beiden größten Geheimdienste des Bundes, das Bundesverfassungsschutzamt – das an sich der Dienstaufsicht des Innenministers untersteht – und die Nachrichtenorganisation des Generals a.D. Reinhard Gehlen« – aus der dann der BND wurde.
Dr. Globke war damals – und blieb bis zum Ende der Ära Adenauer – der mit Abstand einflußreichste und mächtigste Mann in Bonn nach dem Kanzler. Durch seine Personalentscheidungen bis 1962 wirkte er weit über seine eigene Amtszeit (er starb 1973) hinaus auf die Politik der Bundesregierung ein, die er während seiner Tätigkeit an der Spitze des Kanzleramts auch noch dadurch enorm beeinflußte, daß er dem – inoffiziellen – »Staatssekretärskränzchen« präsidierte, wo an Ministern und Kabinett vorbei zahlreiche Weichenstellungen vorgenommen wurden. Es ist nicht zuviel gesagt, wenn man feststellt, daß die Entwicklung der Bundesrepublik Deutschland entscheidend mit geprägt wurde von diesem Mann, dessen Name unter Hun-

derten von Gesetzen und Verordnungen, Richtlinien und Kommentaren stand, mit deren Hilfe die furchtbarsten Verbrechen der deutschen Geschichte verübt, ja erst möglich wurden; der als Zeuge in Nürnberg wiederholt (und erweisbar) nicht die volle, sondern allenfalls eine halbe oder noch stärker verminderte Wahrheit sagte, ja der später sogar dreist behauptete, er hätte nie einen Eid auf Hitler geleistet, sei vielmehr bei der Vereidigung der Beamten des Frickschen Reichsinnenministeriums unbemerkt »in eine Nische getreten«!

Dabei verschwieg er, was seine Personalakte dann offenbarte:

H.-3001/2.

Vereidigungsbestätigung

Ich bestätige hiermit, daß ich heute den folgenden durch Gesetz vom 20. August 1934 (Reichsgesetzblatt I Seite 785) vorgeschriebenen Diensteid geleistet habe. »Ich schwöre: Ich werde dem Führer des Deutschen Reiches und Volkes, Adolf Hitler, treu und gehorsam sein, die Gesetze beachten und meine Amtspflichten gewissenhaft erfüllen, so wahr mir Gott helfe.«

Berlin, den 27. August 1934

Vor- und Zuname: gez. (Unterschrift: Dr. Hans Globke)
Amtsbezeichnung: Oberregierungsrat.

Zu den Pers. Akten.

In Nürnberg hat der nachmalige Staatssekretär des Bundeskanzleramts als Zeuge ausgesagt (XI/15471, S. 167 des Protokolls): »Ich wußte, daß die Juden massenweise umgebracht wurden, aber ich war immer der Auffassung, daß es daneben auch Juden gab, die entweder in Deutschland lebten, oder die, in Theresienstadt oder dergleichen, in einer Art Getto zusammengefaßt waren.« Auf die Frage des Verteidigers: »Sie meinen also, daß es sich nur um Exzesse handelte und nicht um systematische Ausrottung?« entgegnete Globke: »Nein, das wollte ich nicht sagen ... Ich habe es gewußt, daß diese Ausrottung der Juden systematisch vorgenommen worden ist, aber ich wußte nicht, daß sie sich auf alle Juden bezog.«

1954

An der schillernden Affäre um den ersten Präsidenten des Bundesamts für Verfassungsschutz läßt sich ablesen, wie dieser Geheimdienst im Zeichen des Kalten Krieges »umgedreht« wurde – um im Jargon der Branche zu bleiben. Das seit dem KPD-Verbot 1956 mit der Verfolgung von Kommunisten und seit dem Radikalenerlaß von 1972 mit dem Aufspüren auch sonstiger linker »Radikaler« bis tief hinein in die SPD befaßte Amt hatte einmal die Aufgabe, den Zugang alter Nazis zu wichtigen Staatsämtern zu verhindern – bis diese eines Tages zurückschlugen ...

Jörg Friedrich

Die Affäre John

Am 23. Juli 1954 meldete das Bulletin der Bundesregierung, »daß der Präsident des Bundesamtes für Verfassungsschutz, Dr. John, das Opfer einer Entführung geworden ist.« Vier Tage später, von dem Entführten fehlte seit einer Woche jegliche Spur, beschied sein Vorgesetzter, Innenminister Schröder, die Bundespressekonferenz, das bisherige Bild deute »darauf, daß Dr. John in Berlin überlistet worden ist.« Zuguterletzt lobte die Regierung eine halbe Million DM für jenen aus, der ihr Sachdienliches zum überlisteten Präsidenten der Politischen Polizei mitteilen könne, ersuchte die drei Hochkommissare der westlichen Besatzungsmächte, die Sowjetunion zur Herausgabe Johns zu bewegen und erntete mit alledem eine miserable Presse, die entgeistert fragte, was Bonn veranlasse, obwohl »durch Dr. John selbst erwiesen worden war, daß dieser Verräter freiwillig zu seinen sowjetischen Freunden hinüberwechselte, noch den Irrsinn von der gewaltsamen Entführung aufrecht zu erhalten?«
Tatsächlich hatte Johns Stimme am 23. 7. im Ostberliner Rundfunk ein nationales Bekenntnis abgelegt. Die Ost-West-Spannung drohe Deutschland auf ewig zu zerreißen. Deswegen habe er »einen entschlossenen Schritt getan und die Verbindung mit den Deutschen im Osten aufgenommen.« Es bedürfe dieser demonstrativen Aktion, »um die Deutschen zum Einsatz für die Wiedervereinigung aufzurufen.« Bundespräsident Heuss notierte später, daß dieser Friedensbote »in der Parallele des Rudolf-Heß-Fluges nach England« aufgebrochen sei. Die Gazetten bemühten nicht minder gescheite Vergleiche. »Judas Otto John« stehe seit 1944 im Bunde mit dem Britischen Secret Service, der wiederum von Sowjetagenten unterwandert sei. Sämtliche Fäden seien zusammengelaufen im Kölner

Verfassungsschutzamt. Geheimdienstkreise alarmierten Redakteure, daß Johns Wechsel Massenverhaftungen auf ostdeutschem Boden bewirkt habe. Alles aufgeflogen, sämtliche Geheimnisse des Westens gelüftet! Als die Bundesregierung dementierte, weil John gar keine Geheimnisse gewußt habe, prallte sie auf kalten Hohn. Vor den Bundesbürgern öffneten sich Abgründe. Wer von ihnen hatte schon von der Existenz des Präsidenten eines »Bundesamtes für Verfassungsschutz« erfahren? Nunmehr vernahm man, daß sich unter dieser Bezeichnung die seit Heydrichs Tagen tief respektierte Politische Polizei verbarg. Ohne die exekutiven Befugnisse der Gestapo, doch darum desto geheimer. Johns Gebilde, ehedem als Zentrum der Staatsmacht gefürchtet, gehorchte nunmehr, wie zu lesen stand, der Führung eines ganz und gar zweifelhaften Charakters, dem Trunk, Homosexualität und Spionage angelastet wurden. Im Kriege sei Churchill von ihm über die V-2-Produktion in Peenemünde informiert worden. Zudem hatte er der Verschwörung vom 20. Juli 1944 angehört.

Anders als seinen zu posthumen Ehren gelangten Gefährten war ihm die Flucht über Portugal nach England geglückt. Daselbst hatte er sich dem Gegner verdingt und im Stab des Soldatensenders Calais an der psychologischen Kriegsführung beteiligt. Nach der Niederlage der deutschen Waffen mußten die Geschlagenen die Demütigung von Kriegsverbrecherprozessen erdulden. Die Amerikaner setzten Otto John als Anklagezeugen in Nürnberg ein, die Briten in Hamburg als Experten für die Untaten des strategischen Genius des Heeres, des Feldmarschalls v. Manstein. Dergestalt hatte sich John das Vertrauen der Besatzer erworben. Als 1950 das Amt eines inneren Nachrichtendienstes eröffnet wurde, beförderten sie ihren Vertrauensmann ans Ruder, sehr zum Verdruß Kanzler Adenauers, der acht andere Bewerber vergebens vorgeschlagen hatte.

Der irritierende Effekt solcher Enthüllungen lockte bislang abwartende Gestalten der früheren NSDAP ans Licht. Rudolf Diels, der erste Chef der Gestapo, zückte die Feder gegen die »Engländer, die aus ihrem deutschen Emigrantenköcher täglich neue Johns zu schicken bereit sind«, gegen die »Franzosen, die uns mit Hekatomben von Johns verseuchen möchten, um den Amerikanern unsere Unzuverlässigkeit darzutun«, die selber »aus dem unerschöpflichen Born Morgenthaus entsandte Deutschenhasser und Rachegeister« benutzten. Gaukelte nicht diese fünfte Kolonne von Emigranten, Widerstandskämpfern und Kollaborateuren dem deutschen Volk eine Staatlichkeit vor, die nur das Vollzugsorgan der Siegerwillkür war? »Der Fall John hat eine Fassade weggerissen. Unsere staatliche Selbständigkeit ist ein Potemkinsches Dorf.« Das Adenauerregime erzeuge ein »Riesentrugbild« durch »Überschwemmung unseres Landes mit Staatshoheit vortäuschenden Gebilden, Parlamenten und Kabinetten«. Johns Verrat demaskierte die Republik. Ihre Macht ging nicht vom Volke aus, wie die Verfassung schrieb, sondern vom Feind. Seine Söldlinge führten die Ämter, heute diesem, morgen jenem Feindstaat dienstbar.

Diels' Suada repetierte die bislang nicht sonderlich zündenden Parolen des NS-Milieus vom Marionettenwesen der Bonner Regierung. Diesem Verdacht hatten die demokratischen Parteien schon durch beherzte Opposition gegen den alliierten Säuberungswillen vorgebeugt. Weil sich die Nazis nicht selber pardonieren konnten, fanden sie in den Volksparteien die einzig wirksame Interessenvertretung. Anpassungswillige genossen Protektion. Die Führertreuen sind nicht durch Verfolgung zur Demokratie bekehrt worden. Ganz aufeinander angewiesen, entwickelte sich alsbald ein beiderseitig rentables Verständnis. Zank zwischen alten NSDAP-Genossen und neuem Parteienstaat erwies sich als fruchtlose Rechthaberei. Die politische Kaste, entzückt von ihren Erziehungserfolgen, entledigte sich flugs der nachtragenden Querulanten, die immer noch auf Abrechnung mit den Nationalsozialisten pochten. Die Zeit stempelte sie zu Anachronisten, teils schimpfend, teils verbitternd, teils verstummend auf ihre antifaschistischen Reservate zurückgezogen, Sektierer einer moralischen Erneuerung, die ohne Moral viel besser voranschritt. Das Unglück dieser verratenen Schicht personifiziert sich in dem Schicksal

Otto Johns, den die Annalen der Bundesrepublik als einen Verräter verzeichnen.
Am 11. August 1954 stellte sich der Verschollene recht aufgeräumt einer internationalen Pressekonferenz in Ost-Berlin. Er schilderte, was ein jeder vonstatten gehen sah. Beamte, Publizisten und Militärs des Dritten Reiches fanden im neuen System Zugang zu ihren angestammten Funktionen. Sie schlossen sich militärpolitisch einer Achse Bonn–Paris–Washington an, mit Zielen östlich der Elbe. Die nationale Einheit, die friedlich nur um den Preis der Neutralität zu gewinnen war, gaben sie preis. Vielleicht zugunsten unfriedlicher Hoffnungen? »Die einseitige Bindung Deutschlands an die amerikanische Politik der Offensive« behauptete John, »wie sie von Dr. Adenauer betrieben wird, führt unabwendbar zu einem Krieg auf deutschem Boden. Danach kann von Deutschland nur ein radioaktiv verseuchter Totenacker übrig bleiben.« Gestärkt durch den amerikanischen Partner, so John, setzten die NS-Kreuzritter zum zweiten antibolschewistischen Feldzug an. Das Klima der Bundesrepublik sei »auf das Wiederaufleben des Nationalsozialismus und Militarismus gestimmt.« Adenauer »knüpft an die Hitlersche Außenpolitik an«. Um der schon ehedem fatalen Verteufelung der Kommunisten entgegenzuwirken, habe er, John, wiewohl keiner der ihren, sich in den roten Machtbereich verfügt, der Entspannung und Versöhnung willen. Überdies seien zu Bonn die »Widerstandskämpfer verfemt«, im Verfassungsschutzamt tummelten sich die Nazis. Die Präsidentschaft würde unmittelbar nach Erlangung der Souveränität einer genehmeren Person übertragen werden.
Mit Johns Pressekonferenz fühlte sich Bonns politische Kaste in die allerübelste Krise gestürzt. Sie kannte nicht die Belastbarkeit ihres Systems, dem John von nahezu allen Seiten zusetzte. Seine Worte waren ganz der tagtäglichen Ost-Propaganda abgelauscht, verrieten keinerlei Neuigkeiten, entsprachen gar Besorgnissen, die anläßlich der deutschen Wiederbewaffnung unter allen früheren Kriegsgegnern schwelten. Die Brisanz vermittelte die Person und ihr Ortswechsel. John,

der als Unterhändler des Stauffenbergkreises den Westmächten die politische Orientierung der Attentäter übermittelt hatte, galt dort als Mann von gesundem Urteil. Attestierte er den Legionen rehabilitierter Nazis Unbelehrbarkeit, strapazierte dies die knospende Allianz. Andererseits hatte John im Widerstand zu den Parteigängern des Hohenzollernprinzen Louis-Ferdinand gehört. Schmähung der deutschen Westbindung, nationalistische Vereinigungsappelle riefen anderen Argwohn wach. War nicht das bürgerlich-konservative Deutschland zutiefst bündnisunfähig und des preußenfeindlichen Separatisten Adenauer bald überdrüssig? Für die zur fraglichen Zeit von McCarthy erhitzten Köpfe wiederum bewies Johns Frontwechsel die allgegenwärtige kommunistische Unterwanderung. Der deutschen Gemütslage kam diese Version am ehesten entgegen, vervollständigt durch Diels' Lehre vom Universalverrat des bundesdeutschen Gebildes. So schreckte die Affäre John einen jeden auf seine Weise. Sie nährte sich aus der Unberechenbarkeit dieser künstlich gesitteten Bundesrepublik, bevölkert von einer reizbaren Rasse, der mancherlei zuzutrauen war. Die aufgenötigte Zivilisationsgestalt schien ihr und anderen einstweilen nicht geheuer.
John selbst ermangelte aller Sphinxhaftigkeit. Er war ein Gesellschaftsmensch von gefälligem Anblick und unbekümmerter Art. Er nahm seine Landsleute entschieden leichter als sie ihn. Exilanten, Nazi-Opfer, Widerständler trafen in der Bundesrepublik auf eigentümlich pikierte Mienen. Man verwahrte sich gegen eventuellen Schuldvorwurf. Weil alle Deutschen sich am Ende Opfer Hitlers dünkten und gegen diese Rolle nachträglich protestierten, konnten die durch frühere Taten und Wunden erkennbaren Opfer und Opponenten nur stören. John störte etwa den General Gehlen, Hitlers militärischen Spionagechef für das Gebiet der Sowjetunion. Nach dem Zusammenbruch mit seinem gesamten Material zu den US-Amerikanern übergelaufen, frönte dieser auf ihre Rechnung demselben Gewerbe im bayrischen Pullach. Die einzige Störung seines Weltbilds bestand aus John in Köln: einem Mann, der deutsche Gene-

rale vor Kriegsverbrecher-Tribunale ziehen half und nunmehr Rechtsradikalen im Staatsdienst nachschnüffelte.
Zu den Obliegenheiten des Verfassungsschutzes zählte die Überprüfung der Bewerber für öffentliche Ämter im Bundesdienst. Konnte ein Angehöriger des 20. Juli die Verfassungstreue eines Ex-Nazi-Beamten unparteiisch prüfen? Ein Mann mit einem überholten Feindbild? An der Enttarnung von Nationalsozialisten konnte die Bundesrepublik gar kein Interesse besitzen. Die Siegermächte gewährleisteten ihr den Bestand der Demokratie, und niemand legte demokratischere Ergebenheit an den Tag als die braun Belasteten. Mit dem katholischen Instinkt für menschliche Schwäche wußte sich Adenauer aus diesem Menschenschlag die zuverlässigsten Helfer zu bilden. Gehlen war sein Fall, zumal er professionell den Ostblock überschaute. John hingegen geriet in den Ruch der Laienhaftigkeit, ließ Heimatvertriebene, Waffen-SSler und Beamte beschatten, ein lästiges Relikt der absterbenden Besatzungsherrschaft.
Gehlens Leute hatten Johns Amt bereits ähnlich infiltriert wie die Dienste der DDR. Seine Auswechslung wurde allenthalben signalisiert, wie um die Reaktionen abzutasten. Der Zeitpunkt war ungelegen. Die bevorstehende Wiederbewaffnung bescherte dem Angedenken des 20. Juli 1944 unversehens Konjunktur. Bedenken der Nachbarn vor der Rückkehr des deutschen Militarismus ließen sich nämlich trefflich mit dem Offiziersputsch gegen Hitler entkräften. War damit nicht das Militär als Zelle der humanistischen Erneuerung ausgewiesen?
Infolgedessen entschloß sich die Bundesregierung zu einem Schritt, den sie bisher mit Rücksicht auf die Veteranenverbände vermieden hatte. Am 20. Juli 1954 rief sie das Datum des Attentats zum jährlichen Gedenktag aus. In einer Feierstunde im Hofe der Berliner Bendlerblocks, Stauffenbergs Hinrichtungsort, ernannte sich die Bonner Republik zu seinem politischen Erben. Als Überlebender war John geladen, neben Jakob Kaiser der einzige als Behördenchef amtierende Widerständler. Des Nachts verschwand er im Osten. Das John damit versetzte Stigma wußte keiner besser zu formulieren als der ob-

siegende General Gehlen: »Einmal Verräter, immer Verräter.« Fünf Wochen nach Johns Pressekonferenz in Ost-Berlin sammelten sich die Parteien des Bundestags, den Herausforderer zu erledigen. Ihr Ziel galt der Person, nicht dem Argument. Kurt Kiesinger, der sich dem Ministerium Goebbels' verdingt hatte, beklagte Johns »zweifelhaften Mut, sich in Verfahren gegen Deutsche der alliierten Anklage zur Verfügung zu stellen«. Reinhold Maier, der 1933 für die Annahme des Ermächtigungsgesetzes gefochten hatte, sah nun durch John – einen »Mann ohne Bindung an irgend etwas« – »der demokratischen Sache einen ungeheuren Schaden zugefügt«. Thomas Dehler, ein unermüdlicher Anwalt der Wiederverwendung von NS-Beamten, verurteilte den »Hasardeur, der nicht als Beamter gewachsen war«. Der frühere Waffen-SS-General Gille mochte »bei voller Kenntnis des Treibens des Herrn Dr. John vom Jahre 1944 bis zum Antritt seines Amtes« nur »alle Zeichen des Abscheus« gelten lassen. Merkatz, der Fürsprecher der »Entnazifizierungsgeschädigten« verlangte: »Agenten und Gehilfen der Fremdherrschaft haben nichts in deutschen Ämtern zu suchen ... das ist Hochverrat gewesen.« Adolf Arndt hielt es »für jeden Demokraten eine Beleidigung, mit diesem John in einem Atemzug genannt zu werden«. Einzig Jakob Kaiser würdigte Johns Aktivität im Kreise von Wirmer, Bonhoeffer, Leuschner, Goerdeler und Beck. John habe »bis zum 20. Juli 1944 seinen Mann gestanden«, sei von ihm, Kaiser, deswegen gefördert worden; »ich würde mich vor allen, denen Kameradschaft ein Begriff ist, schämen, wenn ich das heute irgendwie nicht wahrhaben wollte.« Der Deutsche Bundestag brauchte sich keineswegs zu schämen, weil dort niemand außer Kaiser saß, der Bonhoeffer, Goerdeler oder John seinen Kameraden hätte nennen können.

Nach fünfzehn Monaten, am 12. Dezember 1955, floh John von Ost- nach West-Berlin. In der Zwischenzeit war er in der Sowjetunion verhört worden, hatte weiter für Neutralität und Wiedervereinigung getrommelt, über Mittelsmänner Kontakt zur Bundesregierung geknüpft und melden lassen, er weile unfreiwillig in der DDR. Man habe ihn dorthin entführt. Der

Staatssekretär im Bundesjustizministerium Walter Strauß, ein Freund der Familie, übermittelte, John möge getrost heimkehren, er habe nichts zu befürchten. Es ist schwer vorstellbar, daß eine solche Zusage ohne Konsultation des Kanzlers erfolgen konnte.

Als John in Köln dem Flugzeug entstieg, wurde er verhaftet. Der für Verratsdelikte zuständige 3. Senat des Bundesgerichtshofs verurteilte ihn zu vier Jahren Zuchthaus und 25000 DM Verfahrenskosten. Die Richterbank bestand aus drei bereits im Dritten Reich bewährten Juristen. Als Experten für Charakterfestigkeit wägten sie sorgsam die Worte des Generalbundesanwalts Güde, daß John »ein Schwächling« sei. »Der Mann ist zerbrochen. Er wird bürgerlich tot sein.« Die Strafe müsse »vernichtende Wirkung« haben, entschied Senatspräsident Dr. Geier, als früherer Wehrmachtsrichter einschlägig geschult. Der Angeklagte ermangele jeglichen Formats, übertreffe indessen die blanke »Null«, sei er doch durch Förderung von Ideen der östlichen Machthaber des Landesverrats fähig gewesen.

Die Beweisgrundlage des John-Urteils ist seither Stück um Stück hinweggeblättert. Der Hauptbelastungszeuge für den Überläufervorwurf wurde als Doppelagent in amerikanischem und in Pankower Sold identifiziert und floh nach Urteilsverkündung wegen Meineidsverdachts gen Osten. Johns Reisebegleiter in der Nacht des 20. Juli 1954, der Berliner Gynäkologe Wohlgemut, stellte sich als Mitarbeiter des sowjetischen KGB heraus, beauftragt zur Intervention in westdeutschen Nachrichtendiensten. Schließlich berichtete der KGB-Überläufer Golytzin, John sei in den Osten »gelockt« worden. Im Herbst 1993 erläuterten Offiziere des KGB dem Deutschen Fernsehen ihren operativen Einsatz gegen den ehemaligen Verfassungsschutzpräsidenten. Eine Dienstvereinbarung des Bundesinnenministeriums kam zutage, die Nachrichtendienstlern im Falle einer Verschleppung auftrug, begrenzt zu kooperieren und den Fluchtweg anzulegen. Die Regierung hatte den Fall entsprechend beurteilt, alsdann aber den Druck des ungesunden Volksempfindens gekostet, das sie nun mit wachsendem Behagen artikulierte. Die Wut auf den »Vaterlandsverräter« gärte längst vor der passenden Gelegenheit, sie auszuleben. Den Verrat mußte John erst noch begehen, der seine Geißelung zuließ. »Ich habe den Eindruck«, rief Jakob Kaiser am 16. 9. 1954 in den Bundestag, »bestimmte Kreise suchen an Hand des düsteren Falles John zunächst einmal die ganze Widerstandsbewegung, die Männer und Frauen des 20. Juli zu treffen.«

Die Düsternis der Vorfälle in der Nacht des 20. 7. 1954 hat sich noch nicht gelichtet. Ob der Lockvogel vom KGB mit Johns Verzweiflung oder der Droge operierte, ist ungewiß. Kommt es darauf an? Der Weg des bundesdeutschen Staatswesens, den Nationalsozialismus zu ächten und die Nazis zu rehabilitieren, mochte einen Mann des 20. Juli zeitweilig ganz ohne Tabletten betäuben. Der Osten konnte ihn propagandistisch ausschlachten, der Westen loswerden. Beide haben die Nerven behalten. John verbarg sich nach seiner Haftentlassung im Exil. Keine deutsche Behörde und keine Firma, die sich für seine Dienste nicht zu schade gewesen wäre. In einer Nation, die ihr Bekenntnis nach Bedarfslage wechselt, war jemand, der widrige Überzeugungen verkörperte, eher als geborener Verräter zu ertragen. Als es der Nutzen nahelegte, bekannten sich die Deutschen sogar zu Widerstand. Dergestalt machte sich die Mehrheit der Mitläufer selber madig. Das mußte ihr der Überlebende des 20. Juli büßen. Degradiert zum Verräterischsten von allen.

1957

Der Mordfall Rosemarie Nitribitt enthielt alle die Zutaten, die einem Skandal breites Interesse sichern: Sex, crime und die Verwicklung der Reichen und Mächtigen. Dennoch ist die Affäre um »das Mädchen Rosemarie« auch eine der hintergründigsten in der Geschichte der Republik: Das große Interesse, das die »herrschenden Kreise« und staatliche Instanzen daran zeigten, die Namen einzelner möglicherweise von dem Skandal »Betroffener« nicht publik werden zu lassen, legte auf eine exemplarische Weise bloß, daß auch die öffentliche Moral Teil eines Herrschaftsgefüges ist.

Samuel Schirmbeck

Die Nitribitt
Ein Mord und viele Täter

»Der Mordfall an der Frau Nitribitt war ein Dirnenmord, wie wir ihn vorher und nachher schon hatten, und unterschied sich nicht im geringsten davon.«
Wir stehen mit dem pensionierten Kriminaldirektor Albert Kalk vor dem Haus Stiftstraße 36 in der Frankfurter City. Hier wurde Rosemarie Nitribitt am 1. November 1957 ermordet aufgefunden. »Die Routine begann«, sagt Albert Kalk.
Was die Frau des inzwischen verstorbenen Frankfurter Polizeipräsidenten Littmann erlebte, klingt weniger nach »Routine«: »Wir waren auf irgendeiner Gesellschaft. Es war gegen Abend, und mein Mann wurde von seiner Kriminalpolizei angerufen. Und da sagte man ihm: Die Nitribitt ist ermordet worden. Da sagte mein Mann: Keiner geht in die Wohnung, bevor ich da bin. Wir gehen dann zusammen rein. Dann kam mein Mann zurück, und ich fragte ihn: Um Gottes willen, was war denn? Da hat er gesagt: Ach – aber bitte kein Wort hier –, die Nitribitt ist ermordet worden. Ich sagte: Um Gottes willen, wer kann denn das gewesen sein? Klar, das war die nächstliegende Frage.«
Als erstes nahm Polizeipräsident Littmann das Notizbuch der Nitribitt an sich. Es sollte nicht irgendeinem Beamten in die Hände fallen, der mit den möglicherweise verzeichneten Namen nicht richtig umzugehen verstand. »Da standen Telefonnummern drin«, sagt Albert Kalk, der ehemalige Chef der Mordkommission, »da stand auch abgekürzt ein Name drin, aber keineswegs, wie man glauben könnte, Adressen von allen möglichen Leuten in Verbindung mit irgendwelchen, sagen wir, wirtschaftlichen Dingen.« Erstaunlich, denn die kühle, schlanke Gestalt in ihrem schwarzen Mercedes SL 190 Cabriolet war damals in Frankfurt beinahe schon ein Mythos. Wetten wurden

abgeschlossen: Wer schaffte es, sie zu einem Drink an den Tisch zu bekommen? Mit »der Nitribitt« im Lokal gesehen zu werden, war keine Schande, eher eine Auszeichnung. Zum Kundenkreis der »Lebedame Nr. 1« am internationalsten Platz der Nachkriegsrepublik gehörten auch griechische Offiziere, französische Manager, südamerikanische Industriebosse. Ein türkischer Geschäftsmann reiste gar mit Rosemarie nach San Remo.

»Dirnen«, die wie grellbemalte Totempfähle an den Hauswänden standen, gab es in der Stadt am Main genug. Mit ihnen wollte »Rebecca«, so Nitribitts Deckname, nichts zu tun haben. Der einstige Fürsorgezögling aus einem Eifeldorf hatte Frankfurt einen Vorsprung vor dem Rest der Republik verschafft: während Oswald Kolle noch als Reporter bei einem Boulevardblatt arbeitete, ohne schon die Massen über ihre Lust-Möglichkeiten aufgeklärt zu haben, während noch nicht eine Illustrierte mit einem nackten Busen aufgemacht hatte, inszenierte und stimulierte Rosemarie Nitribitt die sexuelle Lust offen, mitten in der Stadt, abseits der Schummerecken, selbstbewußt als Selbstverständlichkeit. Das machte damals Hoffnung. In ihrem Cabriolet gondelte sie zwischen Hauptwache und Kaiserplatz vor aller Augen hin und her, signalisierte interessierten Herren, etwa vor dem »Frankfurter Hof«, per Lichthupe oder Aufdrehen des Autoradios, daß »es« was werden könnte. Während die »Infanterie« der Frankfurter Rotlichtbezirke durch Aufmachung, Gang und Ambiente sexuelle Schuldgefühle verstärkte, bewegte sich die Nitribitt als Geschäftsfrau durch die Stadt, Teil jenes Bereiches, dem Kirche und Bonner Adenauer-Moral wenig zu sagen hatten: des freien Unternehmertums. Die Frankfurter Gesellschaftsreporterin Jutta Thomasius erinnert sich: »Also ich fand eigentlich immer, so auf Anhieb sah sie aus wie eine ernste Geschäftsfrau, kühles Gesicht, ein schönes Frauengesicht, nichts Besonderes, auf keinen Fall nuttig.«

Autonom steuerte ihr Luxusgefährt die Beute an. Nicht die Freier wählten sie aus, sondern sie ihre Freier, die sich als Auserkorene empfanden. Das 24jährige Statussymbol hatte die eigene sexuelle Erniedrigung in einen Triumph verwandelt. Sexuelle Lust – ein damals öffentlich unbekannter Begriff, konnte im Spießbürgermief der fünfziger Jahre kaum provokanter inszeniert werden.

Am 3. November 1957, zwei Tage nach Entdeckung der Bluttat, hieß es im Hessischen Rundfunk: »Vor den Lottozahlen noch eine Durchsage, um die wir im Fall Nitribitt von der Mordkommission der Frankfurter Kriminalpolizei gebeten wurden: In der Frankfurter Wohnung der 24 Jahre alten Rosemarie Nitribitt ist eine große Anzahl Fotos von Männern und Frauen gefunden worden, deren Personalien noch nicht festgestellt werden konnten. Die Frankfurter Kriminalpolizei fordert diese Personen in ihrem eigenen Interesse auf, sich umgehend bei ihr zu melden, weil zunächst auf diesem Weg versucht werden soll, die Identität festzustellen.«

»Großes Zittern in westdeutscher Lebewelt«, titelte die Boulevardpresse. »Die ersten Fotos der blonden Rosemarie werden identifiziert« – »Hochgestellte Persönlichkeiten aus dem ganzen Bundesgebiet werden zu peinlichen Verhören nach Frankfurt bestellt« – »Großes Rendez-vous im Frankfurter Polizeipräsidium – die Verehrer melden sich«.

Wir fragen Albert Kalk nach der Wirkung des damaligen Kripo-Aufrufes: »Wir haben keinen Aufruf erlassen, sich zu melden.« Und auf unseren erstaunten Blick: »War ganz klar, daß der eine oder andere vielleicht gekommen ist, aber das waren wenige. Wenige, die gekommen sind, auch wenige, die wir gebeten haben zu kommen. Wir hatten ja bald einen Tatverdacht, der sich immer mehr verdichtete.«

Die Stadt sprach nur noch vom Nitribitt-Skandal. »In Frankfurt«, so notierte die »FAZ«, »werden in diesen Tagen fast alle Gespräche von einem monotonen Thema wie von einem lästigen Zwang beherrscht: Rosemarie Nitribitt.« Die »Süddeutsche Zeitung« staunte: »Daß Sputnik I aus dem Bewußtsein der Frankfurter verdrängt, daß Sputnik II kaum dorthin gelangt ist, wird niemand bezweifeln, der in den letzten Tagen in Frankfurt gewesen ist ... Nitribitt, der Name ist nicht erfunden,

obwohl er wie die Bezeichnung eines Sprengstoffes klingt. In der Tat würde dieser Sprengstoff mit dem Vornamen Rosemarie einen ansehnlichen Teil der westdeutschen Gesellschaft in die Luft sprengen, wenn es außer einer wirtschaftlichen Krise etwas gäbe, was diese Gesellschaft wirklich berühren könnte. Die Polizei hat jedoch bereits angedeutet, daß sie auf die soziale Position des erstaunlich weit verzweigten Freundeskreises Rücksicht zu nehmen bereit ist.«
Autor dieses im Meer damaliger Nitribitt-Artikel einsam kritischen Kommentars: Erich Kuby, der kurze Zeit später begann, das Drehbuch für den Film »Das Mädchen Rosemarie« zu schreiben. Mit acht Millionen Besuchern ein Erfolg wie vor ihm nur noch »Das Schwarzwaldmädel« oder »Die Trapp-Familie«. Der Streifen erhielt den »Kassenschimmel« als erfolgreichster Film des Jahres 1958. Zwei damalige Tabuthemen kombinierte der Film: Sexualität und Kapitalismus. Das Kapital, das waren nach damaliger Regierungslesart die netten Wirtschaftswunderkapitäne, die unter Schirmherrschaft Ludwig Erhards »alle in einem Boot« in die klassenlose Gesellschaft des »Wohlstands für alle« steuerten. Die Herren dieses Kapitals mit einem Mord in Verbindung zu bringen hieß das bieder-nette Antlitz der Nachkriegsrepublik entstellen und tabuisierte Assoziationen an jenen Kapitalismus wecken, der die Mordmaschine des Dritten Reiches mit aufgebaut hatte.
Rolf Thiele, der Regisseur des Films »Das Mädchen Rosemarie«, erinnert sich: »Wenn man zurückblickt, wirkt das ganz harmlos, auch der Film. Es war eben eine geordnete Zeit unter Herrn Adenauer und einer, der einen solchen Film machte, ein Nestbeschmutzer. Ich saß in Rom mit dem Kulturattaché, dem späteren Botschafter. Der sagte mir: ›Herr Thiele, können Sie nicht umdenken?‹ Sagte ich: ›Wo soll ich denn hindenken?‹ – ›Na ja, man weiß doch, wo Sie hindenken.‹ Sag' ich: ›Was weiß man denn in Bonn?‹ – ›Ja man weiß doch, daß Sie Kommunist sind.‹ Ich sage: ›Ich habe mich immer als Katholiken angesehen.‹ – ›Nein! Sie sind katholisch!‹ Sag' ich: ›Ja. Jesuitenschüler, katholisch, ja.‹ – ›Das ist aber komisch.‹ –

›Natürlich ist das komisch. Fragt sich nur, wer komisch ist, ob ich komisch bin oder die Ansicht, daß dieser Film in Venedig nicht gezeigt werden darf.‹«

In der Tat hatte das Auswärtige Amt mit einem Boykott der Filmfestspiele gedroht, falls »Das Mädchen Rosemarie« in die offizielle Auswahl käme. Der Film gebe ein falsches Bild von der bundesrepublikanischen Wirklichkeit.

Karlheinz Eifert, 33 Jahre lang Barkeeper in der »Lipizzaner-Bar« des »Frankfurter Hofs«, sah sich kurz vor seiner Pensionierung erstmals in der Lage, über die Folgen zu berichten, die der Kripo-Appell an die Nitribitt-Freier, sich freiwillig zu melden, für das Hotelgeschäft hatte: »Da kamen sehr viele Gäste, sehr viele Herren, die um diese Zeit, im Dezember, nie nach Frankfurt kamen. Die kamen alle hier angereist und waren alle irgendwie ein bißchen verlegen, weil ich fragte, wieso sie ausgerechnet noch im Dezember hier ankommen. Ich nehme an, daß sie zur Vernehmung waren.«

In der ideologischen Auseinandersetzung der Restauration brauchte »die Wirtschaft« eine blütenweiße Weste, um für ihre Gegner moralisch unangreifbar zu sein. Möglicher Unmut über »die da oben« blieb politisch im Sperrfeuer des Antikommunismus gefangen, in einem Sittenskandal hätte er die obrigkeitsstaatliche Sexual- und Familienmoral der Lächerlichkeit preisgegeben. Wären die betuchten Spießer als Hurenböcke entlarvt worden, während Petticoats in der Schule verpönt waren, sexuelle Beziehungen Nichtverheirateter als »Onkelehen« getarnt wurden, es hätte den subversiven Seelen der Adenauer-Republik zuviel recht gegeben.

Die Herren, die vom »Frankfurter Hof« zur Vernehmung ins Polizeipräsidium fuhren, hatten nichts zu befürchten. Die Frau des damaligen Polizeipräsidenten: »Etliche haben sich angemeldet bei meinem Mann und gesagt: Können wir durch das Hintertürchen kommen? Denn vorne rein, ins Präsidium, möchten wir nicht gern gehen. Da hat mein Mann gesagt: Selbstverständlich, das ist ganz klar. Und das war auch der hauptsächliche Grund dafür, daß mein Mann nichts bekanntgegeben hat.

Die Presse hat damals auch gar nichts bringen können über Namen oder irgendwas. Das hat mein Mann wirklich fabelhaft hinbekommen. Es ist nie, nie ein Name in irgendeiner Zeitung oder einem Boulevardblatt irgendwo erschienen.« Der Polizeipräsident hatte die Öffentlichkeitsarbeit seiner Presseabteilung entzogen und sie selbst übernommen.

Weniger amüsant wird das Ganze, wenn man sich erinnert, daß es um die Aufklärung eines Mordes ging, und daß die Polizei schon sehr bald einen Mordverdächtigen aus einfachen Kreisen präsentierte, ohne diesen Verdacht zulänglich erhärten zu können: Heinz Pohlmann, Handelsvertreter, platonischer (homosexueller) Hausfreund der (lesbischer Neigungen verdächtigten) Nitribitt. Er hatte sich einen Tag nach Entdeckung der Leiche in der Stiftstraße von selbst bei der Polizei gemeldet. Die »Verkaufskanone« war, trotz Spitzenprovision, stets verschuldet, stand wegen nicht zurückgezahlter Vorschüsse vor dem Rausschmiß, zahlte aber wenige Tage nach dem Nitribitt-Mord seine Schulden (6000 Mark) zurück und kaufte sich einen nagelneuen Mercedes-Vorführwagen (10000 Mark).

Am Tattag hatte er Rosemarie Nitribitt besucht, die, von Angst verfolgt, wie Pohlmann sagte, ihn darum gebeten habe. Diesen ängstlich-zerfahrenen Zustand bestätigte Rosemarie Nitribitts letzter Kunde, der sie nach Pohlmann besuchte.

Es war der 29. Oktober 1957. Zwischen 15.30 Uhr und 17 Uhr wurde die Prostituierte der Kripo zufolge erwürgt. Pohlmann wäre nach dem letzten Freier in das Appartement zurückgekommen, hätte seine Vertraute umgebracht, ihr Bargeld an sich genommen, sich bei der Polizei gemeldet, seine Schulden bezahlt und ein neues Auto gekauft. Pohlmanns Freund hatte den Tatverdächtigen in der gemeinsamen Wohnung gegen 18 Uhr stark erregt und schwitzend ankommen sehen, mit einer kleinen Wunde an der Oberlippe. »Hohes Fieber und Lippenstift«, antwortete Pohlmann auf des Freundes Fragen. Doch hätte sich der mutmaßliche Mörder mit dem verdächtigen Kratzer an der Oberlippe kurz darauf bei der Polizei melden müssen? Warum ging der angebliche Täter dem Freund, der ihn in seinem verdächtigen Zustand erlebte, nicht einfach aus dem Weg? Mußte ein Hausfreund, der jede Gewohnheit der Nitribitt kannte, ihren Pudel ausführte und Einkäufe für sie machte, ein Kapitalverbrechen begehen, um 6000 Mark Schulden zu bezahlen? Fragen, die die Frankfurter Kripo beiseite schob. Pohlmann wurde verhaftet, weil er die Herkunft des Geldes, mit dem er Schulden und Auto bezahlt hatte, nicht erklärte.

Doch warum entlastete Pohlmann sich nicht? Warum nahm er fast elf Monate Untersuchungshaft in Kauf, bis ihn die zuständige Strafkammer auf freien Fuß setzte und, auf die Beschwerde der Frankfurter Kripo dagegen, ein zweites Mal gerichtlich festgestellt wurde, daß »ein dringender Tatverdacht wegen Mordes« gegen den Handelsvertreter nicht mehr bestehe? Vielleicht, weil Pohlmann die Nitribitt tot aufgefunden und ihr Geld an sich genommen hatte, dies aber als wegen Unterschlagung Vorbestrafter nicht hätte zugeben können, ohne sich eine neue Gefängnisstrafe einzuhandeln? Vielleicht, weil er mit dem wahren Mörder zusammengetroffen war? Vielleicht, vielleicht...

Vielleicht hätte Pohlmann über alle diese Hypothesen mit einer Mordkommission gesprochen, die nicht so hundertprozentig wie die Frankfurter in ihm den Mörder gesehen hätte. Vielleicht hätte er, der den Kundenkreis der Nitribitt besser kannte als jeder andere, ihr die Augen öffnen können. Doch daran war sie nicht interessiert: denn sie hatte den Mörder ja schon. Obwohl gar nicht feststand, daß sich in der Wohnung der Nitribitt am Tattag überhaupt mehr Geld befunden hatte als die noch aufgefundenen 1200 Mark. Obwohl die Tatzeit eine reine Annahme der Polizei war. (Die Beamten hatten vergessen, die Zimmertemperatur zur Rekonstruktion der Tatzeit zu messen, und die Leiche war, wegen der Fußbodenheizung, schon in Verwesung übergegangen.) Obwohl sieben Zeugen genau beschrieben, wo sie die Nitribitt noch nach der angenommenen Tatzeit gesehen hatten.

Doch nun war Pohlmann am Zuge: Zuerst bot er seine Erinnerungen dem »Stern« an, der sie aber nur als Teilmaterial einer Nitribitt-Geschichte verarbeiten wollte. Daraufhin schlug

»Quick« zu. Denn Pohlmann bot eine *sex, crime and society story*, wie sie die Bundesrepublik noch nicht gelesen hatte. Moralisch verbrämt: »Quick« setzte 50 000 Mark für Hinweise zur Ergreifung des Täters aus: »Der Mörder ist unter uns. Er hat keine Hand gerührt, als statt seiner der Handelsvertreter Pohlmann verhaftet wurde und immer tiefer in Verdacht geriet ... Dafür wollen wir ihn jagen. ›Quick‹ ruft seine Millionen Leser auf, dabei zu helfen, diesen gemeinen Mörder zur Strecke zu bringen. Was der Polizei nicht gelang, Millionen muß es gelingen ... Der Mörder soll wissen, daß von nun an Millionen Augenpaare ihn suchen.« Doch mitten in der Serie brach »Quick« Pohlmanns Mördersuche ab, nachdem sie den Millionen gerade noch versprochen hatte: »In der nächsten Folge: ›Ein Mann mit 500 PS‹«. Der Deutsche Presserat hatte »schwere Bedenken« dagegen geäußert, daß »Pohlmann, solange er unter Tatverdacht steht, als Autor eines fragwürdigen Berichtes herausgestellt« würde. »Mit Befriedigung« konstatierte der Presserat, »daß ›Quick‹ aus eigenem Entschluß inzwischen die Veröffentlichung abgebrochen hat«.

In Wirklichkeit hatte ein Mann der deutschen Großindustrie den Entschluß gefaßt. Für 50 000 Mark verpflichtete er den Nitribitt-Vertrauten, sein Wissen für sich zu behalten. Pohlmann verzichtete darauf, seine Kenntnisse über die Bekanntschaft Rosemarie Nitribitts mit »unter anderen angesehenen Persönlichkeiten der Deutschen Bundesrepublik zu verfilmen« oder sonstwie zu veröffentlichen (wie es im Entwurf zu dem abgeschlossenen Vertrag heißt).

Als wir den einstigen Chef der Mordkommission, Albert Kalk, bei einem Spaziergang auf dies »Schweigegeld« ansprechen, scheint er eine Sekunde überrascht. »Ja«, sagt er dann, »Pohlmann hat von einer Seite Geld bekommen, damit der Name nicht genannt wird. Ich habe mich seinerzeit mit den Leuten unterhalten, die das machten, und die haben mir erklärt: Wir geben viel Geld aus für positive Reklame. Weshalb sollen wir nicht im Verhältnis weniger Geld ausgeben, damit unser Name nicht negativ genannt wird. Ja, das trifft zu.«

Ebenfalls trifft zu, daß ein Mitglied der Mordkommission zu Krupp nach Essen reiste, um dort einen Bekannten der Nitribitt zu vernehmen. Nach langer Suche finden wir den Kripobeamten a. D., und nach langem Überlegen ist dieser bereit, sich zu erinnern: »Das ist richtig. In dieser berühmten Villa im Ruhrgebiet, da waren wir auch. Und dieser gute Mann war auch hier in Frankfurt zur Vernehmung, und wir waren ja nur bestrebt, Hinweise zu bekommen auf den Genannten oder überhaupt den Personenkreis, den die Nitribitt in ihrer Wohnung beherbergte. Meines Erachtens hatte die Nitribitt bei diesem Mann eine gewisse Ausnahme gemacht und eine gewisse längere, sogenannte längere Pause eingelegt, so daß ein anderer Kunde eigentlich sie nicht stören konnte, denn es ist ja oft vorgekommen, daß der eine Kunde gerade reingegangen ist, als der andere rauskam.«
Der besondere Kunde soll sich sogar längere Zeit in Frankfurt bei Rosemarie Nitribitt aufgehalten haben. Gerüchte, über die bis heute jene schweigen, die es genauer wissen. Die Beteiligten an dem Skandal, der keiner werden durfte, Kunden und Bekannte der Nitribitt, Angehörige der Mordkommission oder Persönlichkeiten des damaligen Frankfurter Gesellschaftslebens wirken auch nach über dreißig Jahren wie im damaligen Zeitgeist erstarrt, wie von ihm verhext.
Am 29. März 1960, fast zweieinhalb Jahre nach der Tat, erhob die Staatsanwaltschaft in Frankfurt Mordanklage gegen Heinz Pohlmann, obwohl dieser längst aus der Untersuchungshaft entlassen war, weil kein dringender Tatverdacht mehr bestand. Was vorauszusehen war, geschah: Der Angeklagte wurde mangels Beweises freigesprochen. Das Publikum – der Andrang war so groß, daß Karten ausgegeben wurden – mußte während des Prozesses erkennen, daß es über den Kundenkreis der Nitribitt, über Figuren, Charaktere, Karrieren und Privatleben der »dolce vita allemande« (»France-Soir«) nichts, aber auch gar nichts, über die Alltagsgewohnheiten des ermordeten einstigen Fürsorgezöglings und ihres angeblichen Mörders, des Handelsvertreters Pohlmann, alles, aber auch alles bis hin zu den Eßge-

wohnheiten erfahren würde. »Die finanziellen Verhältnisse des Kunden sind so gut, daß sie im Gegensatz zur Tat stehen«, sagte ein Mitglied der Mordkommission dem Gericht auf die Frage, ob der letzte Freier der Nitribitt nicht auch verdächtig sein könne. Die Urteilsverkündung zeigte, wie das Publikum inzwischen solche Ermittlungsarbeit der Kripo einschätzte. Zeitungsbericht: »Das Schwurgericht verkündet das Urteil. Es lautet: ›Im Namen des Volkes: Der Angeklagte wird freigesprochen.‹ (Erste Freudenkundgebungen aus dem Zuhörerraum.) Während der Gerichtsvorsitzende Dreysel weiterspricht, springt das Publikum auf, klatscht laut Beifall, ruft ›Bravo‹. Die Fotografen fallen über den weinenden Pohlmann her...«
Den größten Triumph über den Prozeßverlauf jedoch empfand die »Frankfurter Allgemeine«. In seinem berühmt gewordenen Leitartikel »Von Nana zu Rosemarie« konnte Friedrich Sieburg seine Freude darüber, daß der Kelch kompromittierender Enthüllungen nicht hatte geleert werden müssen, kaum zügeln: »Der Prozeß hat nicht jene Enthüllungen gebracht, auf die wir gleichsam ein Anrecht zu haben glaubten. Man hatte uns gewissermaßen versprochen, daß es in der Bundesrepublik eine durch und durch verdorbene Oberschicht gebe, deren sittliche Verworfenheit im Verlaufe des Prozesses ans grelle Tageslicht treten werde. Man werde erfahren, so hieß es, daß diejenigen Kreise, die das deutsche Erwerbsleben schändlicherweise zum Wirtschaftswunder gesteigert haben, in Laster und in moralische Verkommenheit verstrickt seien und ihre unermeßlichen Reichtümer zur Abhaltung von Orgien im Stile des Kaisers Tiberius benutzten... Der Versuch, den Mordfall zu einer Klassenangelegenheit zu machen, ist fehlgeschlagen. Wahrlich, die Schäden unserer Zeit liegen anderswo als am Frankfurter Tatort.«

1957 ff.

Mit der »Wiederbewaffnung« beginnen auch die Rüstungsbeschaffungsskandale der Republik. Wo die Beträge, um die es geht, am größten sind, liegt auch die Versuchung zur Korruption am nächsten. In der HS-30-Affäre der fünfziger Jahre taucht zum ersten Mal in der Geschichte der Bundesrepublik eine für die Demokratie besonders gefährliche Form der Korruption auf: die illegale Parteienfinanzierung großen Stils. Wenn die politischen Kräfte an Rüstungsgewinnen teilhaben, droht die Rüstung zum Selbstläufer zu werden. Tatsächlich entsteht in der Bundesrepublik so etwas wie ein militärisch-politisch-rüstungswirtschaftlicher Komplex, dessen erster und profiliertester Vertreter Franz Josef Strauß war.

Alfred Mechtersheimer

Bestechende Beschaffungskonzepte
HS 30, Starfighter und so weiter

Der Bund stellt Streitkräfte zu seiner Verteidigung auf. Das Beschaffungsamt stattet die Bundeswehr mit militärisch sinnvollem Gerät aus, und konkurrierende Unternehmen der Rüstungswirtschaft stellen die Waffen her. So lautet die reine Lehre. Wie aber ist die Praxis?

Im Geflecht von Militär, Industrie und Politik diktiert der Filz. Der Stoff, aus dem die Pantoffeln sind, steckt in jedem Waffensystem. Der Betrogene ist der Steuerzahler, aber auch die Bundeswehr, die von der Rüstungsindustrie statt der gewünschten Waffen unausgereiftes High-Tech-Tötungsspielzeug bekommt. Und das seit der Stunde Null der Wiederbewaffnung.

In die Skandalchroniken der zweiten Republik sind Rüstungsprojekte immer dann eingegangen, wenn die Verstöße gegen die reine Lehre zu offensichtlich und zu teuer waren. Stellvertretend für die Rubrik »Rüstungsskandale« stehen: der Schützenpanzer HS 30, dessen schönstes Exemplar aus Holz gebaut war; der Starfighter F-104G, auch Witwenmacher der Bundesluftwaffe genannt; der Tornado, als Volksjäger geplant, als High-Tech-Monster gebaut und zum Selbstbedienungsladen der Rüstungsfirmen verkommen; und der Jäger 90, der dem Tornado den Ruf als fragwürdigstes Rüstungsprojekt abgejagt hat.

Die Panzer-Pleite

Der erste große westdeutsche Rüstungsskandal datiert aus den Jahren 1957/58, sein Vorspiel bereits von 1952. Damals vermittelte der General und Waffenhändler Achim Oster eine Gruppe von Politikern, Industriellen und Militärs an die Firma Hispano Suiza, mit Hauptsitz in der Schweiz. Nach mehreren Besuchen der Bonner Gruppe bei verschiedenen Niederlassungen der Firma wurde am 7. März 1956 die Beschaffung von 10 680 Panzerfahrzeugen mit einem Auftragswert von 2,5 Milliarden DM beschlossen.

Entstanden war die Idee eines auf Ketten fahrenden Schützenpanzers im Amt des Verteidigungsministers Blank. Dieser hatte sich in Anlehnung an Hitlers Panzergeneral Guderian (»Nicht kleckern, sondern klotzen«) »ein modernes, in der Welt einzigartiges Kampf-Konzept erdacht«.

Die Rüstungsindustrie der West-Alliierten konnte mit einem solchen Modell nicht aufwarten, das auch noch durch wechselnde Aufbauten als Jagd- und Flakpanzer, als Krankentransporter, Mörserlafette und Raketenwerfer sowie als Kommandowagen dienen sollte. Hispano Suiza hingegen konnte.

Da Adenauer 1954 der NATO die Zusage gemacht hatte, innerhalb von drei Jahren eine schlagkräftige 500 000-Mann-Armee aufzubauen, konnte die Regierung nicht auf Neuentwicklungen warten. Daß Hispano Suizia, außer mit dem Bau eines Vorzeigemodells aus Holz, auch keine Erfahrung auf diesem Gebiet hatte, sollte erst Jahre später eine verblüffte Öffentlichkeit erfahren.

Dennoch stellte das Schweizer Unternehmen eine nur einjährige Frist bis zur Serienreife des Panzers in Aussicht. Doch erst zwei Jahre nach dem vereinbarten Termin wurde im September 1959 der erste HS 30 der Truppe übergeben. Die Prüfungsfahrten im Gelände fielen negativ aus. Die Ketten des HS 30 waren für die 15 Tonnen Gewicht zu schwach, Belüftung und Kühlung von Motor und Bremsen waren unzulänglich, der Innenraum für acht Soldaten zu eng. Aus dem fahrenden Panzer in einem Notfall auszusteigen, war ohne Lebensgefahr nicht möglich. Das Problem trat jedoch kaum auf, da der Schützenpanzer, wenn er ausnahmsweise Wartungs- und Reparaturhallen verließ, nach kurzer Zeit liegen blieb. Es sei »nicht bekannt, worauf sich die Hoffnung stützte, die Ausrüstung einer modernen Ar-

mee von 500 000 Soldaten könne innerhalb von drei Jahren beschafft werden«, schrieb der Bundesrechnungshof der Bundesregierung ins Stammbuch.
Als Reaktion auf diese vernichtenden Erfahrungen reduzierte Blanks Nachfolger F. J. Strauß den an Hispano Suiza erteilten Auftrag von 2800 auf 1000 Stück. Aufgefüllt wurde die Lücke mit 2800 amerikanischen Panzern, die zwar nicht den deutschen Anforderungen entsprachen, jedoch gegenüber dem HS 30 einen essentiellen Vorteil aufzuweisen hatten: Sie fuhren, wie sie bereits in Korea gefahren waren.
Eigentlich hätte F. J. Strauß mit Unterstützung der schweizerischen Regierung ein Gerichtsverfahren gegen die Firma Hispano Suiza anstrengen müssen; weshalb er dies unterließ, verweist auf den zweiten Skandal bei der HS 30-Beschaffung. 1958 bekam Strauß Kenntnis von einer internen Liste von Hispano Suiza, auf der akribisch genau die Namen von Politikern verzeichnet waren; das Besondere: hinter den Namen zum Teil sechs- bis siebenstellige Geldbeträge.
An erster Stelle stand ein gewisser Dr. Otto Lenz, Rechtsanwalt, Abgeordneter, Mitglied des Verteidigungsausschusses und des Vorstandes der CDU/CSU-Bundestagsfraktion. Hinter seinem Namen stand die Summe von 3 Millionen DM vermerkt. Er hatte die Herren von Hispano Suiza mit Abgeordneten zusammengebracht. Bei den Verhandlungen war Otto Lenz als Vertreter der Auftraggeberseite anwesend, während sein Anwaltsbüro als Berater von Hispano Suiza auf der anderen Seite des Tisches saß. Lenz, Gründer der westdeutschen Geheimdienste, nahm das Geld nicht nur für sich persönlich in Empfang, als Wahlkampfleiter der CDU versorgte er auch die Partei mit Spenden. Insgesamt soll die CDU 50 Millionen DM an dem HS 30-Geschäft verdient haben. Während diese Zahlungen aufgrund von Todesfällen und »Gedächtnisschwund« unter den Zeugen nicht eindeutig belegt werden konnten, steht eines fest: in demselben Zeitraum hat Bonn 200 Millionen DM in den Sand gesetzt. Die Debatte um Korruption und Konstruktionsmängel war mit dem HS 30 nicht beendet.

Mit dem Spähpanzer Luchs ausgestattete Verbände der Bundeswehr mußten stillgelegt werden, weil die Vorderachse bei Geländefahrten abriß. Der Flakpanzer Gepard war in den ersten Truppenjahren nur zu 40 Prozent einsatzbereit und schoß statt auf Flugziele nur Löcher in die Luft. Sein Raketenpendant Roland verursachte bei den Soldaten nur Kopfschütteln. Dieses deutsch-französische Gemeinschaftsprojekt wimmelte von Konstruktionsfehlern. So konnte die schwenkbare Kamera, die das Gefechtsfeld überwachen soll, kaum geschwenkt werden, weil die Aussparung im Panzerheck zu klein bemessen war. In der Öffentlichkeit wurden diese und andere Beschaffungsskandale kaum registriert, weil Informationen über solche Mängel auch den Parlamentariern vorenthalten wurden.
Spektakulär waren hingegen die fliegenden Fehlkonstruktionen, zum einen weil sie mehr kosten, zum anderen weil sie nicht bloß stehenbleiben, sondern abstürzen.

Der Witwenmacher der Luftwaffe

Bei der Entscheidung von 1958, für die Bundesluftwaffe das Überschall-Flugzeug Lockheed F-104G Starfighter zu beschaffen, standen industriepolitische Gründe im Vordergrund. Die westdeutsche Wirtschaft hatte ein großes Interesse an raum- und luftfahrttechnischem Know-how aus Rüstungsaufträgen. Nicht weniger als 1212 Starfighter sollten gebaut werden, 17 europäische Unternehmen waren Hauptauftragnehmer, 500 Unterauftragnehmer und 15 000 Zulieferfirmen waren an dem Projekt beteiligt. F. J. Strauß entschied sich für den amerikanischen Starfighter und gegen die französische Mirage III A von Dassault. Hauptgrund dafür war das Interesse der Regierung Adenauer, so schnell wie möglich an der atomaren Rüstung der Amerikaner beteiligt zu werden. Verwirklicht werden konnte dieses Ziel nur mit der Beschaffung des Starfighters, da ein französisches Flugzeug als Träger amerikanischer Atombomben undenkbar war.

Die militärischen Aufgaben der F-104G sollten die Bekämpfung von schweren Bombern, von Abfangjägern und Aufklärungsflugzeugen in allen Höhenlagen sowie von feindlichen Stützpunkten am Boden sein. Auch Aufklärungsflüge und die taktische Unterstützung eigener Heeresverbände gehörten zu dem weiten Einsatzspektrum des ersten Atomwaffenträgers der Luftwaffe. Die Entscheidung für die Musterzulassung 1964 fiel negativ aus: Das Gerät sei untauglich. Der amerikanische Schönwetterjäger sei auch nach eingehenden Veränderungen nicht den Anforderungen anzupassen, die an ein solches Vielzweckflugzeug gestellt würden. Die notwendigen Anpassungen kämen, so der Bundesrechnungshof, einer Neuentwicklung und -konstruktion gleich.

Am 10. September 1961 hob der erste von der deutschen Industrie montierte Starfighter ab. Alle F-104G flogen nur mit einer vorläufigen Musterzulassung; die endgültige Zulassung ist nie erteilt worden.

Erfolgszwang und Erfolgssucht des Verteidigungsministers Strauß führten dazu, daß die drei Phasen Entwicklung, Erprobung, Fertigung nicht eingehalten wurden. Was entwickelt war, wurde sofort ohne Erprobung in die Serienfertigung gegeben. Als besonders nachteilig stellte sich das Nebeneinander von Entwicklung und Fertigung heraus. Diese Tatsache hatte zudem zur Folge, daß ein unterschiedlicher Konstruktionsstand der einzelnen Flugzeuge nicht zu vermeiden war. Die Versorgung mit Ersatzteilen, der Austausch von Bauelementen und Geräten wurde dadurch erschwert.

Die Bevölkerung wurde von den serienweisen Abstürzen des Starfighters aufgeschreckt. Ab 1962 wurden 749 Maschinen in Dienst gestellt: 220 Maschinen waren bis 1981 abgestürzt oder am Boden zu Bruch gegangen. 161 wurden ausgesondert, 39 wurden nach einer Grundüberholung an die Türkei und an Griechenland verkauft. In den siebziger Jahren beschaffte man noch weitere 217 Maschinen, die 218. ging – Ironie des Schicksals – schon in der Produktion zu Bruch. Insgesamt sind ca. 270 Maschinen abgestürzt.

Der Lockheed-Konzern – kurz vor der Bestellung der F-104G fast pleite – zahlte nach Ermittlungen des US-Senats 24,4 Millionen Dollar Bestechungsgelder. In Japan, Italien und den Niederlanden stolperten Politiker über den Korruptionsskandal, nur beim größten Auftraggeber Bundesrepublik gab es mangels Beweisen keine personellen Konsequenzen.

Der Volksjäger – kein Erfolgsjäger

Als Nachfolger des Starfighters forderte die Luftwaffe ein Flugzeug, dessen Stückpreis 10 Millionen DM nicht überschreiten und wovon die Bundeswehr 700 bis 800 Stück beschaffen sollte. Doch die Verhandlungen mit den anderen europäischen Ländern führten zu Kompromissen, die den Sinn des von der deutschen Luftwaffe geforderten »Volksjägers« so weit verkehrten, daß sogar aus der Luftwaffe der Vorschlag kam, das Konzept ganz fallenzulassen und dafür die amerikanische F-14 oder F-15 zu beschaffen. Die von den Deutschen angestrebte Multi-Rolle war vom Tisch. Als Ersatz für die Rolle des Jägers, Aufklärers und Erdkampfbombers mußte deshalb die Bundesregierung zusätzliche 175 »Alpha-Jets« und 185 »Phantoms« beschaffen. Kosten: 8 Milliarden DM.

Aber das Flugzeug MRCA Tornado war ganz nach dem Geschmack der Industrie: kein einfacher Jäger, sondern ein High-Tech-Monster. Das Flugzeug sollte als Instrument der neuen NATO-Strategie der »Flexible Response« die Fähigkeiten eines Jägers, Aufklärers sowie die eines Bombers mit konventioneller und atomarer Option auf sich vereinen. Geplant war die Abnahme von 324 Exemplaren durch die Bundesrepublik, die Briten wünschten 365 und die Italiener 100 Stück.

Die Industrien dieser drei Partnerländer, zusammen in der Panavia Aircraft GmbH in München organisiert, nannten Anfang der siebziger Jahre einen Systempreis von 24 Millionen DM pro Flugzeug. Mit den Hauptauftragnehmern MBB (BRD), British Aerospace (GB) und Aeritalia (I) und rund 500 Unterauftragnehmern entstand ein internationaler Rüstungskomplex, der weder politisch noch finanziell zu kontrollieren ist. Die Kosten stiegen von 24 (1970) über 40,9 (1974) auf 60,5 (1978) und schließlich auf 67,5 Millionen DM im Jahre 1979. Der geschätzte Gesamtumsatz des Projektes liegt bei 100 Milliarden DM.

Mit einem geschönten Haushalt versuchte man von den stets steigenden Systemkosten abzulenken. Die notwendigen Veränderungen auf den Fliegerhorsten z. B. bezifferte man mit 200 Millionen DM. Allein die Herrichtung eines der sieben Flugplätze kostete jedoch 130 Millionen DM. Auch die Bewaffnung führte zu weiteren Zusatzkosten in Millionenhöhe.

1980 schließlich wurden die ersten Flugzeuge der Luftwaffe übergeben. Nichts war mehr übriggeblieben von dem »Volksjäger«, vielmehr erschien das elektronische Ungetüm wie prädestiniert für eine primär nukleare Rolle. Die Lebenshaltungskosten des teuersten Killers der Bundeswehr sorgten selbst nach Abschluß der Beschaffungen für weitere Haushaltslöcher: Die Pilotenausbildung kostet je 2 Millionen DM, und die Unterhaltskosten für ein Flugzeug werden jährlich mit 1 bis 2 Millionen DM angesetzt, weil statt der kalkulierten 36 nunmehr 50 Wartungsstunden pro Flugstunde anfallen.

In Großbritannien hat der Londoner »Guardian« im Zusammenhang mit dem Export von 122 Tornados nach Saudi-Arabien im Frühjahr 1989 eine Bestechungsaffäre aufgedeckt.

PS: Das bisher letzte Glied in der Kette der Skandal-Flugobjekte ist der »Jäger 90«. Zur Jahreswende 1987/88 gab der damalige Verteidigungsminister Wörner seine Zustimmung zum Eintritt in die Entwicklungsphase. Überflüssig zu sagen, daß die Entwicklungs- und voraussichtlichen Herstellungskosten binnen kurzem explodierten. Es sollte Wörners Nachfolger Volker Rühe vorbehalten bleiben, das teure Projekt im Sinne der Rüstungsindustrie sicher durch die Schwierigkeiten zu führen, die ihm durch die kurzfristige Abrüstungs- und Spareuphorie nach der Wiedervereinigung entstanden. (Die Herausgeber)

1959 ff.

Die bundesdeutsche »Parteienlandschaft« war in den Anfangsjahren der Republik noch nicht so übersichtlich wie heute. Wie sozialdarwinistisch es bei der Auswahl der überlebensfähigsten Parteien und bei der Durchsetzung und Bewährung ihres Spitzenpersonals zuging – davon gibt die Affäre um die bayerischen Spielbanken, die CSU und ihren Spitzenpolitiker Friedrich Zimmermann eine ungefähre Vorstellung.

Heinrich Senfft

Friedrich Zimmermann und die bayerischen Spielbanken

Doktor Friedrich Zimmermann war einer unserer Bundesminister. Er und seine Partei, die Christlich-Soziale Union, machen sich nichts mehr daraus, wenn die Geschichte der bayerischen Spielbanken und die Rolle, die sie dabei gespielt haben, erzählt wird.

Das war nicht immer so. Früher einmal hat sich der Dr. Zimmermann zum Beispiel gewehrt, wenn ihn einer »Old Schwurhand« genannt hat. Das hat er schon lange nicht mehr nötig.

Noch 1970 klagte die CSU, als sich der »Stern« unter dem Titel »Herr Staatsanwalt, übernehmen Sie!« mit dem befaßte, was der Spielbankenkaufmann Karl Freisehner auf dem Totenbett gebeichtet hatte. Auch die CSU hat das heute nicht mehr nötig. Schreiben und drucken wir also die Geschichte der bayerischen Spielbanken. Es könnte ja sein, daß den machtgewohnten Herren doch noch einmal eine Konkurrenz entsteht, wie damals nach dem Krieg, als die Bayernpartei so beängstigend groß wurde.

Es könnte ja sein, daß doch der eine oder andere erfahren will, wie das aussieht, wenn entschlossene, intelligente, fleißige und nachtragende Leute Macht aufbauen, Macht institutionalisieren und dauerhaft sichern; wie sie die öffentlichen Interessen mit den eigenen verwechseln, den Staat einsacken, selber der Staat werden; wie sie uns zeigen, daß man mit Gesetzen und Verfassung wie mit den Geschäftsanteilen einer GmbH umgehen, wie man Menschen von sich abhängig machen, kontrollieren, belohnen oder vernichten kann; wie man mißtrauisch gegen Freund und Feind sein muß, um etwas zu werden und etwas zu bleiben. Das haben Franz Josef Strauß und Friedrich Zimmermann und die CSU geschafft.

I.

1945 hatte alles recht vielversprechend ausgesehen: Bei der ersten Landtagswahl in Bayern am 1. Dezember 1946 erhielt die CSU 52,3 % aller Stimmen, die SPD bescheidene 28,6, die FDP ganze 5,6 % und die WAV, die Wirtschaftliche Aufbauvereinigung des Alfred Loritz, 7,4 %. Bis September 1947 war CSU-Mann Hans Ehard Ministerpräsident einer Koalitionsregierung aus CSU, SPD und WAV. Dann traute sich die CSU die Alleinregierung zu.

Aber schon im Herbst 1946, zu spät, um noch an der Landtagswahl teilnehmen zu können, hatte Ludwig Max Lallinger die Bayernpartei gegründet. Sie wurde für die CSU zur größten Herausforderung, zum Angsttraum, denn beide Parteien sprachen dieselben bürgerlichen Wähler an. Die CSU war Nachfolgerin teils der Zentrumspartei der Weimarer Zeit, teils der katholisch-föderalistischen Bayerischen Volkspartei und hatte es deshalb schwer, zwischen bayerischem Sonderweg und »christlicher Reichsunion« einen eigenen Weg zu finden; die Parteiflügel um »Ochsen-Sepp« Josef Müller und um Alois Hundhammer bekriegten einander. Da tat sich die Bayernpartei mit dem 1947 von der CSU herübergewechselten Josef Baumgartner und einem eindeutig separatistischen Kurs leichter: Bei der Landtagswahl 1950 errang sie 17,9 % der Stimmen, während die CSU fast die Hälfte ihrer Wähler verlor und auf 27,4 % zurückfiel. Zwar blieb Ehard Ministerpräsident – aber er mußte mit der SPD und dem Bund der Heimatvertriebenen und Entrechteten (BHE) koalieren.

Und 1954 geschieht das Unvorstellbare, das grenzenlos Entsetzliche: Obwohl die CSU auf 38 % der Stimmen wächst und die BP auf 13,2 % zurückfällt, bildet die SPD des Wilhelm Högner mit der Bayernpartei, der FDP und dem BHE die sogenannte Viererkoalition. Die CSU bleibt draußen vor der Tür, und Konrad Adenauer verliert mit den bayerischen Stimmen die Mehrheit im Bundesrat. Der »Regensburger Tagesanzeiger« meint, die Viererkoalition sei eine »volksfremde Staatsstreichregierung«, und Ludwig Erhard in Bonn, die neue bayerische Regierung grenze an »widernatürliche Unzucht«.

II.

Bei der CSU bricht Panik aus. Sie stellt fest, daß ihre Parteiorganisation verlottert ist; Hanns Seidel tritt die Nachfolge von Hans Ehard an, und als Retter steht der dreißigjährige Regierungsrat Dr. Friedrich Zimmermann auf. Im Januar 1955 wird er Hauptgeschäftsführer, ein Jahr später Generalsekretär der CSU. Der Wiederaufstieg der Partei beginnt: Er ist von Skandalen begleitet, aber erfolgreich.
Erfolgreich, weil Seidel, Strauß und Zimmermann die Partei ganz und gar umkrempeln. Erfolgreich aber auch, weil die Viererkoalition gleich im April 1955 private Spielbanken in Bayern zuläßt und der CSU damit den Hebel in die Hand gibt, die Tür zur Macht wieder aufzubrechen. Denn gleich nach der Zulassung der Spielbanken hatte das Gemunkel begonnen, es sei bei diesem »Teufelswerk« (Hundhammer) nicht alles mit rechten Dingen zugegangen, Politiker seien bestochen worden. Schon im Oktober 1955 beschließt der Landtag auf Betreiben der CSU einen parlamentarischen Untersuchungsausschuß – jedermann erkennt die Schußrichtung: die Bayernpartei.
Der BP-Vorsitzende, stellvertretende Ministerpräsident und Landwirtschaftsminister Professor Dr. Josef Baumgartner, BP-Innenminister Dr. August Geislhöringer, der bei der Zulassung der Spielbanken leer ausgegangene Karl Freisehner und alle, alle schworen, es sei kein unrechtes Geld geflossen. Das einzig greifbare Ergebnis des Untersuchungsausschusses war für die CSU kläglich: Ihrem Abgeordneten Michel konnte nachgewiesen werden, daß er bestochen worden war. Gleichwohl begann der Abstieg der BP. Durch Hinweise auf angebliches Belastungsmaterial und im Sog der Adenauerwahl 1957 gelang es der CSU, die BP aus der Viererkoalition hinauszubugsieren und mit Hanns Seidel als Ministerpräsidenten wieder zu regieren.

III.

Obwohl die CSU alles erreicht hatte, saß ihr der Schrecken der Viererkoalition so tief in den Knochen, daß sie keine Ruhe gab: Die BP sollte vollends vernichtet werden.
Auf der Suche nach neuem Material gegen die BP trifft sich Zimmermann ab Frühjahr 1958 immer wieder mit Leuten wie z. B. Herrn Stöpel und dem Baron Richthofen, die eine Neuordnung der bayerischen Spielbanken wünschen und für diesen Fall auch schon Verträge mit Freisehner abgeschlossen haben. Zimmermann besucht auch Freisehner in dessen Wohnung, wo die beiden von Freisehners Schwiegersohn im Nebenzimmer belauscht werden: »... habe ich genau gehört, daß Herr Dr. Zimmermann meinem Schwiegervater für den Fall der Selbstanzeige eine maßgebliche Beteiligung an der Konzession für die bayerischen Spielbanken ... versprach.« Zimmermann bestreitet diese Aussage zwar später. Bald nach diesem Gespräch sucht Freisehner aber einen Anwalt auf, um ihn die Selbstanzeige vorbereiten zu lassen: Er habe vor dem Untersuchungsausschuß einen Meineid geleistet, denn in Wahrheit habe er die Bayernpartei doch bestochen. Im Herbst 1958 treffen sich Zimmermann und Freisehner auch noch einmal in einem Hotel in Salzburg. Der Ministerpräsident weiß davon. Wieder hat Freisehner einen Lauscher mitgebracht: Am Nebentisch sitzt der frühere Fraktionssekretär der BP, der später beschwören wird, Zimmermann habe gesagt, »Herr Freisehner könne einen Konzessionsträger für die Spielbanken benennen« – was Zimmermann natürlich auch bestreitet. Aber er rät Freisehner, mit der Selbstanzeige bis nach den Landtagswahlen im November zu warten. Sie geht für die BP katastrophal aus: 8,6 % gegenüber 45,6 % für die CSU.
Freisehners Selbstanzeige im Januar 1959 bringt die Lawine ins Rollen. Kein Mensch glaubt an seine angeblichen Gewissensbisse; jeder vermutet, er mache das ganz große Geschäft. Zwar kommt er in Untersuchungshaft, dort genießt er aber alle denkbaren Freiheiten. Baumgartner und Geislhöringer treten von

ihre Parteiämtern zurück. Im Juli findet der Spielbankenprozeß statt: Freisehner weint im Gerichtssaal, und im August werden alle Angeklagten wegen Meineids verurteilt: Baumgartner zu zwei Jahren Zuchthaus, Geislhöringer zu anderthalb Jahren Gefängnis, BP-Politiker Klotz und CSU-Mann Michel zu je zwei Jahren Zuchthaus, Freisehner zu einem Jahr und zehn Monaten Gefängnis, Baumgartner und Geislhöringer wahrlich wegen Lappalien.
Gleich nach dem Prozeß verspricht Ministerpräsident Seidel dem bayerischen Volk in einer pathetischen Radioansprache, die Spielbanken zu schließen.

IV.

Um ein Haar wäre auch Friedrich Zimmermann noch untergegangen: Wegen seiner eidlichen Aussage im Spielbankenprozeß wird er 1960 wegen fahrlässigen Falscheids zu vier Monaten Gefängnis verurteilt. Aber der Bundesgerichtshof hebt das Urteil auf, und nach einer neuen Münchener Verhandlung wird er 1961 freigesprochen: Gutachter hatten ihm bescheinigt, er habe bei seiner Aussage wegen Unterzuckerung des Blutes unter »verminderter geistiger Leistungsfähigkeit« gelitten. Kaum ist Zimmermann als Generalsekretär der CSU wieder in Amt und Würden, bedrängt ihn Karl Freisehner, der schon Anfang 1960 vorzeitig entlassen worden war. Die Spielbanken waren mittlerweile nicht geschlossen, sondern verstaatlicht worden. So begann der Kampf um die Reprivatisierung. Im Vertrauen auf Freisehners Versicherung, er habe Anspruch auf zwei Spielbankenkonzessionen, kaufte der Münchener Tabakkaufmann Ludwig Fraundorfer Freisehner scheibchenweise für immer mehr Geld die angeblichen Ansprüche gegen den Freistaat Bayern ab. Später erfährt Fraundorfer auch von Freisehners Vertrag mit Richthofen und Stöpel und kauft sich für viel Geld auch in diesen ein.
1962 wird Richthofen ungeduldig und wünscht sich, einmal »aus

höchstem Munde« etwas über die Reprivatisierungspläne des Freistaats zu hören. Dr. Zimmermann vermittelt ihm einen Besuch des Bundesverteidigungsministers und CSU-Parteivorsitzenden Strauß in Baden-Baden, mit dem Richthofen sehr zufrieden ist.
Auch Fraundorfer wird nervös und besucht Strauß in Bonn. Der sagt ihm: »Wenden Sie sich an Dr. Zimmermann.« Fraundorfer bittet Zimmermann, sich für ihn beim bayerischen Innenminister Junker zu verwenden. Daraus wird eine langjährige Verbindung. Zimmermann: »Es ist möglich, daß ich Herrn Fraundorfer zwanzig- bis dreißigmal getroffen habe, von 1963 bis einschließlich 1969.« 1965 fährt Zimmermann mit Fraundorfer sogar nach Griechenland. Der deutsche Botschafter arrangiert für Fraundorfer ein Essen mit dem griechischen Ministerpräsidenten.
Hat ein Abgeordneter, hat der Vorsitzende des Verteidigungsausschusses des Deutschen Bundestags, der Republik höchster Geheimnisträger, nichts anderes zu tun?

Als Freisehner 1967 stirbt und der »Stern« 1970 dessen ganze Geschichte aufschreibt, verklagt die CSU den »Stern«. Und als der Prozeß 1976 zu Ende geht, gestattet die CSU dem »Stern« im gerichtlichen Vergleich, auch weiterhin zu behaupten, was sie unwahr nennt: Dr. Friedrich Zimmermann habe Freisehner eine Spielbankenkonzession angeboten, wenn Freisehner ihm »das Material« gegen die Bayernpartei übergebe und durch eine Selbstanzeige ein Verfahren gegen die Herren der Bayernpartei in Gang bringe.

1961/62

Mit dem Pharmaskandal um das Schlafmittel Contergan beginnt eine Serie von Skandalen eines damals neuen Typs. Nicht, als hätte es zuvor keinen leichtfertigen Umgang mit der Gesundheit und dem Leben von Menschen um kommerzieller Interessen willen gegeben; doch die Dimensionen, die die Bedrohung des Lebens durch Industrieprodukte erreicht, sind neu. Den Verursachern des Skandals und denjenigen, die um des wissenschaftlichen und ökonomischen »Fortschritts« willen abwiegeln, steht eine neue Art von Öffentlichkeit gegenüber: Betroffene. Und noch ein weiteres Merkmal der Pharma-, Lebensmittel-, Chemie- und überhaupt Umweltskandale wird im Fall Contergan deutlich: ihre chronische Verlaufsform. Nach einer oft langen Inkubationszeit wird endlich die Diagnose gestellt; aber zwischen dem ersten Bekanntwerden und den Spätfolgen solcher Skandale liegt ein langer Zeitraum, während dessen vielfache Folge- und Parallelskandale sich abzeichnen.

Helga Dierichs

Contergan

Mit einer heftigen Fußbewegung streift sich Theresia eine Haarsträhne aus der Stirn. »Als ich das Buch damals entdeckte und las, daß die Hersteller längst vor meiner Zeugung nachdrücklich gewarnt worden waren, habe ich vor Wut geheult.« Aber ebenso engagiert fügt sie hinzu: »Wenn ich mir ein neues Leben ausdenke, möchte ich genauso wieder sein wie jetzt. Die Behinderung war für mich nie das Problem, sondern das, was die Umwelt mir und meiner Mutter angetan hat.«
Theresia stützt ihren Kopf nachdenklich in die linke Fußsohle. Ich sehe ihre Armbanduhr am Fußgelenk – ja, wo denn sonst? – und Ringe an den Zehen, gleich mehrere. Theresia hat keine Arme und Hände. Sie ist ein Contergan-Kind. Kind? Sie ist bald Volljuristin. Aber ein Contergan-Kind bleibt man wohl ein Leben lang: Auch wenn es im Herbst 1970 nach dem bis dahin längsten Prozeß Europas zu einem außergerichtlichen Vergleich zwischen klagenden Eltern und der beklagten Firma Chemie Grünenthal kam, hat Theresia ihren Frieden mit der Medikamenten-Branche nicht geschlossen. Denn, so weiß sie inzwischen: »Aus dem Contergan-Skandal hat, allen Behauptungen zum Trotz, niemand Entscheidendes gelernt.« Dies wurde ihr bereits klar, als ihr jenes Buch in die Hände fiel – selbstredend nur im übertragenen Sinn –: »Contergan oder Die Macht der Arzneimittelkonzerne« von Sjöström und Nilsson. Diese Übersetzung einer fundierten schwedischen Untersuchung kam 1975 in Berlin (Ost) heraus. Sie war bereits 1972 bei Penguin auf englisch erschienen. Der Skandal, einer mehr in diesem Kontext: Das Buch wurde nie in der Bundesrepublik publiziert.
Daß das Medikament als Krankheitsursache nach der Con-

tergan-Katastrophe alles andere als ausgestorben ist, ist nicht unbekannt. Aber selbst die Föten sind seitdem vor pharmazeutischen Angriffen kaum sicherer. Das Problem ist hier allerdings, daß es oft erst in der folgenden Generation möglich ist, Schädigungen als Wirkungen bestimmter Substanzen zu diagnostizieren.
Zwei Beispiele: Das Hormon DES, in den fünfziger Jahren eingesetzt, um Fehlgeburten zu verhindern, löst, wie man heute weiß, bei vielen weiblichen Nachkommen in der Pubertät Scheidenkrebs aus und bei den männlichen Veränderungen an den Genitalien. Ein anderes Hormonpräparat, Duogynon, das ein beliebtes Mittel für den Schwangerschaftstest war, wurde in den sechziger Jahren auch als Abtreibungsmittel eingesetzt. Seit 1967 mehrten sich Warnungen, Duogynon bei Schwangeren unter gar keinen Umständen anzuwenden, da es zu Mißbildungen wie Wolfsrachen, Wasserköpfen, deformierten Extremitäten gekommen sein soll. Aber erst 1980 stellte Schering, auch nach internationalem Druck, die Produktion des Präparates ein. Noch im selben Jahr wurde auch das Ermittlungsverfahren gegen den Hersteller eingestellt. Nach Ansicht der Ermittler ist die Schädigung ungeborenen Lebens auch gegen den Willen der Mutter straflos. Außerdem, so der Berliner Staatsanwalt, konnte die Kausalität nicht nachgewiesen werden.
Doch zurück zum Contergan-Skandal. Unter Slogans wie »Schlafmittel des Jahrhunderts, unschädlich wie Zuckerplätzchen« wurde 1957 von der Chemie Grünenthal GmbH in Form von Saft, Tabletten oder Zäpfchen, alles rezeptfrei, das Beruhigungs-und Schlafmittel Contergan angeboten. Es bescherte dem Hersteller einen kaum geahnten wirtschaftlichen Aufschwung. Im Mai 1960 machte Thalidomid – der Wirkstoff – 46 % des Gesamtumsatzes des Konzerns aus, so Sjöström und Nilsson. Warum? Es galt als derart ungiftig, daß es »sogar Neugeborenen und Kindern gegeben werden kann«, wie die Werbung versprach. Man nahm es gegen Grippe, Erkältung, Nervosität, Migräne; Eltern verabreichten Contergan in flüssi-

ger Form ihren Kindern, wenn sie ausgehen wollten. Daher die Bezeichnung »Kino-Saft«.

Bereits 1959 aber erreichen Grünenthal erste Berichte über Nebenwirkungen. Ärzte, darunter namhafte Professoren, beobachten Gleichgewichtstörungen und Schwindel, Müdigkeit und Händezittern. Schon ein Jahr zuvor hatte ein aufmerksamer Mediziner den Verdacht geäußert, zwischen Gehstörungen und Contergan könne es einen Zusammenhang geben. Im Frühjahr 1960 trifft bei der Aachener Firma eine ganze Welle solcher Polyneuritis-Berichte ein: von kalten Füßen bis zur teilweisen Lähmung reichen die unterschiedlichen Symptome der Nervenentzündungen. Nach den Dokumenten der schwedischen Autoren betont der maßgebende Grünenthal-Manager Dr. Mückter dennoch, daß alles getan werden müsse, um eine Rezeptpflicht zu vermeiden. Schließlich beruhe ein erheblicher Teil des Umsatzes auf Direktverkäufen.

Bis Ende 1960 waren, so Sjöström und Nilsson, bei Grünenthal 1600 Berichte über Nebenwirkungen eingegangen, davon mindestens 100 über schwere Polyneuritis.

Was von Herbst 1960 bis Winter 1961 nach den Recherchen des »Spiegel« und von Sjöström und Nilsson folgt, ist eine beschämende *chronique scandaleuse*:

September 1960: Der angesehene Neurologe Dr. Horst Frenkel aus Königstein reicht bei der Zeitschrift »Die medizinische Welt« einen Erfahrungsbericht aus seiner Klinik ein. Danach ist es bei Contergan-Konsumenten zu erheblichen Schädigungen bis hin zu Sprachstörungen und Gedächtnisschwund gekommen. Der Herausgeber des Fachblattes schickt den Aufsatz an Grünenthal, einen guten Kunden: allein 1960 schaltet die Chemie-Firma 27 ganzseitige Anzeigen. Dennoch wird die Redaktion später vor Gericht behaupten, man habe sich vom Hersteller nicht beeinflussen lassen. In der Folge melden sich bei Dr. Frenkel die Grünenthal-Wissenschaftler mit einem Angebot: wissenschaftliche Zusammenarbeit. Das Vorhaben, seine Beobachtungen zu publizieren, versuchen sie ihm auszureden.

November 1960: In einem Dokument der Chemiefabrik heißt es: »Wir beabsichtigen, für Contergan bis zum letzten Ende zu kämpfen.«
Anfang 1961: Die Firma Grünenthal verfolgt eine Abwieglungsstrategie gegenüber »Unruhezentren«.
März 1961: Der Firma sind 300 manifeste Fälle von Polyneuritis bekannt. Acht Monate später wird sich die Zahl verzehnfacht haben.
April 1961: Die Grünenthal-Repräsentanten Dr. Oswald und Nowel betonen gegenüber der Bonner Gesundheitsbehörde, Contergan sei so gut wie atoxisch. Nebenerscheinungen könnten bei diesem Mittel praktisch nicht vorkommen.
April 1961: Vorsichtshalber regt der Contergan-Hersteller nun doch beim Bundesgesundheitsamt in Berlin an, das Präparat unter Rezeptpflicht zu stellen.
April 1961: Ein kritischer Bericht von Dr. Raffauf erscheint in der »Deutschen Medizinischen Wochenschrift«. Auch er war zunächst zurückgehalten worden, drei Monate lang. Vermutlich sollte erst der Internistenkongreß abgewartet werden.
Mai 1961: Endlich erscheint der Artikel von Dr. Frenkel in der »Medizinischen Welt«.
Frühjahr/Sommer 1961: Leitende Grünenthal-Wissenschaftler und der Syndikus der Firma schwärmen aus, um Geschädigten kostenlos Sanatoriums-Aufenthalte, stationäre Behandlung an Uni-Nervenkliniken oder aber Bargeld anzubieten, je nach Hartnäckigkeit des Gegenübers zwischen 300 und 20000 DM. Und natürlich erst nach der Unterschrift unter einen Vertrag, der jeden Zusammenhang zwischen Contergan und den Beschwerden leugnet. Natürlich werden alle etwaigen Ansprüche »für jetzt und alle Zukunft endgültig abgefunden« usw. (Eine ähnliche Ausschluß-Klausel wird auch später das Stiftungsgesetz »Hilfswerk für das behinderte Kind« zieren und nach 1986 zu einem Prozeß eines Contergan-»Kindes« gegen Grünenthal führen.)
19. Mai 1961: Rundbrief des Contergan-Herstellers, daß Unverträglichkeitserscheinungen sehr selten seien, dagegen der the-

rapeutische Effekt nahezu immer im gewünschten Maße erreicht werde.

Erste Jahreshälfte 1961: Aus Hamburg, Bonn und Kiel werden schwere Mißbildungen bei Neugeborenen bekannt (Phokomelie). Zunächst kann kein Arzneimitteleinfluß als Ursache erkannt werden.

1. August 1961: Die Nervenschädigungen werden ernst genommen; Nordrhein-Westfalen, Hessen, Baden-Württemberg führen Rezeptpflicht für Thalidomid-Präparate ein.

16. August 1961: Der »Spiegel« informiert erstmals eine breite Öffentlichkeit über die Medizin-Affäre um durch das Schlaf- und Beruhigungsmittel Contergan ausgelöste Polyneuritis.

31. August 1961: Dr. Mückter äußert in einer internen Sitzung bei Grünenthal: »Bis jetzt ist Contergan die beste Schlaftablette der Welt.«

August 1961: Der Kinderarzt Prof. Wiedemann aus Krefeld berichtet im Fachorgan »Die Medizinische Woche« von auffällig vielen mißgebildeten Kindern, die Schädigungen vor allem an Armen und Beinen haben (Phokomelie).

15. November 1961: Der Hamburger Erbforscher Prof. Widukind Lenz teilt Chemie Grünentahl mit, die Mißbildungen seien auf die Substanz Thalidomid zurückzuführen. Die Firma solle umgehend alle Präparate mit diesem Stoff zurückziehen.

18. November 1961: In 67 000 Rundschreiben an Ärzte und Apotheken versichert Grünenthal, Contergan sei unschädlich: »Die relativ seltenen Nebenerscheinungen dürften mit den Vorzügen ... mehr als aufgewogen sein.«

19. November 1961: Prof. Lenz berichtet auf der Tagung einer Kinderärztevereinigung von seinem Verdacht. Nach seinen Recherchen hätten Mütter, die Kinder mit schweren Mißbildungen der Gliedmaßen geboren hätten, in der Frühschwangerschaft eine »bestimmte Substanz« genommen. Alle Zuhörer wußten, daß Contergan gemeint war.

November 1961: Aus Australien wird gemeldet, daß Phokomelie nach Contergan beobachtet worden sei.

24. November 1961: Prof. Lenz, Grünenthal-Mitarbeiter und Be-

amte der nordrhein-westfälischen Landesregierung ringen um Konsequenzen. Prof. Lenz dringt darauf, Contergan sofort aus dem Verkehr zu ziehen. Dann gehen die Verhandlungen zwischen Pharma-Unternehmen und Landesregierung bilateral weiter. Der Kompromiß: Die Medikamenten-Packungen erhalten künftig den Hinweis: »Bei Schwangeren nicht verabreichen.« Gegen einen Verkaufsstopp durch die Behörden würden rechtliche Schritte unternommen, drohen die Firmen-Unterhändler.
26. November 1961: Erstmals erfahren die Bundesbürger von einer Mißbildungs-Epidemie. Die »Welt am Sonntag« informiert auch über den furchtbaren Verdacht, die Ursache sei Contergan.
27. November 1961: Grünenthal kapituliert und zieht alle conterganhaltigen Mittel vom Markt. Trotzdem versucht der Hersteller noch längere Zeit, die Resultate von Prof. Lenz zu diskreditieren.
Bis Mitte 1962 werden auch im Ausland alle Thalidomid-Präparate zurückgezogen. Oftmals aber nicht mit genügend Nachdruck, so daß vereinzelt Apotheken weiterhin ihre Bestände ausverkaufen. Weltweit hat die Arzneimittel-Katastrophe 10 000 Opfer gefordert.

Als 1969 der Prozeß gegen Grünenthal begann, lebten von den 6000 Contergan-Babys in der Bundesrepublik noch knapp 2400. Eine der Überlebenden ist Theresia Degener. Der Prozeß endete nicht mit einem Schuldspruch, sondern mit einem außergerichtlichen Vergleich. Der Instanzenweg hätte Jahre gedauert, und die Kläger standen unter finanziellem Druck, denn schließlich hatten sie die Folgekosten der Contergan-Schädigungen zu tragen, dazu kam das Risiko enormer Verfahrenskosten. Die Eltern der Contergan-Kinder waren erpreßbar geworden. Sie erhielten zwischen 5000 und 25 000 Mark Entschädigung, außerdem wurde das »Hilfswerk für behinderte Kinder« gegründet, zu dessen Finanzierung Grünenthal 100 Millionen Mark aufbrachte.
Zwar stellte sich im Verlauf des Verfahrens heraus, daß die

Chemiefirma bereits 1961 von den Nervenschädigungen durch Contergan überzeugt war; der Zusammenhang zwischen den kindlichen Mißbildungen und Contergan galt nun als gesichert. Jedoch keiner der Angeklagten wurde persönlich haftbar gemacht. Jeder einzelne von ihnen habe unter dem Gruppendruck der Firma gestanden, hieß es verständnisvoll.

Die Firma ging an den Kosten des Contergan-Vergleichs nicht bankrott. Auch von dem Schock, Verursacher einer medizinischen Katastrophe gewesen zu sein, hat sich Grünenthal ganz offensichtlich erholt. Man mischt heute bereits ganz vorne wieder mit, wenn es um die Einführung der umstrittenen gentechnischen Verfahren in der Medikamente-Produktion geht. Manipulierte Bakterien sollen das Blutgerinnungsmittel Urokinase herstellen. Kritiker an der Gentechnologie werden in die Nähe der Urheber von Sabotageakten gerückt, um sie mundtot zu machen.

Noch eines soll hier richtiggestellt werden: Häufig wurde behauptet, Grünenthal habe die Mißbildungen als Folge von Contergan nicht voraussehen können. Die schwedische Untersuchung hingegen führt Berichte von namhaften Pharma-Firmen an, die bereits 1956 in sehr eingehenden Testreihen die Unbedenklichkeit ihrer Präparate für Föten prüften. Ein weiteres Beispiel: In den Vereinigten Staaten hielt die Sachbearbeiterin der Zulassungsbehörde, der »Food and Drug Administration«, die Anmelder des Thalidomid-Mittels immer wieder hin. Ihr reichten die vorgelegten Unterlagen über Tierversuche nicht aus, um die Unbedenklichkeit zu bescheinigen. Die Katastrophe von Europa wurde durch die Aufmerksamkeit und Zivilcourage einer Frau verhindert. Glückliches Amerika!

1962

Die »Spiegel-Affäre« ist so etwas wie das klassische Lehrstück eines politischen Skandals in der Bundesrepublik. Gegner sind auf der einen Seite die kritische Öffentlichkeit mit ihrem in der Bundesrepublik exponiertesten Organ – dem »Spiegel« –, auf der anderen Seite die Bereiche des politischen Apparats, die sich demokratischer Kontrolle stets am ehesten zu entziehen versuchen: Militär, Geheimdienste, informelle Machtzirkel. Der Schlagabtausch zwischen beiden Seiten schreibt einen Status quo fest, der das politische System der Republik zum Teil immer noch prägt: Die publizistische Öffentlichkeit festigt ihre Position, kann jedoch nicht verhindern, daß die Grenzen zwischen Justiz und Exekutive weiterhin zuweilen unscharf bleiben; das Parlament und die parlamentarische Opposition erweisen sich als überfordert. Sie werden als Kontrollinstanzen der Exekutive – soweit es denn möglich ist – durch Presse und Justiz ersetzt.
Der Staat wehrt sich: Hausdurchsuchungen bei Journalisten, Beschlagnahmungen von brisanten Unterlagen, der Staatsanwalt in Redaktionsstuben – trotz gelegentlicher Proteste läßt die Macht ungeniert die Muskeln spielen. Das Zeugnisverweigerungsrecht wird auf Umwegen ausgehebelt. Oskar Lafontaine etwa spricht von »Schweinejournalismus« im Zusammenhang mit Recherchen zu delikaten Details seines politischen Wirkens als Oberbürgermeister von Saarbrücken (»Rotlichtaffäre« 1993). Bis heute läßt es sich kaum ein ertappter Spitzenpolitiker nehmen, die Medien schuldig zu sprechen und sich selbst als unschuldiges Opfer eines gnadenlosen Hetzjournalismus darzustellen.

Jürgen Seifert

Die Spiegel-Affäre

Die »Spiegel-Affäre« markiert das Ende der Restaurationsperiode und der Machtposition von Konrad Adenauer. Sie war ein Sieg der schon totgesagten kritischen Öffentlichkeit in der Bundesrepublik. Franz Josef Strauß mußte seine Position als Bundesverteidigungsminister aufgeben; er blieb allerdings Vorsitzender der CSU. Die in der Zeit der Kommunistenverfolgung aufgebauten Organe der Strafverfolgung und des vorverlegten Staatsschutzes waren angeschlagen. Doch Konsequenzen struktureller Art wurden nicht gezogen. Im Herbst 1962 deutete sich bereits an, was vier Jahre später Tatsache wurde: eine Große Koalition von SPD und Union.

Vorgeschichte und Großaktion

Franz Josef Strauß hatte als Bundesverteidigungsminister beim Aufbau der Bundeswehr die Ausrüstung mit konventionellen Waffen vernachlässigt und das Schwergewicht auf atomare Abschreckung gelegt. Die Bundeswehr durfte zwar keine Atomwaffen besitzen, jedoch Raketen und den für den Einsatz mit Atomwaffen besonders ausgerüsteten Starfighter. Diese Politik stieß in der Bundeswehr auf Kritik. Oberst Alfred Martin aus dem Verteidigungsministerium wollte die Fakten öffentlich machen. Er wandte sich – über Josef Augstein, den Bruder des »Spiegel«-Herausgebers, – an den »Spiegel«. Das Nachrichtenmagazin, das damals mit einer Auflage von rund einer halben Million erschien, fungierte neben dem Bundesverfassungsgericht als Oppositionsersatz. Von der SPD, die damals gegenüber der Union die von Herbert Wehner konzipierte Umarmungstaktik verfolgte, erwartete niemand etwas.

Im »Spiegel« übernahm der Redakteur Conrad Ahlers die Angelegenheit. Er recherchierte und schrieb einen Artikel, der vom »Spiegel« am 10. Oktober 1962 unter der Überschrift »Bedingt abwehrbereit« veröffentlicht wurde. Zur Überprüfung legte er zwei Listen mit insgesamt 13 Fragen einem in Hamburg tätigen Angehörigen des Bundesnachrichtendienstes vor, mit dem der »Spiegel« damals zusammenarbeitete. Der BND äußerte zu keiner der entscheidenden Fragen Geheimhaltungsbedenken. Ahlers hat auch die im Artikel enthaltenen Tatsachen mit Oberst Martin erörtert und daraufhin – wie später von den Ermittlungsinstanzen bestätigt werden mußte – »zahlreiche Mitteilungen Martins entweder überhaupt nicht oder in wesentlich abgeschwächter Form veröffentlicht«. Er hat schließlich den Artikel mit dem sozialdemokratischen Wehrexperten, dem damaligen Hamburger Innensenator Helmut Schmidt, durchgesprochen.

Auf das in der Weimarer Zeit von Konservativen entwickelte Instrument, den politischen Gegner als Landesverräter strafrechtlich zu verfolgen, hatte sich nach einer Auseinandersetzung mit dem »Spiegel« in eigener Sache ein Würzburger Professor besonnen, Friedrich August Freiherr von der Heydte, CSU-Mitglied und Reserve-Offizier der Bundeswehr im Generalsrang. Nach Erscheinen des Artikels »Bedingt abwehrbereit« stellte von der Heydte bei der Bundesanwaltschaft wiederum Strafanzeige wegen Landesverrat gegen den »Spiegel«. Die Bundesanwaltschaft, die sich auf Grund der früheren Strafanzeige bereits mit dem »Spiegel« beschäftigte, reagierte. Auf direktem Wege wurde das Verteidigungsministerium um ein Gutachten gebeten. Erst nachdem das Gutachten aus dem Verteidigungsministerium bereits der Bundesanwaltschaft übergeben worden war, ging beim zuständigen Bundesminister der Justiz die offizielle Bitte ein, das Verteidigungsministerium um ein Gutachten zu ersuchen. Dieses Schreiben wurde »zurückgehalten«, d. h. es wurde dem Bundesjustizminister Wolfgang Stammberger (FDP) nicht vorgelegt. Dagegen gab es Absprachen zwischen den beiden Staatssekretären des Verteidigungs- und des Justizministeriums. Im Verteidigungsministerium wurde die Angelegenheit auf der Ebene des Ministers und des Staatssekretärs behandelt. Mit der Anfertigung des Gutachtens wurde Oberregierungsrat Heinrich Wunder beauftragt, der später Bundesanwalt wurde. Die Spitze des Hauses, d. h. Strauß und der Staatssekretär Hopf, wurde im Verlauf der Erstellung des Gutachtens unterrichtet. Das fertige Gutachten lag Strauß vor.

Am Abend desselben Tages, an dem das Gutachten der Bundesanwaltschaft übergeben wurde, sagte Staatssekretär Volkmar Hopf der Bundesanwaltschaft telephonisch seinen Besuch für den nächsten Tag an. In diesem Gespräch forderte Hopf die beiden Bundesanwälte Wagner und Kuhn auf, Maßnahmen »völlig ohne Rücksicht auf Personen« durchzuführen, und bot »jede technische amtliche Hilfe« an. In seinen Ausführungen betonte Hopf, welchen Stellenwert der Angelegenheit zugemessen werde. Dabei sagte er unter anderem:

– amerikanische Dienststellen hätten sich »beschwerdeführend an die Bundesregierung gewandt«,
– Adenauer habe erklärt, »so ginge es nicht mehr weiter, man müsse einschreiten«,
– im Verteidigungsministerium sei man sehr betroffen über den »Spiegel«-Artikel, das sei »eine furchtbare Geschichte«,
– die Informationen für den Artikel müßten von hohen Offizieren oder Beamten aus dem Verteidigungsministerium stammen,
– »strafrechtliche Maßnahmen seien vielleicht in diesem Fall tatsächlich die ultima ratio«,
– »daß Herr Augstein nach seiner Kenntnis jede ›Spiegel‹-Ausgabe zur Kenntnis nehme und daß nichts erscheine, was er nicht billige«,
– »die Mittel des Bundesverteidigungsministeriums, aber auch des Militärischen Abschirmdienstes könnten voll in Anspruch genommen werden«.

Diese Sätze machen deutlich, welcher Druck auf die Bundesanwaltschaft ausgeübt wurde. Die Bundesanwaltschaft reagierte.

Zwei Tage später fand eine vereinbarte Besprechung zwischen den Bundesanwälten, den vom Verteidigungsministerium beauftragten Sicherheitsexperten und der Leitung der Sicherungsgruppe Bad Godesberg des Bundeskriminalamtes statt. Auch der Ermittlungsrichter beim Bundesgerichtshof, Oberlandesgerichtsrat Buddenberg, der am kommenden Tag die Haft- und Durchsuchungsbefehle unterzeichnete, war bei der »Darlegung des Sachverhalts« zugegen und kam am Ende dieser hochkarätigen Einsatzbesprechung, an der Angehörige aus dem Dienstbereich von drei Bundesministern teilnahmen, noch einmal zurück. Doch der zuständige Bundesminister der Justiz erfuhr davon nichts.
Auffällig ist die lange Zeitspanne zwischen der Unterzeichnung der Haft- und Durchsuchungsbefehle am 23. Oktober und der Durchführung der Aktion am 26. Oktober, konkret am späten Abend eines Freitages. Darüber wurde viel spekuliert: Hat man von Anfang an diesen für eine totale Besetzung der Hamburger »Spiegel«-Redaktion günstigen und für mögliche politische Reaktionen ungünstigen Zeitpunkt ausgewählt? Wurde bewußt die Diskussion und Abstimmung im Bundestag über den Bericht des Fibag-Untersuchungsausschusses abgewartet, bei dem die Regierungskoalition die Stimmen des Koalitionspartners FDP brauchte und eine erneute Zurückverweisung an den Untersuchungsausschuß (wie am 28. 6. 1962) vermeiden wollte? Wurde eine Zuspitzung der Kuba-Krise (entstanden durch die Stationierung sowjetischer Raketen auf Kuba) einkalkuliert?
Der Einsatz wurde am Abend des 26. Oktober 1962 angeordnet. Die gesamte Hamburger Redaktion wurde besetzt, die Bonner »Spiegel«-Redaktion wurde durchsucht, mehrere »Spiegel«-Redakteure wurden verhaftet, auch Privatwohnungen wurden durchsucht. Rudolf Augstein stellte sich am Vormittag des nächsten Tages. Der Redakteur Conrad Ahlers wurde in derselben Nacht morgens um 5 Uhr zuammen mit seiner Frau in Spanien verhaftet. Auch Fahnen für die »Spiegel«-Ausgabe, die am Montag der folgenden Woche erscheinen sollte, wurden beschlagnahmt.

Doch mit dieser Aktion wurde eine öffentliche Reaktion ausgelöst, mit der die Verantwortlichen nicht gerechnet hatten. Viele Menschen begriffen bald, daß es nicht nur um den »Spiegel« oder um Landesverrat ging, sondern um die Freiheit der Presse in der Bundesrepublik. Zur zentralen Frage wurde dabei: Wie kam es zu der Festnahme des Ehepaars Ahlers in Spanien? Zugleich richtete sich die Aufmerksamkeit der Öffentlichkeit immer mehr auf eine vermutete Beteiligung von Franz Josef Strauß, der am 30. Oktober in der Frankfurter »Abendpost« in einem Interview erklärte, daß er »persönlich oder die Leitung dieses Hauses mit der Ingangsetzung dieser Aktion nichts zu tun« habe.

Der Fall Ahlers und der Akteur Strauß

Fest steht heute, daß Conrad Ahlers und seine Frau in Spanien nicht verhaftet worden wären, wenn Strauß nicht mit dem Militärattaché bei der Deutschen Botschaft in Madrid, Achim Oster, telephoniert hätte. Ein Militärattaché ist dem Verteidigungsminister unterstellt. Der Geschäftsträger der Botschaft, Dr. Breuer, hat über dieses Gespräch zwischen Strauß und Oster auf Grund der Angaben von Oster berichtet: »Bundesminister Strauß habe ihn [d.h. Oster] angerufen und ihm erklärt, in dieser Nacht sei eine Großaktion wegen Verrat von Staatsgeheimnissen und Bestechung gegen den ›Spiegel‹ unternommen worden. Mehrere Redakteure und auch hohe Offiziere seien verhaftet worden, die Angelegenheit stehe mit der Kuba-Krise in Verbindung, und R. Augstein habe sich bereits nach Kuba abgesetzt. Er komme soeben vom Bundeskanzler und gebe ihm auch im Einverständnis des Herrn Bundeskanzlers und des Herrn Außenministers den dienstlichen Befehl, alles zu unternehmen, um den stellvertretenden Chefredakteur Ahlers, der in Spanien weile, verhaften zu lassen.«
Ähnliches hat Legationsrat Feit in einer dienstlichen Äußerung gesagt. Achim Oster, dem der Aufenthaltsort von Ahlers be-

kannt war, und ein Angehöriger der Botschaft begaben sich daraufhin zur spanischen Polizei. Oster bat den spanischen Beamten, die sofortige Festnahme oder Überwachung von Ahlers zu veranlassen und teilte mit, daß der Haftbefehl im Verlauf des 27. Oktober vorgelegt würde. Oster wurde noch in der Nacht von der Festnahme unterrichtet. Er hat daraufhin Franz Josef Strauß in dessen Privatwohnung angerufen.
Die Verantwortlichen im Verteidigungsministerium (Bundesminister Strauß und Staatssekretär Hopf) wußten spätestens seit Mitternacht, daß Interpol in dieser Sache nicht eingeschaltet werden durfte. Dennoch setzten sie durch, daß der Haftbefehl aus Gründen der Information vom Bundeskriminalamt in spanischer Sprache an die Generaldirektion für Sicherheit in Madrid übermittelt wurde. Dieser Funkspruch trug – wie alle Funksprüche des BKA – das übliche Interpol-Zeichen.
Ahlers kehrte freiwillig in die Bundesrepublik zurück. Doch das Interesse an den ungeklärten Umständen der Verhaftung blieb, der wahre Sachverhalt konnte erst Schritt für Schritt geklärt werden. Die Pressesprecher der beteiligten Ministerien konnten zwei Wochen lang nur sporadisch Auskünfte geben, weil der politisch verantwortliche Minister die Tatsachen nicht preisgeben wollte, die im Widerspruch zu einem Strauß-Interview im Nürnberger »8-Uhr-Blatt« vom 3. November standen (wie zu dem erwähnten Interview vom 30. Oktober): »Es ist kein Racheakt meinerseits. Ich habe mit der Sache nichts zu tun. Im wahrsten Sinn des Wortes nichts zu tun!« Franz Josef Strauß hat noch am 8. November in der Fragestunde des Bundestages seine eigene Mitwirkung verschleiert. Das, was Strauß in der fraglichen Nacht getan hatte, wurde dargestellt als »Amtshilfe« des »Verteidigungsministeriums«: »Auf dem Wege der Amtshilfe für die Strafverfolgungsbehörden hat das Verteidigungsministerium den Militärattaché in Madrid gefragt, ob diese Mitteilung (der deutsche Militärattaché in Madrid sei über die Reise von Ahlers unterrichtet) zutreffe. Der Militärattaché bestätigte die Mitteilung, er könne aber nicht sagen, ob sich Herr Ahlers in Spanien oder Tanger aufhalte. Der spani-

sche Aufenthaltsort des Herrn Ahlers sei ihm bekannt. Daraufhin wurde dem Militärattaché erklärt, daß gegen Ahlers ein höchstrichterlicher Haftbefehl wegen dringenden Verdachts eines landesverräterischen Verbrechens vorliege. Der Haftbefehl sei mit Flucht- und Verdunkelungsgefahr begründet. Der Attaché wurde in der bei Behörden üblichen Weise angewiesen, diese Tatsache den spanischen Behörden mitzuteilen. Diese seien außerdem bereits auf polizeilichen Wege von dem vorliegenden Haftbefehl unterichtet.«
Strauß wurde ausdrücklich gefragt: »Wer hat die Weisung an Herrn Oster gegeben, die Festnahme von Herrn Ahlers zu veranlassen?« Strauß antwortete nicht zur Sache, sondern sagte: »In der Fragestellung steckt eine Behauptung, die in dieser Form wohl nicht zutrifft.«
Erst als »Die Welt« am 9. November berichtete, daß der spanische Informationsminister Fraga Iribarne erklärt habe: »Warum verneint der [deutsche] Verteidigungsminister seine Teilnahme an dieser Angelegenheit?«, war Strauß bereit, seine Handlung zuzugeben. Doch Strauß verband das mit einer neuen Unwahrheit. Er, der von sich aus die deutsche Botschaft in Madrid angerufen und um einen Rückruf von Oster gebeten hatte, behauptete nun, Oster sei von der Sicherungsgruppe des Bundeskriminalamtes in Bad Godesberg angerufen worden und habe gesagt: »Ich kenne nur die Stimme des Ministers.« Dazu Strauß weiter: Deshalb »bin auch ich mit ihm verbunden worden und habe das wiederholt, was vorlag«. Er versuchte den Eindruck zu erwecken, er sei nicht von sich aus aktiv geworden, sondern habe nur das Handeln der Strafverfolgungsbehörden unterstützt.
Strauß hat sich nicht vorstellen können, daß sein telephonisches Eingreifen aufgeklärt werden und eine derartige Bedeutung erlangen könnte, daß er als Minister untragbar wurde. Das zeigt folgende Bemerkung aus einem Interview vom 10. 2. 1963: »Wenn in Zukunft bei einem Verfahren wegen Landesverrat jeder Beteiligte – Minister, Staatssekretäre, Beamte, Offiziere, Polizeibeamte – Auskunft geben muß über jedes Gespräch, das

er geführt hat, über Telephongespräche, die er gehabt hat, dann kann man nicht mehr erwarten, daß von der Exekutive, daß von den Regierungsorganen die Sache mit der nötigen Energie verfolgt wird.«

In Israel hat er dann – frei von allen Staatsämtern – am 2. Juni 1963 anders gesprochen: »Die Frage, die auftrat, war eine neue Umschreibung der Pressefreiheit im Rahmen des Interesses der nationalen Sicherheit. Nicht ein einziges Mal hatte ich mit der ernstzunehmenden deutschen Presse irgendwelche Probleme – nur mit dem ›Spiegel‹. Sie sind die Gestapo im Deutschland unserer Tage. Sie führen Tausende persönlicher Akten – wenn ich an die Nazivergangenheit von Deutschland denke, fast jeder hat irgend etwas zu vertuschen. Und das ermöglicht Erpressung. Ich war gezwungen, gegen sie zu handeln.«

Die Positionen der politischen Parteien

Die Rolle von Bundeskanzler Adenauer in der Affäre ist ungeklärt. Adenauer hat Strauß – als dessen Position unhaltbar wurde – fallenlassen. Doch fest steht, daß Strauß mit Adenauer gesprochen und ihn über die Aktion gegen den »Spiegel« unterrichtet hat. Die Union hatte schon am 28. Oktober erklärt: »Es ist dies keine Affäre der deutschen Presse, sondern eine Affäre des ›Spiegels‹.«

Unbestreitbar ist, daß Adenauer am 7. November 1962 versucht hat, bestehende Vorurteile gegen den »Spiegel« auszunutzen und zu einer Ausschaltung des »Spiegels« als Oppositionsinstanz beizutragen. Er sagte: »Wir haben einen Abgrund von Landesverrat im Lande. Denn, meine Herren, wenn von einem Blatt, das in einer Auflage von 500 000 Exemplaren erscheint, systematisch, um Geld zu verdienen, Landesverrat getrieben wird...«

Trotz der Vorwürfe, er betreibe Vorverurteilung, wiederholte Adenauer: »Auf der einen Seite verdient er an Landesverrat; und das finde ich einfach gemein. Und zweitens [...]

verdient er an allgemeiner Hetze auch gegen die Koalitionsparteien; und das (zur SPD gewandt) gefällt Ihnen, wie Sie nicht bestreiten können.«

Noch deutlicher macht folgende Bemerkung das Ziel, den »Spiegel« auszuschalten: »Gott, was ist mir schließlich Augstein! Der Mann hat Geld verdient auf seine Weise. Es gibt Kreise, die ihm dabei geholfen haben, indem sie den ›Spiegel‹ abonniert haben und indem sie Annoncen hineingesetzt haben. Die Leute stehen nicht sehr hoch in meiner Achtung, die ihm soviel Annoncen gegeben haben. Aber er hat Geld verdient, er hat sehr viel Geld verdient.«

Das Schema war einfach, fast platt: Augstein ist ein Landesverräter, die SPD, die sich gegen die Aktion wendet, unterstützt einen Landesverräter. Erst provoziert Adenauer die SPD durch die Vorverurteilung (»Wir haben einen Abgrund von Landesverrat im Lande«). Dann fragt er schlitzohrig die SPD: »Ich bin sehr erstaunt. Sie wollten sich doch gar nicht vor den ›Spiegel‹ stellen.« Und als die Debatte sich zu Ungunsten der Union wendet, versucht er (der weiß, daß beim »Spiegel« auch geheime Dokumente gefunden worden sind, die aus dem Verteidigungsausschuß stammen und den sozialdemokratischen Abgeordneten Gerhard Jahn belasten), die SPD einzuschüchtern und warnt: »Mir wäre es viel lieber, wenn wir herausbekämen, wer diese landesverräterischen Informationen an den Spiegel gegeben hat.«

So platt und peinlich sich Adenauers Ausführungen heute lesen, sie waren zielgerichtet und erfüllten politische Funktionen, die nüchtern kalkuliert waren.

Liberale und Sozialdemokraten waren nicht fähig, dieses taktisch geschickte Verhalten in seiner politischen Funktion zu durchschauen und zu entlarven. Sie reagierten auf die Vorverurteilung moralisch und mit Empörung. Doch das macht die wenigen Sätze der Entgegnung des FDP-Abgeordneten Wolfgang Döring noch heute lesenswert: »Aber Herr Bundeskanzler, ich bin es nicht nur meinem Freunde, sondern auch dem Staatsbürger Augstein und allen anderen schuldig, dagegen zu prote-

stieren, daß Sie hier sagen: Herr Augstein verdient am Landesverrat. Dann haben Sie als erster hier ein Urteil gefällt, daß zu fällen nur dem Gericht zusteht. Herr Bundeskanzler, ich weiß, was ich hier sage. Ich bin nicht bereit – und das ist keine koalitionspolitische Frage –, unwidersprochen hinzunehmen, daß letztlich durch eine ganz bestimmte Stimmungsentwicklung, gleichgültig wer sie bewirkt, Leute verurteilt sind, bevor sie überhaupt jemals einen Gerichtssaal gesehen haben. [...] Lesen Sie die Auslandszeitungen!«
Die Sozialdemokraten waren mehr oder weniger gelähmt. Sie haben unbestreitbar große Verdienste in der Aufklärung des Falles Ahlers und der von Franz Josef Strauß verbreiteten Lügen und Unwahrheiten. Aber die Affäre widersprach Herbert Wehners langfristiger Perspektive einer Großen Koalition.
Zudem mußte die SPD zu Recht besorgt sein, daß bei der Totalbesetzung des »Spiegels« auch Unterlagen aufgefunden wurden, die von den SPD-Abgeordneten Gerhard Jahn und Hans Merten an den »Spiegel« weitergegeben worden waren (um der Unverfrorenheit von Strauß im Verteidigungsausschuß entgegenzutreten). Diese Papiere hatten nichts mit Landesverrat zu tun, aber es handelte sich um Protokolle, die als »geheim« eingestuft waren. Die Weitergabe war strafbar als »Geheimnisverrat« – und war das nicht so etwas ähnliches wie Landesverrat? Zudem hatte der Wehrexperte der SPD, Helmut Schmidt, mit Conrad Ahlers die Spiegel-Story erörtert. Viele wußten, daß Herbert Wehner und Conrad Ahlers befreundet waren. Deshalb ist es verständlich, daß Sozialdemokraten immer wieder meinten, ihre Lauterkeit unter Beweis stellen zu müssen durch die Erklärung, daß sie »gleich jedem anständigen Deutschen aufs schärfste Landesverrat« verurteilten, »wo er wirklich vorliegt«. Selbst Fritz Erler blieb dieser Defensivhaltung verhaftet: »Wo es sich um Landesverrat handelt, muß zugepackt werden.« Das klang schon fast wie eine Rechtfertigung der Totalbesetzung. Herbert Wehner, damals stellvertretender SPD-Vorsitzender, verlangte immerhin, »daß auf unvermeidliche polizeiliche und staatsanwaltliche Maßnahmen auch nicht der Schatten eines

Verdachts fällt, sie könnten politische Schachzüge darstellen.«
Unmittelbar nach der Aktion, am 28. Oktober, veröffentlichte die »Gruppe 47« eine Erklärung, in der es hieß: »In einer Zeit, die den Krieg als Mittel der Politik unbrauchbar gemacht hat, halten sie [die 49 Unterzeichner] die Unterrichtung der Öffentlichkeit über sogenannte militärische Geheimnisse für eine sittliche Pflicht, die sie jederzeit erfüllen würden.«
Eine solche Auffassung konnte damals nur Gegenreaktionen produzieren. Sie führten sogar zu einem strafrechtlichen Ermittlungsverfahren. Die SPD konnte und wollte so etwas nicht sagen. Aber sie brachte auch wenig Sinn für die Auffassung der beiden bedeutenden sozialdemokratischen Juristen Fritz Bauer und Richard Schmid auf. Beide versuchten (Fritz Bauer: »Was ist Landesverrat?« im »Spiegel«, 7. 11. 62; Richard Schmid: »Der Geheimnisbegriff muß eingeschränkt werden« in der »Zeit«, 14. 12. 62), ausgehend von den Erfahrungen der Weimarer Zeit, die politische Funktion des Landesverratsstigmas am Beispiel Carl von Ossietzkys zu entlarven. Doch dieser offensive Ansatz fand damals in der SPD wenig Resonanz.

Die Reaktion der Öffentlichkeit

Konrad Adenauer und Franz Josef Strauß hatten ihre Macht überschätzt. Die Bundesanwaltschaft scheute nicht die Zusammenarbeit mit einem Geheimdienst, der nichts mit Strafverfolgung zu tun hat. Sie wandte gegenüber dem »Spiegel« eine Praxis an, die bei der Verfolgung von Kommunisten entwickelt wurde und in der Öffentlichkeit nicht auf nennenswerte Kritik gestoßen war. Zudem konnten sich die Bundesanwälte aus Karlsruhe den Umfang des Objektes nicht vorstellen, das »durchsucht« werden sollte.
Es kam zur Totalbesetzung und damit für lange Zeit zur Behinderung jeglicher Redaktionsarbeit. In diesem Augenblick zeigte sich, daß eine sonst nicht gerade kritische Öffentlichkeit mit einem Schlag fähig war, ihre Funktion wahrzunehmen.

Es gab von Hamburger Zeitungen und Zeitschriften für den »Spiegel« eine praktische Hilfe, die es möglich machte, daß die nächsten Ausgaben des »Spiegels« erscheinen konnten. In diesen Tagen bildete sich zum ersten Mal das heraus, was später als außerparlamentarische Opposition bezeichnet wurde. Der Kommentar von Karl Hermann Flach (später Generalsekretär der FDP) in der »Frankfurter Rundschau« vom 29. Oktober 1962 spiegelt etwas von der Erregung wider, die damals in der Bundesrepublik herrschte: »Es waren fünfzehn Jahre nach dem Ersten Weltkrieg vergangen, als die Jahreszahl 1933 in das Buch der Geschichte einging. Heute sind es siebzehn Jahre nach dem Zweiten Weltkrieg, und wir schreiben das Jahr 1962. Wir wissen, die Geschichte wiederholt sich niemals in den alten Formen; auch sollen hier keine falschen Vergleiche angestellt werden. Sicher aber sind wir, daß es heute und hier in diesem Lande ernsthaft um die Frage geht, wie lange die Deutschen die Freiheit, die ihnen geschenkt wurde, vertragen können.

Wer das Vorgehen der im Auftrag der Bundesanwaltschaft handelnden Sicherungsgruppe Bonn des Bundeskriminalamtes gegen den Herausgeber und die Redaktion des Nachrichtenmagazins ›Der Spiegel‹ verfolgt hat, konnte sich des Gefühls nicht erwehren, daß in der Nacht vom Freitag zum Samstag das Kapitel ›Zweite Nachkriegsdemokratie‹ der neuesten deutschen Geschichte im festen Griff einer zackigen deutschen Polizeiaktion zugeknallt werden sollte. [...]

Wenn es also morgens in aller Frühe bei uns klingelt, können wir uns nicht weiter mit dem beruhigenden Gefühl strecken, daß es nur der Milchmann oder der Junge mit den Brötchen sein kann; wenn um Mitternacht jemand an unsere Türe schlägt, wissen wir nicht mehr genau, daß es sich schlimmstenfalls um einen Telegrammboten oder einen betrunkenen Weggenossen handeln kann, der sich in der Türe geirrt hat. Wir müssen damit rechnen, daß es die politische Polizei ist, die bei Nacht und Nebel nach Landesverrätern sucht.«

Es waren nicht nur Journalisten, die so reagierten. An vielen Orten kam es zu Demonstrationen, Kundgebungen oder Veranstaltungen für Rechtsstaatlichkeit und Pressefreiheit. In der Studentenschaft gab es zum ersten Mal Protestaktionen, die wenige Jahre später in einer Protestbewegung eine Fortsetzung fand, die sich damals noch niemand vorstellen konnte. An vielen Universitäten gaben Professoren ihre politische Zurückhaltung auf und versuchten durch Unterschriftsaktionen, gemeinsame Leserbriefe oder Eingaben, Einfluß zu nehmen. Die Demokratie – das war der generelle Tenor – ist in der Bundesrepublik in Gefahr.

Bereinigung ohne Reinigung

Die Affäre wurde primär politisch bewältigt. Die Nichtunterrichtung von Justizminister Stammberger (für die Franz Josef Strauß verantwortlich war) führte zu einer Koalitionskrise. Als die SPD den Rücktritt von Strauß forderte, traten alle FDP-Minister zurück, später stellten auch die Minister der Union ihre Ämter zur Verfügung. Die Verhandlungen über eine Große Koalition schwächten die Position der FDP. Am Ende blieb Strauß auf der Strecke. Doch er konnte seine Position als CSU-Vorsitzender behaupten. (1966 erklärten sich die Sozialdemokraten mit dem Finanzminister Strauß in einer großen Koalition einverstanden; dafür wurde Conrad Ahlers Staatssekretär im Presse- und Informationsamt der Bundesregierung.)
Die Sozialdemokraten verzichteten darauf, einen Untersuchungsausschuß einzusetzen, weil ein solcher Ausschuß »ein Schwert ohne Schneide« sei. Dafür legte die Bundesregierung einen »Spiegel-Bericht« vor, der eine weitgehende Rekonstruktion der Vorgänge ermöglichte und der die Regie der Aktion deutlich machte. Wichtig waren auch die Vernehmungen vieler Beteiligter durch das Bundesverfassungsgericht. Der »Spiegel« hatte Verfassungsbeschwerde eingelegt. Dieses Verfahren ging zwar mit einem Stimmenverhältnis bei der Entscheidung von vier zu vier zu Gunsten der Regierung aus; doch diese Vernehmungen zeigten, daß in Zukunft jeder Beamte und jeder Politi-

ker damit rechnen mußte, über sein Handeln minutiös Rechenschaft geben zu müssen.

Niemand, gegen den die Bundesanwaltschaft in dieser Sache wegen Landesverrat ermittelt hat, ist strafrechtlich belangt worden. Teilweise hatte bereits die Bundesanwaltschaft Verfahren eingestellt. In Sachen Ahlers und Augstein entschied der 3. Strafsenat des Bundesgerichtshofes am 3. Mai 1965: »Die Eröffnung des Hauptverfahrens gegen die Angeschuldigten Ahlers und Augstein wird abgelehnt. Sie werden mangels Beweises außer Verfolgung gesetzt. Die Kosten des gegen sie gerichteten Verfahrens werden der Bundeskasse auferlegt.«

Am 25. Oktober 1966 stellte derselbe Senat das Verfahren gegen Oberst Martin ein. Bei ihm ging es nicht um die Frage eines publizistischen Landesverrats, sondern um die Weitergabe von Informationen aus dem Verteidigungsministerium. Der Senat begründete die Einstellung des Verfahrens wie folgt: »Nach dem Ergebnis der umfangreichen Ermittlungen würde die weitere Durchführung des Verfahrens über die Gefährdung hinaus, die in dem Oberst Martin vorgeworfenen Verhalten liegt, die Sicherheit der Bundesrepublik Deutschland beeinträchtigen.«

Eingestellt wurden auch die Verfahren gegen die Politiker Helmut Schmidt, Gerhard Jahn und Hans Merten sowie die gegen Franz Josef Strauß, Volkmar Hopf und Achim Oster wegen der Festnahme von Conrad Ahlers und seiner Frau. Die Staatsanwaltschaft sah bei dem Beschuldigten Strauß das Vorliegen des objektiven Tatbestandes der Amtsanmaßung und der Freiheitsberaubung als verwirklicht an, hat das Verfahren jedoch auf Grund der subjektiven Einlassungen von Strauß, die nicht widerlegt werden könnten, eingestellt.

Auf der Strecke blieb ein Stück Rechtsstaatlichkeit in dem Bereich, der heute als »Innere Sicherheit« bezeichnet wird. Der Bundesgerichtshof hat nicht nur die Totalbesetzung gerechtfertigt, sondern auch das Verhalten der Bundesanwaltschaft in vielen Verfahrensfragen. Der Spiegel-Verlag hat diese Verfahrensverstöße in Hilfsanträgen sorgfältig aufgelistet. Nach der Vier-zu-vier-Entscheidung des Bundesverfassungsgerichts vom

5. August 1966 sah der »Spiegel« davon ab, diese Hilfsanträge weiter zu stellen. Vielleicht vertraute er zu sehr darauf, daß der Rechtsbeistand des »Spiegel«, Horst Ehmke, der in der am 1. Dezember 1966 gebildeten großen Koalition das Amt des Staatssekretärs im Justizministerium übernahm, auf politischem Wege eine Veränderung durchsetzen würde. Die strafrechtlichen Bestimmungen über Landesverrat wurden auch geändert. Doch der Apparat, der diese Aktion durchgeführt hat, blieb unangetastet. Der Staatsanwalt Siegfried Buback, der in Hamburg die Aktion geleitet hatte, wurde später Generalbundesanwalt.

1963

Es ist schwer vorstellbar, daß ein Theaterstück wie Hochhuths »Stellvertreter« an den Nerv des herrschenden Konsens rühren, daß ein Literaturskandal symptomatisch für eine Krise im Selbstverständnis der Republik werden konnte. Verstehbar wird dies erst, wenn man sich vor Augen führt, wie wichtig der Segen der Kirchen – zumal der katholischen Kirche – für den »friedlichen Übergang« vom Naziregime zur Adenauerrepublik war, welch zentrale Funktion die Ideologie vom »christlichen Abendland« dabei hatte, im Zeichen des Antikommunismus die alten »Eliten« in den neuen Staat zu integrieren und von den »Fehlern« der Vergangenheit zu entlasten, die fast allein der dämonischen Gestalt des Adolf Hitler angerechnet wurden.

Wilfried F. Schoeller

Das Ärgernis des Schweigens
**Der Meinungskampf um Hochhuths Papst-Stück
»Der Stellvertreter«**

1963 rieben sich Premierenbesucher die Augen. War nicht zum erstenmal mit solcher Eindringlichkeit auf der Bühne nach Schuld und Verantwortung für Auschwitz gefragt worden? In Lessings und Schillers Fußstapfen, ausgestattet mit den moralisch-idealistischen Auffassungen der deutschen Klassik, orientiert an einem ästhetischen Kanon, der durch das damals vorherrschende »absurde Theater« längst außer Kraft gesetzt schien, präsentierte ein junger Mann ein Stück, das den bis dahin größten Theaterskandal der deutschen Nachkriegsgeschichte produzierte, das Regierungen verschiedener Länder beschäftigte, zu diplomatischen Winkelzügen führte, ein Heer von Gläubigen zu Gelegenheitspublizisten machte; das geeignet war, die katholische Christenheit in zwei Lager zu spalten und das seinen Erfinder wechselnd zu einem Aufklärungshelden oder zu einem schlimmen Bösewicht machte.

Nicht zuletzt begründete der 31jährige Rolf Hochhuth mit seinem »Stellvertreter« das Thesen- und Diskussionstheater unserer Nachkriegsgeschichte. Selbstverständlich hatten sich auch schon zuvor Autoren mit dem Dritten Reich befaßt. Aber war nicht das meiste in der Abstraktion des Gleichnisses, des parabolischen Falls, der modellhaften Situation gelandet und – verblaßt? Hochhuths »Stellvertreter« hat die Gattung des Dokumentarstücks erst begründet; es machte den Anfang für Heinar Kipphardts »In der Sache J. Robert Oppenheimer« (1964) oder für die »Ermittlung« von Peter Weiss (1965). Aber dokumentarisch beglaubigt wurde das Stück mit seinen erfundenen Dialogen und seinen zahlreichen fiktiven Figuren vor allem durch die ungeheure außertheatralische Wirkung, für die gerade die Aufführungsstatistik als Indiz gelten kann. In einem

Vierteljahrhundert wurde es in 86 Städten von 26 Ländern gespielt. Und auch die Verhinderungspraxis bezeichnet die anhaltende Provokationskraft des Textes: Bis auf eine klandestine Aufführung im Keller einer Buchhandlung ist das Stück in Rom bisher nicht aufgeführt worden, und auch in München hat es 25 Jahre gedauert, bis es, zur Harmlosigkeit zusammengestrichen, auf die Bühne kam. Als eine späte Aufwallung christkatholischer Heuchelschmerzen mag erscheinen, was Bundeskanzler Kohl noch 1986 bei einem Vatikan-Besuch bedauerte: ». . . daß einem der Vorgänger des jetzigen Papstes durch einen Schriftsteller deutscher Zunge Unrecht widerfahren« sei.

Dieser dramatische Erstling hat die Bühne als publizistische moralische Anstalt wieder zurückerobert. Das geschah – ein heroisches Datum der deutschen Theatergeschichte nach dem Krieg – am 20. Februar 1963 im »Theater am Kurfürstendamm« zu Berlin. Erwin Piscator, der in den zwanziger Jahren gefeierte politische Regisseur, aus dem Exil zurückgekehrt und dann von den westdeutschen Theatern gründlich schlecht behandelt, hatte aus dem Riesenmaterial an ausufernden Dialogen und Bühnenanweisungen, die sich bisweilen zu zeitgeschichtlichen Exkursen auswachsen, eine geraffte Fassung hergestellt und inszeniert.

Schon vor der Uraufführung war das Stück ein Ärgernis: Mitten in den unpolitischen Zeiten des auslaufenden »Wirtschaftswunders« war die Auseinandersetzung mit Vergangenheit nicht gefragt, die Sehnsucht nach »Entsorgung« von der lästigen Geschichte übermächtig. So mußte der Autor den Verlag wechseln, weil der ursprünglich vorgesehene von einer Buchausgabe plötzlich Abstand nahm. Rund zwei Wochen vor der Premiere wandte sich christkatholische Entrüstung »gegen die gemutmaßte Tendenz« des Stückes (»Petrus-Blatt«, Berlin). Die katholische Nachrichten-Agentur (KNA) überschrieb eine Polemik mit der Aufforderung: »Nimm ein Brechmittel, du, der du dies liesest.« Man hatte sich offensichtlich vorab ein Exemplar des Manuskripts besorgt und schoß aus allen Rohren: »Aber die immense Schuld wird auf eine kleine Gruppe abge-

wälzt, auf den Papst und einige Kurialbeamte«, verlautbarte KNA und behauptete, Hochhuth bagatellisiere »die Macht des totalen Staates«. Ein Vorspiel nur, aber es enthielt bereits wichtige Motive katholischer Propaganda. Dabei wurde der Nationalsozialismus in den Schutzraum der historischen Einmaligkeit verwiesen, wo er mit nichts anderem, weder mit der Kirche noch mit ihrer Ökonomie, verbunden werden kann.
Nach der Premiere schrieben die Seelsorger und Bischöfe, die Laien und die katholischen Männerbünde. Man sprach dem Verfasser das Recht ab, sich als Deutscher über die Vergangenheit seiner Heiligkeit zu äußern. Es werde des Papstes »Andenken geschändet« (Erklärung der deutschen katholischen Bischöfe), Hochhuth betreibe »verlogene Infamie und Agitation«, das Stück sei eine »verlogene Farce, Nährboden der Anarchie« (KNA-Chefredakteur K. Kraemer). Was wurde nicht alles an Einschränkungen, Zurechtweisungen, Behauptungen, Vorwürfen und Beschimpfungen auf den Verfasser abgeladen! Ein Autor als Sammelbecken der beleidigten Wut – das hatte es zu Zeiten von Dufhues, Hassel und Schröder schon längst gegeben, aber nun kam alles auf einmal, als wollte sich die Adenauerära in einem Kehraus der Vorurteile, der abwehrenden Attacken und der Verbalinjurien auf einen einzigen kulturpolitischen Gegner konzentrieren. Hochhuth wurde »blinder Haß« auf Pius XII. unterstellt, ein Pater beklagte den fehlenden »Zugang zum eigentlichen religiösen Erleben«, anderswo wurde der Schriftsteller einfach als zu jung fürs Thema abgetan, zum abgefeimten Finsterling erklärt oder als Verfasser eines Bubenstücks gebrandmarkt. Als antireligiöses Schmähprodukt, als billiges Machwerk, schlichtweg als Geschichtsfälschung wurde der Text von der Hierarchie des Klerus, von der kirchlichen Presse und entsprechenden publizistischen Hilfstruppen allemal abgetan. Und Karl Fürst zu Löwenstein, der dem Zentralkomitee deutscher Katholiken vorstand und dessen Name heute wie eine Persiflage auf das Bündnis von Adel und Kirche wirkt, ließ aus der Höhe des schweizerischen Pontresina verlauten: »Die deutschen Katholiken können nur trau-

rig und beschämt davon Kenntnis nehmen, daß im freien Westberlin ein Theaterstück ›Der Stellvertreter‹ aufgeführt wird, in dem das Andenken Papst Pius XII., dessen wir in größter Liebe und Verehrung gedenken, auf das häßlichste verunglimpft wird. Unter dem Vorwand historischer Untersuchung darüber, ob der päpstliche Stuhl während des Krieges noch mehr gegen die deutschen Greueltaten am europäischen Judentum hätte unternehmen können, ohne erst recht die radikalsten Maßnahmen auszulösen, wird mit allen Mitteln der Bühnentechnik die Person und der Charakter des Papstes verzerrt und verleumdet, bis aus schwarz weiß wird!« Ein Schlüsseldokument der Verdrängung!
Es waren die Zeiten, da der Adenauerstaat zu einer politischen Endmoräne wurde. Die christliche Reaktion stemmte sich gegen alles, was die Kirchen in die Diskussion brachte; sie sollten als historisch verbürgte moralische Autorität über den Zeiten und den Regimen stehen. Die Affekte gegen abweichende Intellektuelle gehörten zum Erbteil der fünfziger Jahre. Mitte Oktober 1963 trat Adenauer widerstrebend zurück, aber noch das Diktum Erhards vor den CDU-Sozialausschüssen von 1965 »Da hört der Dichter auf, da fängt der ganz kleine Pinscher an« bezog sich auf Hochhuth und gehört zu den Reflexen auf die Herausforderung des »Stellvertreter«-Stücks.
Mit dem Angriff auf den zwölften Pius wurde auch ein bestimmter psychischer Komplex berührt: daß von »uns«, die »wir« von einer Welt aus Feinden, Neidern des Wirtschaftswunders und alliierten Gegnern der deutschen Einheit umgeben sind, nun ausgerechnet einer »unserer« Freunde beleidigt werde. Schließlich hatte Pius unter dem Namen Eugenio Pacelli von 1917 bis 1929 als Nuntius in Bayern und Berlin gewirkt und nach dem Zweiten Weltkrieg als einer der ersten gegen die Kollektivschuld-These geredet.
Keine Frage: der Papst in Hochhuths Diskussionstheater, der es angesichts seines Wissens versäumt, gegen den Massenmord an den Juden zu protestieren, obwohl er von den Geschehnissen weiß, der sich ins Schweigen rettet, der seine

moralische Autorität gerade dann verspielt, wenn er seine Verantwortungsrolle als Oberhaupt von 500 Millionen Katholiken hoch über den staatlichen Verhältnissen und den machtpolitischen Konstellationen spielt, ist gerade in seiner Einzigartigkeit eine repräsentative, metaphorische Existenz. In seinem Schweigen hat Helmut Gollwitzer »einen Teil des Versagens und der Mitschuld der ganzen Christenheit« erkannt. Des Papstes schmähliche Lautlosigkeit angesichts der schreienden Brutalität macht ihn zur Symbolfigur für den deutschen Mitläufer, für die ungewogene, durch jedes Entnazifizierungsraster gefallene deutsche Durchschnittsschuld – Angst vor dem Bekenntnis, diplomatisches Interesse, passiver Neutralismus. Was den allerhöchsten geistlichen Würdenträger bezeichnet, hat seine Gültigkeit gerade für den normalen Du-und-Ich. Der Skandal des Schweigens: Das »christliche Trauerspiel« Hochhuths macht gerade dieser wortlosen Zuschauerhaltung angesichts des Massenmordens den Prozeß.
Der Obersturmführer Kurt Gerstein, als Christ in der SS, um als Augenzeuge über die Greuel berichten zu können, stellt die Kardinalfrage nach der Stummheit: »Warum sagt der Papst kein Wort dazu, daß dort, wo seine Kirchtürme stehen, auch Hitlers Schornsteine rauchen? Wo sonntags die Glocken läuten, brennen werktags die Menschenöfen: so sieht heute das christliche Abendland aus.«
Gerstein ist im Stück eine Gegenfigur wie der junge Priester Riccardo Fontana, dem sein Vater die klassischen diplomatischen Sprüche entgegenhält: »Deine Sicht ist oberflächlich, einseitig menschlich, mitleidig und zeitgenössisch. Er [der Papst] darf doch den Stuhl Petri nicht gefährden. Vergiß auch eines nicht, Riccardo: Was immer Hitler mit den Juden anstellt, er ganz allein besitzt die Macht, Europa vor den Russen zu erretten [...]. Der Papst wird wissen, daß sein Einspruch ohne Wirkung bliebe oder die Kirche in Deutschland aufs schwerste gefährden würde.«
Die Kampagne gegen Hochhuth sollte auch unliebsamen Enthüllungen über die Rolle des deutschen Episkopats im Dritten

Reich vorbeugen. Das Arrangement der Kirchenhierarchie mit den Nazis war bereits im Sommer 1933 durch das Konkordat besiegelt und wurde in den zwölf Jahren nie aufgekündigt. Noch 1930 hatten sich die deutschen Bischöfe gegen die braune Ideologie gewandt, aber der »Osservatore Romano« deutete bereits damals andere Vorstellungen an, als er bemerkte, »die Verurteilung des religiösen und kulturellen Programms der Partei müsse nicht eine Ablehnung der politischen Zusammenarbeit zur Folge haben«. Man hat in der Folgezeit die Sympathie für Hitlers antikommunistische Taten wohl höher angesetzt als einen offiziellen, unzweideutigen, laut vernehmlichen Widerstand gegen die Rassenpolitik und das Euthanasieprogramm der Nazis.

Man kann jedoch nicht übersehen, daß der »Stellvertreter« auch ein internationales Ärgernis war. Kardinal Montini (wenig später Papst Paul VI.) schrieb 1963 an die englische Wochenschrift »The Tablet« einen geharnischten Brief. Darin malte er das Schreckgespenst eines protestierenden Papstes aus und setzte es gleich mit einem möglichen »Drama des ›Stellvertreters‹, dem wegen politischem Exhibitionismus oder psychologischer Unachtsamkeit die Schuld zufallen würde, in der schon so sehr gequälten Welt eine noch viel weitere Zerstörung ausgelöst zu haben, weniger zum eigenen Schaden als zum Schaden unzähliger unschuldiger Opfer«. Es ging wieder um die bodenlose Behauptung: Das Schweigen verhinderte Schlimmeres. Siehe oben.

Aus dem Ausland, vor allem aus England und den USA, kamen barsche Hinweise: Die Deutschen wollten von ihrer Schuld ablenken, sie sollten vor ihrer eigenen Tür kehren. Hochhuths Frage nach der Wortlosigkeit angesichts der Nazigreuel berührte die tief versteckte, bis dahin vollständig unbearbeitete, in langen Jahren tabuisierte Wissensschuld der Westmächte um die eigenen Versäumnisse: Keine Vergeltungsaktionen haben die Lager, keine Bombardements die Vernichtungszentren betroffen, obwohl die alliierten Regierungen vom Holocaust und seiner Organisation Kenntnis hatten.

Vom Vatikan aus wurde eine Kampagne mit dem Ziel betrieben, deutsche Gerichte gegen den Dramatiker zu mobilisieren. Nuntius Bafile ließ prüfen, ob es juristische Mittel gebe, die das Strafgesetzbuch vorsieht, wenn eine kirchliche Institution »beschimpft« oder wenn »das Andenken eines Verstorbenen verunglimpft« wird. Weil das entsprechende Gutachten negativ ausfiel, wurde die Bundesregierung in die Sache verwickelt. So kam es zu einer Anfrage im Bundestag, die von Außenminister Schröder unverzüglich mit dem Bedauern – »zutiefst« – über den Frevel der Papst-Kritik beantwortet wurde (am 3. Mai 1963): »Dies macht eine Herabsetzung seines Andenkens gerade von deutscher Seite besonders unverständlich und bedauerlich.« Der Kotau vor dem Heiligen Stuhl hatte noch einen anderen Hintergrund: Auch Italien und Belgien hatten offiziös ins vatikanische Horn geblasen und Druck gemacht.

So schleppen sich die Polemiken gegen Hochhuths »Stellvertreter« durch die Länder und die Zeiten. Neue Argumente sind nicht hinzugekommen. Nur meint der Verfasser, er würde heute die Leisetreterei des zwölften Pius härter beurteilen, denn die Tagebücher des damaligen deutschen Botschafters im Vatikan, Ernst von Weizsäcker, die das römische Schweigen beschreiben, habe er nicht vollständig gekannt. Das Stück hat die Öffentlichkeit in der Bundesrepublik kurze Zeit vermutlich stärker erregt, als es die Nürnberger Prozesse nach dem Krieg vermochten. Mit dem Gleichmut, den die Chronik der laufenden Ereignisse rund um den Globus, eine Welt aus Schuld und Katastrophen, fast zwangsläufig zu erzeugen scheint, schlief dann auch in Deutschland die Erregung über das Skandalon eines allerhöchsten Schweigers ein. Aber noch immer gibt es den automatischen Zensurreflex. In Ottobrunn vor den Toren der bayerischen Landeshauptstadt verlor 1988 der Kulturreferent seinen Posten, weil er es gewagt hatte, das Stück spielen lassen zu wollen. Da war der örtliche Pfarrer am Werk. Und als 1988 die Zeit gekommen schien, auch in München das Schweigen über das Schweigen Seiner Heiligkeit inszenatorisch zu brechen, da war wieder in voller Lautstärke zu hören, ob ein

solches »abgetakeltes Skandalstück«, »ein literarisch minderwertiges Elaborat« überhaupt das Papier wert sei, »auf dem es sich drucken läßt«. Das fragte das Kopfblatt der oberbayerischen Bierdimpfl, das im Titel ausgerechnet mit dem Götterboten Merkur firmiert.
So ist die Warnung, die, von George Bernard Shaw entlehnt, dem Stück als Widmung dient, noch immer gültig: »Hüte dich vor dem Menschen, dessen Gott im Himmel ist.«

1969

Die »Verjährungsdebatte«, in der der Bundestag beschloß, die Verjährungsfrist für Mord zu verlängern und dadurch die Verfolgung der von den Nazis verübten Kapitalverbrechen weiterhin zu erlauben, markiert einen Wandel in der Einstellung der Republik zu ihrem Vorgängerstaat und seinen Akteuren. Zwar war der Parlamentsbeschluß nicht zuletzt aufgrund massiven internationalen Drucks zustande gekommen, doch das öffentliche Interesse an der historischen Auseinandersetzung war mit dem Ende der Adenauerzeit gewachsen und wurde zu einem zentralen Thema der außerparlamentarischen Opposition. Es stellte sich immer deutlicher heraus, daß die gerichtliche Verfolgung der NS-Täter kaum noch möglich war – zuviel Zeit war seit ihren Verbrechen verflossen. Doch gerade deshalb mußte es für eine jüngere Generation skandalös wirken, daß viele von ihnen als brave Bundesbürger unbehelligt hatten leben können und noch lebten.

Heiner Lichtenstein

NS-Verbrechen – bewältigt im Sinn der Täter

Ob die NS-Prozesse in einem »Deutschen historischen Museum« künftig vorkommen, werden wir sehen. Die Wiedergutmachung dürfte gewiß dargestellt werden, freilich schöngefärbt. Gegen welche Widerstände sie durchgesetzt werden mußte und welche Motive hinter dem widerstrebend gefaßten Beschluß der Regierung in Bonn standen, den Überlebenden ein paar Mark zu bezahlen, hat 39 Jahre nach der Gründung der Republik Christian Pross in seinem höchst lesenswerten Buch »Wiedergutmachung – Der Kleinkrieg gegen die Opfer« (Frankfurt 1988) dokumentiert. Bei der Kampfabstimmung im Bundestag am 18. März 1953 votierte die SPD-Fraktion geschlossen dafür. Von der Regierungskoalition aus CDU/CSU, FDP und DP stimmten 86 Abgeordnete dagegen oder enthielten sich der Stimme. Die KPD-Fraktion stimmte ebenfalls mit Nein.

Die Verbrechen der Nazis begannen einen Monat nach der Ernennung Hitlers zum Reichskanzler. Am 27. Februar 1933 brannte der Reichstag. Am nächsten Tag wurden mit der »Notverordnung zum Schutz von Volk und Staat« die Grundrechte außer Kraft gesetzt. Im September 1933 befanden sich 26 789 Männer und Frauen in »Schutzhaft«. »Wilde« Konzentrationslager entstanden, bewacht vor allem von der SA. Prozesse gegen jene Verbrecher hat es nach 1945 nur vereinzelt gegeben. Nach dem »Röhm-Putsch« vom 30. Juni 1934 wurden die großen Konzentrationslager Sachsenhausen, Buchenwald, Flossenbürg und Ravensbrück errichtet. Gegen die Schergen dieser Lager hat es eine relativ große Anzahl von Strafverfahren gegeben. Die Urteile waren mitunter hoch, weil die Strafverfahren

verhältnismäßig früh geführt wurden. Da hat die Justiz ganz gut gearbeitet. Das kann leider für die Verbrechen im Zusammenhang mit dem Novemberpogrom von 1938 nicht gesagt werden. Als die westdeutsche Justiz schon bald nach der Befreiung versuchte, die Verdächtigen zu finden, sah sie sich einer Mauer von Sympathisanten der Täter gegenüber. Nur in Einzelfällen stellten sich Zeugen zur Verfügung. Die meisten waren entweder selbst beteiligt oder hatten Angst, als Verräter aus der Gemeinschaft ausgestoßen zu werden.
Verhältnismäßig viele der an der Euthanasie beteiligten Frauen und Männer sind wegen der Ermordung von etwa 100 000 Kranken angeklagt worden – aber wann? Der letzte Prozeß beschäftigte die Frankfurter Justiz noch in den achtziger Jahren. Die beiden angeklagten Ärzte hatten bis zur Hauptverhandlung praktiziert. Ihre Klientel hielt zu ihnen, obwohl überall bekannt war, wessen sie beschuldigt wurden.

Mit dem Überfall auf Polen am 1. September 1939 nahmen die NS-Verbrechen immer größere Dimensionen an. Um so weniger wurden die Täter nach der Befreiung behelligt. Den kriegerischen Verbänden an der Front folgten vom ersten Tag an vier Einsatzgruppen. Ihre einzige Aufgabe bestand darin, Juden, Zigeuner sowie die polnische Intelligenz zu ermorden. Das waren ausnahmslos Einzeltaten und noch keine Massenmorde in Gaskammern. Schuß für Schuß ein Toter. Der »Intelligenz-Aktion« sind 60 000 bis 80 000 Menschen zum Opfer gefallen. Nach dem Ende des Krieges in Polen wurden die Einsatzgruppen zunächst aufgelöst. Ihre Mitglieder, vorwiegend Polizeibeamte, kehrten zurück an ihre Schreibtische in den Polizeibehörden. Im Juni 1941 wurden sie wieder einberufen. Sie setzten ihre bestialische Tätigkeit hinter der Front in der Sowjetunion fort. Allein in den ersten zehn Monaten zwischen Juni 1941 und März 1942 ermordete die Einsatzgruppe A 250 000 Menschen, die Einsatzgruppe B 70 000, C 150 000 und D 90 000, zusammen 560 000 Kinder, Frauen und Männer. Diese genauen Zahlen sind bekannt, weil die Einsatzgruppenführer regelmäßig ihre

»Ereignismeldungen« nach Berlin schicken mußten. Diese Listen sind erhalten geblieben. Die Namen der Kommandeure stehen auf jeder Liste. Man hätte die Mörder relativ leicht finden können. Aber es dauerte bis zum Jahre 1958, ehe der erste Strafprozeß wegen dieser Verbrechen vor einem Gericht der Bundesrepublik eröffnet wurde. Und das kam so:
Unter den vielen Kriegsgefangenen, die 1955/56 aus der UdSSR nach Hause entlassen wurden, befand sich ein Mann namens Fischer-Schweder. Der bewarb sich um die Leitung eines Flüchtlingslagers in Ulm. Er erhielt die Stelle, aber bald kam heraus, daß er einen falschen Namen trug. Gegen die Entlassung legte er Klage ein. Über das Verfahren vor einem Verwaltungsgericht berichtete die Presse, es meldete sich ein Zeuge, der bekundete, Fischer-Schweder sei der ehemalige Polizeidirektor von Memel und Führer der Einsatzgruppe A gewesen. Nun fiel es manchem Juristen wie Schuppen von den Augen, was da bisher an Verbrechen unter den Teppich gekehrt worden war. Die Justizminister und -senatoren beschlossen auf ihrer folgenden Konferenz in Bad Harzburg die Gründung einer zentralen Ermittlungsbehörde wegen NS-Verbrechen. Baden-Württemberg bot sich an, die Behörde in Ludwigsburg unterzubringen. Das war der Beginn der Zentralen Stelle der Landesjustizverwaltungen, die im Herbst 1958 mit ihrer Arbeit begann. Bis dahin hatte jeder Staatsanwalt isoliert vor sich hin ermittelt, ohne System und ohne jede fachliche Vorbildung. Das Bundesjustizministerium hatte es nie für nötig befunden, den Ländern wenigstens gemeinsame Grundkurse in Sachen NS-Verbrechen anzubieten, und die Kollegen in den Bundesländern waren auch nicht auf den Gedanken gekommen. Nahezu zehn Jahre waren seit Gründung der Republik weitgehend ungenutzt ins Land gegangen, Jahre, die für die mutmaßlichen Täter gearbeitet hatten. Der Abstand zwischen Tat und Prozeß war so groß geworden, daß der Nachweis der Schuld immer schwerer werden mußte.
Von Strafverfahren wegen der Verbrechen in den Konzentrations- und Vernichtungslagern wie Sobibor, Treblinka, Belzec,

Chelmno, Majdanek oder Auschwitz war zu jener Zeit überhaupt nicht die Rede. Die Lager – Auschwitz ausgenommen – kannte hierzulande kaum jemand. Anfang der sechziger Jahre schien das Ende der NS-Prozesse endlich bevorzustehen. Am 8. Mai 1965, zwanzig Jahre nach der Befreiung, sollten alle Morde der NS-Zeit verjähren. Nun gab es aber mittlerweile die Zentrale in Ludwigsburg. An sie wandte sich im Herbst 1964 die Bundesregierung mit der Frage, ob die Staatsanwaltschaften bis dahin in Sachen NS-Verbrechen fertig sein würden. Die Antwort, die der verdienstvolle Leiter von Ludwigsburg, Oberstaatsanwalt Dr. Adalbert Rückerl, gab, schlug in Bonn wie eine Bombe ein. Von Fertigsein könne so lange überhaupt keine Rede sein, wie die Bundesregierung hiesigen Staatsanwälten und Richtern verbiete, Archive in Osteuropa zu benutzen. Warschau hatte schon in den fünfziger Jahren Rechtshilfe angeboten. Bonn hatte diese Offerte freilich zurückgewiesen. »Die wiederholten Hinweise der Verfolgtenverbände und des östlichen Auslandes, daß eine Vielzahl nationalsozialistischer Verbrechen noch ungesühnt sei, nahm man nicht ernst und qualifizierte sie in der damaligen Zeit des ›Kalten Krieges‹ als kommunistische Propaganda ab«, schrieb Rückerl 1971 in seinem Buch »NS-Prozesse«. Tatsächlich verbarg sich hinter dieser Ablehnung auch die Furcht, in jenen Archiven könnten sich Dokumente befinden, die längst wieder zu Rang und Ansehen gelangten bundesdeutschen Prominenten zum Verhängnis werden könnten. Im Inland, vor allem aber im Ausland, begannen heftige Angriffe auf Bonn wegen der drohenden Verjährung. So kam es zur ersten Verjährungsdebatte im Deutschen Bundestag am 10. März 1965. Sie endete keineswegs mit einem überzeugenden Votum für die weitere Verfolgung. Die Abgeordnetenmehrheit erklärte vielmehr, im Mai 1945 habe es noch keine funktionierende Justiz gegeben. Deshalb sollte die Zwanzigjahresfrist erst von 1949 an gerechnet werden. Man drückte sich um eine eindeutige Entscheidung herum mit der Folge, daß die nächste Verjährungsdebatte im Parlament vorgezeichnet war.

Sie wurde am 26. Juni 1969 geführt und hatte zum Ergebnis, daß die Verjährungsfrist für alle Morde von zwanzig auf dreißig Jahre verlängert wurde. Wieder waren die Frauen und Männer im Deutschen Bundestag einer eindeutigen Entscheidung ausgewichen und schufen so zwangsläufig die Basis für die dritte Verjährungsdebatte. Sie wurde Anfang April 1979 geführt. Eine deutliche Mehrheit der Parlamentarier votierte dafür, Mord und Beihilfe zum Mord von der Verjährung generell auszunehmen. Sie schufen damit die Basis für die Fortsetzung der NS-Prozesse – auf dem Papier. Denn Bonns Weigerung, bundesdeutsche Juristen und Polizeibeamte in osteuropäischen Archiven arbeiten zu lassen, hatte dazu geführt, daß nahezu zwanzig Jahre verstreichen durften, ehe mit der systematischen Verfolgung der Massenmörder von Treblinka, Majdanek, Sobibor, Auschwitz begonnen wurde. Der Vorsitzende des Frankfurter Schwurgerichts, das den ersten Auschwitzprozeß führen mußte, Senatspräsident Hofmeyer, soll auf eigene Kosten nach Auschwitz gefahren sein, um sich ein Bild vom Lager zu machen.

Vor allem diese dem Recht hohnsprechende Haltung ist der Grund dafür, daß es bis zum 12. Oktober 1964 dauerte, ehe in Düsseldorf die erste Hauptverhandlung gegen zehn Schergen von Treblinka eröffnet werden konnte. Sie dauerte elf Monate. Im Prozeß wegen der Verbrechen in Belzec begnügte sich die Staatsanwaltschaft München damit, nur eine einzige Person auf die Anklagebank zu schicken: Josef Oberhauser. Die Ermittlungen gegen fünf andere wurden eingestellt, weil anderswo gegen sie wegen Verbrechen in Sobibor ermittelt wurde. Das am 21. Januar 1965 verkündete Urteil war zynisch: Wegen Beihilfe zum Mord in 300 000 Fällen viereinhalb Jahre. Begründung u.a.: Oberhauser sei schon in der DDR verurteilt worden und der Strafvollzug »in ostzonalen Strafanstalten [stehe] unter ungleich schwereren Bedingungen als in der Bundesrepublik«.

Bis zur Eröffnung der Hauptverhandlung wegen der Verbrechen in Majdanek vergingen seit der Befreiung gar mehr als 30 Jahre. Das Verfahren begann im November 1975 und dauerte

sechs Jahre. So könnte die Aufzählung viel zu spät begonnener gerichtlicher Aufarbeitung seitenlang fortgesetzt werden. Herausgehoben werden müssen zwei Tatsachen: Wegen der Ermordung von mehr als zwei Millionen sowjetischer Kriegsgefangener hat es gar kein Strafverfahren gegeben, und der Mord an 20 jüdischen Kindern im Neuengamme-Außenlager Bullenhuser Damm in Hamburg-Rothenburgsort im April 1945 wurde u. a. mit der Begründung eingestellt: »Über die Vernichtung des Lebens hinaus ist den Kindern kein weiteres Übel zugefügt worden.«
Völlig im dunkeln liegt die Gnadenpraxis bei NS-Verbrechern. In der DDR wurden NS-Verbrecher von jeder Begnadigungsaktion ausgenommen. Wie die Gnadenhoheit von den Ministerpräsidenten der Länder im Westen gehandhabt wird, erfährt man nur durch Zufall. Dieses Kapitel gehört zu den schmählichsten in der Geschichte dieser Republik. Bei der Begnadigung von Massenmördern, die alliierte Gerichte verurteilt haben, sieht es zum Glück anders aus.
Zu den Nachfolgeprozessen des ersten Strafverfahrens gegen die Spitzen des Dritten Reiches in Nürnberg gehörte das amerikanische Tribunal gegen die Chefs der Einsatzgruppen. Die Richter verhängten 28 Todesurteile. Am 9. Januar 1951 erschien beim amerikanischen Hochkommissar in Frankfurt, John McCloy, eine Delegation prominenter Bundestagsabgeordneter. Es waren fünf: Hermann Ehlers (CDU), Heinrich Hoeffler (CSU), Carlo Schmid (SPD), Jakob Altmeier (SPD) und Hans-Joachim von Merkatz von einer der rechten Parteien. Sie verlangten im Auftrag des Deutschen Bundestages gemäß einem einstimmig gefaßten Beschluß aus dem Jahre 1950 von den Amerikanern, mit der Hinrichtung »deutscher Soldaten« aufzuhören. Plötzlich waren die Massenmörder »Soldaten«. Weil die USA wegen des Kalten Krieges unbedingt einen Wehrbeitrag der Bundesrepublik haben wollten, gaben sie der Erpressung aus Bonn nach.
Am 31. Januar 1951 wurden von den 28 Massenmördern 21 begnadigt. Die Freiheitsstrafen wurden in zeitlich begrenzte

Haftstrafen umgewandelt. Um die Jahreswende 1955/56 war keiner dieser Verbrecher mehr in Haft. Einigen von ihnen bin ich später in Strafverfahren gegen ihre früheren Untergebenen begegnet – als Zeugen.

Andere Prominenz hat sich demgegenüber nie in einem NS-Prozeß blicken lassen. Nach meinem selbstverständlich unvollständigen Überblick haben nur in zwei Strafverfahren Abgeordnete im Zuhörerraum gesessen: beim Majdanek-Prozeß in Düsseldorf vier Mitglieder der SPD-Fraktion des nordrhein-westfälischen Landtags und im Lischka-Prozeß in Köln, in dem es 1980 um die Ermordung von 70 000 französischen Juden ging, der ehemalige SPD-Bundestagsabgeordnete Klaus Thüsing aus Paderborn. Häufig hat Hilda Heinemann NS-Prozesse als Zuschauerin verfolgt, und zwar auch in der Zeit, da ihr Mann Gustav Bundespräsident war. Nie habe ich einen Minister gesehen, nie einen Staatssekretär, nie einen evangelischen Bischof oder einen Kardinal. Sie straften die Gerichte, indem sie diese und deren schwere Aufgabe einfach nicht zur Kenntnis nahmen. Dabei hätten es viele Richterinnen und Richter begrüßt, wenn politische oder geistliche Prominenz gekommen wäre. Denn die Richter und Staatsanwälte verrichteten ihre Arbeit gegen den Willen einer breiten Mehrheit der Bevölkerung – jedenfalls anfangs. Bei Prozessen gegen linke Terroristen konnten die Zuhörerräume den Ansturm bei weitem nicht fassen. Bei NS-Prozessen herrschte bis Mitte der siebziger Jahre meistens gähnende Leere. Das hat nicht nur die Arbeit der Gerichte noch schwerer gemacht, weil sie sich oft von der Öffentlichkeit verlassen fühlten. Es hat auch verheerende Eindrücke bei den Zeugen aus dem Ausland hinterlassen. Ich erinnere mich eines polnischen Zeugen, der vor einem Gericht in Saarbrücken aussagen sollte. Als er an der Saar ankam, hat sich niemand um ihn gekümmert. Er kannte Deutsche nur aus einem kleinen Lager, in dem morgens, wenn die arbeitsfähigen Häftlinge ausgerückt waren, die Kranken bis zum Hals im Lagereingang eingegraben wurden. Wenn ihre Kameraden abends zurückkamen, mußten sie die Köpfe der Eingegrabenen zertrampeln. Der alte Mann hatte in seinem Hotelzimmer solche Angst, daß er Möbel vor die Tür rückte, um nicht überfallen zu werden.

Später haben sich in Städten oft Gruppen von vor allem jungen Menschen zusammengetan, um die ausländischen Zeugen zu betreuen. Dadurch entstanden mitunter Freundschaften, und viele Überlebende dankten ihren Helfern vor der Heimreise, weil sie nun ein anderes Deutschland kennengelernt hätten.

Als die Zentrale Stelle der Landesjustizverwaltungen zur Aufklärung von NS-Verbrechen in Ludwigsburg 1988 dreißig Jahre alt wurde, fand ein großes internationales Symposion statt. Juristen und Historiker aus zahlreichen Staaten des Ostens wie des Westens nahmen teil und dankten der Zentralen Stelle ausnahmslos für ihre wichtige Arbeit. Ludwigsburg ist zum Zentrum für die Erforschung von NS-Verbrechen für die ganze Welt geworden. Das verdient Beachtung. Kein Wort des Dankes ging an die Bundesregierung und den Bundestag. Ebenfalls zu Recht. Der Justizminister von Baden-Württemberg, Heinz Eyrich, unter dessen Leitung die Zentrale Stelle sehr nützliche Arbeit geleistet hat, stellte fest, bis zum 1. Januar 1988 habe Ludwigsburg etwa 90 000 Ermittlungsverfahren gegen mutmaßliche NS-Verbrecher eingeleitet. Rechtskräftig verurteilt worden seien aber nur 6482 Männer und Frauen. Zahlen für die DDR nannte Eyrich nicht. Dort sah es zu jenem Zeitpunkt so aus: Zwischen 1945 und 1964 waren 12 807 NS-Verbrecher rechtskräftig verurteilt worden. Bis 1977 stieg die Zahl auf 13 607. Die weitaus meisten NS-Prozesse sind in der DDR in den ersten zehn Jahren nach dem Krieg geführt worden. Den vielen rechtskräftigen Urteilen steht die Tatsache gegenüber, daß viele Verbrecher gegen Ende des Krieges mit Erfolg versucht haben, in den Westen zu fliehen. Sie hofften, dort besser wegzukommen. Die Hoffnung hat nicht getrogen.

Heute geht die Zeit der NS-Prozesse aus biologischen Gründen zu Ende. Wissenschaftler müssen nun darangehen herauszubekommen, mit wessen Hilfe viele Täter ungestraft davongekommen sind. Da ist noch viel aufzuarbeiten.

1971

Nicht nur »auf Schalke« gehört der Fußball seit Jahrzehnten zur Alltagskultur. Die Menschen lebten mit »ihrem« Verein, der mit den lokalen Traditionen eng verwoben ist, und sie zittern noch immer mit bei seinem Kampf um den Klassenerhalt. Aber es ist nicht mehr »ihr« Verein, sondern ein kommerzielles Unternehmen, das versucht, möglichst vielen Fans das Sauerverdiente aus der Tasche zu ziehen. Der erste Bundesliga-Skandal hätte ihnen die Augen über den Eintritt ins Zeitalter der Freizeitindustrie öffnen können... Fortsetzungen folgten und folgen laufend.

Ludger Schulze

Der Bundesliga-Skandal

Bekanntlich haben kleine Ursachen oft große, zuweilen sogar verheerende Wirkung. Im Falle des sogenannten Bundesliga-Skandals lösten die persönliche Eitelkeit eines Offenbacher Orangen- und Zitronenhändlers und sein ausgeprägter Hang zur Theatralik eine regelrechte Prozeßlawine aus, die fast ein Jahrzehnt lang ordentliche und Sport-Gerichte schier zur Verzweiflung brachte. Es geschah am hellichten Tag, dem 6. Juni 1971, vormittags im Hause des Südfrüchte-Importeurs Horst-Gregorio Canellas aus Anlaß seines 50. Geburtstages. Zum Feiern war dem gebürtigen Spanier keineswegs zumute, denn tags zuvor hatte seinen Klub, die Offenbacher Kickers, das Schicksal in Form des Abstiegs aus der Bundesliga ereilt. Mit einer Stimme, als hätte er statt der Geburtstagstorte einen Eimer rostiger Nägel verspeist, verkündete der Präsident des hessischen Klubs vor versammelter Fußballprominenz ein paar Ungeheuerlichkeiten: »Meine Herren, ich muß Ihnen sagen, daß mein Verein, die Offenbacher Kickers, durch Betrug abgestiegen ist«, tönte er in die Mikrophone eigens bestellter Fernseh- und Rundfunkteams. »Ich kann Ihnen das beweisen, und ich habe auch meinen Spielern gesagt, daß diese Saison nicht auf dem Rasen, sondern vor dem Staatsanwalt entschieden wird.« Nicht nur diese, wie sich sehr bald zeigen sollte.
In ausführlichen Tonbandprotokollen hatte Canellas telefonische Verhandlungen mit etlichen Bundesliga-Akteuren festgehalten, etwa mit dem Kölner Nationaltorhüter Manfred Manglitz, der seinem Gesprächspartner eine verlockende Offerte unterbreitet hatte: »Für 100 000 Mark gewinnt Offenbach bei uns in Köln dat Spiel. Is dat ein Wort?« Zum Schein, wie er sagte, ging Canellas auf derartige kriminelle Machenschaften

ein, allerdings auch mit der Absicht, die Schiebereien gegebenenfalls den zuständigen Stellen des Deutschen Fußballbundes (DFB) preiszugeben. Aus diesem Grund ließ er sich auch von der Braut des korrupten Torwarts, die als Geldbriefträgerin fungierte, nach guter Buchhaltersitte eine Quittung über einen Bestechungsbetrag von 25 000 Mark geben. Ein paar Tage später wollte Manglitz das entlarvende Schriftstück zurückhaben. »Sie, dat mit der Quittung is aber ein Ei. Die muß isch zurückhaben, damit da nich wat Dummes passiert.« Er bekam sie nicht zurück, sondern wenige Monate später eine Einladung vor das Sportgericht des DFB, wo er neben einer Vielzahl von Kollegen, die zusammen leicht ein paar Mannschaften hätten bilden können, und beinahe ebensovielen Funktionären auf der Anklagebank zu sitzen hatte. Manglitz, der bis zum Urteil seine Unschuld beteuerte und seine böse Tat treuherzig der eigenen Lernbegier (»in ein paar Jahren will ich selber eine Mannschaft betreuen, da muß man über solche Dinge doch Bescheid wissen«) zuschrieb, wurde zu lebenslänglicher Fußballsperre und 25 000 DM Geldbuße verdonnert. Gleichzeitig und ebenfalls mit »lebenslänglich« erwischte es die beiden Berliner Hertha-Kicker Bernd Patzke und Tasso Wild. Insgesamt hatten 51 Lizenzspieler und mehr als ein Dutzend Funktionäre und Trainer weit mehr als eine halbe Million Mark Schmiergelder bewegt. Die erste Strafe der DFB-Richter hatte ausgerechnet den Mann getroffen, der den Bundesliga-Skandal ins Rollen brachte: Horst-Gregorio Canellas wurde auf Antrag des DFB-Chefanklägers Hans Kindermann seines Amtes enthoben, das zu bekleiden ihm zeit seines weiteren Lebens untersagt wurde. Mit dieser drastischen Strafe, so hoffte der DFB, wäre der Auslöser der Affäre mundtot gemacht. Aber das Gegenteil war der Fall; Canellas – in seiner Ehre zutiefst getroffen – begann noch viel gründlicher zu recherchieren und den DFB-Oberen die Tour zu vermiesen. Die hatten nämlich gedacht, den eigentlichen Skandal hinter der Geschichte drei Jahre vor der Weltmeisterschaft im eigenen Lande vertuschen zu können. Und noch heute behaupten Kenner der Materie, die

Deutschen wären mit einer drittklassigen Mannschaft in der Vorrunde gescheitert, statt mit ihren Superstars Weltbeste zu werden, wenn alles mit rechten Dingen zugegangen wäre. Denn es hat höchstens eine Handvoll Vereine gegeben, die keinen Dreck am Stecken hatten. Aber sein eigener Verband hat es dem gefürchteten Kindermann nicht eben einfach gemacht, Licht ins Dunkel zu bringen.
Eine andere Haltung seitens des DFB hätte dann auch schon sehr überrascht, denn ein bißchen Beschiß gehört einfach zum Fußball. Dabei hat sich im Lauf der Jahrzehnte eigentlich nur die Währung verändert: Entschieden früher oft ein Faß Bier oder eine halbe Sau über Sieg und Niederlage, so benötigte der Manipulator der siebziger Jahre in den Zeiten der blühenden Marktwirtschaft schon eine gute Lage DM-Scheine. Mit der Einführung der Bundesliga 1964, die das alte, ehrwürdige Spielsystem der regionalen Oberligen ablöste, hatten sich die Dimensionen geändert. Mit 15 000 Mark war schon ein Jahr später der Münchner 1860-Kicker Alfons Stemmer von Hertha BSC erfolgreich bestochen worden, was kaum Konsequenzen nach sich zog, außer daß Stemmer eine Geldstrafe erhielt und die Berliner ein klein wenig absteigen mußten. Aber ansonsten – Schwamm drüber. Denn zu viele Leute hatten wirtschaftliche und persönlichen Interessen am Spiel mit dem unschuldigen Ball.
Für die Städte bedeutet der ortsansässige Bundesligaklub eine vorzügliche Imagewerbung, ganze Industrien hängen daran. Allein deshalb sind die Kommunen stets bereit gewesen, die defizitären Vereine über Steuernachlässe, sonstige Stundungen und Subventionen zu fördern – öffentliche Hilfestellung für ein Gewerbe, das wenig anderen Sinn als die Gewinnmaximierung hat. Natürlich sind überall auch Politiker und betuchte Geschäftsleute aus Gründen der Selbstdarstellung und verbesserter Absatzchancen gerne bereit, die eine oder andere Mark springen zu lassen. Und für die Präsidenten der Vereine, die sich meist aus der Schickeria rekrutieren, macht es schon einen Unterschied, ob ihre Fußballer in der Bundesliga mitmachen

dürfen oder nicht. Der Herr Canellas ist folgerichtig erst dann richtig sauer geworden, als der Abstieg seinen Ruhm minderte. Dummerweise aber ist der Fußball kein kalkulierbares Geschäft, der Erfolg der Investitionen ist fraglich, der Ertrag des Kapitals dem puren Zufall überlassen. Über Rendite und Verluste entscheidet der völlig unberechenbare Flug einer mit Luft gefüllten Lederkugel. Das bringt die Geldgeber, Präsidenten und Manager in eine beinahe fatale Abhängigkeit zu ihren Angestellten, den Herren Fußballern. Denn nur die sind in der Lage, diesem Zufall Einhalt zu gebieten, den Lauf des Balles zu steuern, das Rollen der Kugel zu beeinflussen. Also gegen Bares das Schicksal zu korrigieren. In den Zeiten der braven Amateure ist die Gefährdung weit geringer gewesen; als die Bundesliga aber eingeführt und der Fußball vollständig kommerzialisiert worden war, brauchte es schon Übermenschen, um den Verlockungen des Geldes zu widerstehen. Vor allem in dieser Grauzone des Übergangs vom Hipphipphurra-Amateurtum zum nüchternen Fußball-Kapitalismus.

Die Bundesliga ist, abgesehen von ein paar Spielern, die glaubten, lange Haare seien schon ein Zeichen des Aufruhrs gegen das herrschende System, unberührt geblieben vom Studentenprotest der Nach-Achtundsechziger. Im Gegenteil, die Kicker, aber auch die Konsumenten auf den Tribünen und Stehrängen waren perfekt angepaßte Kinder der Leistungsgesellschaft. Die Zuschauer verlangten nach dem denkbar härtesten Wettbewerb, ohne Rücksicht auf Verluste, auf die Gesundheit oder auf die Charakterfestigkeit der Spieler. Die unzureichenden Schauspielversuche der Darsteller nahm das Publikum dann doch krumm. Das 1:0 von Arminia Bielefeld gegen Hertha BSC, das Canellas Offenbacher in den Orkus schickte, quittierten die Berliner Fans, als hätten sie es gewußt, mit »Schiebung, Schiebung«-Sprechchören. Lang angehalten aber hat Volkes Zorn nicht. In Gelsenkirchen zum Beispiel wurden die begnadigten Skandalsünder bei ihrem Comeback begeistert bejubelt. Die Schalker sind, wie stets in ihrer Vereinsgeschichte, die übelsten Buben gewesen. Wegen Meineids wurden die Spieler Fischer,

Rüssmann, Fichtel, Libuda, Wittkamp und Lütkebohmert sogar vom Essener Landgericht zu Geldstrafen von jeweils rund 10 000 Mark verurteilt. Sie hatten partout nicht zugeben wollen, daß sie für die Niederlage gegen Arminia Bielefeld 40 000 Mark erhalten hatten. Der Zorn der Anhängerschaft aber richtete sich gegen die Justiz, die Spieler wurden keineswegs wegen dieser Schiebung geächtet, sondern als Verfolgte einer unmenschlichen Maschinerie bedauert und zu Robin Hoods des Fußballs stilisiert. Und daß sie selbst, die Zuschauer, als Toto-Tipper und leidenschaftliche Fußballfreunde von den eigenen Idolen übers Ohr gehauen worden waren, hat die Fans wenig gekratzt:

»Ob ich verroste und verkalke,
ich gehe immer noch auf Schalke.
Ob ich erlahme und ergrau,
ich liebe Königsblau«

blieb ihr gerade in jener Zeit häufig angestimmtes Vereinslied. Schalke, Offenbach, Bielefeld, Hertha BSC oder Oberhausen, die ärgsten unter den manipulatorischen Klubs, spielen heute nur noch untergeordnete Rollen im bundesdeutschen Fußball. Das ändert aber nichts daran, daß ein Bestechungsskandal jederzeit möglich scheint. Denn »erst kommt das Fressen, dann kommt die Moral«, wußte schon Bert Brecht. Im übrigen werden Spiele heute nicht mehr unter der Hand von Spielern und Funktionären verkauft, sondern ganz offiziell vom Klubmanagement an zahlungswillige Unternehmen zum Zwecke der Werbung. Ein Schelm, wer Schlechtes dabei denkt.

1972

Außerparlamentarische Opposition und Studentenbewegung sorgten Ende der sechziger Jahre für einen Politisierungsschub insbesondere unter den jüngeren Bürgern der Bundesrepublik. Das politische Bewußtsein wandte sich in vielen Fällen gegen den Staat, der, wie die Studenten wahrnahmen, die demokratischen Versprechungen seiner propagandistischen Selbstdarstellung praktisch nicht einzulösen vermochte. Der Staat reagierte auf diese Form der sozial motivierten Staatsfeindlichkeit repressiv: am deutlichsten mit dem Radikalenerlaß von 1972. Es entwickelte sich eine Konfrontation von Staat und Radikalopposition, die im »Deutschen Herbst« 1977 ihren blutigen Höhepunkt fand. Zugleich entstand eine neue Nachdenklichkeit in Sachen Demokratie, die verhinderte, daß der Staat und die ihn tragenden politischen Kräfte in der Wagenburgmentalität verharrten, die eine Zeitlang den vollkommenen Stillstand der demokratischen Entwicklung in der Republik zu signalisieren schien.

Als zu Beginn der neunziger Jahre der Rechtsradikalismus fröhliche Urständ feierte, wurde der Ruf nach Berufsverboten für Neonazis und nach verfassungsschützerischer Kontrolle rechter Organisationen bis hin zu den »Republikanern« laut. Geschehen ist so gut wie nichts – und das, obwohl die Opfer rechtsradikaler Gewalttaten weit zahlreicher waren als seinerzeit die der RAF, obwohl die demokratiefeindlichen Ziele rechter Parteien und Gruppen meist viel offenkundiger sind als die der dahinschwindenden DKP. Man fragt sich allerdings, ob ausgerechnet autoritäre Staatsmaßnahmen und geheime Dienste zur Bekämpfung des Rechtsextremismus taugen. Eine öffentliche Ächtung rassistischer und die Demo-

kratie verächtlich machender Parolen wäre sicherlich erfolgversprechender. Die aber ist schwer durchzusetzen, solange Politiker der Regierungsparteien in Bund und Ländern – die Dienstherren der Verfassungsschützer – selbst mit rechtspopulistischen Sprüchen auf Stimmenfang gehen.

Wolf-Dieter Narr

Radikalenerlaß/Berufsverbote

Ob es heute schon der Erklärung bedarf, worum es sich beim »Radikalenerlaß« gehandelt hat? »Berufsverbote«? Radikalenerlaß, Berufsverbote – daß die beiden Ausdrücke für dieselbe Erscheinung mutmaßlich fast schon vergessen sind, daß sich kaum noch jemand aufregt, mutet seinerseits (fast) wie ein Skandal an.

Vorrede: Dieser Beitrag wurde Ende der achtziger Jahre verfaßt, nur kleinere Korrekturen sind erfolgt. Die folgende Analyse des Berufsverbots traf für die siebziger und einen Gutteil der achtziger Jahre in der Alt-Republik zu. Deswegen ist an das Berufsverbot auch in einer Skandalchronik dieser Republik zu erinnern. Allzugerne begibt man sich daran, die Geschichte der Alt-Republik im Zuge der »Wiedervereinigung« behende umzuschreiben. Im Licht der allgegenwärtigen Aktivitäten des MfS und seiner Stasi verblaßt der altbundesdeutsche Verfassungs- = Staatsschutz, ja er häutet sich und expandiert jugendfrisch. Nicht nur alte Stasi-Leute und -Lasten sind verfassungsschützerisch mit abzutragen. Das angeblich neue, auch von angeblichen Verfassungsschützern (und der allgemeinen Politik) kräftig mitgeschaffene Phänomen des Rechtsextremismus verleiht Sicherheitsorganen dem Schein nach eine demokratische Legitimation. Waren doch in »Köllen vordem« nur die von allen »Linken« angeblich begangenen Wege von und nach »Moskau« ein Problem gewesen.

Dennoch: Wer die zutreffende Kritik am Berufsverbot allzu wörtlich nimmt, dürfte aus diesem »abgestandenen«, durch den Zusammenbruch des »realen Sozialismus« und die Vereinigung substanzlos gewordenen Skandal für heute nichts mehr lernen. Infolge westlicher Komplizenschaft bis in die feinsten CDU/

CSU-Kreise werden dagegen die Überprüfungsverfahren in Sachen SED-Mitgliedschaft und Stasi-Spitzelschaft vergleichsweise unsystematisch betrieben – trotz manchem Ärgernis ob anhaltender westdeutscher weißwestiger Arroganz.

Wenn nur einmal diese Westdeutschen sich selbst und ihre Skandale »bewältigten«. Lernen kann man aus dem bleibenden und bundesdeutsch überaus symptomatischen Skandal der Berufsverbote nur dann, wenn man den neuen Furchen und Ziselierungen des auf die Unterscheidung zwischen Freunden und Feinden des Staates abhebenden Aktivitäten der Behörden nachgeht.

Die Berufsverbote im »O-Ton« des »Hamburger Erlasses« von 1972 gibt es nicht mehr. Ein Ruhe-in-Frieden ist indes nicht angebracht. Der Verfassungs-=Staatsschutz, die institutionelle Voraussetzung des seinerzeitigen Berufsverbots, arbeitet als Vereinigungsgewinnler unvermindert, obgleich niemand die Frage auf grundrechtlich-demokratische Weise zu beantworten vermag: Warum braucht eine Demokratie einen gegenüber eigenen Bürgerinnen und Bürgern aktiven Geheimdienst, wenn ihr die Mittel der Öffentlichkeit, der Diskussion, der sozialpolitischen Abhilfe von Problemen zu Gebote stehen? Zwar gibt es all unserem Wissen nach die »Regelanfrage« einstellender Behörden beim Verfassungsschutz nicht mehr. Sicherheitsüberprüfungen haben jedoch insgesamt zugenommen. In Zeiten »solider« Arbeitslosigkeit ist keine Behörde und keine private Organisation im mindesten gezwungen, ihre politischen Gründe zu offenbaren, warum sie jemanden nicht einstellen oder in seiner/ihrer Karriere stoppen.

»Radikale«, »Linksradikale« selbstverständlich – später wurde nur noch von »Extremisten« gesprochen. Allgemein wurde es als peinlich empfunden, daß man Leuten ans berufliche Leder wollte, die die Grundrechte radikal, d. h. bis an die Wurzel hinunter, verwirklichen wollten.

»Radikalenerlaß« – da setzten sich vor langer Zeit einmal die Ministerpräsidenten der Länder und ein Bundeskanzler mit dem von Widerstand kündenden Namen Willy Brandt zusammen und beschlossen einen Erlaß. So geschehen 1972 zu Hamburg, weswegen auch zuweilen von dem »Hamburger Erlaß« die Rede ist. Dieser bezog sich zunächst vor allem auf diejenigen, die sich um eine Position im öffentlichen Dienst bewerben wollten. Bald wurde er auf diejenigen ausgedehnt, die sich schon im öffentlichen Dienst befanden. Wie sich rasch herausstellte, lehnten sich nicht wenige formell private Organisationen wie Unternehmen und Kirchen an das staatliche Gebaren an.

Unter Berufung auf den Beamtenartikel des Grundgesetzes (Artikel 33 Absatz 2 und 5 GG vor allem) sollte, das sahen die Herren als überaus dringlich an, 1972, dreiundzwanzig Jahre nachdem das Grundgesetz verkündet worden war, garantiert werden, daß nur »sichere« Bürger zu Beamten oder zu Angestellten oder Arbeitern des öffentlichen Diensts gemacht würden. Denn in Zeiten der Not und der Krise, so entschied 1975 das höchste Gericht zu Karlsruhe im sogenannten Radikalenurteil, sollte sich »der Staat« hundertprozentig auf seine Bediensteten verlassen können. Sonst, so mutmaßten die Richter wie zuvor die Politiker, sei er »verloren«. Damit die Treue der Staatsdiener sichergestellt werde, mußte, so meinten Politiker wie Richter, vorweg in das Innere der »Gesinnung« solcher potentiellen oder aktuellen Bediensteten gedrungen werden. Eine Art Staatstreuedetektor war zu entwickeln, mit dessen Hilfe herausgefunden werden konnte, ob die Möchtegern- oder schon tatsächlichen Bediensteten jederzeit und uneingeschränkt auf dem jeweils regierungsamtlich abgeschrittenen Boden der »freiheitlichen demokratischen Grundordnung« (FDGO) stünden.

Als ein solcher Verfassungstreuedetektor, genauer: Staatsuntreuedetektor wurden vor allem Behörden genutzt und »dynamisch« ausgeweitet, die ohnehin für solche Zwecke zur Verfügung standen: das Bundesamt und die Landesämter für Verfassungsschutz, 1950 geschaffen und 1972 in ihrer gesetzlichen Grundlage bis ins schier Unkontrollierbare ausgedehnt. Diese Verfassungsschutzämter umfassen übrigens heute (1994) bald an die 10 000 Bedienstete. (Die exakte Zahl kann nicht ermittelt werden, weil der Geheimdienst, der die Verfassung schützen soll, sich selbst dem öffentlichen Blick entzieht und weithin unkontrolliert arbeitet. Die parlamentarische Kontrolle ist schlicht bejammernswert.) Der Verfassungsschutz erhielt die staatssichernde Funktion des sogenannten administrativen Verfassungsschutzes. Bürgerinnen und Bürger sollten fortlaufend geheimdienstlich getestet werden, ob nicht irgendwelche für gefährlich erachteten »Radikalismen« und »Extremismen« sich regten. Weiterhin oblag es dem Verfassungsschutz im Rahmen des Hamburger Erlasses, die Behörden über Bewerberinnen und Bewerber zu informieren. Infolge der »Regelanfrage« wandte sich die Behörde an das Amt, das dann seine geheimdienstlich erworbenen richtigen und falschen Sammelsurien als »Erkenntnisse« in der Regel geheim an die anfragende Behörde weitergab. Der bürokratisch-juristische Ausdruck hierfür: »Amtshilfe«.

Den Radikalenerlaß, so wie er sich in den siebziger Jahren auswirkte, muß man sich wie ein riesiges Trichterverfahren vorstellen. In dem Trichter befanden sich mehrere, meist verfassungsschützerisch geheim angebrachte Filter. Alle, die sich für eine Stelle im öffentlichen Dienst bewarben, wurden in diesen Filter-Trichter gesteckt. Die meisten merkten nichts davon. Dort, wo »Erkenntnisse« zustande kamen, oft ein schlecht sortierter, aus faulen Blättern gemischter Datensalat, konnte es zu einer »Anhörung« kommen. Dann waren auch Ablehnungen aus politischen Gründen möglich – grundrechtswidrig, aber beamtenrechtsgetreu. Die »Anhörungen«, eine Art behördliches Verhör, waren darauf abgestellt, die infolge von Verfassungsschutzmeldungen als unsichere Kantonisten erscheinenden Bewerber und Bewerberinnen auf ihre politische Bravheit, formell auf ihre Verfassungstreue hin zu testen.

Das Berufsverbot hat Hunderttausende, ja bei weitem mehr als eine Million Menschen in seinen Filter hineingezogen. Sowohl die genaue Zahl derjenigen, die von Staats wegen verfassungsschützerisch durchleuchtet worden sind, wie vor allem die Zahl derer, die sich um eine Position bei einer privaten Organisation bewarben und deshalb hilfsweise vom Verfassungsschutz bewertet worden sind, ist nicht genau zu ermitteln. Ausschlaggebend

war weniger, daß am Ende einigen hundert Personen der Zugang zu dem von ihnen gewählten Beruf verweigert worden ist; die breite Wirkung erreichte das Berufsverbot vielmehr durch seine Verbindung mit dem als allgegenwärtig vermuteten Schnüffel- und Sammeldienst im Hinter-, genauer: im Untergrund. Auf diese Weise galt das Berufsverbot potentiell für alle – wenn der Filter-Trichter sich auch an seinem Ende sehr verjüngte.
Der allen Verängstigungen zum Trotz sich bald entfaltende und periodisch ausweitende Widerstand, die Skandalisierung des Berufsverbots und seines Verfahrens, hat die Diskussion nicht ruhen lassen und Ende der siebziger Jahre vor allem in sozialdemokratisch geführten Ländern dazu geführt, Verfahren und Praxis weitgehend zurückzunehmen oder, wie im Saarland, gänzlich zu stoppen. Die CDU-geführten Länder und insbesondere Bayern und die CSU hielten bis tief in die achtziger Jahre an der Regelanfrage beim Verfassungsschutz fest. Wie sie – und die SPD-Länder gleichermaßen – heute agieren, weiß wohl niemand genau zu sagen, der außen, vor den Toren bürokratischer Schlösser, steht. Schon zu Hochzeiten des Berufsverbots hatte man sich gewundert, warum Länderchefs und Bundeskanzler sich mit dem »Hamburger Erlaß« solche Blößen gegeben hatten, statt einfach in seinem Sinn zu verfahren. Um Glockentöne zu erzeugen, bedarf es der Glocken. Um Bewerber und Bedienstete politisch zahm zu halten, bedarf es keiner öffentlichen Erklärungen. Das Berufsverbot wurde im übrigen vom Bundesverwaltungsgericht juristisch als verfassungskonform abgesegnet. Da aber ausgesprochenermaßen »nur« noch Mitglieder der DKP betroffen waren, da politische Begründungen bei der Ablehnung von Bewerberinnen oder Bewerbern in der Regel nicht mehr gebraucht werden, wurde es still um das Berufsverbot. Die Behörden müssen ihren Kontakt zum Verfassungsschutz nicht offenbaren; sie können Bewerber mit ganz anderen Gründen ablehnen. Der wie ein Treibhausgewächs hochgeschossene Verfassungsschutz beobachtet und beobachtet auch weiterhin, sammelt und sammelt, speichert und speichert und gibt seine »Erkenntnisse« weiter. Er ist ausgestattet mit dem besten tech-

nischen Gerät, mit sogenannten nachrichtendienstlichen Mitteln. Der Skandal ist Struktur geworden.

Über Ursachen und Wirkungen des Radikalenerlasses ist viel diskutiert und geschrieben worden. Schlüssig und eindeutig lassen sich die Ursachen nicht benennen. Einige zentrale Faktoren sind dennoch auszumachen.
Da ist zunächst der tief in die deutsche Geschichte eingelassene Staatsbegriff und ein entsprechendes, oft wie eine Monstranz öffentlich vorangetragenes Staatsbewußtsein. Thomas Mann hat einmal ironisch vom »General Dr. von Staat« gesprochen, um darauf aufmerksam zu machen, wie sehr und wie töricht die meisten Deutschen alle als positiv unterstellten Eigenschaften mit dem fünf Buchstaben großen STAAT gleichsetzen. Diesem Staat, der wie ein unparteiliches, übergesellschaftliches Subjekt behandelt wird, entspricht eine Beamtengläubigkeit, die sich sogar dort noch beobachten läßt, wo die Bürokratie in Bausch und Bogen verurteilt wird. Selbst heute, da die alte Staats- und Beamtengläubigkeit nicht mehr ungebrochen vorherrscht, da sich viele Bürgerinnen und Bürger nicht mehr alles gefallen lassen, nur weil es »von oben« kommt, gilt nach wie vor eine seltsame Habtachthaltung.
So ist es nicht zufällig, daß das gesamte Beamtenrecht nach 1949 wieder aufgefrischt wurde, als sei nichts gewesen. Darum auch der schon erwähnte Grundgesetzartikel 33 in seinen beiden besonderen Absätzen, die die sogenannte Gewährbieteklausel enthalten (daß der Beamte die Gewähr der Verfassungs-, d.h. Staatstreue bieten müsse) und die die weiter geltenden »hergebrachten Grundsätze des Berufsbeamtentums« pauschal normieren. Noch wichtiger aber ist, daß mit diesem Staatsverständnis ein Politikverständnis tradiert worden ist, das allem Konflikt und Streit abhold ist. Die »streitbare Demokratie«, wie sie teils schon im Grundgesetz, teils durch die Auslegung danach gekürt worden ist, kann nur als eine Art groteskes bundesdeutsches Mißverständnis demokratischen Schutzes bezeichnet werden. Statt nämlich Verhältnisse zu schaffen, innerhalb

deren kräftig in demokratischen Formen diskutiert, mobilisiert, ja auch gestritten werden könnte, versuchten die allzu deutschen Verfechter dieses Konzepts, die demokratischen Verfahren einzuschränken – angeblich um des Schutzes der Demokratie willen. Darum die Bespitzelung der Bürger mit Hilfe eines wuchernden Amtes; darum schließlich auch die Berufsverbotepraxis: um sicherzustellen, daß nur ordentlich gescheitelte öffentlich Bedienstete vorab dem Staate und dann irgendwann dem Bürger dienten.
Zu diesen allgemeinen Faktoren gesellten sich aktuelle hinzu. Die Studentenbewegung war erst wenige Jahre vorüber und hatte vor allem im Hochschul-, aber auch im Schulbereich und anderwärts einigen alten Verhaltensstaub aufgewirbelt. Der von Rudi Dutschke allzu frohgemut angekündigte »Marsch durch die Institutionen« sollte verhindert werden. Unruhe von unten? Nein danke!
Die SPD selbst als junge Regierungspartei, die im Herbst 1969 zum ersten Mal in der Geschichte der Bundesrepublik den Kanzler stellte, wollte zwar mehr Demokratie und innere Reformen wagen. Aber sie wollte zugleich beweisen, daß auf sie in Sachen »Sicherheit« entgegen den von rechts unkenden Dauervorwürfen Verlaß sei. Man darf auch nicht vergessen, daß in dieser Zeit mit dem aufkommenden Terrorismus der staatliche Antiterrorismus militanter zu werden begann. Das »System Innerer Sicherheit« wurde 1972 erstmals verkündet und installiert. Später, Mitte und Ende der siebziger Jahre, verschwammen für die staatlichen Institutionen und diejenigen, die für sie das Wort führten – Zeitungen etwa wie die »Frankfurter Allgemeine«, eine geradezu staatsfanatische Befürworterin der Berufsverbote –, die Grenzen zwischen kritischer Öffentlichkeit und »Sympathisanten« der Roten-Armee-Fraktion.
Die Wirkungen des Radikalenerlasses lassen sich noch schwerer eindeutig bestimmen. Ängste gingen um (und sie gehen teilweise noch um, bis hin zur Selbstzensur, zur bekannten Schere im eigenen Kopf, die niemand mehr bemerkt), die viele davon abhielten, sich in politischen Fragen offen zu artikulieren.

Der Schaden, der so für den Demokratisierungsprozeß in der Bundesrepublik entstanden ist, läßt sich kaum überschätzen. Die sozialliberale Koalition ist nicht zuletzt an dem von ihr mit durchgesetzten Berufsverbot gescheitert.

Zugleich aber haben sich früh Opposition und Widerstand herausgebildet. Nicht nur große Ereignisse können hierfür als Beleg angeführt werden: Antiberufsverbots-Kongresse, das dritte Internationale Russell-Tribunal 1978 in Frankfurt, zahlreiche Großdemonstrationen. Vielmehr haben sich eine Fülle von Initiativen gebildet, die sich rund um den Kampf wider das Berufsverbot organisierten. Viele sind bald wieder eingeschlafen. Die meisten haben sich aufgelöst, als das Berufsverbot und sein vorgelagerter Prozeß Ende der siebziger Jahre weniger spektakulär wurden. Aber der nicht nur negative, sondern auch der positive Politisierungsprozeß, der dann zu weiterem politischem Engagement beitrug, ist nicht als unbedeutsam abzutun.

Ein Skandal, der keiner mehr ist? Auf das strukturgewordene, in die Normalität der Republik eingelassene Erbe des Berufsverbots wurde schon hingewiesen. Mit diesem Erbe aber wird regierungs- und regierungsparteienamtlich kräftig gewuchert. Das »System der Inneren Sicherheit« wird ausgebaut; das Urrecht aller Demokratie, das Recht auf Demonstration, wird beschnitten; die Geheimdienste werden vorwärtsverrechtlicht, sprich: ihre Kompetenzen werden, als seien sie Rechtens, ausgeweitet. Wer löckte schon wider den Stachel solcher expansiver Sicherungsinstitutionen, außer denjenigen, die potentiell ihre Opfer sind? Ein demokratiegefährdender Zirkel: Mit den »Verfassungsfeinden« und angeblichen Mitgliedern des »terroristischen Umfelds« werden immer wieder auch diejenigen ausgegrenzt und diskriminiert, die diese unscharfen Ausgrenzungspraktiken unter Berufung auf die Verfassung zu verhindern suchen. Zuweilen wird diese Spirale beschleunigt in Gang gesetzt. »Verfassungsfeinde« werden hierbei wie zu den Hochzeiten des Berufsverbots in einer sich verfassungsschützerisch selbst erfüllenden Prophetie erzeugt.

1974 ff.

wird der Skandal um den »Steglitzer Kreisel« in Berlin publik. Es ist nicht der erste Bauskandal in Berlin, und Berlin ist weiß Gott nicht der einzige Ort der Republik, wo Schmiergelder halfen, öffentliche Bauaufträge oder Baugenehmigungen zu ergattern. Aber die Skandale, die in Berlin nach der »Kreisel«-Affäre einander jagten, ließen eine Verwilderung der politischen Sitten sichtbar werden, die in beispielloser Weise alle Fraktionen des politischen Establishments umfaßte. Kein Wunder, daß es die eine Zeitlang einzige relevante Opposition – die Hausbesetzerszene – mit den Paragraphen des Strafgesetzbuches auch nicht immer genauer nahm als ihre Gegner ...

Nach dem Fall der Mauer, unter der Regierung eines Bürgermeisters, der wiederum Eberhard Diepgen heißt, wurde Berlin erneut zum Eldorado einer Immobilienmafia, deren im Westen geschliffene Logistik auch im Osten auf artverwandte Strukturen traf.

Benedict Maria Mülder

»Die Leute verdienen sich an Berlin kaputt«
Berliner Sumpf- und Skandalchronik

Berliner Lehrjahre, 1952: Damals hatte ein kleiner Friseur seine Hände im Spiel. Es ging um Kies, eine normalerweise wenig haarige Sache. Der Handwerker hatte 1952 als Bürgerdeputierter im Arbeiterbezirk Wedding dafür gesorgt, daß einer bestimmten Firma die Ausbeutungsrechte für eine Kiesgrube in Berlin-Plötzensee zugeschanzt wurden. Das geschah wider die Regel ohne die sonst übliche Ausschreibung, und das neue Kieswerk ließ sich den Freundschaftsdienst einiges kosten. Dem Haarschneider wurde eine prozentuale Provisionsbeteiligung in Höhe von mehr als einer viertel Million Mark garantiert. Nur weil einer der Beteiligten – er hatte den Auftrag für Abräumarbeiten auf dem Gelände – nicht mitspielen wollte, flog die Absprache auf – und der Abräumer raus. Sein Vertrag wurde fristwidrig, wie er in einer Klageschrift gegen den Rauswurf schrieb, »auf Druck des Senats gelöst, weil die Senatsverwaltung für Bau- und Wohnungswesen aus persönlichen und politischen Gründen den Kampf gegen das Korruptionswesen nicht in dem erforderlichen Umfang führen wollte«. Statt dessen überließ man das alteingesessene Fuhrunternehmen mit vor dem Kriege zeitweilig 1000 Beschäftigten selber dem Ruin. Eine Straf- und Racheaktion offenbar, hatte doch der Firmeninhaber zuvor zahlreiche andere Unkorrektheiten auf dem vom Aufbaufieber geschüttelten Berliner Bau- und Wohnungsmarkt enthüllt. – Eine Episode aus den Gründerjahren der Republik und ihrer Berliner Dependance. Am Bauwesen sollte die Frontstadt genesen und einige ganz besonders. Im Frühjahr 1958 ermittelten Staatsanwälte des Betrugsdezernats gegen einen SPD-Bezirksstadtrat wegen des Verdachts der passiven Bestechung. Der Genosse, ein Baubeamter in Reinickendorf, hatte einem

Freund innerhalb weniger Jahre so viele Aufträge zugeschustert, daß dessen Firma alsbald Millionenumsätze verbuchen konnte. Der Mühe Lohn fiel noch vergleichsweise karg aus. Neben Aufmerksamkeiten im Wert von ca. 8000 Mark wurde dem beamteten Kollegen vom Bau die Befestigung eines Ufergrundstückes an der Havel spendiert, nebst Bootssteg, versteht sich. Die Affäre mauserte sich zu einer handfesten Justizkrise, weil der zuständige Senator, ein CDU-Mann, über die Köpfe der Staatsanwälte und Richter hinweg mehr Gnade als Recht walten lassen wollte. Doch die Öffentlichkeit war alarmiert. In 191 Fällen hatte die Staatsanwaltschaft Bestechungsvorwürfen in Zusammenhang mit Baugeschäften nachgehen müssen. Das schmälerte nicht nur den guten Ruf Berlins, sondern auch seines jungen, dynamischen Regierenden Bürgermeisters Willy Brandt. Der Justizsenator mußte seinen Hut nehmen und der Delinquent für ganze viereinhalb Monate ins Gefängnis.

Die großen Zeiten standen erst noch bevor, die des Genossenfilzes, der »Filzokratie«, wie der »Tagesspiegel« die moderne Form des *manus manum lavat* erstmals nennen sollte. Berliner Herrenjahre, sie kamen mit dem großen Geld. Das monströse Mauerwerk mitten in der Stadt und um sie herum produzierte das Bedürfnis, den Schrei der Freiheit in eine Menge Glas, Stahl und Beton zu gießen. »Schaut auf diese Stadt vom Hochhaus!« hätte der veränderte Slogan lauten können, der fleißige, wirtschaftswunderliche westdeutsche Ärzte und Rechtsanwälte für die Frontstadt einnahm. Die Kommanditisten wurden zur vierten Schutzmacht, zu den Herren über Trümmer- und Ruinenlandschaften links und rechts des Kurfürstendammes. Schon 1965 wehte ein »Hauch von Manhattan« über der Kaiser-Wilhelm-Gedächtniskirche, das 22 Stockwerke hohe Europa-Center wurde eingeweiht, und Kanzler Ludwig Erhard prophezeite hellsichtig wie sonst niemand: »Die Leute verdienen sich an Berlin kaputt.« Erhard hatte damals gerade das erste Berlinhilfegesetz aufgelegt. Subventionierter Wohnungsbau war seitdem bevorzugte Anlagemöglichkeit für Abschreiber aller Art. Allerdings wurden auch manche Anleger Opfer eines »unkon-

trollierten Treibens übler Geschäftemacher«, wie ein ziemlich junger ehrgeiziger Rechtsanwalt damals warnte. Er konnte manche Glücksritter 1966 davor bewahren, daß eine Baugrube am Kurfürstendamm 101 zum Spekulantengrab wurde. Der begabte Jungjurist hieß Horst Mahler, und die Baustelle lag symbolträchtig gegenüber vom Hauptquartier des Berliner Sozialistischen Deutschen Studentenbundes (SDS), wo es 1968 zum folgenschweren Attentat auf Rudi Dutschke kam. Geschichtsträchtig ist auch das Nachbargrundstück Nr. 102. Ein aufstrebender Architekt, Dietrich Garski, realisierte hier sein erstes Abschreibungsobjekt. Weil er einige Jahre später hundert Millionen Mark im saudiarabischen Sand versickern ließ, trug er Anfang der achtziger Jahre unwillentlich zu dem bei, was auch Mahler, als er zum spekulantenfeindlichen Proletariat übergewechselt war, gern erreicht hätte: zum Sturz einer Regierung, in diesem Falle des SPD/FDP-Senats unter Dietrich Stobbe. Das Ende einer Ära war gekommen, zu einer Zeit, als es in Berlin überdies leichter war, ein Haus zu besetzen, als im Supermarkt eine Flasche Sekt zu klauen.
Stobbes Vorgänger Klaus Schütz war ebenfalls über eine Bauaffäre gestolpert. Denn vor Garski war eine Frau zur Stararchitektin avanciert, die als »schöne Sigi« nicht nur der Boulevardpresse Futter gab. Sigrid Kressmann-Zschach bescherte der aufstrebenden Metropole die mit 126 Metern (Europa-Center: 82 Meter) höchste Erhebung Berlins in Beton und Stahl. Beim Richtfest des »Steglitzer Kreisels«, wie die Anhöhe genannt wurde, hub 1972 Bürgermeister Klaus Schütz denn auch zum großen Lob über die »Dame« an, um dann das »Wahrzeichen von Berlin-Süd« zu würdigen: »Schönheit allein ist nicht abendfüllend, und eine schöne, aber langweilige Stadt zieht nicht an, sondern macht auf die Dauer gleichgültig.« Dieser Bau werde, davon ging er aus, »der Urbanität unserer Stadt dienen«. 80 Millionen Mark war das wert. Daß der Traum vom Berliner Skyscraper schließlich 330 Millionen Mark schwer und zum Trauma für 900 Kommanditisten, die Landeskasse und den Finanzsenator wurde, konnte Schütz zu diesem Zeitpunkt nicht ahnen.

Die dubiosen Vorgänge um den ruinösen Kreisel, der zehn Jahre später in philosophischen Seminaren an der Freien Universität in den Rang einer Metapher des Posthistoire erhoben wurde, produzierte phantasiebeflügelnden Klatsch. Der SPD-Finanzsenator vor seinem Abgang: »Es gehörte zum Image bestimmter Leute, von sich sagen zu können, sie hätten in Sigrid Kressmann-Zschachs Swimmingpool gebadet.« Offenkundig hatte es der Präsident der Oberfinanzbehörde nicht dabei belassen. Gemeinsame Nächte im Hotel Sacher in Wien kamen vor einem parlamentarischen Untersuchungsausschuß zur Sprache, so genau wollte man es wissen. Außerdem standen ein paar Herren, die dort nicht stehen sollten, auf der Gehaltsliste der geschäftigen Architektin, und der Bügermeister selbst hatte zufällig aus ihrer Kasse eine Spende von 50000 Mark erhalten – für die Waisenhäuser der Stadt.

Ein Politiker fühlte sich damals stets als Ankläger des »roten Filzes« besonders wohl, Heinrich-Jodokus Lummer (CDU). Was er indes gar nicht so gern vernahm, waren Berichte über die Tätigkeiten des damaligen CDU-Landesvorsitzenden und Rechtsanwaltes Peter Lorenz. Wo der konnte, half er im Baugeschehen aus, als Notar, als Liquidator. Zu seinen Klienten zählte auch Frau Kressmann-Zschach. Unter der Berliner Käseglocke kreuzten sich die Szenen eben schon immer, und in ihrer Hybris standen sie sich jeweils nicht fern. Lummer sollte später davon ein Lied singen können. Zur Erinnerung sei noch erwähnt, daß der inzwischen wegen Gründung der RAF, der Beteiligung an Banküberfällen und der Befreiung von Andreas Baader zu vierzehn Jahren Gefängnis verurteilte Rechtsanwalt Horst Mahler sich 1975 weigerte, gegen den von der »Bewegung 2. Juni« ins »Volksgefängnis« entführten Peter Lorenz ausgetauscht zu werden.

»Irgendwann ist er für eine Mark zu haben, ist dann aber noch zu teuer bezahlt«, hieß es unterdessen über den Kreisel in den Zeitungen, nachdem mehrere Zwangsversteigerungen gescheitert waren. Der Kommentator irrte. 1988 mußte die öffentliche Hand für den Turm noch einmal 65 Millionen Mark aufbringen.

Inzwischen ist das Land Berlin, nachdem die Verluste gehörig sozialisiert worden sind, stolzer Besitzer.
Was ist ein gemeinsames Hotelzimmer für eine Nacht schon gegen die Übergabe eines wohlgefüllten Briefumschlages? Die Berliner sollten nach der Affäre um den Kreisel aber noch genügend Gelegenheit bekommen, darüber nachzudenken. Die Regierung hatte also 1981 gewechselt, neue Pferde standen an der Tränke. Die Christdemokraten unter Richard von Weizsäcker wollten alles anders und vor allem Schluß machen mit dem roten Filz. Der Staat sollte nicht mehr den Beutepolitikern in die Hände fallen. Doch für die Einlösung dieses guten Vorsatzes hatten die Verhältnisse in Berlin schon zu sehr mafiosen Charakter angenommen. Dem technologischen und organisatorischen Fortschritt auf den Baustellen entsprach mittlerweile ein diffiziles Vorschriften- und Subventionsunwesen. Wenige große Unternehmen und Wohnungsbaugesellschaften hatten sich spezialisiert und auf dem Markt halten können. Schlüsselfertiges Bauen zum Festpreis lauteten die Zauberworte – Provisionszahlungen, verdeckte Kosten, Bestechungssummen alles inklusive. Die Rolle des klassischen Bauherrn war ausgehöhlt, an seine Stelle war der Typus des Generalüber- oder Unternehmers getreten, der Siedlungen, Häuser und Wohnungen im Dutzend und von der Stange produzieren ließ. Das Bauen selbst überließ er meist den sogenannten Sub- und Subsubunternehmen, den Klitschen, die aus Westdeutschland kamen, wenig zu bestellen und sich in Goldgräbermanier auf ein gefährliches Konkurrenzgeschäft eingelassen hatten. Dazwischen wirbelten die Hasardeure der Branche, die noch Anfang der achtziger Jahre den massenhaften Leerstand von Wohnungen betrieben, die »Kaputtsa(h)nierer«, die auch vorm »warmen Abriß« nicht zurückschreckten. Um an die Subventionsmillionen heranzukommen, scheute man weder Mühe noch Kosten, schlug sie einfach auf die Rechnung. Jene, die den warmen Regen zu steuern hatten, die Beamten, Sachbearbeiter, Stadträte und Staatssekretäre, ja sogar Bezirksbürgermeister und Senatoren, kurz, die Verantwortungsträger, wollten nämlich auch nicht ab-

seits stehen. Mal war das Gehalt zu kärglich, mal die Parteikasse leer. Der enge, von Wohnungsbauprogrammen überhitzte Baumarkt der Halbstadt wurde zu einem spekulativen Pulverfaß, bis es zur Explosion kam.
»Wir haben so ungefähr alle Verstöße gegen das Strafgesetzbuch ermitteln können«, umriß später einer der Sonderermittler die Bandbreite der an den Tag gelegten kriminellen Energie, »lediglich die Vorbereitungen zur Führung eines Angriffskrieges fehlten.« Die »68er« – so hieß das zuständige Dezernat der Staatsanwaltschaft – ermittelten in 946 Fällen wegen Betruges, Bestechung und Brandstiftung, wegen Vorteilsannahme, Erpressung und Steuerhinterziehung und kamen auf Hunderte von Durchsuchungen. »Die Filzokratie der Genossen war schon schlimm«, urteilte Günter Freye, ein Experte – er war zu jener Zeit Immobilienmakler und Schatzmeister der FDP –, »aber so schnell und so brutal, wie die Christdemokraten den Filz betrieben, das tat schon weh.« Der Mann hat so manchen »zornigen Baumenschen mit aufgeklapptem Messer in der Tasche herumlaufen sehen«. Als überzeugtem Marktwirtschaftler war es ihm ein Greuel, daß einer der größten Berliner Bauträger nach der Wahl von Klaus Franke (CDU) in den Senat auftrumpfen konnte: »Wir sind heute Bausenator geworden.« Die Nachricht war 1981 kaum in Marbella angekommen, als nach Berichten glaubwürdiger Augenzeugen schon der Champagner in Strömen floß. Inzwischen zählt die Firma zu den größten der Branche.
Alles ist eitel, wußte schon Andreas Gryphius, doch keiner hat das schmerzlicher zu spüren bekommen als der Mann, mit dessen Namen der »Berliner Sumpf« unzertrennlich verbunden ist: Wolfgang Antes, ehemaliger Charlottenburger Baustadtrat und 23 Jahre lang aktives Mitglied der CDU. Antes & Co. übertraf all die GmbHs und KGs, die sich in den sechziger und siebziger Jahren am Berliner Bauwesen schadlos hielten, vor allem in seinem Willen zur Macht. Das Modell Antes war ein feingesponnenes, auf den ambitionierten und skrupellosen Politiker zugeschnittenes Beziehungsgeflecht zum Zwecke des Machterhalts und Nebenerwerbs. Es reichte vom Bauladen bis

zum Bordellbesitzer, vom CDU-Ortsverein bis zur ehemaligen Parteizentrale in der Lietzenburgerstraße. Parallel zum Kurfürstendamm zieht sich hier Berlins Schwabing lang, ist das Milieu zu Hause, aus dem Mittäter und Parteifreunde rekrutiert wurden. 1984 schlugen hier hohe Flammen aus dem Dachstuhl eines Mietshauses. Dem Brand verdankte die damals gebildete Sonderkommission der Polizei ihren Namen »Soko Lietze«, es roch sehr nach »warmem Abriß« und Benzinkanistern. Weil sein Fluchtweg abgeschnitten war, sprang ein Bewohner aus dem vierten Stock verzweifelt in den Tod. Wolfgang Kind, Steuerberater und späterer Antes-Mitangeklagter, kassierte ein paar Monate danach als Geschäftsführer und Gesellschafter der Eigentümerfirma 1,2 Millionen Mark von der Feuerversicherung. Knapp fünf Jahre später wurde er mangels Beweisen vom Vorwurf der schweren Brandstiftung freigesprochen. Allerdings hatten dem Unschuldsengel vom Bau Betrügereien in Zusammenhang mit anderen Spekulationsgeschäften 1987 eine Freiheitsstrafe von vier Jahren eingebracht.

Wolfgang Antes hatte ein Faible für etwas halbseidene Gestalten, deren »Notlage« er auszunützen wußte, wenn es um Baugenehmigungen, die Erteilung von Befreiungen oder um sonstige Hilfsdienste ging, die ein Stadtrat besorgen konnte. Die »Soko Lietze« errechnete für Antes seit seinem Amtsantritt 1981 bis zur Verhaftung 1985 »gehaltsunabhängige Einnahmen« von rund 750 000 Mark.

Die Unternehmen der Bauwirtschaft spendeten im gleichen Zeitraum noch einmal knapp 480 000 Mark an die CDU, 86 000 Mark an die SPD und von 1984 bis 1986 insgesamt 58 000 Mark an die FDP.

Zu den Großspendern zählte der Hotelier und Baulöwe Kurt Franke. Seine Pflege der politischen Havellandschaft charakterisierte der drei Jahre lang bis Ende 1988 tagende parlamentarische Untersuchungsausschuß des Berliner Abgeordnetenhauses so: »Der Bauunternehmer versuchte sich gegen die Wechselfälle in der Politik dadurch abzusichern, daß er allen drei bürgerlichen Parteien größere Spenden zu Händen von Politikern in bar zukommen ließ. Gleichzeitig erbrachte er Barzahlungen an einzelne Entscheidungsträger, wodurch er erreichen wollte, daß sich diese ihm verpflichtet fühlten und deshalb gemäß seinen wirtschaftlichen Interessen tätig werden würden.« – So wunderlich können es nur Politiker ausdrücken. Immerhin ging es um Summen zwischen 5000 und 160 000 Mark. Weil er ähnlich wie der Flick-Buchhalter Diehl den Überblick behalten wollte, trug Franke die Summen gewissenhaft in einer Kladde ein. Als die bekannt wurde, zitterten Berlins Spitzenpolitiker täglich aufs neue vor den Schlagzeilen von morgen.

Man kann die Wirkung, die die dubiosen Vorgänge mit immer neuen Enthüllungen auf das Leben der Stadt nahmen, mit den Turbulenzen vergleichen, die in einem See entstehen, wenn von allen Seiten mal große, mal kleine Kieselsteine geworfen werden. Immer neue Wellen schlagen übereinander, kreuzen sich, prallen gegeneinander und wirbeln auf dem Grund neuen Schlamm auf. Immer mehr Amtsträger gerieten in Verdacht, es gab kaum noch Grund und Boden, der nicht mit illegalem Geldtransfer in Verbindung gebracht wurde. Und weil die schillerndsten Figuren daran mitwirkten, konnte auch nicht entschieden werden, ob all die Fälle eher auf die Wirtschaftsseiten der Zeitungen gehörten oder in die Klatschspalten. Nirgendwo bewahrheitete es sich so wie in der einzigartigen Berliner Halb- und Bauwelt, daß alles mit allem zusammenhängt. Man traf sich bei den immer gleichen Empfängen mit den immer gleichen Leuten, Teilnahme bedeutete nicht selten Mitnahme. Eine Aufgeregtheit löste im Skandalgewusel die andere ab. Eine ganze Stadt machte sich Gedanken darüber, ob ihr Bürgermeister nun mit einem Mann namens Otto Schwanz zusammengekommen war oder nicht.

»Otto mit der Pistole« war in der Berliner Unterwelt bestimmt kein Unbekannter, aber der ehemalige Leibwächter von einem der Großen, die Anfang der siebziger Jahre das horizontale Gewerbe in Berlin kontrollierten, war allerdings niemals der Bordellkönig, zu dem ihn die Regenbogenpresse partout machen wollte. Er war der Zampano im Rotlichtbezirk und dank der CDU-Mitgliedschaft auch einer mit guten Beziehungen. Doch sein guter Draht zu Wolfgang Antes wurde gerichtsnotorisch. Versuchte Erpressung und Bestechung brachten Schwanz eine mehrjährige Haftstrafe ein.

Szenenwechsel, andere Baustelle: »Zusammenfassend ist festzustellen, daß der Baubetreuer Bernd Bertram seine geschäftliche Tätigkeit im Land Berlin beginnen konnte, weil er sich seine Kontakte zu CSU-Politikern zunutze machen und [...] Kontakte zu Lummer herstellen konnte«, schrieb 1988 die Alternative Liste (AL) in den Abschlußbericht des Untersuchungsausschusses über ein anderes Berlin-Engagement, das 1981 begann und 1987 mit einer Freiheitsstrafe von fünf Jahren wegen Untreue und Bestechung in einem Berliner Gefängnis endete. Der ehemalige Offizier der Nationalen Volksarmee Bernd Bertram, der 1972 »rübergemacht« hatte, fand in Berlins populärstem Rechtsaußenpolitiker Lummer einen Bruder im Geiste. Der gepflegt auftretende Bertram, seine ersten Erfahrungen sammelte er bei einem der größten Baukonzerne der Bundesrepublik, der Walter-Thosti-Boswau (WTB), rannte bei Lummer und der gesamten Berliner Regierungsspitze offene Türen ein, weil er vorgab, er könne billiger bauen als die eingesessenen Kostentreiber. Für rund 130 Millionen Mark durfte er schließlich auf den unberührten Rudower Feldern eine sogenannte Landhaussiedlung mit 667 Wohnungen errichten. Sicher ist, daß die Schlußabrechnung um 25 Millionen Mark billiger gewesen wäre, wenn Bertram korrekt abgerechnet und nicht in die eigene Tasche gewirtschaftet hätte. Was heißt in die eigene Tasche? Er bemühte sich wohlwollend um einen Staatssekretär der Finanzverwaltung (der Prozeß läuft), schenkte einem Mitarbeiter der Bauverwaltung eine Luxuskarosse und dem Geschäftsführer einer landeseigenen Wohnungsbaugesellschaft ein paar hunderttausend Mark. Die CDU ging dank Lummer ebenfalls nicht leer aus.

Zu Lummers Bekanntschaften gehörte eine andere schillernde Figur, die er während seiner früher zahlreichen Nahost-Reisen in Beirut traf. Im Milieu der Waffenhändler und Geschäftema-

cher lernte er den Gebrauchtwagenhändler Otto Putsch kennen. Putsch sprach in Berlin wieder bei Lummer vor, und der avisierte ihn einem Parteifreund, dem Charlottenburger Baustadtrat Antes. Putsch hatte den kühnen Plan, 2000 landeseigene Wohnungen für ganze 8 Millionen Mark zu übernehmen – Wohnungen im Gesamtwert von 40 Millionen Mark.
Das war ernst gemeint und offenbar keine Schnapsidee, denn der damalige Innensenator traf sich mit dem merkwürdigen Geschäftsmann aus Wuppertal gleich viermal und fragte en passant auch, »ob Antes schon etwas gefordert« habe. – Tatsächlich war von Parteispenden die Rede gewesen, zwischen einer und fünf Millionen Mark.
Otto Putsch bekam wegen versuchter Bestechung vor dem Moabiter Landgericht eine Strafe von zwei Jahren aufgebrummt.
In den meisten Fällen aber ging Justitia gnädiger mit den Delinquenten um. Im Antes-Komplex kam es trotz der hohen Zahl der Ermittlungsverfahren zu nur 21 Verurteilungen, viele Haftstrafen wurden zur Bewährung ausgesetzt.
Wolfgang Antes selbst wurde zu fünf Jahren verurteilt, brauchte die Strafe wegen Krankheit allerdings nur zu einem geringen Teil abzusitzen. Freund Lummer mußte im April 1986 – gerade war noch herausgekommen, daß er 1971 einer NPD-nahen Truppe 2000 Mark für Wahlpropaganda gegen die SPD gespendet hatte – nach einem großen Senatsrevirement mit dem CDU-Bausenator Klaus Franke und Umweltsenator Horst Vetter (FDP) die Regierungsbank verlassen. Letzteren war ihre allzu große Nähe zu Berliner Bauträgern ebenfalls zum Verhängnis geworden.
Immerhin bewahrte Berlins Regierender Bürgermeister Eberhard Diepgen das Senatsschiff vorm endgültigen Kentern – bis zum nächsten Wahlgang. Es sollte drei Jahre dauern, da hatte »jede Menge Vergangenheit«, wie der Wahlslogan der AL 1989 treffend lautete, auch ihn eingeholt. Diepgen mußte in die Opposition, und AL und SPD sahen sich unversehens im Regierungslager wieder.
Klaus Schütz, Dietrich Stobbe, auch Eberhard Diepgen – Ber-

lins Regierende verhedderten sich nicht zuletzt in den mafiosken Strukturen der Stadt. Die rot-grüne Koalition, die mit allem aufräumen wollte, zerbrach unterdessen in Zusammenhang mit einem anderen Baugeschehen – dem Abbruch der Mauer. Walter Momper (SPD), Regierender jener Zeit, schaffte danach einen für manche Zeitgenossen ganz und gar ungewöhnlichen Wechsel – so ungewöhnlich auch wieder nicht – von der Regierungsbank in die boomende Baubranche der Hauptstadt. Er berät hochkarätige Investoren. Zeichen einer neuen Kultur am Bau?

Vielleicht, wenn es da nicht den höchstrichterlichen Spruch gäbe, wonach Mitarbeiter etwa städtischer Wohnungsbaugesellschaften nicht mehr als Amtsträger einzustufen sind. Sollten diese mal funktionieren wie geschmiert, braucht ihnen nicht bange zu werden. Jedem Privatmann steht es frei, ein Bakschisch zu empfangen. Alles ganz harmlos. Zwei ehemalige Geschäftsführer landeseigener Berliner Wohnungsbaugesellschaften, noch wegen Vorteilsannahme verurteilt, wurden auf diese Weise vom 5. Strafsenat des Bundesgerichtshofes freigesprochen.

In spätestens fünf Jahren, wenn sich Lärm und Staub der unzähligen Baustellen der Hauptstadt verflüchtigt haben, so Experten, werden ganz andere Skandale den Berliner Bausumpf der achtziger Jahre weit in den Schatten stellen.

PS: In »Neue Skandale der Republik« erfahren Sie in einem Beitrag von Eva Schweitzer über *Berliner Tortenstücke*, wie es in der Mauer-Stadt nach dem Fall derselben weiterging. (Die Herausgeber)

1974

Die Herstatt-Pleite 1974 war bei weitem nicht der einzige Bankskandal, geschweige denn Wirtschaftsskandal der Republik. Anders aber als beispielsweise im »Helaba-Skandal« um die Hessische Landesbank, der im selben Jahr aufflog und den hessischen Ministerpräsidenten Albert Osswald (SPD) politisch den Kopf kostete, anders auch als in anderen Beinahe-Firmenzusammenbrüchen derselben Größenordnung fingen in diesem Fall weder staatliche noch privatwirtschaftliche Instanzen den Bankrott auf. Mustergültig läßt sich am »Fall« – im doppelten Wortsinn – des Iwan Herstatt verfolgen, wie dünn zuweilen das Eis ist, auf dem die Wirtschaftstycoons der Republik ihre von den braven Wirtschaftsbürgern und politischen Repräsentanten bewunderten Pirouetten drehen, und daß, wenn einer der nadelgestreiften Herren einmal einbricht, dieser auch nicht viel zu befürchten hat.

Esther Schapira

Herstatt und seine Bank

Wenn nach Bertolt Brecht der Überfall auf eine Bank nichts ist im Vergleich zur Gründung einer solchen, dann bedarf dieser literarische Lehrsatz des Materialismus spätestens seit 1974 dringend der Ergänzung: Die Gründung einer Bank ist nichts im Vergleich zum Zusammenbruch einer solchen.
Für die Richtigkeit dieser Behauptung können sich die rheinischen Kirchenkassen ebenso verbürgen wie ein Kölner Eros-Center, die Volksbanken, der Kölner Zoo, Günter Wallraff oder der Verlag Kiepenheuer & Witsch. Sie alle gehören neben zahllosen anderen kleinen und großen Sparern zu den Geschädigten der größten Bankenpleite der Nachkriegszeit: dem Zusammenbruch der Herstatt-Bank am Donnerstag, 26. Juni 1974.
Bis zu diesem Datum stand der Name Iwan Herstatt für rheinische Frohnatur, höhere Zinsen und Kölner Prominentenklüngel. Als im Dezember 1974 rund 3000 Menschen zur bisher größten Gläubigerversammlung in die Kölner Sporthalle kamen, war vom guten Ruf des Prinzengenerals des Kölner Karnevals nichts mehr übrig. So sehr scheute der einst so gesellige Iwan Herstatt nun die Öffentlichkeit, daß er vorsichtshalber selbst der Versammlung fernblieb. Er ließ sich durch ein ärztliches Attest entschuldigen. Vorgeschmack auf das, was später Teil zwei des Herstatt-Skandals ausmachen sollte: den Justizskandal. Denn wie durch Zufall war auch später immer genau dann ein ärztliches Attest zur Hand, wenn es für Iwan Herstatt darum ging, sich öffentlich zu verantworten.
Und auch im Dezember gab es gute Gründe für einen Mann mit angegriffener Gesundheit, lieber nicht in die Kölner Sporthalle zu kommen. Immerhin war zu diesem Zeitpunkt bereits klar, daß das tatsächliche Defizit alle Anfangsschätzungen weit über-

traf. Statt der zunächst errechneten 450 Millionen fehlten am Ende 1,6 Milliarden Mark in der Herstatt-Kasse. Und das bei nur 77 Millionen Eigenkapital der Bank. Die Stimmung im Saal war entsprechend. Der drohende Konkurs ließ sich nur durch eine kräftige Finanzspritze abwenden, und die kam von Hans Gerling. Der bis dato unangefochten über seinen Versicherungskonzern regierende Millionär war mit einer Beteiligung von 81,4 Prozent Hauptaktionär der Bank, neben Herbert Quandt (BMW, Varta) und Iwan Herstatt.

Der gute Ruf Hans Gerlings war es, dem vor allem die kleinen Sparer der Herstatt-Bank vertrauten. Und so richteten sich auch nach der Pleite alle Hoffnungen auf ihn. Gerling indes wurde nicht müde zu beteuern, daß sein Privatvermögen »relativ gering« sei und er auf gar keinen Fall seinen Versicherungskonzern gefährden dürfe. Das wollte nicht einmal Jürgen Ponto, damals Vorstandssprecher der Deutschen Bank, glauben. »Zur Not«, so riet er dem einstigen Freund, »müßte eben Frau Gerling ihren Schmuck verkaufen«. Auch der damalige parlamentarische Staatssekretär im Innenministerium, Gerhart Baum, FDP, forderte, Gerling müsse »mit allem, was er hat« einstehen.

Nach monatelangem Poker war die spektakuläre Gläubigerversammlung dann der hart umkämpfte Schlußpunkt. Und selbst dann waren die Beteiligten nur durch erheblichen Druck dazu zu bewegen, ihre Unterschrift unter den von Unterhändler Günther Vogelsang ausgetüftelten Vergleich zu setzen. Danach wurden nur jene Einleger voll entschädigt, deren Konten nicht mehr als 20 000 Mark aufwiesen. Alle anderen Privateinleger, egal ob Firmen oder Privatpersonen, erhielten nur 65 Prozent, ausländische Banken und Kommunen 55 Prozent und inländische Banken lediglich 45 Prozent ihrer Einlagen zurück. Die zur Finanzierung des Vergleichs erforderlichen 200 Millionen Mark konnte Hans Gerling nur durch einen Teilverkauf seines Versicherungskonzerns aufbringen. Für den wegen seines autoritären Führungsstils bekannten Konzernherrn bedeutete das den Abschied von seiner Lebensphilosophie. Fortan konnte Gerling

im eigenen Haus überstimmt werden von seinen neuen Partnern wider Willen. 25,1 Prozent verkaufte er an die Zürich Versicherung, 25,9 Prozent hielt fortan eine »Versicherungs-Holding der Deutschen Industrie« (VHDI), ein Zusammenschluß von 59 deutschen Industrieunternehmen.
Trotz dieses hohen Preises kam Hans Gerling unterm Strich billig davon. Denn im Falle eines Konkurses hätten die Gläubiger unter Umständen auf dem Wege der »Durchgriffshaftung« das gesamte Gerling-Vermögen beanspruchen können. Dann nämlich, wenn hätte nachgewiesen werden können, was zweifellos so war: daß die Sparer ihr Geld nur deshalb der Herstatt-Bank anvertrauten, weil sie Hans Gerling vertrauten.
In einem der zahlreichen Herstatt-Prozesse, die der Bankenpleite folgten, stellte der vorsitzende Richter Ulrich Höppner 1983 fest: »Ohne Gerling ging bei Herstatt nichts. (...) Gerling war faktisch Inhaber der Bank und bestimmte deren Geschäftspolitik.«
Und die kriminelle Geschäftspolitik war es, die zur Pleite führte. Die Bank hatte spekuliert. Immer waghalsigere Devisentermingeschäfte wurden abgeschlossen, immer höhere Summen verdealt. Ohne Netz und doppelten Boden, »Gegengeschäfte« in der Bankensprache. Mit wieviel Milliarden Mark die Devisenhändler der Herstatt-Bank tatsächlich jongliert haben, weiß bis heute niemand. Tagesumsätze von 500 Millionen Mark wurden verbucht, oder genauer: nicht verbucht. Da bedurfte es eigentlich kaum der Feststellung Richter Höppners, um zu vermuten, daß Hans Gerling über die Geschäftspolitik »seiner« Bank genau unterrichtet war.
Gerling selbst aber fühlte sich als Opfer. »Niemand kann bestreiten, daß ich der Hauptgeschädigte bin«, sagte er dem Nachrichtenmagazin »Der Spiegel« kurz nach der Pleite. Er sei eben getäuscht worden. Noch sechs Jahre später folgte die Illustrierte »Stern« bereitwillig den Ausführungen Hans Gerlings. »Er spendierte zweihundert Millionen aus dem Vermögen seines Versicherungskonzerns. [...] Doch was ist mit den Schuldigen?«

Aber auch der Mann, der der Bank und dem Skandal seinen Namen gegeben hatte, mochte sich beim besten Willen nicht schuldig fühlen. Im Gegenteil. Auch er sah sich selbst als Opfer. Schuldig seien seine Direktoren (»eine gewissenlose Clique, von der ich hintergangen worden bin«).
Doch auch die von Herstatt als Schuldige Ausgemachten beanspruchten öffentlich Mitleid. Der einstige Direktor Bernhard Graf von der Goltz fühlte sich nämlich gleichfalls »bös getäuscht«. Einig waren sich die Herren höchstens in der Verurteilung des einstigen Chefdevisenhändlers Danny Dattel. »Der ist an allem schuld«, teilte Iwan Herstatt flugs öffentlich mit. Schon am Tag der Schließung seiner Bank hing im Fenster der Kölner Filiale ein Schild mit der Aufschrift: »Wir haben in den letzten Wochen erhebliche Verluste bei Devisen-Termingeschäften erlitten, die von der zuständigen Abteilung verschleiert wurden.«
Danny Dattel dagegen nahm für sich in Anspruch, seine Direktoren rechtzeitig gewarnt zu haben, doch sei er von diesen zu immer abenteuerlicheren Spekulationen gedrängt worden, um Anfangsverluste auszugleichen. Bankdirektor Iwan Herstatt versuchte die These vom betrügerischen Dattel durch die Behauptung zu stützen, er selbst habe seinen Chefdevisenhändler angewiesen, das Spekulationslimit von 25 Millionen Dollar streng zu beachten. Doch allein die stolze Bilanz für das Geschäftsjahr 1973 setzt wesentlich höhere Spekulationen voraus, denn der damalige Gewinn von 55 Millionen wäre bei Beachtung des Limits gar nicht möglich gewesen. Der Spieler ist eben nur solange ein geschätzter Mann, wie er gewinnt.
Auch die Bilanzfälschung der Herstatt-Bank, die immerhin so perfekt war, daß selbst eine vom Bundesaufsichtsamt für das Kreditwesen im Februar angeordnete Sonderprüfung keine beunruhigenden Anzeichen feststellen konnte, erforderte ein enges Zusammenspiel aller Herstatt-Herren. Noch im März 1974 stellten die angesehenen Bilanzexperten der Essener »Karoli Wirtschaftsprüfung« der Bank ein Attest aus. Der Bilanz-Trick, auf den die Experten allesamt hereinfielen: Durch angebliche

Guthaben bei einer ausländischen Tochterfirma und bei einer Schweizer Bank, der »Econ«, standen den ausgewiesenen 480 Millionen Mark Verlust durch Devisentermingeschäfte Vermögenswerte gegenüber, die es gar nicht gab. Doch auf dem Papier war die Bilanz ausgeglichen, mehr noch – sie verbuchte einen Gewinn.

Wie aber kam es tatsächlich zu den Riesenverlusten der Herstatt-Bank? Von 1976 bis 1988 dauerten die der Pleite folgenden Gerichtsverfahren. 80 000 Devisengeschäfte überprüfte die Staatsanwaltschaft. Allein die Hauptakte ist 11 000 Blatt dick. Das gesamte Aktenmaterial beansprucht 25 Bände plus 25 000 EDV-Blätter. Und noch immer ist die Schuldfrage nicht eindeutig geklärt. Klar ist nur, daß beim Zusammenbruch der Herstatt-Bank zwei wesentliche Faktoren eine Rolle gespielt haben. Das sind zum einen die berüchtigten Devisentermingeschäfte. Zum anderen aber haben sich Manager und Angestellte der Bank kriminell bereichert, indem sie persönlich spekulierten. Die dabei entstandenen Verluste schrieben sie der Bank zu, die Gewinne sich selbst. Verständlich wird dieses Dickicht aus Habgier, Spiel- und Gewinnsucht und Geschäftstüchtigkeit nur, wenn man versucht, die Atmosphäre im Bankhaus Herstatt nachzuempfinden.

Nachdem der Chefdevisenhändler Danny Dattel seiner Bank 1972 durch gelungene Dollarspekulationen Riesengewinne beschert hatte, strahlte sein Stern am Firmament des Bankhauses und zog kleine Angestellte ebenso in seinen Bann wie die Topmanager. Nahezu alle Etagen wurden nach und nach von fieberhafter Spielsucht ergriffen, und so landeten nicht nur die eigenen Gehälter in der Devisenabteilung, sondern die von Ehepartnern und Verwandten gleich noch mit. Dattel und seine »Goldjungs«, sieben junge Männer im Alter zwischen 23 und 30 Jahren, spekulierten, was das Zeug hielt – auf eigene Rechnung, mit dem Geld der Angestellten, aber eben auch und vor allem mit dem Geld der Kunden, die davon gar nichts wußten. Denn während die Angestellten voll auf Risiko setzten und anfänglich dabei Gewinne einstrichen, die das eigene Jah-

resgehalt weit überstiegen, erfuhren die Herstatt-Kunden vom Devisenroulett erst, als es sich so schnell drehte, daß die Bank darüber zu Fall kam. Der »Spiegel« recherchierte, daß eine Sekretärin aus der Vorstandsetage 1973 satte 100 000 Mark »gewann«; ein Herstatt-Buchhalter dagegen »verspielte« 264 000 Mark bei 1800 Mark Monatsgehalt. Spielschulden, die als Außenstände der Herstatt Bank auf der Haben-Seite der Bilanz auftauchten. Und der glücklose Buchhalter war keine Ausnahme. Als zynische Pointe von solcher Plattheit, daß kein Schriftsteller sich mit ihr in die Öffentlichkeit trauen würde, erscheint vor diesem Hintergrund der Werbeslogan der Herstatt-Bank: »Geldanlegen darf kein Glücksspiel sein!«
Wie aber funktionierte das Dollar-Roulett? Devisentermingeschäfte blühen erst, seit 1973 die festen Wechselkurse durch flexible ersetzt wurden. Seither schätzen Devisenhändler die Kursentwicklung der jeweiligen Währung und hoffen so auf ihren Gewinn. Bei solchen Devisentermingeschäften werden ausländische Gelder zu einem festen Preis ge- oder verkauft, sind aber erst zu einem späteren Zeitpunkt fällig. So verkauft beispielsweise im März eine Bank zum Kurs von 2,50 Mark 100 Millionen Dollar, fällig im August. Schätzt sie aber, daß der Dollar im August niedriger stehen wird, so wartet sie mit dem Kauf. Fällt der Kurs, wie spekuliert, auf 2,40 Mark, so macht die Bank zehn Millionen Gewinn: Sie kauft für 240 Millionen Mark Dollar ein, die sie für 250 Millionen verkauft.
Dattel hatte richtig spekuliert, daß der Dollar nach der Ölkrise wieder steigen würde, und damit 1973 Riesengewinne gemacht. Doch als er im Frühjahr 1974 auf einen weiteren Anstieg des Dollars setzte, irrte er; mit verhängnisvollen Folgen.
Gegen solche Risiken sichern sich seriöse Banken daher durch Gegengeschäfte ab, d.h. sie versuchen, stets in gleicher Höhe des Kaufgeschäfts ein Verkaufgeschäft zu schließen und umgekehrt. Man nennt das eine geschlossene Position. Die großen Gewinne lassen sich freilich nur mit offenen Positionen machen. Aber eben auch die großen Verluste.
Doch selbst wenn Dattel gewollt hätte, für die Herstatt-Bank

waren Gegengeschäfte kaum noch möglich. In der Branche hatte sich längst rumgesprochen, daß Herstatt »ein zu großes Rad drehte«. Die Zahlungsfähigkeit der Bank galt als zweifelhaft, und damit war sie kein geeigneter Partner, um sich selbst gegen Risiken abzusichern. So versuchte Dattel durch immer waghalsigere Spekulationen, die Anfangsverluste auszugleichen; wie ein Spieler, der verloren hat und nun alles auf eine Karte setzt.

Um die Spekulation zu erleichtern, erhielt Dattel vom Vorstand der Herstatt Bank eine »Sonderposition«, die es ihm erlaubte, Devisentermingeschäfte abzuschließen, ohne in der allgemeinen Buchhaltung der Bank aufzutauchen. In noch nicht mal zwei Jahren setzte die Herstatt-Bank so knapp zehn Milliarden Mark um.

Im Zuge der Ermittlungen der Staatsanwaltschaft stellte sich dann heraus, daß auch ordentlich gewonnen wurde. Etwa 80 Millionen Mark sollen kassiert worden sein. Das aber nutzte den Herstatt-Kunden nichts, denn diese Gewinne flossen auf private Konten, die Verluste dagegen mußte die Bank tragen. Mit rückdatierten Verträgen wurden Schein-Termingeschäfte zum Schaden der Bank in Millionenhöhe geschlossen. Im Wissen um die Dollarentwicklung sollen die Devisenschieber Verträge fingiert haben, in denen die Bank sich im März verpflichtete, zu einem bestimmten Kurs im August zu verkaufen. Tatsächlich aber war der Dollar längst gestiegen. Die Bank machte Verlust, der Käufer Gewinn. Hinter dem Käufer aber sollen, nach Auffassung der Staatsanwaltschaft, die Devisenschieber selbst gesteckt haben.

Zwei Jahre ermittelte die Kölner Staatsanwaltschaft, dann reichte das Belastungsmaterial für zunächst acht Haftbefehle. Wegen des Verdachts »gemeinschaftlicher Untreue, Betrugs und Verstößen gegen aktienrechtliche Bestimmungen« werden Iwan Herstatt, Danny Dattel, die Direktoren Bernhard Graf von der Goltz, Heinz Hedderich und Kurt Wickel sowie die Devisenmakler Norbert Arden, Bruno Blaeser und Bruno Heinen im August 1976 festgenommen.

Als erster verläßt Iwan Herstatt das Untersuchungsgefängnis. Wegen akuter Kreislaufschwäche wird der stark übergewichtige Mann im Herbst aus der Haft entlassen. Danny Dattel sitzt zehn Monate in Untersuchungshaft. Dann wird auch er aus medizinischen Gründen von der Haft verschont. Die Anklageschrift liegt erst im Oktober 1977 vor. Zu diesem Zeitpunkt sind bis auf Norbert Arden und Heinz Hedderich alle Angeklagten gegen Kaution freigelassen worden. Bis zum Prozeßbeginn dauert es dann nochmal eineinhalb Jahre.
Am 23. März 1979, knapp fünf Jahre nach Schließung des Bankhauses, wird der Herstatt-Prozeß eröffnet. Teil zwei des Skandals hat endgültig begonnen. Medizinische Gutachten, befangene Richter, gewitzte Staranwälte, überforderte Staatsanwälte, Verfahrensfehler und immer neue Gutachten. Wirtschaftsexperten und Mediziner übernehmen die Regie dieses bisher größten Wirtschaftsprozesses, dessen geschätzte Gesamtkosten bei sechs Millionen liegen dürften.
Zunächst wird Danny Dattel Prozeßunfähigkeit bescheinigt und diese gerichtlich anerkannt. Durch die Untersuchungshaft sind bei ihm schlimmste Traumatisierungen aus der Kindheit aufgebrochen. Danny Dattel war drei Jahre alt, als er mit seinen Eltern in das Vernichtungslager Auschwitz deportiert wurde. Kurz bevor man seinen Vater ermordete, sah er ihn noch ein letztes Mal mit kahlgeschorenem Kopf. Bilder, die er jahrelang verdrängt hatte und die durch die Haft wieder hervorgetreten sind. Dattel ist nach Gutachterberichten schwer depressiv und selbstmordgefährdet. Er leidet unter einem »KZ-Syndrom«, wie es in der Fachsprache heißt.
Im Oktober 1979 kommt dann auch das vorläufig endgültige Aus für Iwan Herstatt. Wegen akuter Herzinfarkt-Gefahr wird das Verfahren gegen ihn eingestellt. Wenn die hohe Wahrscheinlichkeit einer Lebensgefahr durch die Hauptverhandlung bestehe, müsse der Staat auf seinen Strafanspruch verzichten, argumentiert Staatsanwalt Manfred Willems und beantragt die endgültige Einstellung des Verfahrens. Das Gericht aber beschließt nur die vorläufige Einstellung. Und es tut gut daran,

denn im Januar 1984 wird das Verfahren gegen Iwan Herstatt erneut eröffnet. Derselbe Gutachter, der im ersten Prozeß die Verhandlungsunfähigkeit attestierte, bestätigt nun, daß sich der Gesundheitszustand Iwan Herstatts überraschend gebessert habe. Ein grotesker Gutachterstreit beginnt. Schließlich wird in Abwesenheit des Angeklagten verhandelt, da dieser durch Implantation eines Herzschrittmachers seine Abwesenheit selbst verschuldet habe. Iwan Herstatt wird wegen schweren Bankrotts und Untreue zu viereinhalb Jahren Haft verurteilt. Der Bundesgerichtshof aber hebt dieses Urteil wieder auf. Begründung: Dem Angeklagten sei nicht nachzuweisen, daß er die gefälschte Geschäftsbilanz 1973 mit der Absicht unterschrieben habe, die Gläubiger zu täuschen. Im Mai 1987 wird das Verfahren wieder aufgerollt. Abermals gibt es einen Medizinerstreit um die Gesundheit des mittlerweile 73jährigen. Schließlich wird Iwan Herstatt rechtskräftig zu zwei Jahren Haft auf Bewährung verurteilt.

Die Verfahren gegen die übrigen Angeklagten sind kaum ergiebiger. Hauptaktionär Hans Gerling übrigens taucht noch nicht einmal als Zeuge vor Gericht auf. Wann immer er eine Vorladung erhält, schickt er als Antwort ein medizinisches Attest. Er selbst zieht den Aufenthalt in einer Schweizer Privatklinik vor. Der Streit um den Zeugen Hans Gerling paßt in die Inszenierung dieses Prozesses, in dem das Gericht von Anfang an drohend das Verjährungsdatum 26. Juni 1984 im Rücken spürt. Zeitnot, die zur Eile drängt und damit zur Schlamperei. Am Ende hat kaum ein Urteil Bestand vorm Bundesgerichtshof.
Eine traurige Bilanz, die kaum überraschen kann. Und das nicht etwa, weil der Volksmund es eh schon immer wußte: die Kleinen hängt man, die Großen läßt man laufen. Wirtschaftskriminalität ist mit Strafgesetzen kaum zu bekämpfen. Der Versuch, die Grenze zu ziehen zwischen gerade noch erlaubter Geschäftstüchtigkeit und Betrug, muß fast immer mißlingen. Und angenommen, die Spekulationen hätten geklappt, wären aber entdeckt worden – hätte es sich dann auch um einen

Herstatt-Skandal gehandelt? Was diesen Skandal für die Öffentlichkeit zum Skandal machte, ist die Pleite des Bankhauses, also die Folgen des Devisenrouletts, und nicht etwa die Spekulation selbst. Dabei wäre dieser Skandal durchaus zu vermeiden gewesen, wäre es nicht auch darum gegangen, hier ein Exempel zu statuieren. Die Abwicklungsbilanz der Herstatt-Bank in Liquidation weist allein für das Jahr 1983 361,8 Millionen Mark Gewinn aus. Der Verdacht liegt nahe, daß kein wirkliches Interesse an der Rettung der Herstatt-Bank bestand. Immerhin bot sich so die Möglichkeit, den Sparern gegenüber zu dokumentieren, daß die höheren Zinsen der Privatbanken unter Umständen sehr teuer werden können, und die Großbanken erhielten den Zugriff auf Gerlings Versicherungskonzern. Vielleicht liegt hier die Antwort auf die Frage, warum Hans Gerling es vorzog, an die Zürich Versicherung und die VHDI zu vergleichsweise ungünstigeren Bedingungen zu verkaufen, als das Bankenkonsortium sie ihm angeboten hatten. Auch seine Rechnung ging auf. Hans Gerling herrscht heute wieder unangefochten über seinen Konzern. Der Herstatt-Skandal kann sich so heute nicht mehr wiederholen. Das garantieren das novellierte Kreditwesengesetz und Selbstauflagen der Privatbanken.

Dieser Skandal also kann sich so nicht wiederholen. Andere werden an seine Stelle treten. Denn, so sagt der Freiburger Professor Klaus Tiedemann: »Diese Kriminalität ist der auf Wettbewerbs- und Leistungsprinzip aufgebauten Gesellschaft immanent.«

1976

Die Chemiekatastrophe im norditalienischen Seveso ist auch in der Bundesrepublik zum Symbol für die Gefährlichkeit von großindustriell hergestellten Chemikalien geworden; die anschließende wochenlange undurchschaubare Odyssee von Fässern mit hochgiftigem Müll aus Seveso kreuz und quer durch Europa wurde zum Symbol für die Unfähigkeit und das Desinteresse der politischen Stellen, der Verantwortungslosigkeit der Industrie etwas entgegenzusetzen.

Seitdem muß sich die Chemieindustrie gefallen lassen, von einer kritischen Öffentlichkeit genauer betrachtet zu werden. Was sie hingegen bisher nicht befürchten muß, ist, daß sich Staat und Politik ernsthaft darauf besinnen, sie hätten auch eine umweltpolitische Schutzfunktion für die Bürger.

Fritz Vahrenholt

Seveso und die Folgen

»Mehr Sachlichkeit im Zusammenhang mit dem Seveso-Unfall« verlangte vor einigen Jahren der damalige Vorstandsvorsitzende der Hoechst AG, Professor Rolf Sammet; schließlich habe es »in Seveso keinen Todesfall, sondern nur ein paar Narben gegeben«. Solche verharmlosenden Stellungnahmen der Chemieindustrie vermochten jedoch die weltweite Betroffenheit über die Bilder der Leidenden, der von Chlorakne entstellten Gesichter der Kinder von Seveso nicht zu verhindern. Sowohl der Schock über die Katastrophe als auch ihr Nicht-wahrhaben-Wollen lassen sich nur dadurch erklären, daß bis zum 10. Juli 1976, dem Tag des Unfalls, Öffentlichkeit, Chemiker und Chemiemanager wie seit 100 Jahren von der Selbstverständlichkeit ausgegangen waren, daß die Chemie den Menschen von vielen Alpträumen befreit hat, daß sie epochale Erfolge bei der Verbesserung seiner Lebensbedingungen aufweisen konnte.
Seveso, Bhopal, Sandoz haben den Schleier der Gefahren gelüftet, die die chemische Produktion mit sich bringen können. Immer neue Schreckensmeldungen über Gesundheitsgefahren, Krebsverdacht, Ausrottung von Arten durch seit langem auf dem Markt befindliche Chemikalien paukten den Chemikern erste Ansätze ökologischer Vernunft ein. Neben den Produktionskoordinaten Druck, Temperatur, Ausbeute und Umsatz mußte der Faktor »Umweltrelevanz« erst entdeckt werden.
Erst der Störfall von Seveso lenkte 1976 die Aufmerksamkeit auf bundesdeutsche Produktionen. Bei Bayer in Uerdingen stoppte man nach wenigen Wochen die »Seveso-Produktion«, bei Boehringer in Hamburg dauerte es immerhin noch acht Jahre, bis auf den Druck der Öffentlichkeit hin die Firma ihre Pforten schließen mußte.

Bis Mitte der siebziger Jahre konnte die Chemie hierzulande produzieren, was immer und wie immer sie es auch wollte. Erst 1974 wurde durch das Bundesimmissionsschutzgesetz eine umfassende gesetzliche Regelung für die Genehmigung von Anlagen herbeigeführt. Es dauerte weitere sieben Jahre, bis der größte Risikofaktor der Chemieproduktion, die Produkte selbst, gesetzlicher Kontrolle unterworfen wurden.
Doch wer glaubte, damit sei das Problem gelöst, wurde durch die zunehmende Häufung von Chemieskandalen eines besseren belehrt. Denn rund 60 000 verschiedene Chemikalien sind in der Bundesrepublik auf dem Markt; fünf- bis sechstausend davon mit einer Jahresproduktion von mehr als einer Tonne. Nur ein Bruchteil davon ist hinreichend auf eine Beeinträchtigung des Menschen und seiner Umwelt untersucht worden.
So war es nur eine Frage der Zeit, bis aufgrund besserer analytischer Erfassungsmethoden einer wachsenden Umweltverwaltung, aber auch wacher Augen von Bürgern und Medien die Giftfunde, sei es in Fässern oder in den Dingen des täglichen Lebens oder sogar in der Nahrungskette, zunahmen.
Beispiele wie das Pentachlorphenol, das als Holzschutzmittel in Innenräumen verwandt wurde und das sich im nachhinein als so giftig wie Arsen erwies, gibt es beliebig viele. Ob Dibromethan im bleihaltigen Benzin, Perchlorethylen aus chemischen Reinigungsanlagen oder Formaldehyd in Spanplatten, die Vorgänge ähneln sich. Und es vergeht kaum ein Monat, in dem nicht ein altbekannter Stoff auf die umweltpolitische Tagesordnung kommt.

Dabei geht es nicht so sehr um akute Gesundheitsgefahren. Die steigende Durchseuchung durch die Summation kaum spürbarer und erfahrbarer kleiner Mengen, die sich in der Nahrungskette akkumulieren können, sind das eigentliche Problem.
Chlorierte Kohlenwasserstoffe in unseren Gewässern, selbst in Spuren, führen über die Anreicherung zu fatalen Folgen, wie sie das Robbensterben uns vor Augen geführt hat. Der Mensch, der in der Nahrungskette an der gleichen Stelle steht wie die Robbe,

hat einen für ihn lebensrettenden Vorteil: Er ernährt sich nicht allein von Meereslebewesen. Daß aber die possierlichen Robben in einer Weise mit Chemikalien vollgepumpt sind, daß sie nach den Kriterien für Sondermüll in bestimmten Giftmüllverbrennungsanlagen nicht einmal mehr verbrannt werden dürften, sollte uns zeigen, wie brüchig das Netz geworden ist, in dem sich der Mensch bewegt.

Jahr für Jahr werden größere Mengen an Chemikalien in Umlauf gebracht, entstehen mehr problematische Abfälle, für die es keine umweltverträgliche Beseitigung gibt. Unmerklich haben einige Produkte der Chemie begonnen, unsere Lebensgrundlagen zu zerstören.

Ist es als Erfolg zu bewerten, wenn zwar die Belastung der Muttermilch durch DDT in der Bundesrepublik zurückgeht, aber die Belastung des Grundwassers durch Perchlorethylen, das als Reinigungs- und Lösungsmittel eingesetzt wird und sich nach dem Gebrauch durch Ausregnen im Boden und letztendlich im Grundwasser wiederfindet, mittlerweile zu regelrechten Chemikalienseen unter den großen Städten angestiegen ist? Allein in Baden-Württemberg sind 150 solcher Belastungen festgestellt worden. Die Trinkwasserversorgung der Bundesrepublik ist fast vollständig vom Oberflächengewässer auf Grundwasser umgestellt worden. Vor nicht allzu langer Zeit sind die Kritiker verlacht worden, die prophezeiten, irgendwann einmal könne man Grundwasser nur über Aktivkohle gefiltert genießen. Heute kommt kaum ein Wasserwerk noch ohne Aktivkohlefilter aus.

Von den 60 000 Chemikalien sind seriösen amerikanischen Untersuchungen zufolge rund 10% zu untersuchen, weil aufgrund der chemischen Struktur eine Gefährdung von Mensch und Umwelt nicht auszuschließen ist. Von diesen 10% gehören wiederum 10% auf einen Verbots- und Beschränkungsindex. Wer richtig mitgerechnet hat, wird auf 600 Stoffe kommen, die beschränkt, gekennzeichnet oder verboten werden müßten. Daraus ergeben sich zwei Schlußfolgerungen:

1. »Das ist ja gar nicht so dramatisch. Wir können ganz gut mit der Chemie leben, nämlich mit 59 400 Substanzen.«

2. »Wenn das Problem also nicht unlösbar ist, wo bleibt denn dann die ordnende Hand des Staates?«

Und das ist das Problem.

Eine neue Chemiepolitik muß für die Aussortierung von erbschädigenden, krebserzeugenden und anderen schwer abbaubaren Substanzen sorgen. Es gibt zwar ein Chemikaliengesetz, und es sieht Verbote für problematische Stoffe vor. Aber von diesem Gesetz ist bislang nur in einem einzigen Fall Gebrauch gemacht worden, und zwar bei Pentachlorphenol, nachdem die Produktion bei Dynamit Nobel Ende 1986 eingestellt worden ist.
Die Tatenlosigkeit der Bundesregierung ist offensichtlich Programm. Jahrelang verlangten Bundesländer, Umweltverbände, Wissenschaftler, Stoffe wie 2,4,5-T, das Entlaubungsmittel, das in Vietnam eingesetzt worden ist, oder PCB, die problematischen Transformatorenöle, zu verbieten. Die Bundesregierung aber wartete zu, bis die Unternehmen in Ingelheim oder Leverkusen die Produktion auf den Druck der Öffentlichkeit hin einstellen würden. Und beim Dichlorbenzol, dem berühmten Pinkelstein, ist es ebenso. Dieser von der Bayer AG produzierte Stoff, den wir aus den öffentlichen Toiletten kennen, hat ja nur einen einzigen, und zwar nutzlosen Zweck: die Kläranlagen zu belasten und den Klärschlamm zu vergiften.
Ich frage mich: Was nützen uns fortschrittliche Gesetze wie das Chemikaliengesetz, wenn sie in solchen Fällen nicht einmal angewandt werden? Man gewinnt den Eindruck, daß die Neigung der Unternehmen, aus den Schlagzeilen herauszukommen, umweltpolitisch eher etwas bewirkt als eine nur in Sonntagsreden dem Vorsorgeprinzip verschriebene verantwortliche Politik.
Die Bundesregierung setzt auf freiwillige Vereinbarungen mit der Industrie. Wohin das führt, zeigt das Beispiel der Fluorchlorkohlenwasserstoffe, bei denen sich die Bundesregierung rühmt,

daß sie aus den Spraygasen durch freiwillige Vereinbarungen mit der Aerosol-Industrie verbannt worden sind. Daß die beiden Haupterzeuger, die Hoechst AG und die Kali-Chemie, nicht eine Tonne weniger produziert haben, vergißt die Bundesregierung zu erwähnen.
Ähnliches gilt für den Umgang mit dem krebserzeugenden Asbest. Durch freiwillige Vereinbarung mit der Asbestindustrie glaubt die Bundesregierung, des Problems Herr zu werden. 900 000 000 m² Asbest sind unterdessen in Dächern und Außenverkleidungen verbaut worden. Und während Messungen in der Nähe von mit Asbest bedachten Häusern einen erhöhten Asbestkonzentrationswert aufweisen, während die Innenräume von Schulen und öffentlichen Gebäuden durch Asbestverwendung unbenutzbar sind, läßt die Bundesregierung es zu, daß Jahr für Jahr weiter 50 000 t Asbest auf den Markt kommen. Und dies in einer Zeit, in der Städte und Gemeinden Hunderte von Millionen aufwenden, um das Asbest aus den öffentlichen Gebäuden wieder herauszubekommen.

Der eigentliche Skandal ist also nicht so sehr das Handeln der chemischen Industrie, sondern die fehlenden chemiepolitischen Vorgaben des Staates. So wie bei Wackersdorf die Energieindustrie sich klüger als die Bundesregierung erwies und gerade noch rechtzeitig den Ausstieg einläutete, so hat die chemische Industrie begriffen, daß Chemieskandale sich nicht auszahlen.
So ist es nicht verwunderlich, daß im Jahre 1989 anläßlich der Debatte um die Verwendung von umweltgefährdenden Flammschutzmitteln in Kunststoffen die bundesdeutsche Chemieindustrie den Bundesumweltminister auffordert, eine entsprechende Verbotsverordnung vorzulegen. Der Anlaß: Zu Geschwisterverbindungen des Seveso-Dioxins kommt es, hautnah für jeden Bundesbürger, durch Verwendung von bromierten Flammschutzmitteln in den Dingen des täglichen Lebens, die nicht brennen sollen – Haarfön, Bügeleisen, Lockenwickler und vor allen Dingen Fernsehapparate. Schon 1985

forderten Kritiker die Bundesregierung auf, den Gefahren bromierter Flammschutzmittel zu begegnen. Wer reagierte, war nicht der Bundesumweltminister, sondern die chemische Industrie, die 1986 Zersetzungsuntersuchungen durchführte und hochgiftige Verbindungen, die polybromierten Dibenzfurane (PBDF), in unglaublich hohen Konzentrationen in den Kunststoffen feststellte.

Der Bundesumweltminister, der über die Ergebnisse der Industrieuntersuchungen jeweils auf dem laufenden gehalten wurde, wußte das alles. Er weiß auch, was ihm das Umweltbundesamt dann im Februar 1989 berichtete: »Da der größte Teil der bei der Verarbeitung gebildeten PBDF im Produkt verbleibt, ist davon auszugehen, daß Kunststoffertigteile, wie z.B. Computergehäuse, Fernsehapparate, die mit entsprechenden flammschutzgeschützten Kunststoffteilen ausgerüstet sind, mit PBDF kontaminiert sind. Weiterhin ist nicht auszuschließen, daß PBDF aus diesen Kunststoffen bei wechselnder thermischer Beanspruchung der Kunststoffteile (z.B. beim Betrieb eines Fernsehapparates) herausdiffundieren.«

Gleichwohl geschieht nichts, jedenfalls nichts Regierungsamtliches. Nur die deutsche kunststofferzeugende Industrie handelt und läßt ihre dibenzfuranträchtigen Produkte nach und nach auslaufen. Bayer, Hoechst, demnächst BASF nehmen die polybromierten Diphenylether aus den Produkten. Das schützt uns zwar nicht vor den Importen aus Südostasien, aber dies interessiert die Bundesregierung offensichtlich nicht. Und das, obwohl Untersuchungen der Hamburger Umweltbehörde im April 1989 zu dem Ergebnis kommen, daß auch während des Betriebes von Elektrogeräten Ausgasungen stattfinden. Immerhin im Pikogrammbereich, einem Bereich, der hochbelasteter Außenluft entspricht. Noch immer ist es so, daß die Bundesregierung nicht einmal weiß, wieviel an welchen Stoffen auf den Markt kommt.

Nicht auszuschließen ist, daß die chemische Industrie das unerträgliche Katz-und-Maus-Spiel mit dem Verbraucher beendet und selbst die notwendige Transparenz schafft. Das wäre der Schritt für eine neue Grundlage im Umgang mit der Chemie und der chemischen Industrie, aber auch ein Offenbarungseid für staatliche Chemiepolitik.

PS: Die Hoffnung hat sich nicht erfüllt: So mehren sich beispielsweise 1992/93 die Indizien, daß selbst die Seveso-Fässer mit dem hochgiftigen Dioxin aus Seveso keineswegs, wie Ciba-Geigy stets beteuerte, ordnungsgemäß vernichtet, sondern vielmehr auf der Sondermülldeponie Schönberg verbuddelt wurden. Aber auch sonst unternimmt die chemische Industrie keine ernsthaften Anstrengungen, ihre Unternehmenspolitik transparenter zu machen. So wird etwa die Störfallserie bei der Hoechst AG 1993 von der Unternehmensleitung heruntergespielt. Die Manager brauchten Tage, bis sie eigene Versäumnisse einräumten und sich bei der betroffenen Bevölkerung entschuldigten. (Die Herausgeber)

1977

Was sich in den Wochen des »Deutschen Herbstes« abspielte, war – mit einigem zeitlichen Abstand betrachtet – einigermaßen absurd: Eine Handvoll entschlossener Gegner des politischen und gesellschaftlichen Systems der Bundesrepublik, die sich hochtrabend »Rote Armee Fraktion« nennen, erklären dem Staat den Krieg – und der gewaltige Staatsapparat reagiert, als sei tatsächlich der Bürgerkrieg ausgebrochen, indem er den – wenngleich nicht offen erklärten – Ausnahmezustand verhängt. Grundrechte werden außer Kraft gesetzt, nicht in der Verfassung vorgesehene Entscheidungsgremien installiert, die Gewaltenteilung tendenziell aufgehoben. Die Spitzen des Staatsapparats reagieren, wie es der konservative Teil der Öffentlichkeit ihnen aufdrängt: als sei nur noch ein demonstrativ »starker Staat« in der Lage, die Loyalität seiner Bürger zu erzwingen, als reiche seine demokratische Legitimation nicht aus. Der faktische Ausnahmezustand wird für einen Teil der Bürger zum Trauma, hinterläßt die Angst vor der Wiederkehr eines autoritären Staats, der möglicherweise nicht – wie im Herbst 1977 – Episode bliebe. Niemand ahnte in jenem Herbst übrigens, daß sich die Helden des bewaffneten Widerstandes alsbald in die DDR absetzen und dort in grauer Bürgerlichkeit unter dem Schutze der Genossen Honecker und Mielke überwintern würden ...

Wolfgang Kraushaar

Der Kanzler und seine Krisenstäbe
Der nicht erklärte Ausnahmezustand während der Schleyer-Entführung

Der Slogan »Alle reden vom Wetter – wir nicht« hat Geschichte gemacht. Was ursprünglich von einer Werbeagentur ersonnen worden war, um die Vorzüge des Schienenverkehrs anzupreisen, das griff eine Studentenorganisation, der SDS, auf, um damit ihr gestiegenes politisches Selbstbewußtsein zu demonstrieren. Während zur Zeit der Großen Koalition auch noch der letzte Rest an Opposition zu verschwinden drohte, trat hier eine neue Generation auf und versuchte sich – nicht mehr vom Wetter redend – der schleichenden Entpolitisierung entgegenzustemmen.

Genau ein Jahrzehnt später wurde es unter den Anhängern dieser mittlerweile in die Jahre gekommenen Generation üblich, mit einer Jahreszeit eine außergewöhnliche politische Konstellation zu charakterisieren. Die Zeitspanne, die von der Entführung des Präsidenten des Bundesverbandes der Arbeitgeberverbände, Hanns Martin Schleyer, bis zur Auffindung seines Leichnams dauerte – 44 Tage in den Monaten September und Oktober des Jahres 1977 –, diese Zeitspanne schien zu komplex, zu sehr mit massenpsychologischen Phänomenen überdeckt zu sein, als daß sie mit einem unmißverständlichen Begriff treffend hätte benannt werden können. Insofern klang es durchaus überzeugend, daß ein Film mit dem Titel »Deutschland im Herbst« und ein Buch mit der Überschrift »Ein deutscher Herbst« versehen wurden.

Das suggestive Wort wirkte wie eine Drohung, deutete Unheimliches an und weckte gar Assoziationen an einen Todesboten. So gesehen signalisierte es nicht nur, wie eine politisierte Generation auf den Namen einer Jahreszeit glaubte ausweichen zu müssen, um eine politisch und gesellschaftlich nur schwer faß-

bare Situation zu begreifen, sondern auch, wie bei ihr an die Stelle von Ironie, Sprachwitz und Selbstbewußtheit Angst getreten war.
Mehr als ein Jahrzehnt danach müßte sich, so könnte man meinen, der Metaphernnebel gelegt haben. Doch noch immer ist im Wortschatz unserer politischen Sprache kein anderer Ausdruck für jenes Pseudopoem vorgesehen. Der Verdacht liegt nahe, daß das Ereignis, das sich bislang so erfolgreich seiner Verbegrifflichung zu entziehen vermochte, noch nicht alles von seiner negativen Aura verloren haben kann. Sollte das zutreffen, dann wird die Schlußfolgerung nahegelegt, daß das im Herbst 1977 zutage getretene Gefahrenpotential noch nicht völlig erschöpft ist. Denn: Was an Bedrohlichem nicht begriffen ist, das könnte, jedenfalls ist das nicht auszuschließen, weiterschwelen.

I.

Die Chronik der »Offensive 77«, wie die RAF ihre Attentate im nachhinein bezeichnet hat, ist rasch nachgezeichnet.
Nach rund zweijähriger Prozeßdauer steht im Frühjahr 1977 in Stuttgart-Stammheim die Urteilsverkündung gegen Andreas Baader, Gudrun Ensslin und Jan-Carl Raspe bevor, die drei führenden Mitglieder der RAF. Am 29. März treten sie zusammen mit anderen politischen Gefangenen in einen Hungerstreik, um eine Verbesserung ihrer Haftbedingungen zu erreichen, die nach ihrer Auffassung an der Genfer Konvention von 1949 über die Behandlung Kriegsgefangener orientiert sein soll. Am 7. April wird Generalbundesanwalt Siegfried Buback zusammen mit seinem Fahrer und einem Justizhauptmeister in Karlsruhe erschossen. Zu der Tat bekennt sich ein »Kommando Ulrike Meinhof«. Am Tag darauf treten die drei Angeklagten von Stammheim in den Durststreik. In Abwesenheit werden sie am 28. April wegen vierfachen Mordes zu lebenslangen Freiheitsstrafen verurteilt. Zwei Tage später brechen sie den Hungerstreik gemeinsam mit den anderen politischen Gefangenen ab.

Am 30. Juni wird in Oberursel bei Frankfurt der Vorstandsvorsitzende der Dresdner Bank, Jürgen Ponto, in seinem Wohnhaus erschossen. Die drei Täter, darunter die mit der Familie Ponto befreundete Susanne Albrecht, wollen den Bankier entführen, scheitern jedoch an dessen Widerstand. Am 8. August beginnen die RAF-Gefangenen erneut einen Hungerstreik, um eine Veränderung ihrer Haftbedingungen zu erreichen. Am 25. August wird in Karlsruhe eine Raketenschießanlage entdeckt, die von einem Fenster auf das gegenüberliegende Gebäude der Bundesanwaltschaft gerichtet ist. Die an ihr befestigte Zeitzünderautomatik funktioniert nicht. Nachfolger des ermordeten Buback ist inzwischen Kurt Rebmann. Am 2. September wird der Hungerstreik mit der Begründung unterbrochen, die Gefangenen befürchteten, an ihnen solle ein Exempel statuiert werden. Drei Tage später wird Hanns Martin Schleyer in Köln entführt; sein Fahrer und die drei in einem zweiten Fahrzeug folgenden Polizisten werden bei dem Überfall erschossen. Am Tag darauf fordert das RAF-Kommando »Siegfried Hausner« die Bundesregierung auf, elf RAF-Gefangene gegen Schleyer auszutauschen. In seiner konstituierenden Sitzung beschließt daraufhin der »Große Krisenstab«, die Forderung nicht zu erfüllen, den Entführten zu befreien und die Entführer zu ergreifen. Die Situation spitzt sich zu, als auf dem Rückflug von Palma de Mallorca am 13. Oktober eine Lufhansamaschine mit 86 bundesdeutschen Touristen an Bord von einem palästinensischen Kommando entführt wird. Seine Mitglieder fordern ebenfalls die Freilassung der elf RAF-Häftlinge sowie zweier in der Türkei inhaftierter Palästinenser. Nach einer Zwischenlandung in Aden erschießen sie Flugkapitän Jürgen Schumann. In der Nacht vom 17. auf den 18. Oktober stürmt eine Einheit der Grenzschutzgruppe 9 die inzwischen nach Mogadischu, der Hauptstadt Somalias, weitergeflogene Maschine. Drei der Entführer werden dabei erschossen, alle Passagiere und Besatzungsmitglieder unverletzt befreit. Am Morgen danach finden Justizbeamte in Stammheim Andreas Baader und Gudrun Ensslin tot, Jan-Carl Raspe sterbend und Irmgard Möller schwer verletzt in ihren Zellen auf. Es ist nicht klar, ob sie sich selbst das Leben genommen haben oder ob sie Opfer eines Mordanschlages geworden sind. Einen Tag später teilt das RAF-Kommando »Siegfried Hausner« in einem an die Deutsche Presseagentur gerichteten Schreiben mit, daß es die »klägliche und korrupte Existenz« Schleyers beendet habe. Der Leichnam des Präsidenten der Arbeitgeberverbände wird, wie ebenfalls angegeben, wenige Stunden darauf in einem in der Rue Charles Péguy im elsässischen Mulhouse geparkten grünen Audi 100 aufgefunden. Am 20. Oktober rechtfertigt Bundeskanzler Helmut Schmidt in einer Regierungserklärung vor dem Bundestag die Weigerung, auf die Forderung der Entführer einzugehen und die RAF-Häftlinge gegen Schleyer auszutauschen, mit dem Verweis auf die Schutzfunktionen des Staates gegenüber seinen Bürgern.

II.

Bereits in seiner ersten öffentlichen Reaktion, einer genau vier Stunden nach der Entführung Schleyers im Bonner ARD-Studio abgegebenen Stellungnahme, spricht der Bundeskanzler unmißverständlich aus, mit welcher Einstellung er der Herausforderung durch die RAF entgegenzutreten gedenkt: »Der Staat [...] muß darauf mit aller notwendigen Härte antworten. Alle Polizei- und Sicherheitsorgane [...] haben deshalb die uneingeschränkte Unterstützung der Bundesregierung und ebenso meine sehr persönliche Rückendeckung.« Aus dieser Haltung heraus, einer geradezu idealtypischen Inanspruchnahme des starken Staates, läßt sich die Grundsatzentscheidung ableiten, die der Große Krisenstab am Abend danach fällt. Es sollen drei Ziele »gleichzeitig und nebeneinander« verfolgt werden: 1. Die Geisel lebend zu befreien; 2. die Entführer zu ergreifen und vor Gericht zu stellen und 3. die Gefangenen nicht freizugeben.
Von diesem in der Nacht vom 6. auf den 7. September gefaßten Beschluß ist zu keinem Zeitpunkt mehr abgewichen worden,

auch nach der Zuspitzung durch die Entführung der Lufthansamaschine nicht. Mit unerschütterlicher Konsequenz und unter Inkaufnahme größter Risiken, auch dem, infolge der Ereignisse die Regierungsmacht zu verlieren, ist aus der Idee des starken Staates heraus das Gesetz des Handelns definiert worden. Oder, wie es ein namentlich nicht bekannter Teilnehmer des Großen Krisenstabes später offen ausgesprochen hat: »Der Staatsräson halber wurde Schleyer zum Tode verurteilt.« (Laut »Spiegel« vom 31. 8. 1987.)
Diese Grundsatzentscheidung, der Staatsräson absoluten Vorrang vor dem Leben einzelner einzuräumen, offenbart aber noch nicht die gesamte Problemdimension. Vielleicht wichtiger noch ist der Umstand, daß die Verfassungsräson dabei hinter der Staatsräson zurückstehen mußte: zuerst bei der Schaffung eines neuen, in der Verfassung nicht vorgesehenen Entscheidungsträgers. Denn die Verantwortung für das unerbittlich die Staatsräson verfolgende Handeln liegt nicht mehr allein bei der Bundesregierung, sondern bei einer die Opposition integrierenden Allfraktionenexekutive. Sie wird in der vom Presse- und Informationsamt der Bundesregierung herausgegebenen Dokumentation zu den Ereignissen um die Schleyer-Entführung (der die nicht anders gekennzeichneten Zitate des vorliegenden Textes entnommen sind) fälschlich als »Großer Politischer Beratungskreis« bezeichnet; in der Presse heißt sie unumwunden »Großer Krisenstab«. Daß diese terminologische Unterscheidung keineswegs eine nebensächliche Finesse ist, läßt sich daran erkennen, wo der Bundesjustizminister die Verantwortlichkeit lokalisiert. In der erwähnten Sitzung in der Nacht vom 6. auf den 7. September legt Hans-Jochen Vogel die rechtlichen Voraussetzungen für das gemeinsame Handeln dar. In der Dokumentation werden seine Erläuterungen in der Auffassung zusammengefaßt, daß es bei der Frage, ob Häftlinge aufgrund einer Erpressung freigelassen werden könnten, »nicht um eine normative Entscheidung, sondern um eine rein tatsächliche Handlung« gehe. Weiter heißt es: »Grundlage dieser Entscheidung sei indes eine verfassungsorientierte, politische Ermes-

sensentscheidung, die nicht allein von den in Frage kommenden Justizministern und -senatoren der Länder getroffen, sondern im Großen Politischen Beratungskreis erarbeitet und von den daran Beteiligten verantwortet werden müsse.« Das heißt, die Verantwortung liegt nicht mehr allein bei der Bundesregierung, sondern bei dem ohne Rechtsgrundlage und ohne formalen Beschluß eingeführten Supraorgan. Dabei wird die Selbstbezeichnung, daß es sich um einen »Beratungskreis« handle, gerade durch die explizite Zusprechung der Verantwortlichkeit dementiert. Und die Charakterisierung des Beschlusses als einer politischen Ermessungsentscheidung, die »verfassungsorientiert« sei, kann nur so verstanden werden, daß er an der Verfassung vorbeigehen muß, um an ihr orientiert sein zu können; denn ein solches Organ ist dort überhaupt nicht vorgesehen.
Nicht einmal Kriterien für die Zusammensetzung des Großen Krisenstabes werden genannt. Zwar wird der Eindruck erweckt, als seien die im Bundestag repräsentierten Parteien durch ihre Fraktions- und Parteivorsitzenden paritätisch vertreten, doch an der Berücksichtigung des damaligen CSU-Landesgruppenvorsitzenden – Friedrich Zimmermann war bei den Sitzungen, so heißt es lakonisch, »regelmäßig anwesend« – läßt sich erkennen, daß dies keineswegs für alle Rollen gegolten haben kann. Im Großen Krisenstab sind auch alle jene Mitglieder eines anderen, ebenfalls gleichsam *en passant* entstandenen Exekutivorgans vertreten, das offiziell die »Kleine Lage« genannt und in den Medien als »Kleiner Krisenstab« bezeichnet wird. In ihm, der wesentlich häufiger zusammentritt, sind neben dem Kanzler Bundesinnenminister, Bundesaußenminister und Bundesjustizminister vertreten. Hinzu kommen Staatsminister Wischnewski, die Staatssekretäre Schüler, Fröhlich und Ruhnau, BKA-Präsident Herold, Generalbundesanwalt Rebmann und zuweilen der nordrhein-westfälische Innenminister Hirsch. Die Teilnehmer dieses Stabes fordert Helmut Schmidt am Abend des 8. September auf, »das Undenkbare zu denken« und durchaus auch »exotische Vorschläge« zu unterbreiten. (Das Protokoll der Abendsitzung vom 8. September, aus dem hier

zitiert wird, ist ebensowenig wie irgendein anderes offiziell veröffentlicht worden. Das Nachrichtenmagazin »Der Spiegel« hat aus unbekannten Gründen das Privileg, zehn Jahre später daraus zu zitieren. Siehe »Spiegel« vom 31. August 1987.) Am Ende der Sitzung gegen 22 Uhr hält der Protokollführer neun unterschiedliche »Modelle« fest. Sie reichen von der Einführung der Kronzeugenregelung über die Schaffung eines »Internierungslagers für Terroristen« bis zur Verfolgung der freigelassenen Häftlinge durch ein »Sonderkommando«. Der rechtlich rücksichtsloseste Vorschlag wird von Generalbundesanwalt Kurt Rebmann unterbreitet. Seine Handlungsvariante (Nr. 6) lautet: »Der Bundestag ändert unverzüglich Artikel 102 des Grundgesetzes, der lautet: ›Die Todesstrafe ist abgeschafft.‹ Statt dessen können nach Grundgesetzänderung solche Personen erschossen werden, die von Terroristen durch menschenerpresserische Geiselnahme befreit werden sollen. Durch höchstrichterlichen Spruch wird das Todesurteil gefällt. Keine Rechtsmittel möglich.« Bölling, Vogel und Schmidt lehnen Repressalien ab. Der Bundeskanzler, der gleichwohl eine gewaltsame Befreiung Schleyers unter Inkaufnahme seines Todes und dem der Geiseln befürwortet, beendet die Überlegung mit der Festellung, daß keines der Modelle »operativ abzurufen« sei. Die »bisherige Linie« solle fortgesetzt werden.
Worin diese Linie besteht, wird vor allem an zwei operativen Elementen deutlich: der Kontaktsperre für inhaftierte RAF-Mitglieder und der Nachrichtensperre für Presse, Funk und Fernsehen. Mit der Abschottung der Häftlinge von Außeninformationen soll offenkundig die vermutete Kommunikation mit den Entführern unterbrochen werden; mit der Informationskontrolle versucht sich die Exekutive ein Entscheidungsmonopol für den Fortgang der Ereignisse zu sichern. Wird mit der Schaffung der beiden Exekutivorgane Kleiner und Großer Krisenstab die Kontrollfunktion der Legislative, das Parlament, ausgeschaltet, so kann mit der Filterung von Nachrichten die Öffentlichkeit zwar nicht vollends blockiert, aber doch an entscheidenden Punkten manipuliert werden.

III.

Wie Berichte von Betroffenen später bestätigen, wird auf Anordnung von Generalbundesanwalt Rebmann bereits in der auf die Entführung folgenden Nacht mit der Zellendurchsuchung von rund 80 Häftlingen zugleich auch mit der Praktizierung der Kontaktsperre begonnen. Einen Tag später greift Bundesjustizminister Vogel diesen gravierenden Rechtsbruch auf und bittet seine Amtskollegen in den Bundesländern, »jegliche Kontakte inhaftierter Terroristen zur Außenwelt zu unterbinden, weil dies zur Abwehr einer gegenwärtigen Lebensgefahr geboten sei.« Er beruft sich dabei auf den in § 34 des Strafgesetzbuches niedergelegten Rechtsgedanken des »rechtfertigenden Notstandes«. Doch nicht alle Landesjustizminister machen mit. Der Berliner Justizsenator Baumann weigert sich, dem Amtshilfeersuchen Folge zu leisten. Und auch eine Reihe von Richtern weist die Anordnungen der Länderjustizbehörden mit der Begründung zurück, sie seien rechtswidrig. Helmut Schmidt bezeichnet die Kontaktsperre, insbesondere die strikte Abschneidung der Häftlinge von ihren Anwälten, in einer am 15. September vor dem Bundestag abgegebenen Erklärung dagegen als »unabweisbare Notwendigkeit«. Eine Beschwerde von sieben betroffenen Häftlingen wird am 23. September durch eine Entscheidung des Bundesgerichtshofes zurückgewiesen. In der Begründung macht er sich die an der Durchsetzung der Staatsräson orientierte Rechtfertigung Vogels zu eigen, indem er die Auffassung ins Zentrum rückt, daß das Grundgesetz nicht nur eine Schutzpflicht gegenüber einzelnen, sondern auch gegenüber der »Gesamtheit aller Bürger« begründe. Dennoch sind sich Schmidt und Vogel der mangelnden Rechtsgrundlage für die Verbotspraxis von Verteidigerbesuchen bewußt und verfolgen deshalb das Ziel, die seit dem 6. September praktizierte Kontaktsperre nachträglich zu legalisieren.

Fünf Tage nach der Entscheidung des Bundesgerichtshofes beginnt der Rechtsausschuß des Bundestages mit Beratungen über ein Kontaktsperregesetz. Bereits einen Tag später verab-

schiedet das Parlament den Gesetzentwurf nach zweiter und dritter Lesung. Am 30. September wird es vom Bundesrat angenommen, am selben Tag vom Bundespräsidenten unterzeichnet und am 1. Oktober im Bundesgesetzblatt veröffentlicht, so daß es am 2. Oktober in Kraft treten kann. Während in der Regel viele Monate, manchmal sogar Jahre zwischen der Einreichung eines Gesetzentwurfs, seiner Verabschiedung und seinem Inkrafttreten liegen, dauert es in diesem Falle insgesamt nicht mehr als fünf Tage.
Doch nicht nur die Geschwindigkeit ist bemerkenswert, sondern auch die Art und Weise, wie das in einigen Zeitungen als »Blitzgesetz« apostrophierte Unternehmen durchgepeitscht wird. Als klar ist, daß sich einige wenige Bundestagsabgeordnete der SPD gegen die Verabschiedung aussprechen, versucht ihr Fraktionsvorsitzender Herbert Wehner in rabiater Weise das herzustellen, was sich fatalerweise unter dem Ausdruck »Fraktionsdisziplin« eingebürgert hat. Er meint, daß zwar jeder Abgeordnete nur seinem Gewissen zu gehorchen habe, dies jedoch dann nicht mehr gelten dürfe, wenn dadurch ein Gesetzesvorhaben gefährdet würde. Dennoch erklärt Manfred Coppik, der zusammen mit seinen Kollegen Karl-Heinz Hansen, Dieter Lattmann und Klaus Thüsing gegen das Kontaktsperregesetz stimmt, während der zweiten Lesung: »Die Aufgabe rechtsstaatlicher Grundprinzipien rettet kein Menschenleben, schafft aber Lebensverhältnisse, in denen die friedliche demokratische Entwicklung in einem Rechtsstaat gefährdet wird und damit weitere Menschenleben in Gefahr geraten.« (Zitiert nach: Stefan Aust: »Der Baader Meinhof Komplex«, Hamburg 1985, S. 510.) Die Einwände gegen das Kontaktsperregesetz werden am besten in einem Appell zusammengefaßt, mit dem sich eine Gruppe von Rechtsanwälten, darunter Hans-Heinz Heldmann, am 29. September an Bundespräsident Walter Scheel wendet und gegen seine Verabschiedung protestiert. Es heißt darin unter anderem: »Diese Rechtskonstruktion (Außerkraftsetzung von Grundrechten durch Feststellung und Beschluß der Exekutive mit sofortiger Vollziehbarkeit) findet eine

formale Entsprechung nur noch in den Gesetzen zur Regelung des Notstandes oder des Spannungsfalles; – das Gesetz sieht im Gegensatz zum geltenden Recht die kollektive Regelung des Haftstatus einer Gruppe von Gefangenen vor und nimmt damit Abschied von der grundlegenden Erfordernis einer Begründung im Einzelfall; – die Regelung stellt einen Einbruch der Exekutivgewalt in einen bisher allein der Justiz unterstellten Bereich dar; – der Entwurf stellt die Einführung eines Ausnahmerechts bezüglich der Haftbedingungen einer bestimmten Gruppe von Gefangenen dar; – ein solches Gesetz entspricht weder dem Grundgesetz noch den Menschenrechten.«
Der Hauptverantwortliche für diesen legalisierten Verfassungsbruch, Bundesjustizminister Hans-Jochen Vogel, der die Notwendigkeit des Unternehmens gegenüber dem Bundesverfassungsgericht mit der »Kommunikation zwischen inhaftierten terroristischen Gewalttätern und in Freiheit befindlichen Gesinnungsgenossen« begründet, also mit dem, was in Teilen der Nachrichtenmedien als »Zellensteuerung« insinuiert wird, erklärt nicht mal ein halbes Jahr später auf eine diesbezügliche Frage des italienischen Fernsehens: »Nein, das haben wir seinerzeit schon nicht angenommen, und es hat sich auch keine Bestätigung dafür gefunden. Eine Planung oder überhaupt eine Steuerung im Detail aus der Zelle heraus, dafür gibt es keine Beweise.« (Zitiert nach: »Wer jetzt noch von Selbstmorden in Stammheim spricht, redet einer Lüge des SPD-Staates das Wort« – Beweisanträge, Erklärungen und Plädoyers aus dem Prozeß gegen die Rechtsanwälte Arndt Müller und Armin Newerla, Stuttgart o.J., S. 163.) Mit dieser freiherzigen Antwort stürzt auch der Rest des mühseligen Legitimationskonstruktes wie ein Kartenhaus in sich zusammen.

IV.

Die Nachrichtensperre oder besser die Nachrichtenmanipulation zur bewußten Täuschung der Öffentlichkeit beginnt am Abend des 6. Septembers. Auf dem Umweg über einen Wiesbadener Dekan ist am Nachmittag das erste Ultimatum der Entführer eingetroffen. Darin wird unter Punkt 5 gefordert, ein beigelegtes Photo des gefangenen Schleyer sowie den Wortlaut der Erklärung – »und zwar ungekürzt und unverfälscht« – in der »Tagesschau« um 20 Uhr auszustrahlen. In der ARD-Sendung wird jedoch nur eine Mitteilung des Bundeskriminalamtes verlesen, in dem die Behauptung aufgestellt wird, die Bundesregierung habe den Brief noch nicht erhalten, weshalb der Termin zur Veröffentlichung des Schreibens nicht eingehalten werden könne. Im unmittelbaren Anschluß daran weist der Leiter des Bonner ARD-Büros, Friedrich Nowottny, darauf hin, daß der Entführer-Brief die Forderung enthalte, »bis etwa 14 Personen« freizulassen. Mit diesem nicht ungefährlichen Schritt beginnt die gezielte Steuerung des Nachrichtenflusses mit Elementen der Teil-, Falsch- und Desinformation sowie der zum Teil vollständigen Unterdrückung von Informationen. Als die Entführer in einem am Tag darauf eingehenden dritten Schreiben mit der Bemerkung reagieren, daß die Bundesregierung wohl versuche, »... die militaerische loesung durchzuziehen ...«, veröffentlicht das Bundeskriminalamt am Morgen des 8. September einen zweiten Brief und erfüllt erstmals eine der gestellten Forderungen. Zum selben Zeitpunkt beschließt der Große Krisenstab, ein ebenfalls von den Entführern erhaltenes Videoband, auf dem Schleyer eine Erklärung abgibt, nicht zu veröffentlichen. Am selben Tag wendet sich Regierungssprecher Klaus Bölling in einem Schreiben an die Chefredakteure von Presse, Funk, Fernsehen und Agenturen, indem er sie – »aus Gründen, die ich Ihnen nicht weiter zu erläutern brauche« – darum bittet, in der Berichterstattung nichts zu tun, was die Arbeit der Sicherheitsorgane beeinträchtigen könnte. Er verweist zugleich auf eine mit dem ARD-

Vorsitzenden, dem ZDF-Intendanten und den Chefredakteuren von dpa und dpd getroffene Verabredung, »Nachrichten, die tatsächlich oder dem Anschein nach von den Terroristen oder ihren Helfern stammen, erst nach Konsultationen mit der Bundesregierung« zu verwenden. Ein ähnlich lautender Appell wird noch am selben Tag vom Deutschen Presserat veröffentlicht.
Die bundesdeutschen Nachrichtenmedien halten sich die gesamte Zeit der Schleyer-Entführung über ohne Murren und nahezu ausnahmslos an die Aufforderung zur Selbstzensur. Ganz im Gegensatz zur Auslandspresse fügen sie sich dem wortreich ummäntelten Diktat und verzichten auf eine kritische Berichterstattung. Indem sie sich bedenkenlos die Maximen des Kleinen und Großen Krisenstabes zu eigen machen, daß beim Versuch, ein Menschenleben zu retten, nicht mehr die gleichen Auffassungen gelten könnten, wie sie ansonsten in einer parlamentarischen Demokratie üblich sind, büßen sie ihre Unabhängigkeit ein und werden zum integralen Bestandteil eines autoritären Staatsverständnisses. »So brav«, schreibt fünf Jahre später Eckart Spoo, »wie große Teile der Bevölkerung damals hinter der Staatsgewalt standen, so brav wurde dieses Argument für die Nachrichtensperre aufgenommen und weiterverarbeitet, obwohl eigentlich hätte auffallen müssen, daß die Nachrichtensperre gerade zu dem Zeitpunkt wirksam wurde, als sich die führenden Politiker darauf verständigten, eine Erpressung des Staates nicht zuzulassen, der Staatsautorität Vorrang vor dem Leben Schleyers zu geben, also nicht primär das Ziel der Rettung des Entführten zu verfolgen.« Was sich in diesen Tagen des nicht erklärten, aber praktizierten Ausnahmezustandes nachrichtenpolitisch abspielt, das hat ein Kenner der Bonner Szene, Gunter Hofmann, später mit folgenden Worten beschrieben: »Jeder Minister, Staatssekretär, Ministerberater oder Fachbeamte kannte nach kurzer Zeit – so funktionierte Bonn eben – seine journalistische Klientel... Je nachdem, wie man selber (und die Zeitung oder das Medium, das man vertrat) eingeordnet wurde, erhielt man auch Informationen... Zwischen dem Lagezentrum des Bundesinnenmini-

steriums in Bonn-Tannenbusch und der FAZ, dem Hauptquartier der Befürworter eines starken Staates am Main, riß der Kontakt gar nicht mehr ab ... In den kleinen Konferenzzimmern des Innenministeriums fanden Besprechungen mit den Fachjournalisten statt, an denen Horst Herold oder Polizeifachleute teilnahmen. Immer kleiner wurde die Schar derjenigen, die sich wirklich ›informiert‹ nennen konnten und nicht nur instrumentalisiert worden sind.« Als Anfang November die Deutsche Journalistenunion das Presse- und Informationsamt der Bundesregierung an die Zusicherung Helmut Schmidts erinnert, er wolle der Öffentlichkeit nach überstandener Entführung alle zurückgehaltenen Informationen nachreichen, weist sein Leiter, Staatssekretär Klaus Bölling, wie Eckart Spoo berichtet, dieses Ansinnen mit der Bemerkung zurück, das »Journalistengewissen« solle nicht damit beschwert werden, dem Staat in seiner Rolle als Anwalt der Gemeinschaft zu helfen.

Nachdem Gerüchte aufgetaucht sind, daß ein erster Entwurf zur offiziellen Dokumentation der Ereignisse auf Verlangen des CSU-Landesgruppenvorsitzenden Friedrich Zimmermann erheblich gekürzt und massiv verändert worden seien, teilt das Presse- und Informationsamt im Januar 1978 mit, daß die in hoher Auflage verbreitete Dokumentation erhebliche Lücken aufweise. Auf »Antrag der Bundesanwaltschaft«, heißt es, seien all jene kriminalpolizeilichen Erkenntnisse nicht aufgenommen worden, die zum Zeitpunkt der Veröffentlichung noch nicht als »prozeßsicher« hätten gelten können. Was das auch immer heißen mag – es ist die amtliche Version dafür, daß die Zusicherung des Bundeskanzlers, die Öffentlichkeit zumindest nachträglich über die Vorgänge des Entführungsfalles, der mehr als nur ein solcher war, aufklären zu wollen, nicht eingehalten worden ist.

V.

Es scheint zur Logik einer polizeistaatlichen Operation zu gehören, daß nach der Unterdrückung von Nachrichten auch das Mittel der illegalen Informationsbeschaffung eingesetzt wird. Das Pendant zur Nachrichtensperre ist der Lauschangriff.
Dieser Ausdruck für verschiedene Abhörtechniken, das Anbringen von »Wanzen« und das Anzapfen von Telephonleitungen, war wenige Monate zuvor durch eine Veröffentlichung des »Spiegels« in die Schlagzeilen geraten. Der am 26. Februar 1977 von dem Hamburger Nachrichtenmagazin publik gemachte Abhörfall des Atomwissenschaftlers Klaus Traube führt zu einer Affäre, die Bundesinnenminister Werner Maihofer (FDP) mit um seinen Stuhl bringt. Der Verfassungsschutz ist ohne richterliche Genehmigung in das Privathaus Traubes eingedrungen und hat dort ein Abhörgerät installiert. Der Verdacht, daß der an der Entwicklung des »Schnellen Brüters« in Kalkar nicht unmaßgeblich beteiligte Leiter der Interatom GmbH »politisch motivierte Gewalttäter« unterstütze, weil er Kontakt zu dem OPEC-Attentäter Hans-Joachim Klein hatte, bestätigt sich überdies nicht. Maihofer, der die Aktion erst nachträglich gebilligt haben soll, verteidigt das illegale Vorgehen der Verfassungsschützer mehrmals als eine »einmalige Abwehrmaßnahme«, die wegen der Brisanz des Falles unbedingt geboten gewesen sei.
Doch noch bevor die Affäre ganz überstanden ist, taucht am 15. März der Verdacht eines weiteren Abhörfalles auf. Im Stammheimer Prozeß beantragt der Verteidiger von Gudrun Ensslin, Otto Schily, eine Unterbrechung der Hauptverhandlung, damit der Bundesinnenminister zur Klärung der Frage vernommen werden könne, ob Gespräche zwischen den drei angeklagten RAF-Häftlingen und ihren Anwälten abgehört, aufgezeichnet und Staatsschutzbehörden zur Auswertung überlassen worden seien. Der Vertreter der Bundesanwaltschaft tritt dem mit der Bemerkung entgegen, der Antrag sei »haltlos«, Schily wolle lediglich »Kapital« aus dem Fall Traube ziehen. Nur zwei Tage später treten der baden-württembergische

Innenminister Karl Schiess und sein Amtskollege Justizminister Traugott Bender in Stuttgart vor die Presse und bestätigen den von Schily geäußerten Verdacht. In zwei Fällen seien in Stammheim Gespräche zwischen Angeklagten und Verteidigern über einen kürzeren Zeitraum hinweg abgehört worden. Sie legitimieren die beiden Operationen wieder einmal mit dem Verweis auf den § 34 des Strafgesetzbuches, den »rechtfertigenden Notstand«. Mit diesem Auftritt ist zur Abhöraffäre Traube eine weitere hinzugekommen. Am 12. März berät der Innenausschuß des Deutschen Bundestages über die Stammheimer Lauschangriffe. Der Bundesinnenminister überführt sich in seinem Bericht über »Angelegenheiten der inneren Sicherheit« selbst der Lüge und schildert elf solcher Abhöraktionen. Als Maihofer seine Ausführungen beendet, fordert, wie Stefan Aust berichtet, der Ausschußvorsitzende alle Mitglieder auf, ihre zu den Fällen angefertigten Notizen »dem Reißwolf« zu überantworten. Einer seiner Mitarbeiter werde bei jedem einzelnen vorbeigehen und die Aufzeichnungen einsammeln.

Trotz der innenpolitischen Probleme, die die beiden Abhöraffären für die SPD/FDP-Koalition aufwarfen, muß wohl davon ausgegangen werden, daß dies den Bundeskanzler und seinen verantwortlichen Innenminister nicht davon abgehalten hat, unter den jeglicher öffentlicher und parlamentarischer Kontrollmöglichkeit entzogenen Bedingungen der Schleyer-Entführung einen der größten Lauschangriffe in der Geschichte dieser noch verhältnismäßig jungen Republik in Szene zu setzen. Der »Spiegel« schreibt später, »im großen Stil« seien Telephone abgehört oder »Wanzen« eingebaut worden. Die Staatsschutzorgane hätten die Möglichkeit gehabt, sämtliche aus Kölner Telephonhäuschen geführten Gespräche und die unter Bedingungen der Kontaktsperre völlig isoliert einsitzenden RAF-Häftlinge abzuhören. Der Einfluß der Bonner Krisenstäbe reichte danach soweit, die niederländische und die Schweizer Regierung dazu zu bringen, die Telephonleitungen von Anwaltskanzleien anzuzapfen. Die Gespräche des als Vermittler fungierenden Genfer Advokaten Denis Payot seien sogar bis zur zentralen Einsatzleitung nach Bad Godesberg durchgeschaltet worden und hätten dort von BKA-Präsident Herold »live« mitverfolgt werden können. Ärzte und Anwälte, die als »Sympathisanten« verdächtig sind, werden abgehört, weil sich die Behörden davon versprechen, auf diesem Wege eine Anlaufstelle der Entführer ausfindig zu machen. Eines der Opfer ist der Rechtsanwalt, der die zweite Abhöraffäre in Gang gebracht hat, Otto Schily, der später MdB wurde und von den Grünen zur SPD wechselte.

»Der Verfassungsbruch«, schreibt der »Spiegel« (der sich übrigens in der semantischen Präzisierung des Sympathisantenbegriffs für Fahndungszwecke nicht unverdient gemacht hat) ein Jahrzehnt später, »war so eklatant, daß der damalige Chef des Kölner Bundesamtes für Verfassungsschutz, Richard Meier, die Telephonkontrolle ablehnte. Aber sein Minister Werner Maihofer bestand darauf.« Ohne erkennbare Skrupel unterzeichnet er alle ihm vorgelegten Abhöranträge und verkündet stolz, dafür die Verantwortung zu übernehmen. Die Legalität der Maßnahmen scheint dem Politiker, der von Beruf Professor der Rechte ist, eine *quantité négligeable* zu sein. Sein Büroleiter erinnert sich später laut »Spiegel«: »Nachdenken wurde damals nicht überstrapaziert, entweder gab es eine Rechtsgrundlage, oder man nahm den Paragraphen 34...« Eine Entgegensetzung, die ein bezeichnendes Licht auf den im Strafgesetzbuch niedergelegten Gedanken des übergesetzlichen Notstands wirft.

Da ein Urteil des Bundesverfassungsgerichts zwingend vorschreibt, hoheitliche Eingriffe in die Freiheitsrechte des Bürgers, die auf dem Wege von Geheimoperationen durchgeführt worden sind, nachträglich offenzulegen, unternimmt Maihofers Amtsnachfolger Gerhart Baum 1982 den Versuch, die Opfer der Abhöraktionen festzustellen und zu benachrichtigen. Er stößt dabei auf erheblichen Widerstand der ihm unterstellten Beamten. Mit allen nur denkbaren Begründungen wird der Vorstoß des Bundesinnenministers blockiert, auf dem Wege der Betroffenen-Benachrichtigung zumindest einen Hauch an Rechtsstaatlichkeit wiederherzustellen. Eine in ihrer immanenten Logik besonders zwingende lautet: Da im Herbst 1977 ohne Rechtsgrundlage abgehört wurde, seien die Behörden auch nicht im nachhinein an ihre gesetzliche Verpflichtung, die Opfer der geheimen Lauschoperationen zu informieren, gebunden. Anders ausgedrückt: Wer einmal die Verfassung gebrochen hat, der muß aufpassen, daß er sich nicht untreu wird und zur Rechtsstaatlichkeit wieder zurückfindet.

Diesen impliziten Grundsatz wiederum scheint sich Baum-Nachfolger Friedrich Zimmermann zu eigen gemacht zu haben. Als er im Oktober 1982 das Bundesinnenministerium übernimmt, weigert er sich ebenfalls, der Benachrichtigungspflicht nachzukommen. Nach Rücksprache des zuständigen Geheimausschusses mit dem gerade gestürzten Helmut Schmidt einigen sich die darin vertretenen Abgeordneten der vier Parteien und bestätigen das Verhalten des ehemaligen CSU-Landesgruppenvorsitzenden. Damit ist der Verfassungsbruch der alten Regierung durch einen der neuen geregelt worden – diesmal mit tatkräftiger Unterstützung von Parlamentariern.

VI.

Was Helmut Schmidt als »schwerste Krise des Rechtsstaats seit Bestehen der Bundesrepublik Deutschland« bezeichnet hat, das ist am 19. Oktober mit der Auffindung des Leichnams von Schleyer und der umgehenden Auslösung der »Öffentlichkeitsfahndung« durch den Bundesinnenminister beendet. Zwar konnte durch massive Unterstützung der amerikanischen und der britischen Regierung sowie glückliche Umstände die Befreiung der Flugzeuggeiseln erreicht werden, jedoch nicht die Verwirklichung auch nur eines der von Schmidt in der Nacht vom 6. auf den 7. September deklarierten Ziele. Schleyer ist tot, die Entführer sind nicht gefaßt und drei der elf RAF-Gefangenen, deren Freilassung vor allem verhindert werden sollte, sind ebenfalls tot. Gleichwohl ist damit das Hauptziel, die Durchsetzung der Staatsräson, erreicht.

Als der Bundeskanzler am Morgen des 20. Oktober vor den Abgeordneten des Bundestages eine Regierungserklärung abgibt, versucht er das Vorgehen der letzten 44 Tage noch einmal zu rechtfertigen. Dabei hebt er die parteiübergreifende Zusammenarbeit besonders hervor und bemerkt, daß »die vollständige Übereinstimmung zwischen Regierung und Opposition im Handeln und in der Verantwortung« natürlich nicht die Regel sein könne. Wörtlich fährt er fort: »Sie ist vielmehr die Ausnahme, in der sich politische Vielfalt in Situationen der Not als Einheit bewährt.« Ansonsten müsse »der fruchtbare Gegensatz«, »die Kontroverse« als »Wesenskern der parlamentarischen Demokratie« wieder fortbestehen.

Was hier in Festtagsrhetorik daherkommt, das enthält doch noch das entscheidende Stichwort, mit dem die Situation zwar definiert wurde, das aber niemand rechtswirksam explizieren wollte: den Ausnahmezustand, die Berufung auf den übergesetzlichen Notstand.

Entscheidend ist in diesem Zusammenhang der mehrfach erwähnte § 34 des Strafgesetzbuches, der darin kodifizierte »Rechtsgedanke des rechtfertigenden Notstandes«. Dieser Paragraph hat Schlüsselcharakter für die gesamte Periode des nicht verkündeten, aber praktizierten Ausnahmezustandes. Er wurde erstmals am 7. September vom Bundesjustizminister zur Rechtfertigung der zu diesem Zeitpunkt bereits angelaufenen Kontaktsperre ins Spiel gebracht. Seine Inanspruchnahme hatte jedoch keineswegs die Funktion erfüllt, die sich Schmidt, Vogel und die Krisenstäbe davon offenbar versprachen. Einige Richter, darunter der höchste Haftrichter der Bundesrepublik, Ermittlungsrichter Kuhn vom Bundesgerichtshof, waren keineswegs willens gewesen, damit den § 148 der Strafprozeßordnung, die Gewährleistung der freien Verteidigung, zu übergehen. Zwar beschwerte sich Kuhn etwa, daß er seine haftrichterliche Verfügung gegen die der Exekutive unterstehenden Justizvollzugsanstalten nicht durchsetzen könne, doch entstand in der Folge eine solche Rechtsunsicherheit, daß die Justizminister der Länder auf Klärung drängten. Ihre Weigerung, den An-

wälten Zugang zu ihren Mandanten zu geben, war zwar die Befolgung einer Anordnung des Bundesjustizministers, zugleich jedoch ein klarer Rechtsbruch. Die Judikative ließ sich – wie das Beispiel des BGH-Richters zeigt – nicht, jedenfalls nicht vollständig, zum verlängerten Arm der Exekutive machen.
Der § 34, den der frühere SPD-Bundestagsabgeordnete Claus Arndt einmal als »Tarnwort für Verfassungsbruch« bezeichnet hat, war etwa für den Schwangerschaftsabbruch in einer übergesetzlichen Notstandssituation gedacht. Mit der Berufung auf den »rechtfertigenden Notstand« wurden Gesetzesübertretungen legalisiert, wenn dadurch vermeintlich höhere Rechtsgüter geschützt werden konnten. Der in diesem Rechtsgedanken angelegte Widerspruch kippt also nur dann nicht zur offenen Paradoxie, dem rechtsförmigen Rechtsbruch, um, wenn die Beachtung einer Prioritätensetzung von Rechtsgütern mit ihm verbunden wird. Fast alle Juristen sind sich darin einig, daß nur der einzelne Bürger, nicht aber der Staat sich auf diesen Paragraphen berufen könne. Wenn der Staat sich aber dennoch zu diesem Schritt entschlösse, dann sei damit – wie es der Verfassungsrichter Ernst-Wolfgang Böckenförde einmal formuliert hat – eine »offene Generalermächtigung« für Ausnahmesituationen verbunden. Und genau das ist geschehen.
Wenn der Bundesjustizminister argumentierte, daß »das in der Strafprozeßordnung gesicherte Recht jedes Beschuldigten auf freien Verkehr mit dem Verteidiger hinter die Maßnahmen der Behörden zur Rettung von Leben zurückzutreten« habe, dann wurde damit zwar formal der Grundgedanke der Abwägung von Rechtsgütern reproduziert, faktisch jedoch das Grundrecht von einzelnen dem Interesse des Staates geopfert. Denn entgegen aller Deklarationen lag die Priorität im Handeln von Kanzler und Krisenstäben nicht in der Rettung Schleyers, sondern in der Durchsetzung der Staatsräson, der selbst in der Dokumentation des Bundespresseamts schonungslos artikulierten Absicht, »die Handlungsfähigkeit des Staates und das Vertrauen in ihn im In- und Ausland nicht zu gefährden«. Dies aber bedeutete, den aus der Perspektive des einzelnen Bürgers in

Anspruch genommenen »Rechtsgedanken des rechtfertigenden Notstandes« zu pervertieren, ihn in sein genaues Gegenteil zu verkehren und den einzelnen, in diesem Fall Hanns Martin Schleyer, auf dem Altar des Staates zu opfern.
Wie auch die Inanspruchnahme des § 34 zur Rechtfertigung der illegalen Abhörpraxis zeigt, ist der in ihm niedergelegte Rechtsgedanke umfunktioniert worden zu einem Instrument staatlichen Handelns gegen die verfassungsmäßig garantierten Rechte der einzelnen Bürger. Er wurde benutzt als eine Allzweckwaffe für jene Operationen, die mit dem Grundgesetz nicht zu vereinbaren waren. In der Hand einer unkontrollierbar gewordenen Exekutive diente er als juristische Panzerfaust.
Ein Dreivierteljahr später erklärt Helmut Schmidt im Bundestag: »Ich glaube, daß wir bis an die Grenze des Rechtsstaats gegangen sind. Der Hinweis auf die Inanspruchnahme des § 34 des Strafgesetzbuches mag hier heute morgen ausreichen. Die Juristen unter Ihnen wissen, daß wir da bis an die Grenzen gegangen sind. Aber wir haben sie nicht übertreten.« Welche Funktion diese Äußerung auch immer erfüllen soll, sie deckt sich ganz gewiß nicht mit dem, was der Bundeskanzler aus verfassungsrechtlicher Perspektive von seinem eigenen Handeln denkt. Deutlicher wird Schmidt in einem am 15. Januar 1979 veröffentlichten Spiegel-Interview zur Geiselbefreiung von Mogadischu: »Ich kann nur nachträglich den deutschen Juristen danken, daß sie das alles nicht verfassungsrechtlich untersucht haben.« Dieser inzwischen oft zitierte Satz kann aber nur dann richtig verstanden werden, wenn auch sein Gesamtzusammenhang deutlich wird. Es geht in diesem Gesprächsteil nicht allein um die Schleyer-Entführung, sondern um das, was Schmidt auf eine Nachfrage hin allgemein als »Notstandssituation« bezeichnet. Seine erste diesbezügliche Erfahrung, seine Rolle als Hamburger Innensenator während der Flutkatastrophe im Jahre 1962, beschreibt er so: »Wir haben damals das Grundgesetz und die Hamburgische Verfassung und andere Gesetze übertreten, wissentlich und willentlich.« Warum sollte es im Herbst 1977 anders gewesen sein?

1981

Von 1981 bis 1985 wurde in dem Waldgebiet am Frankfurter Flughafen die »Startbahn West« gebaut – unter massivem Polizeischutz, denn der Widerstand aus der Bevölkerung der Umgebung war erheblich. Hier wie bei vergleichbaren Großprojekten – Brokdorf und Wackersdorf – und parallel dazu in großen Friedensdemonstrationen formierte sich gegen den Staat, der sein ganzes Machtpotential zum Schutz industrieller Mammutunternehmen und Rüstungsinstallationen entfaltete, eine neue Protestwelle. Diese unterschied sich von der außerparlamentarischen Opposition der späten sechziger und frühen siebziger Jahre dadurch, daß sie inhaltlich kein »System«, sondern jeweils Einzelvorhaben bekämpfte und in ihrer Form die Gewaltlosigkeit zur Maxime erhob. Während der Staat und die traditionellen politischen Kräfte – repräsentiert durch die »Altparteien« – den aktiven Unmut auch zuvor unpolitischer Bevölkerungsschichten auf sich zogen, indem sie gegen Mehrheiten von jeweils »Betroffenen« ihre Legitimation durch ein abstraktes Mehrheitsprinzip ins Feld führten, gelang es der neuen Partei der »Grünen«, einen Teil der politischen Mobilisierung in parlamentarische Erfolge umzumünzen.

Peter Härtling

Zorniger Waldgang
Erinnerungen an den Bau der »Startbahn West«

Noch immer sehe ich im Traum Polizisten auf mich zulaufen, Schlagstöcke schwingend, die Gesichter hinter weißen, lackschimmernden Masken, und noch immer wache ich davon auf, daß ich schützend die Arme vors Gesicht hebe. Es kann passieren, daß in dem Augenblick, da ich erwachen will, einer der Uniformierten die Maske vom Gesicht zieht wie eine Haut und mich mit seinem Bubengesicht freundlich anlächelt. Sein Lächeln gehört zu meiner Angst.

Ich beginne so privat, um auf ein allgemeines, irritierendes Thema zu kommen. Viele von uns erzürnt es. Dennoch will ich versuchen, ohne Hysterie zu argumentieren.

Mein Traum erinnert mich noch nach Jahren an meine Erfahrungen im Flörsheimer Wald, an die gewalttätigen und sprachlosen Auseinandersetzungen um den Bau der Startbahn West. Mein Traum ist ein Trauma. Ich bin bei weitem nicht der einzige, der derart verletzt wurde, und ich zähle keineswegs bloß Demonstranten dazu, sondern ebenso Polizisten.

Wir alle wurden traumatisiert von einer Politik, die Fortschritt ebenso wenig reflektiert wie Bestand, die weder »links« noch »rechts« denkt, die allein darauf aus ist, sich durchzusetzen und die im Handeln sich abhängig macht von denen, die vorgeben, Startbahnen, Entsorgungsanlagen, Kraftwerke und ähnliche Einrichtungen für die Allgemeinheit zu brauchen. Dabei sorgen sie, liest man die Bilanzen, studiert die Kommentare und Berichte in den Wirtschaftsteilen der großen Zeitungen, für nichts anderes als für sich selbst, das Fortkommen ihrer Industrien und ihrer Konzerne.

Die Unversöhnlichkeit unter Bürgern, die Polarisierung der Demokraten kann zwar Parteien und einzelnen Politikern scha-

den (Holger Börner entmachtete sich, indem er gegen Bürger Staatsmacht ausspielte, am Ende selbst), doch im Schutz des öffentlichen Aufruhrs machen die Konzerne ihren Profit.
Diese verkehrte Geschichte, in der die Konservativen aus ökonomischen Gründen geradezu zwanghaft der technologischen Progression folgen, sich also als eminent fortschrittlich verstehen, und in der die einstmals ideologisch Progressiven mit einem Mal, ökologisch argumentierend, konservative Positionen für sich beanspruchen und einnehmen, diese verkehrte und gleichwohl triftige Geschichte ist bis heute nicht geschrieben worden. Vielleicht, weil sich an deren Peripherie postmoderner Nebel ausbreitet; der neue Mystizismus nützt beiden Standpunkten: New Tech und New Age haben, obwohl ihre Vertreter dies abstreiten, viel miteinander gemein. Beide vermengen Rationalismus und Irrationalismus.
Darüber ließe sich philosophieren. Das wird es ja auch. Ich will mich lieber auf die Ereignisse konzentrieren, die sich nach dem Bau der Startbahn in unserer Erinnerung stauten und sie veränderten. Noch in der Aufzählung beängstigen sie.
Nur wenige Wochen, nachdem die Startbahn West für den Flugverkehr freigegeben wurde, saß ich in einer Maschine, die von dieser Piste abhob. Ich sah hinaus, schämte mich, dachte gegen die Nutzlosigkeit meiner Scham an, redete stumm auf mich ein, das Flugzeug beschleunigte, die Mauer am Rand der Rollbahn wurde zu einem grauen Band, das mit einem Mal ausfranste, als die Erinnerung an das Hüttendorf im Wald übermächtig wurde, als in Bruchstücken Gespräche laut wurden, Diskussionen, denen es mehr und mehr an Hoffnung fehlte. Inzwischen bin ich viele Male in einem Flugzeug durch diese Betonschneise gerollt, doch die Beunruhigung hat nie nachgelassen. Was sich seither ansammelte, was ich mitdenke, verstärkt sich eher.
Ich erspare es mir, zu datieren. Zwar gibt es eine Chronologie, ebenso aber eine mich, uns bedrängende Gleichzeitigkeit.
Gegen den Betonzaun, der die Startbahn zu schützen hatte, rannten Alte und Junge jahrelang an. (Mit meinen Warnungen,

sie könnten sich wund hauen, könnten krank werden, fand ich wenig Gehör. Im Gegenteil, mir wurde nachgesagt, ich gäbe auf und ließe die Gefährten im Stich.)
Nicht allein dieser eine Zaun wurde als Objektschutz gezogen. Mauern wuchsen in Brokdorf, Wackersdorf, Mauern wurden um die Raketenstellungen in Mutlangen und Heilbronn gebaut. Ich kenne sie, habe sie angeschaut, sie haben mich als Bürger einer Republik, mit der ich aufwuchs, zutiefst beleidigt. Sie machen eine abweichende Haltung fest, zeigen an, daß eine Unterhaltung über Menschen und Bäume nicht erwartet, nicht für möglich gehalten wird. Sie sind, meine ich, eindeutige Beweise für eine politische Kapitulation.
Unsere Einsicht, daß der technische Fortschritt möglicherweise einen Verlust an Lebensqualität bedeuten, die Kluft zwischen Mensch und Natur immer tiefer werden könnte, wuchs. Auch die Einsicht, daß die Hochrüstung keineswegs den Frieden sichere, allenfalls die Einkünfte bestimmter Industrien mehre.
Über dem Südpol wurde eine gefährliche Bedrohung entdeckt, das Ozonloch, und einige Großsprecher wurden kleinlaut. Freilich nicht jene, die es betrifft. Der gefährliche Stoff, der die schützende Himmelshaut reißen läßt, soll, wie die Hersteller bekunden, wenigstens noch ein halbes Jahrzehnt weiterproduziert und vertrieben werden, um des Reibachs willen – oder wie die Ideologen des falschen Fortschritts in solchen Fällen beteuern: damit Arbeitsplätze erhalten werden.
Für einen Augenblick trafen sich Ungezählte, um eine Friedenskette durch Täler und über Hügel zu ziehen. Für einen Augenblick hellte der verdüsterte Horizont auf. Jene, die damals geradezu verbissen Hoffnungen horteten, konnten später auf den Abzug der Pershings verweisen, auf die Anstrengungen Michail Gorbatschows, auf Perestroika und Glasnost, auf die Versuche, miteinander zu sprechen.
Aber die Mauern wurden nicht eingerissen.
Kriege wurden offen oder verdeckt fortgesetzt und erklärt, in Mittelamerika, Südafrika, im Nahen Osten, in Afghanistan.

Das ließe sich fortführen. Ich will jedoch vor *meiner* Mauer bleiben, obwohl ich seit langer Zeit nicht mehr in den Flörsheimer Wald gegangen bin. An einem Sonntag, als wieder einmal jene, die blind gegen Beton anrannten, mit dessen Wächtern aufeinanderprallten, wurden zwei Polizisten erschossen.
Mit diesem Mord endete (für mich und andere) eine Phase des notwendigen Widerstands von Bürgern gegen eine Obrigkeit, die sich allein aus ökonomischen Überlegungen von ihnen entfernt hatte. Nicht wenige, die selbst auf den schlimmsten Höhepunkten der Konfrontation sicher blieben, daß sie ihre demokratischen Rechte verfochten und daß ihr Widerstand durch ihr Gewissen und die vorsorgliche Warnung legitimiert sei, nicht wenige wurden durch die in ihrer Sprachlosigkeit unerhört brutale Reaktion des Staates in ihrem Demokratieverständnis zutiefst irritiert. Das ist der Skandal, ohne den die Bluttat an den Polizisten nicht zu denken ist.
Es ist ein Skandal, der die Kurzsichtigkeit, die ökonomische Abhängigkeit und die fachlichen Unkenntnisse der politischen Planer offenlegt. Das wagte ich nicht so schlichtweg zu behaupten, hätten mich Informationen und Entscheidungen der letzten Zeit nicht belehrt und aufgebracht. Die Aufbereitungsanlage Wackersdorf, von der, so wollten uns deren Verfechter glauben machen, die zukünftige Energieversorgung der Nation abhing, wurde geradezu lässig von ihren Betreibern, der bundesdeutschen Energiewirtschaft, aufgegeben. Nicht, weil die führenden Manager über die Grundlagen der Energieversorgung nachgedacht hätten, sondern schlicht und einfach, weil sie – Milliarden sind schon verbraucht – feststellten, daß der Weiterbau zu viel Geld kosten würde und das Angebot der Franzosen ungleich günstiger sei. Also weg mit dem Ärger, der einmal unumgänglich schien. Schluß mit der Konfrontation. Der Wald kann wieder ruhig sein. Nur gibt's da keinen mehr.
Und was geschieht mit der Startbahn West? Schon werden Überlegungen laut, diese ohnehin zu den beiden anderen Bahnen ganz real quer liegende Piste zugunsten einer dritten Parallelbahn aufzugeben. Wie spielerisch da Volksvermögen ausge-

geben und vertan wird! Wie leichtfertig die Volksvertreter das Vertrauen des Volkes verraten und verscherzen!

Was soll denn, sollte die Startbahn West stillgelegt werden, mit der kilometerlangen Betonschneise geschehen? Sollen Kinder darauf im Sommer Rollschuh und im Winter Schlittschuh fahren? Sollen Go-carts rasen? Soll mit Preßlufthämmern der Belag in jahrelanger Mühe wieder aufgebrochen, das geplagte Erdreich aufgelockert und hernach aufgeforstet werden? Was soll da für ein Wald gedeihen? Einer, der die Erinnerung aufnimmt oder sie ausschlägt? Dieser Generation, die ihre Geschichte bitter weiter erzählt, kann er nicht helfen. Nein, seine Pflänzlinge würden die Menschen, die um eines Waldes willen opponierten, verhöhnen – von neuem zeigte sich ihre Ohnmacht. Hier in der Region, in den Kreisen Groß-Gerau und Rüsselsheim, wird es auch für die Planer von morgen schwierig sein, Vertrauen bei den Bürgern zu erwerben.

Meine Kinder haben Demokratie nicht in einer Partei oder in der Schule erfahren, sondern im Flörsheimer Wald, in hitzigen, verzweifelten Gesprächen, im Widerstand gegen eine unverstandene Staats-Gewalt. Was sie lernten, hat sie nicht gerade zu Parteigängern gemacht. Wie sie aber planen, wie sie auf Entwürfe der nächsten Zukunft reagieren werden – ich weiß es nicht. Ich kann nur hoffen, daß sie behutsamer, nachdenklicher, den Menschen und der Natur näher handeln werden. Falls ihnen die Zeit dazu bleiben sollte. Denn wir Älteren haben ihnen aus Gier, Unverstand und Egoismus schon viel von diesem kostbarsten Stoff der Zukunft, der Zeit, geraubt.

Das eben ist der Skandal. Was im Flörsheimer Wald und anderswo von Baggern plattgewalzt und unter Beton erstickt wurde, gehört zu dem, was sich nur mühevoll regeneriert: zur Gemeinsamkeit, zum demokratischen Gemeinsinn.

1982 ff.

Zwischen 1982 und 1986 kam es permanent zu peinlichen Enthüllungen um die gewerkschaftseigene Wohnungsbaugesellschaft »Neue Heimat«. Korruption und in den Sand gesetzte Spekulationen großen Stils waren in der »Wirtschaftslandschaft« Bundesrepublik nichts grundsätzlich Neues. In diesem Fall aber stellten sie die Grundlagen des Selbstverständnisses und der Selbstdarstellung von Gewerkschaften und SPD – den großen aus der Arbeiterbewegung hervorgegangenen Institutionen – in Frage, offenbarten, zumal bei den Gewerkschaften, eine Identitätskrise, die bis heute nicht als überwunden gelten kann.

Herfried Münkler

Die Neue Heimat

Der »Spiegel« vom 8. Februar 1982 brachte die Lawine ins Rollen, denn was hier zu lesen war, übertraf noch die ärgsten Befürchtungen derer, die das Geschäftsgebaren der *Neuen Heimat* (NH) seit Jahren kritisch beobachtet hatten und Einblick in die inneren Strukturen des Gewerkschaftsunternehmens besaßen: Albert Vietor, Vorstandsvorsitzender der Neuen Heimat, so der »Spiegel«, hatte seit Jahren mit Hilfe von Strohmännern und Strohfirmen in die eigene Tasche gewirtschaftet und dadurch dem Unternehmen und seinen Mietern unübersehbaren Schaden zugefügt. So hatte in mehreren Fällen etwa die Firma *Terrafinanz,* an der Vietor mit 13 Prozent beteiligt war, für die Neue Heimat Land angekauft, das sie dann für eine beträchtlich höhere Summe an die NH weiterverkaufte. Entsprechende Gewinne der Terrafinanz flossen anteilig auch an Vietor. Weiterhin stellte sich heraus, daß die Firma *teletherm,* die Tausende von NH-Wohnungen beheizte, im Besitz von Personen war, die Mitgliedern des NH-Vorstandes nahestanden, usw. usw. Es konnte kaum Zweifel daran geben, daß der Vorstandsvorsitzende der NH mit Billigung oder Beteiligung seiner Vorstandskollegen über Jahre hinaus Insider-Wissen für private Vorteile genutzt oder Gewinnchancen der NH an Firmen weitergeleitet hatte, an denen er selbst beteiligt war.

Zwei Tage nach Erscheinen des »Spiegels« schon forderte der DGB-Vorstand die Organmitglieder der Neuen Heimat auf, unverzüglich den Vorstand des Unternehmens zu beurlauben. Albert Vietor hatte dieses überraschend schnelle Handeln der Gewerkschaftsführung selbst provoziert, als er in Reaktion auf die »Spiegel«-Berichte öffentlich erklärte, alle seine Privatgeschäfte seien mit Wissen und Billigung des DGB-Vorsitzen-

den Heinz-Oskar Vetter erfolgt. Das zwang den DGB-Vorstand zum Handeln, wollte er nicht in eine langanhaltende Kampagne immer neuer Entdeckungen und Enthüllungen verwikkelt werden. Mit der Beurlaubung und anschließenden Entlassung Vietors und weiterer in ähnliche Geschäfte verwickelter Vorstandsmitglieder der NH glaubte und hoffte man, den Korruptionsskandal begrenzen und zügig bewältigen zu können.
Doch es kam anders: Seit Februar 1982 war die Neue Heimat immer wieder in den Schlagzeilen, und das keineswegs nur deswegen, weil Konservative und Wirtschaftsliberale ein starkes politisches Interesse daran hatten, daß der Skandal um das Gewerkschaftsunternehmen der Öffentlichkeit möglichst lange in Erinnerung blieb. Was nunmehr Stück für Stück erkennbar wurde, war nämlich nicht nur eine ob ihrer Dauer und Dreistigkeit bemerkenswerte Korruptionsaffäre, sondern auch der drohende, offenbar kaum noch zu verhindernde Bankrott des größten Wohnungsbauunternehmens in Europa. Ebenfalls stellte sich heraus, daß das seiner Idee (und auch seiner Rechtsform) nach gemeinnützige Gewerkschaftsunternehmen sich im Laufe der Zeit an eine nach kapitalistischen Grundsätzen organisierte, dem Prinzip individueller Nutzenmaximierung gehorchende Umwelt angepaßt hatte und daß die Gewerkschaftsspitze unfähig gewesen war, diesen Anpassungsprozeß zu verhindern oder doch zumindest abzubremsen. Dies zusammengenommen bedeutete das zunächst moralische und sodann auch praktische Ende der Idee der Gemeinwirtschaft, die in den Zielvorstellungen der Gewerkschaften seit vielen Jahren eine herausragende Rolle gespielt hatte. In nur wenigen Jahren wurden die Mehrheitsanteile an der *Bank für Gemeinwirtschaft* und der *Volksfürsorge*-Versicherung verkauft; der *Coop*-Anteil, den die Gewerkschaften noch gehalten hatten, wurde vor Bekanntwerden des nächsten Skandals abgestoßen, und die Neue Heimat selbst wurde in einem mühseligen, von Peinlichkeiten und schwerwiegenden Fehlentscheidungen nicht freien Prozeß liquidiert. Was als Korruptionsskandal begann, der, weil politisch ausnutzbar, große Aufmerksamkeit auf sich zog, entpupp-

te sich zuletzt als der vorläufige Endpunkt einer tiefgreifenden Wandlung im Selbstverständnis gewerkschaftlicher Spitzenfunktionäre, die sich vielfach nicht länger als gesellschaftliche Gegenmacht, sondern als integrierendes Funktionselement der kapitalistischen Wirtschaft begriffen – oder zumindest doch so verhielten.
Jahre nach dem Beginn der Enthüllungen liest sich der NH-Skandal heute wie ein Palimpsest: Unter dem individuellen Fehlverhalten Vietors und seiner Vorstandskollegen wurden strukturelle Defizite in der Kontrolle des NH-Vorstandes durch den Aufsichtsrat sichtbar, die grundlegende Zweifel an der wirtschafts- und gesellschaftspolitischen Relevanz der gewerkschaftlichen Mitbestimmungsforderungen aufkommen ließen, und unter den strukturellen Kontrolldefiziten wiederum wurde eine Empfänglichkeit der Gewerkschaftsführer für die Annehmlichkeiten des materiellen Wohlstandes erkennbar, die fragen läßt, inwieweit gewerkschaftliche Interessenvertretung, ehedem erwachsen aus einer vergleichbaren Arbeits- und Lebenserfahrung der Mitglieder und der Funktionäre und getragen durch gemeinsame politische Zielvorstellungen, inzwischen zu einer nur noch geldvermittelten Form von Dienstleistung geworden ist. Das Band der Solidarität, so der schwerlich abzuweisende Eindruck, ist häufig gelöst und ersetzt worden durch eine nicht gerade unansehnliche Honorierung von Serviceleistungen. So hatte Alfons Lappas, der Vorstandsvorsitzende der gewerkschaftlichen Beteiligungsgesellschaft BGAG, wie den Presseberichten zu entnehmen war, ein Jahreseinkommen von 735 000 DM, und Albert Vietor brachte es bei der Neuen Heimat immerhin auf jährliche Bezüge von 524 000 DM, zuzüglich einer ebenfalls sechsstelligen Summe aus diversen Aufsichtsratsposten sowie Mieteinnahmen aus seinem Privatbesitz von 270 Wohnungen, die er günstig bei seinem Unternehmen gekauft hatte, zusammen etwa 1,6 Millionen DM jährlich. Daneben nahm sich das Bestreben der Gewerkschaftsführer Vetter, Loderer und Pfeiffer eher bescheiden aus, durch Beteiligungen an diversen BGB-Gesell-

schaften in Berlin Steuern zu sparen, war ebenso jedoch an Kriterien privater Vermögensbildung orientiert, wie sie der überwiegenden Mehrheit der Gewerkschaftsmitglieder aufgrund ihrer Einkommenssituation fremd bleiben mußte.
Die tiefe Kluft, die sich zwischen den Lebensführungen der Gewerkschaftsführung und der gewerkschaftlich organisierten Arbeiter und Angestellten auftat, wurde zumal dort sichtbar, wo im Gefolge der immer neuen Enthüllungen über die Geschäftspraktiken der Neuen Heimat auch die Wohnformen der Gewerkschaftsführer und -manager zur Sprache kamen. Für ihre Angestellten, Aufsichtsratsmitglieder sowie »befreundete« Politiker übernahm die NH in etwa 5000 Fällen die Baubetreuung bei Errichtung oder Umbau ihrer Häuser und gewährte hierbei so beachtliche Preisnachlässe, daß es immer wieder zu einer Kostenunterdeckung kam. Die einflußreichsten Männer der Gewerkschaften wohnten und wohnen in einer großbürgerlichen bis neureichen Umgebung, zumeist in den Villenvierteln der Vororte von Großstädten – und in dieser sozialen Umgebung wurden die Möglichkeiten weiterer Einkommensvermehrung und Vermögensbildung für manche von ihnen offenbar zu einem äußerst bedrängenden Problem.
Hierin wird die andere Seite, die eigentlich politische Dimension des Skandals um die Neue Heimat sichtbar: Das Geschäftsgebaren Albert Vietors und seiner Vorstandsmitglieder mochte dort, wo gegen geltendes Recht verstoßen worden war, Gegenstand von Strafprozessen werden (wozu es jedoch nicht kam, weil Vietor wenige Wochen nach der gerichtlichen Bestätigung seiner fristlosen Kündigung im Herbst 1984 starb) – was aber jenseits individueller Verfehlungen, die einer rechtlichen Überprüfung zugeführt werden konnten, den eigentlichen Skandal um die Neue Heimat ausmachte, war die Kluft zwischen den offiziellen Parolen der Gewerkschaften und dem tatsächlichen Verhalten und Handeln ihrer Spitzenfunktionäre. Nicht länger eingebunden in stabile Arbeitermilieus mit eigenen Verhaltens- und Ehrenkodizes und ohne die Perspektive einer grundlegend anderen Gesellschaft besaßen Männer wie Vietor

und andere offenkundig nichts mehr, was ihnen die erforderliche Kraft verliehen hätte, um den Versprechungen und Verlockungen einer funktionierenden kapitalistischen Ökonomie, deren Teil sie selbst ja waren, Widerstand leisten zu können. Dieses Fehlen motivierender Ideale und kontrollierender Milieus dürfte auch einer der Gründe dafür gewesen sein, warum die im Aufsichtsrat der Neuen Heimat vertretenen Vorsitzenden der Einzelgewerkschaften sich nicht schon früher, als Vietors Geschäftsgebaren in Ansätzen bereits erkennbar war, gegen ihn gestellt hatten.

Die Diskrepanz zwischen gewerkschaftlichem Anspruch und tatsächlichem Verhalten von Gewerkschaftsfunktionären bestimmte in einer pikanten Verkehrung der gewohnten Frontstellungen dann auch das politische Nach- bzw. Begleitspiel zu dem sich hinschleppenden Neue-Heimat-Skandal: Übten Konservative und Wirtschaftsliberale unter Bezug auf die gewerkschaftlichen Ideale Kritik, so bauten die Sozialdemokraten eine vorsichtige Verteidigungslinie auf – in die wohl nicht Vietor, aber doch die Aufsichtsratsmitglieder der Neuen Heimat einbezogen wurden –, indem sie auf die Gepflogenheiten kapitalistischen Wirtschaftens verwiesen. Die eigentlich politische Dimension des Skandals war also, daß diejenigen, die gegenüber ihrer Gefolgschaft immer wieder Solidarität, Verzicht und Opferbereitschaft einforderten, sich selbst als Manager innerhalb des kapitalistischen Systems verhielten und dabei zu einem nicht unbeträchtlichen Teil mit der Verwaltung und Vermehrung ihres eigenen Vermögens beschäftigt waren.

Seinen Höhepunkt fand dieses Mißverhältnis in dem Auftreten des Vorstandsvorsitzenden der gewerkschaftlichen Holdinggesellschaft BGAG Alfons Lappas auf dem Hamburger IG-Metall-Kongreß im Herbst 1986. Lappas, der wenige Tage zuvor vor dem Bundestagsuntersuchungsausschuß zur Aufklärung der Neue-Heimat-Affäre in schroffer Form die Aussage verweigert hatte und gegen den deswegen Beugehaft beantragt worden war, erklärte dort kurz vor seiner Verhaftung durch zwei Kriminalbeamte: »Was ich getan habe, das habe ich getan zur Sicherung der Kampfkraft der Gewerkschaften!« Die Delegierten des Kongresses, die Lappas Beifall spendeten, sahen in ihm einen Verteidiger der gewerkschaftlichen Gegenmacht gegenüber dem Kapital, und so akzeptierten sie auch seine Begründung für die Aussageverweigerung vor dem Untersuchungsausschuß, es sei allein und ausschließlich darum gegangen, eine Ausforschung des Gewerkschaftsvermögens durch die Gegenseite zu verhindern.

Die Geschichte des Neue-Heimat-Skandals war auch die Geschichte der sukzessiven Demontage des Anspruchs der Gewerkschaften, eine wirkliche Gegenmacht zum Kapital darzustellen. Zu sehr glichen die Geschäftsmethoden gewerkschaftlicher Spitzenmanager denen kapitalistischer Manager, als daß dieser Anspruch ernsthaft hätte aufrechterhalten werden können. Da war vor allem der von dem Vietor-Nachfolger Diether Hoffmann in der Hoffnung, so den Konzern sanieren zu können, betriebene Verkauf von Wohnungen der Neuen Heimat, in dessen Folge die Mietpreisbindung des Sozialen Wohnungsbaus über kurz oder lang aufgehoben werden mußte. Bis zum 30. September 1986 war es Hoffmann im Verein mit Lappas gelungen, 70 000 Wohnungen des Konzerns auf dem freien Markt loszuschlagen und dafür eine Gesamtsumme von fünf Milliarden DM zu erlösen. Die Tücke dieser Verkaufsstrategie bestand freilich darin, daß die Wohnungen mit einem geringen Vermietungsrisiko relativ schnell verkäuflich waren, während die Neue Heimat auf den tendenziell unvermietbaren Wohnungen sitzenblieb, die so eine der Ursachen für das beständig steigende Defizit des Konzerns wurden – und das waren zum fraglichen Zeitpunkt etwa 6900 Wohnungen, zumeist in Hochhäusern.

Es waren, neben den vielfältigen Formen persönlicher Bereicherung, insbesondere Managementfehler, die für die desolate wirtschaftliche Situation der Neuen Heimat verantwortlich waren. Daß der Bauboom, den die Bundesrepublik in den fünfziger und sechziger Jahren erlebt hatte, zu Ende gehen oder zumindest zeitweilig unterbrochen werden könnte, scheint im Vorstand der Neuen Heimat niemand erwartet zu haben. So be-

trieb man eine Bodenbevorratungspolitik, als wäre auf absehbare Zeit weiterhin mit einer Nachfrage nach Hunderttausenden von Wohnungen in Hochhauskomplexen zu rechnen. Als die Baukonjunktur dann zu Beginn der siebziger Jahre abflachte, besaß die Neue Heimat Bauerwartungsland, für das von den Kommunen keine Bebauungspläne mehr beschlossen wurden, das darum als Bauland nicht verwertbar war, das aber gleichzeitig infolge der Zinsbelastung des festgelegten Kapitals Jahr für Jahr Verluste in Millionenhöhe brachte.
Hinzu kamen Verluste in Bereichen, die mit der Idee eines gemeinnützigen Wohnungsbaus für die sozial Schwächeren nichts zu tun hatten, wie etwa der Bau von Fernsehtürmen und Einkaufszentren, die Errichtung von Luxuswohnungen in Monaco sowie gewaltige Bodenspekulationen in Lateinamerika, unbeschadet dessen, daß es sich bei einer Reihe dieser Länder um Diktaturen handelte, in denen nachweislich gefoltert wurde. Diese Projekte wurden betrieben durch die *Neue Heimat Städtebau* bzw. die *Neue Heimat International,* die inzwischen als zusätzliche Konzernzweige entstanden waren. Die damit verbundene Ausweitung des Tätigkeitsbereichs der Neuen Heimat zeigt, daß schon seit geraumer Zeit die Idee eines gemeinnützigen Wohnungsbauunternehmens überlagert worden war durch die eines an Gewinnchancen orientierten Wohnungskonzerns – nur daß sich viele Gewinnchancen im nachhinein als keineswegs so lukrativ herausstellten, wie es zunächst den Anschein gehabt hatte, und daß zahlreiche der großangelegten Spekulationen fehlschlugen. So häuften sich die Verluste, und der Kassensturz nach Vietors Entlassung brachte zutage, daß die wirtschaftliche Lage des Konzerns bedrohlich, wenn nicht gar katastrophal war. So standen bei der Neuen Heimat Städtebau einem jährlichen Umsatz von 700 Millionen DM Zinslasten von jährlich 300 Millionen DM gegenüber.
Daß die Lage der Neuen Heimat hoffnungslos und eine Sanierung des Unternehmens nicht mehr möglich war, muß einer kritischen Öffentlichkeit spätestens Mitte September 1986 klargeworden sein, als die Neue Heimat für den symbolischen

Kaufpreis von einer DM den Besitzer wechselte und in die Hände von Horst Schiesser, einem mittelständischen Unternehmer aus Berlin, überging. Bis dahin hatten die Vorstände der NH wie der BGAG daran festgehalten, bei der Neuen Heimat stünden Verbindlichkeiten von 17,4 Milliarden DM einem Vermögen von 20,5 Milliarden DM gegenüber, so daß ein tatsächliches Vermögen von 3,1 Milliarden DM als Sanierungsgrundlage vorhanden sei. Nunmehr wurde dieses Milliardenvermögen für eine DM abgestoßen, und die BGAG war darüber hinaus bereit, das Stammkapital der NH um 300 Millionen DM zu erhöhen, einen langfristigen Kredit von 500 Millionen DM an Schiesser zu gewähren sowie diesen von den Verlusten der Jahre 1985 und 1986 freizustellen. Damit war zweierlei klar: Die Neue Heimat war als gemeinnütziges Unternehmen nicht mehr sanierungsfähig, und die Mietpreisbindungen der meisten Wohnungen der NH würden über kurz oder lang durch ihre Privatisierung fallen. Für eine Million Mieter waren damit gravierende Mieterhöhungen vorauszusehen.

Mit dem Verkauf der Neuen Heimat an Horst Schiesser waren die Banken, denen die NH zu diesem Zeitpunkt faktisch gehörte, jedoch nicht einverstanden. Kurzfristige Kreditkündigungen, die Androhung von Durchgriffshaftung sowie die drohende Aufkündigung des Stillhalteabkommens der Banken brachten die Gewerkschaften dazu, wenige Wochen nach dem Verkauf der Neuen Heimat das Unternehmen wieder zurückzukaufen. Bei dem Rückkauf blieb es nicht bei einer DM; vielmehr mußten mindestens 30 Millionen DM als Abfindungen und Gebühren an Schiesser gezahlt werden. Die Liquidierung der Neuen Heimat sollte nunmehr durch die Gewerkschaften selbst vorgenommen werden.

Damit hatte der Skandal seinen Höhepunkt überschritten, die Neue Heimat verschwand allmählich aus den Schlagzeilen und der nunmehr geordnete Rückzug der Gewerkschaften aus ihrem wirtschaftlichen Engagement begann. Das war zugleich das Ende einer Idee, die in Gewerkschaftskreisen jahrzehntelang als eine Alternative zu kapitalistischem Unternehmertum gegolten hatte: der Gemeinwirtschaft, die, wie sich im Neue-Heimat-Skandal herausstellte, zuletzt freilich nicht viel mehr gewesen ist als eine unter den Augen der Gewerkschaftsspitzen betriebene Versorgungs- und Pfründenanstalt für Gewerkschaftsmanager. So hat die Linke in der Bundesrepublik, und das ist die wohl bleibende Folge des Neue-Heimat-Skandals, eine weitere Perspektive zur Überwindung der bestehenden Wirtschaftsordnung verloren.

1982

Wenn einmal etwas über die Tätigkeit der geheimen Dienste des bundesrepublikanischen Staats durchsickerte, handelte es sich ziemlich regelmäßig um recht erstaunliche Dinge. Kein Wunder, daß in dem Fall, in dem ein Staatsschützer einmal nicht nur durchsickern ließ, sondern richtig auspackte, den Zeugen die Haare schlicht zu Berge stehen mußten. Dieser einzigartige Fall war der des bayerischen Staatsschützers Langemann. Für uns bleibt es bei der stichwortartigen Andeutung, denn der Staat schützt seine Schützer und notfalls auch sich selbst vor diesen, bewacht ängstlich seine mit dem »Geheim«-Stempel versehenen Bereiche vor jeglicher Öffentlichkeit. Da gibt es wohl tatsächlich einiges zu verbergen...

Jürgen Saupe

Die Affäre Langemann

Ein Szenario wie von Eric Ambler erdacht. 13. Februar 1982 gegen 11 Uhr: In der Halle des Hotels »Bayerischer Hof« zu München wimmelt es von der Sorte durchtrainierter junger Männer, die auch im Winter ihre Jacken nie schließen, damit sie die Waffe schneller zur Hand haben, die im Halfter unter der Achsel oder über der Hüfte steckt. Von den Bodyguards umstellt, sieht man kleine Gesprächsgruppen überwiegend älterer Herren, deren Gesichter aus Zeitungen und Fernsehen bekannt sind. Hier findet gerade die alljährliche Wehrkundetagung der Nato statt. Es ist eine Sitzungspause. Je nach Geschmack Kriegs- oder Verteidigungsminister, sogenannte Wehrexperten, ranghohe Offiziere, Geheimdienstler und Waffenindustrielle drängeln sich im Foyer. Der passende Rahmen für ein Treffen mit einem »Staatsschutz-Chef«, dem des Freistaats Bayern unter CSU-Ministerpräsident Franz Josef Strauß.

Ministerialdirigent Dr. Hans Georg Langemann erscheint – heller Kamelhaarmantel, Seidenschal und italienische Schuhe –, wie es sich für einen Agenten ziemt, durch den Hintereingang und strebt sogleich auf die Empore des Saals zu einem kleinen Tisch mit Rundblick.

Das Treffen mit dem Leiter der Abteilung IF im bayerischen Innenministerium – arrangiert von dem Nachrichtenhändler Frank Peter Heigl – hat den Zweck, den Mann zu identifizieren und ein wenig abzuklopfen, der auf Tonbändern von etwa dreizehn Stunden Länge aus jahrzehntelanger Arbeit beim Bundesnachrichtendienst (BND) und als Staatsschützer in Bayern bis ins letzte Detail genau ausplaudert, was von bundesdeutschen Beamten so alles an Rechtswidrigkeiten und auch nicht justitiablen Schweinereien begangen worden ist. »Konkret«, das in

Hamburg erscheinende Magazin für Politik und Kultur, hat von Heigl die Tonbänder und einen ganzen Koffer voll dazugehöriger Dokumente aus dem BND und dem Münchner Innenministerium erworben. Chefredakteur Manfred Bissinger will, bevor er die brisante Story veröffentlicht, den Informanten verifizieren lassen. Deshalb sitze ich hier mit Langemann an einem Tisch. Wir unterhalten uns lebhaft etwa eine Stunde. Ganz Mann von Welt verabschiedet sich der Ex-Agent: »Ich freue mich, Ihre aimable Bekanntschaft gemacht zu haben.«

Als ich Langemann vor dem Bayerischen Obersten Landesgericht – er Angeklagter, ich Zeuge – wiedertreffe, macht er den Eindruck eines kranken, etwas hilflosen Menschen, konfrontiert mit dem Tatvorwurf der Offenbarung von Staatsgeheimnissen. Ein Staatsschützer war den Staatsschützern in die Hand gefallen und hatte als Untersuchungshäftling auch medizinische Betreuung erfahren. Dann hatten ihn Parteien und Politiker, Polizei, Parlament und Presse, Bundesanwaltschaft und BND durch die Mangel gedreht. Die Republik und vor allem die Bayern, ausgerechnet auch noch vor einer Landtagswahl, hatten ihre »Affäre Langemann«. Der Name ist ein Etiketten-Schwindel, eine politische Desinformation, die der CSU eingefallen ist. Was Langemann erzählte und was die Dokumente belegen, waren, oftmals verquickt, Skandale des BND und der Staatsschutz-Abteilung des bayerischen Innenministeriums. Die unterbliebene Aufklärung dieser Skandale durch die Polizei in München, das Bundeskriminalamt, den Generalbundesanwalt, das Bayerische Oberste Landesgericht, den Bundesgerichtshof und den Untersuchungsausschuß des Bayerischen Landtags, diese Hoffnung unheilbarer Demokraten, das macht die eigentliche »Affäre Langemann« aus.

Langemann, ein ehemaliger Staatsanwalt, ist 1957 zum BND gestoßen, der gerade aus der »Organisation Gehlen« hervorgegangen war, einer unmittelbaren Nachfolgerin der Abteilung »Fremde Heere Ost« der Hitler-Armee. Im Geheimdienst kam Langemann zu einer operativen Abteilung unter Ex-General Langkau: keine James-Bond-Truppe, eher ein Charley-Muffin-

Haufen, aber alles drei Nummern kleiner. Mit Millionenbeträgen aus der Bundeskasse werkelt diese Abteilung im Zwielicht zwischen Politik und Subversion in Ländern vor allem der Dritten Welt, zwischen Waffenschiebung und Spionage. Dazwischen läuft Inlandsaufklärung, die Bespitzelung von SPD-Politikern wie Willy Brandt, Egon Bahr, Leo Bauer und Annemarie Renger. Was eben alles so im öffentlichen Interesse ist, wie es eine nur dürftig umgefärbte ehemalige Naziruppe damals sieht.
Im Originalton Langemann kann darüber nicht mehr berichtet werden. Der Bundesgerichtshof hat rechtskräftig entschieden, daß ein Beamter, eben Langemann, der rechtswidrig handelt, indem er Dienstgeheimnisse zur publizistischen Verwertung ausplaudert – wofür er auch abgeurteilt worden ist –, gleichwohl Urheberrechte an seinen Tonband-Plaudereien hat. Daher ist es »Konkret«, Bissinger und mir bei Strafe untersagt, diese Mischung aus amüsantem, faktenreichem Party-Geplauder und juristisch ausgefeiltem Casino-Ton zu zitieren.
Die Fakten allerdings sind frei. Einige Beispiele:
Der BND hat zur Zeit der Großen Koalition in Bonn mit Hilfe der CIA eine Rettungsaktion zugunsten von Bundeskanzler Kurt Georg Kiesinger (CDU) gestartet, den seine Nazivergangenheit einzuholen drohte. Kiesinger, im Dritten Reich in der Rundfunkpolitischen Abteilung des Reichsaußenministeriums tätig, wurde durch auf dem internationalen Nachrichtenmarkt auftauchende Dokumente mit dem Judenmörder Eichmann in Verbindung gebracht. Diese Dokumente stammten aus dem Nationalarchiv in Washington, wo alte Naziakten auf Mikrofilm gespeichert jedermann zugänglich waren. Um weitere Zugriffe zu verhindern, haben Agenten von BND und CIA in konzertierter Aktion einfach die unbedingt zum Archivgebrauch notwendigen »guides«, das sind Inhaltsübersichten oder Register, beiseite geschafft. Ohne sie kann man in dem Dokumentenwust nur schwerlich fündig werden. Das Interesse der Öffentlichkeit an der Nazivergangenheit Kiesingers war eben nicht im öffentlichen Interesse. Von Interesse für die CDU/CSU-Seilschaft im BND und ihren Kanzler Kiesinger

war da eher schon ein BND-Agent – Mr. Daniel E. London – den die »Operation EVA« aus einem katholischen Laienorden angeworben und, da er ein Freund von Richard Nixon war, auf den US-Präsidenten angesetzt hatte. Pullachs lange Ohren im Weißen Haus in Washington.
Pullach war aber auch im Inland tätig und bespitzelte die eigenen Herren. Der BND-Agent Dr. Johannes Schauff, ein einstiger Zentrumsabgeordneter des Deutschen Reichstages, arbeitete gegen Geld für den BND und berichtete – streng geheim qualifiziert – über Gespräche, die er als Gast im Privathause des damaligen Bundesaußenministers Heinrich von Brentano hörte, als die Minister Ludwig Erhard und Franz Josef Strauß mit Ehefrauen am Tisch saßen.
Langemann verließ bald nach dem Ende der CDU-Herrschaft in Bonn 1969 offiziell den BND und trat nach einem Zwischenspiel als Sicherheitsberater bei den Olympischen Spielen in München ins Bayerische Staatsministerium des Innern ein. Abteilung »Staatsschutz« – was immer das sein soll. Verstanden hat sie der ehemalige BND-Agent Langemann – zum Teil mit Billigung der CSU-Innenminister Alfred Seidl und Gerold Tandler – als die staatlich finanzierte Abteilung für *dirty tricks* der Christlich-Sozialen Union. Zum Teil mit Steuergeldern wurde von Langemann in München zusammen mit einem anderen Ex-BND-Mann, Christoph von Stauffenberg, ein geheimer Nachrichten-Dienst der politischen Rechten finanziert. Verdeckte Parteien-Finanzierung für die Union gehörte ebenso zum Metier des Staatsschützers wie Amtshilfe durch unechte Ausweispapiere für die Siemens-Tochter Kraftwerk Union, die damit wegen Korruption belastete Iraner aus Persien ausschleusen wollte. Unter Langemann wurden im Münchner Innenministerium Mordpläne gegen sogenannte internationale Terroristen erwogen. Auch beschäftigten sich Langemann und sein Minister mit dem Plan, eine eigene Terror-Gruppe tätig werden zu lassen, um einen »Seiten-Einstieg« in die Terroristen-Szene zu erreichen. Der Bomben-Anschlag in Celle durch Verfassungsschützer war also keine Einzel-Idee.

Das alles kam im Verlauf der »Affäre Langemann« an die Öffentlichkeit. Der Mann fühlte sich völlig sicher. Vor Freunden brüstete er sich, er sei der stärkste Mann in Bayern. Bis er durch »Konkret« aufflog. Doch es muß etwas dran gewesen sein an der Prahlerei. Franz Josef Strauß höchstselbst fand das Schlupfloch für seinen Staatsschützer. Er nannte ihn den Mann mit dem Kopfschuß. Die normative Kraft des Faktischen griff Platz. In der Tat hat Langemann eine Kopfverletzung aus dem Krieg. Bis zum März 1982 hat sie ihn im Amt nicht erkennbar behindert. Vor Gericht reichte sie nun aus, um aus einer Anklage wegen Offenbarens von Staatsgeheimnissen die Verurteilung wegen fahrlässiger Verletzung von Dienstgeheimnissen zu machen. Drei Jahre und drei Monate beantragte die Bundesanwaltschaft – acht Monate mit Bewährung erkannte das Gericht. Ein Nachlaß von fast 80 Prozent. Das rettete die Beamtenpension. Mit dem Vorwurf der Offenbarung von Staatsgeheimnissen war die Bundesanwaltschaft bei »Konkret« und in die Wohnungen von Bissinger und mir eingedrungen, als längst veröffentlicht war, was Langemann geplaudert hatte. Man suchte wohl weiteres, die in München Herrschenden belastendes Material. Gefunden hat man die Kompromate – so heißt Erpressungsmaterial auf nachrichtendienstlich – nicht. Nicht bei »Konkret« und nicht bei Langemann. Dort ließ sich allerdings die Münchner Polizei nach der »Konkret«-Veröffentlichung zehn Tage Zeit, bis sie durchsuchte und nichts fand. Bis die Bundesanwaltschaft kam, die dann doch noch etwas an Dokumenten in der Langemann-Villa im Münchner Millionärsviertel Grünwald zu Tage förderte, verging weitere Zeit. In Langemanns Villa am Mittelmeer hat ohnedies niemand gesucht. Das war nicht im öffentlichen Interesse.

1982

kam die »Flick-« oder »Parteispenden-Affäre« ins Rollen. Beide Namen trägt die Affäre mit demselben Recht, denn es ging um aktive und um passive Bestechung. Zunächst um den Vorwurf, Friedrich Karl Flick habe über seinen Generalbevollmächtigten Eberhard von Brauchitsch Bonner Politiker geschmiert, um einen Buchgewinn von 1,8 Milliarden DM, den Flick mit dem Verkauf seiner Daimler-Benz-Aktien gemacht hatte, nicht versteuern zu müssen. Die Justiz befand zwar, daß dem ehemaligen und dem damals amtierenden Wirtschaftsminister – Hans Friderichs und Otto Graf Lambsdorff –, die über die Steuerbefreiung zu entscheiden hatten, Bestechlichkeit nicht nachzuweisen sei; doch der Verdacht, daß Flick seine politische »Landschaftspflege« nicht aus purer Philanthropie oder demokratischem Engagement betrieben hatte, ließ sich schwerlich aus der Welt schaffen. Aus einer akribisch geführten Liste des Flick-Buchhalters Diehl ging hervor, daß CDU, CSU, FDP und SPD und fast alle ihre Spitzenpolitiker von Flick Geld erhalten hatten. Es war weitgehend üblich, stellte sich im Laufe der Affäre ferner heraus, diese Parteispenden unter aktiver Mithilfe der Empfänger an der Steuer vorbei zu zahlen. Das Wort »Spendenwaschanlage« ging damals in den allgemeinen Sprachgebrauch ein. Aus der Bestechungsaffäre wurde eine sehr viel allgemeinere um illegale Parteispenden.
Die Flick-Affäre endete mit der Verurteilung von Friderichs, Lambsdorff und Brauchitsch wegen Steuerhinterziehung. Die Parteispenden-Affäre schwelt seitdem weiter, denn der Flick-Konzern war nicht die einzige Firma, die gerne spendete, wenn es sie – dank legal oder illegal erreichter Steuerbe-

freiung – nichts oder so gut wie nichts kostete; und Politiker gab es noch mehr, die wie Lambsdorff kein Unrechtsbewußtsein hatten, wenn sie die vom Gesetz bereits recht großzügig gezogene Grenze der Einflußnahme des großen Geldes auf die den Parteien obliegende politische Willensbildung ein wenig verschoben. Es gibt auch kein Indiz dafür, daß sich an dieser Konstellation so schnell etwas ändern sollte.

Hans Magnus Enzensberger

Kassensturz
Ein Bonner Memorandum

»Eine Republik ist in Partheyen getheilet, wenn es mehrere Haufen widrig gesinnter Personen in derselben gibt.« Adelung (1807)

»Streifende Parteien, umherstreifende Haufen von Soldaten, um etwas zu erbeuten, zu plündern etc. Daher, auf Partei ausgehen, auf Beute ausgehen.« Campe (1809)

»Die gantze Partei erquickte sich mit demjenigen, das sie gestolen hatten.« Grimmelshausen (1668)

1. Tatort

Außen. Tag. Vor dem langgestreckten Bürohaus in Düsseldorf-Oberkassel, in einem alten Ford, in alten Klamotten, unser alter Freund, Kowalski, der Kommissar. Blick auf die Drehtür des Verwaltungsgebäudes. Neben Kowalski sein stets zu dümmlichen Sprüchen aufgelegter Assistent, der für seinen Chef, mit der linken Hand, verblüffend perfekt, die nächste Zigarette dreht. Zoom auf die Eingangshalle: der Chefbuchhalter, mit einem Aktenköfferchen, betritt eilig das Haus. Schnitt. Panzerschrank von innen. Die Hand des Buchhalters. Tausendmarkscheine. Schnellhefter. Schnitt. Vorzimmer. Kowalski im Nahkampf mit der Sekretärin; der flegelhafte Assistent bedient sich an der Kaffeemaschine. Musik: Trommelwirbel. Die Kamera folgt dem Kommissar, der die Tür aufreißt. Groß: die zwinkernden Augen des Chefbuchhalters hinter der Brille. Kowalski: »Reiner Zufall, Herr Diehl. Nun geben Sie mal schön die Schlüssel her.« – Diehl: »Das werden Sie noch bereuen!« – Der Kommissar: »Bereuen gehört zur Routine.« Schnitt. Im Auto.

Der Buchhalter in Handschellen. Schnitt. Ein Gittertor fällt hinter Diehl ins Schloß. Der Assistent: »Immerhin, den hätten wir erst mal aus dem Verkehr gezogen.« Kowalski, bitter: »Und seine Auftraggeber?« Schnitt. Golfplatz. Die beiden Minister im Gespräch mit dem Konzernherrn. Musik: Jazzflöte. Der Golfball, groß, rollt langsam, aber sicher, genau in das letzte Loch. Auf dem Abspann erscheint der Titel des Films: »Schwarze Kassen.«

Der »Tatort« über die Affäre Flick wird in absehbarer Zeit nicht auf dem Bildschirm erscheinen, aus ganz verschiedenen Gründen. Zum ersten steht das deutsche Fernsehen bekanntlich unter der Kuratel eben jener »gesellschaftlichen Kräfte«, denen die bewußten Tausendmarkscheine aus dem Panzerschrank zugedacht waren. Erlaubt ist, was den Parteien gefällt. Wenn die Vormünder »Platz!« rufen, nimmt das Mündel am besten die Demutshaltung eines Dackels ein; diese Regel ist selbst dem beschränktesten Programmdirektor bekannt.
Aber offen gestanden: Ich bin gar nicht so erpicht darauf, daß der WDR die Flick-Geschichte verfilmt. Ich sehe da nämlich eine Reihe von Darstellungsproblemen, die mir unlösbar scheinen. Wehe dem, der es unternähme, diesen Stoff für den gemütlichen Sonntagabend des deutschen Publikums herzurichten! Zwar den Aufsichtsgremien würde die wüste Materie schlaflose Nächte bereiten; der Zuschauer jedoch würde vor Langerweile einnicken. Wir haben es mit einem Krimi zu tun, der allen Gesetzen des Genres widerspricht. Im Gegensatz zu den Gummiparagraphen des Parteiengesetzes und zu den »Bewirtschaftungsgrundsätzen für Zuschüsse des Bundes zur gesellschaftspolitischen und demokratischen Bildungsarbeit« sind jedoch die Gesetze, nach denen sich ein Drehbuchautor zu richten hat, gußeisern und unzweideutig.
Höchstens drei Verdächtige, möglichst vertraute Gesichter, die man sich merken kann; hie und da eine Autojagd; ein einziger, schöner, roter oder meinetwegen auch schwarzer Faden, der im Zickzack durch die Sendung führt; das alles in drei Tagen, an

drei Schauplätzen; die Handlung spannend, nett, ein bißchen penetrant, ein bißchen schmuddelig. Liebevolle Milieustudien, markige Charaktere, einleuchtende Motive: der eiskalte Bankrotteur, die anspruchsvolle *femme fatale,* der gefährdete Arbeitsplatz, die kaputte Ehe – mit einem Wort: Menschen wie du und ich, nur eine Spur böser, eine Spur cooler, eine Spur platter. Die strikte Einhaltung dieser Regeln garantiert, daß sich innerhalb von neunzig Minuten alles aufklärt, daß noch vor der Tagesschau das Gute, und sei's auch nur ein bißchen, siegt, und daß Kowalski, der einsame Jäger, mürrisch und zufrieden in seine schäbige, mit alten Flippern vollgestopfte Junggesellenwohnung zurückkehren kann.

Die öde Wirklichkeit der Korruption kann mit der prompten Dramaturgie eines »Tatorts« in keiner Weise konkurrieren. Dabei ist es nicht der Anfang, der unter dem Gesichtspunkt des Unterhaltungswertes Kopfzerbrechen macht. Im Gegenteil! Der Anfang ist, im Vergleich zu den Weiterungen, auf die wir uns gefaßt machen müssen, geradezu ein Hochgenuß. Wir denken uns z. B. eine Winterlandschaft am Rheinufer, schlittschuhlaufende Kinder, Krähen in den kahlen Bäumen. Ein Ortsschild: St. Augustin. Vor dem Gebäude der Steyler Mission, die sich Werken der Nächstenliebe hingibt, balanciert ein greiser Pater im Ordenshabit auf dem Glatteis. Gern zeigt er dem unauffälligen Besucher, Förster heißt er, von Beruf Steuerfahnder, den Weg zur Verwaltung. Dort, bei der Soverdia Gesellschaft für Gemeinwohl mit beschränkter Haftung, erkundigt sich Herr Förster, wo die Spenden aus dem Hause Flick, beiläufig zehn Millionen, geblieben seien; es gebe da ein paar Unstimmigkeiten. Der zuständige Pater Schröder wird kreidebleich, und das Verhängnis nimmt seinen Lauf. Jetzt noch die mysteriöse Telefonnummer aus Düsseldorf, und es sieht ganz so aus, als hätten wir den Faden in der Hand! Dann kommt es nur noch darauf an, vorsichtig zu ziehen, eine Aufgabe, die Herrn Förster, einem erfahrenen Angler, nicht schwerfallen dürfte.
Und tatsächlich! Er findet die Telefonnummer wieder, ausge-

rechnet unter der gläsernen Tischplatte beim Pförtner der Flick-Hauptverwaltung; es handelt sich um die Nebenstelle Diehl. Der Steuerfahnder ertappt den Buchhalter, wie es sich gehört, mit dem ominösen Ordner in der Hand; eine drehbuchreife Lösung scheint in Sicht. Flick hat der gemeinnützigen, förderungswürdigen Soverdia rund zehn Millionen gespendet. Die Patres gaben ihm eine Quittung und reichten acht Millionen an den Spender zurück. Eine Million behalten die Missionare, eine Million kassiert der Makler, der das Geschäft eingefädelt hat, für Flick fällt eine Steuerersparnis von fünf, und das heißt, ein Nettogewinn von drei Millionen ab. Alle Beteiligten sind zufrieden, wenigstens solange, bis Herr Förster eingreift. Nun wären die Handschellen fällig.

Aber der Abspann ist keineswegs in Sicht. Der Krimi geht erst richtig an. Was den Drehbuchschreiber veranlaßt, endgültig das Handtuch zu werfen, das ist die Tatsache, daß jeder Schlag ins Kontor einen andern nach sich zieht. Es sind die »Zufallsfunde«. Es sind die Schnellhefter »mit den Abkürzungen der vier Parteien des Deutschen Bundestages«. Es sind »die in einem Panzerschrank aufbewahrten Ordner mit der Aufschrift ›Vertrauliche Tageskopien‹«, die nun gem. § 108 Strafprozeßordnung sichergestellt werden. Es sind die Aktenzeichen, die Ermittlungsverfahren, die Unterlagen, die Belege, die Protokolle, die Handakten, Presseerklärungen, Schutzschriften, Gegendarstellungen und Untersuchungsberichte: eine Lawine von Papier, die jede Aussicht auf einen schönen Schluß unter sich begräbt. Überfordert wäre mit alledem nicht nur die Dramaturgie, sondern auch das Besetzungsbüro. Für die Herren Lambsdorff und Matthöfer, Friderichs und Apel hätten sich ja noch Darsteller finden lassen; jugendliche Charakterspieler, schwere Helden und übertragene Bonvivants stünden in ausreichender Zahl zur Verfügung. Aber was machen wir mit Herrn Ministerialrat Wohlleben und Herrn Direktor Wacker, mit Ministerialrat Koch und mit Herrn Kanter vom Bonner Büro? Bei über tausend Ermittlungsverfahren und entsprechend vielen Zeugen nimmt die Liste der Darsteller, die da zu engagieren wären,

leicht den Umfang eines Telefonbuchs an. Und wie sollten wir verhindern, daß der Zuschauer die Übersicht verliert, wo wir doch selber nicht mehr sicher sein können, wer das fatale Memorandum unterzeichnet hat und wer bei dem entscheidenden Abendessen dabei war, Herr Kreile oder Herr Mühl oder der Parlamentarische Staatssekretär, der mit der Brille, wie hieß er doch gleich?
Sie sind ja schwer voneinander zu unterscheiden, diese Herren; alle gleich angezogen, alle in den besten Jahren, kein Frosch mit der eisernen Maske dabei, ganz zu schweigen vom Geheimnis der gelben Narzissen; und was ihre Mimik angeht – da wäre der Ausdruck »Charaktermasken« schon eine Schmeichelei.
Nein, für den Bildschirm springt bei dieser Geschichte nichts heraus. Ich sehe, außer den beteiligten Staats- und Rechtsanwälten, überhaupt nur einen, der zäh genug wäre, sich auf die Wucherungen einer solchen Affäre einzulassen und ihren grauen Staub zu schlucken. Das ist der Redakteur Kowalski. Er hat mit dem gleichnamigen Kommissar manches gemeinsam. Einerseits abgebrüht, andererseits von einem hohen Berufsethos erfüllt, ist er, wie sein Kollege mit der Blechmarke, allemal unser moralischer Stellvertreter. Doch im Gegensatz zum Kommissar bleibt er unsichtbar und anonym. Vielleicht freut er sich sogar, als ein zweites Rumpelstilzchen, darüber, daß niemand seinen Namen kennt, obwohl demnächst die ganze Republik über seine Story sprechen wird. Er hat einen Tip bekommen, ein Dossier in der Hand, er wittert den ganz großen Coup, er recherchiert, sammelt, hakt nach, läßt nicht locker. Aber was da herauskommt, das ist kein adretter Film, das ist ein unendlich verfilztes, unappetitliches Knäuel, in dem die ganze politische Klasse des Landes »drinhängt«. Ihm, Kowalski, fällt die Aufgabe zu, das Ganze »nachzuchecken«, »durchzudoken«, »aufzubereiten«, und zwar sofort, noch heute abend, bevor die nächste Nummer »zu« ist. Dann erst, im Morgengrauen, während seine Geschichte »druckt«, kehrt er, vom Hauch der Einsamkeit umwittert, mürrisch und zufrieden in seine schicke, mit alten Flippern vollgestopfte Junggesellenwohnung zurück.

Noch ist das Blatt nicht am Kiosk, da hängen in den Bonner Bungalows die Herren bereits am Telefon, und wenn das Publikum sich am Montag die Augen reibt (man hat ja manches für möglich gehalten, aber das? Bananenrepublik!), sind die ersten Nebelwerfer schon in Position gebracht. Gewundene Stellungnahmen. Hinweise auf schwebende Verfahren. Schwaden von Schutzbehauptungen. Vage Drohungen mit Konsequenzen. Während Spender und Empfänger zunächst einträchtig, dann jeder auf eigene Rechnung mauern, fällt bei der Konkurrenz, in Presse, Funk und Fernsehen, ein kompaktes, stures, neidisches Schweigen auf. Die Kameras der deutschen Sender, die seinerzeit den Zement-Cäsaren der Neuen Heimat unerbittlich bis an die Garderobenständer ihrer Villen nachsetzten, wahren diesmal eine Diskretion, die zum Himmel schreit. Offensichtlich haben die Parteizentralen die Parole ausgegeben: Schnauze halten und Zeit gewinnen.

Aber die Redakteure, jetzt sitzen sie schon zu zweit, zu dritt, zu viert an der Geschichte, denken nicht daran, sich aushungern zu lassen. Pünktlich jede Woche liefern sie die neueste Fortsetzung mit immer unglaublicheren Zitaten, immer haarsträubenderen Schweinereien. An ein Totschweigen des Falles ist nicht mehr zu denken. – In diesem Stadium gehen die Leibwächter der Parteien zur Entlastungs-Offensive über. Ein gewisser Klein, Staatssekretär im Justizministerium, kommt zu der Erkenntnis, daß es sich hier um »Hintertreppen-Journalismus« handelt, und das Frankfurter Allgemeine Gezeter verlangt eine »harte Reaktion«, natürlich nicht auf die Geschäfte der Bakschisch-Politiker (denen die Zeitung vielmehr »eine richtige Amnestie« wünscht), sondern auf die gewissenhafte Arbeit des Redakteurs Kowalski, den sie am liebsten hinter Gittern sähe. Die »F.A.Z.« ist die einzige Zeitung des Landes, die die Kunst des Händeringens wirklich beherrscht. »Ein Ärgernis, ein Rechtsbruch«, jammert sie, und damit sind nicht die Parteien gemeint, die mit der Verfassung Fußball spielen, sondern jene »illustrierten Zeitschriften, die da wöchentlich ein mit Häme über den Parteienstaat angefülltes Publikum verwöhnen«.

Nun ist es wahrhaftig kein Vergnügen, eine doppelte Moral »anzuprangern«, die seit den Tagen Metternichs nichts dazugelernt hat. Der erste Dieb, der »Haltet den Dieb!« rief, muß ein brillanter Kopf gewesen sein, und man kann ihm eine gewisse Bewunderung kaum versagen; eine Presse jedoch, die ihren täglichen Leitartikel nach diesem Schema produziert, ödet nur noch an.

Zu diesem Schluß müssen auch die militanten Fachleute des Spendengeschäfts gekommen sein. Sie konstatieren ungerührt, daß das Kind in den Brunnen gefallen ist, und fallen der Frankfurter Betschwester mit rüden Erklärungen in den Rücken: »Ich halte auf diesem Sektor alles für möglich« (Halstenberg, SPD). »Wir haben nie verschwiegen, daß uns nichts Menschliches fremd ist« (Glos, CDU). »Nachdem alle das Sudeln im Sumpf geduldet haben, kann man keinen hängen lassen, sondern muß ihn raushauen« (Lahmann, FDP). Heuchelei wird man diesen Herrn nicht nachsagen können. Sie setzen auf Zeit, und sie richten sich auf einen langen Zermürbungskrieg ein. Sie rechnen mit dem Zynismus des Publikums, und es ist nicht ausgeschlossen, daß ihre Rechnung aufgeht.
Denn von Woche zu Woche hat unser Stellvertreter, der Redakteur Kowalski, einen schwereren Stand. Der Reiz der Neuheit ist verschwunden. Der Krimi zieht zwar von einem Artikel zum andern immer weitere Kreise, wird aber immer monotoner. Auflage ist mit der fünften, siebten, neunten Folge der Geschichte nicht mehr zu machen. Die Stimmung des Lesers droht umzuschlagen. Er winkt ab, er stöhnt: Schon wieder! Im Gegensatz zu den Parteien, denen es nichts ausmacht, jahrzehntelang weiterzusudeln, hat der Leser ja auch noch andere Interessen. Deshalb wird er früher oder später die Geduld verlieren. Er schaltet ab. Darauf richtet sich die Hoffnung der Parteistrategen.
Wenn die Sudler überhaupt einen Richter finden, dann kann es auch zehn Jahre bis zu einem rechtskräftigen Urteil dauern. So lange möchten wir uns, offen gestanden, nicht gedulden. Lieber

riskieren wir den Versuch, auf die Gefahr hin, daß uns einiges entgeht, ein paar vorläufige Schlüsse aus dem zu ziehen, was Kowalski, der Unermüdliche, bisher zutage gefördert hat.

2. Traditionspflege

In der Bibliothek meines Vaters standen ein paar großformatige, mit dunklen Fotos reich verzierte Bände über die »Sitten und Gebräuche der Naturvölker«. Seit den Tagen dieser unvergeßlichen Kindheitslektüre habe ich mir gewünscht, ein wohltrainiertes Forscherteam möge ein analoges Standardwerk über Deutschland vorlegen. Das Instrumentarium der Ethnologen hat sich seit Lettow-Vorbecks Tagen stark verfeinert, doch ist mein Wunsch bisher nicht in Erfüllung gegangen. Das große Sittengemälde der Bundesrepublik ist offenbar eine Aufgabe, die unsere Literatur und unsere Wissenschaft überfordert. Die Papiere aus dem Hause Flick können diesen Mangel nicht ausgleichen, aber sie verschaffen uns immerhin gewisse Einblicke in ein Milieu, das nicht weniger merkwürdig anmutet als das der Kopfjäger von Papua-Neuguinea.

Das Stammesleben, das sich in den Aufzeichnungen offenbart, fällt durch eine reiche hierarchische Differenzierung auf, doch entscheidender als diese vertikale Gliederung ist der Kastenunterschied zwischen der Gruppe der Zahlenden und der Gruppe der Bezahlten, die auch in verschiedenen »Häusern« arbeiten. Die wichtigste Gegenleistung, die der Geber- vom Empfänger-Clan erwartet, und die dieser auch regelmäßig erbringt, ist eine servile Haltung. Durch lange Übung bilden die Bezahlten den spezifischen Sozialcharakter einer Beflissenheit aus, wie sie früher von Kellnern erwartet wurde, inzwischen aber in mitteleuropäischen Gesellschaften so gut wie ausgestorben ist. Sie äußert sich in Äußerungen der folgenden Art, von denen wir leider nur eine kleine Auswahl wiedergeben können:
»Lahnstein steht uns jederzeit gern zur Verfügung, um uns zu helfen.« – »Der Minister und seine Versicherungsabteilung

machen alles mit.« – »Matthöfer hat zugesagt, ›Druck zu machen‹, damit wir weiterkommen.« – »Genscher ist bereit zu helfen.« – Matthöfer ist »bemüht, die negative Einstellung seines Hauses zu überspielen«. – »Karry bemüht sich dann auch um unverzügliche, positive Erledigung.« – »Kiep kümmert sich in gleicher Weise wie die anderen Herren um den Vorgang.« – »Lambsdorff ist bereit, uns im Nachbarhaus die Türen zu öffnen.« Es wird nach seiner »Ansicht in diesem Fall darauf ankommen, ob es ihm gelingt, Herrn Matthöfer ... zu einer Sachentscheidung zu bewegen, die sich über die rechtlichen Bedenken hinwegsetzt«. Er bietet an, »bei der taktischen Behandlung zur Ausräumung von Hindernissen in jedem Ministerium zu gegebener Zeit zur Verfügung zu stehen«. – »Friderichs hat mir abschließend gesagt, er stünde uns zu jeder Tages- und Nachtzeit zur Verfügung.«

Der Eindruck der Harmonie, den solche Beteuerungen erwekken, ist allerdings trügerisch. Nach allem, was wir hören, ist auf seiten des Empfänger-Clans der Geist zwar willig, das Fleisch jedoch schwach, ein Umstand, der die Geber zu Äußerungen des Unmuts und der Verachtung provoziert: sie ärgern sich darüber, daß der eine unter »kalten Füßen«, der andere an »unverändert starken Bauchschmerzen« leidet, und von einem dritten heißt es, »daß er – wenn er allein konfrontiert wird – etwas befangen ist und Schiß hat«. Unter solchen Umständen können die Beweise der Ergebenheit nicht befriedigen: »Da ist das Ding. Von der Sache her nicht schlecht. Aber das Hosenflattern von M. gefällt mir nicht.«
Was den Geber-Clan jedoch noch mehr erbittert als solche Anzeichen von Schlappheit sind sporadische Hinweise der Empfänger auf die Tatsache, daß es Gesetze gibt. Das Recht ist offenbar für die Zahlenden ein rotes Tuch, und wer mit ihm argumentiert, gilt als »juristischer Erbsenzähler« oder »puristischer Gerechtigkeitsfanatiker« und wird aus der Stammesgemeinschaft ausgestoßen.
Wenn auch diese Maßregel nicht zu dem erwünschten Erfolg

führt, werden von seiten der Geber herbere Töne laut. Auch die Nehmer müssen, so heißt es dann, schließlich daran interessiert sein, »die Angelegenheit sang- und klanglos über die Bühne zu ziehen«. Die Minister werden daran erinnert, daß sie den Spendern gegenüber »im Obligo« seien. Zeigt dieser Hinweis immer noch keine Wirkung, so muß man andere Leute, möglicherweise die Stammeskrieger, »in Richtung Minister in Marsch setzen«, in der Hoffnung, daß »dem Ministerium Beine gemacht werden«. Schließlich, als *ultima ratio,* werden den Nehmern die Instrumente gezeigt: »Auf keinen Fall soll ... dem Herrn N. irgendeine Zusage gegeben werden, man muß ihm klar sagen, daß wir zu nichts mehr bereit sind, bevor nicht endlich der Steuerentscheid da ist.« Diese Drohung muß die Kaste der Empfänger in Angst und Schrecken versetzen, da sie für ein Leben ohne Douceurs offenbar nicht geschaffen sind.

Die Ausdrücke »Geben« und »Nehmen« mögen dem Laien leicht verständlich vorkommen; sie bezeichnen aber im Milieu des Stammes eine zentrale Transaktion, die sich nach geheimnisvollen, rituellen Regeln abspielt. Selbst der Ethnologe wird sich nicht immer leicht dabei tun, zwischen »Sonderkasse« und »Schwarzer Kasse«, »inoffiziellen Zahlungen« und »Umschlägen« mit der gebotenen Sorgfalt zu unterscheiden.
Zum Beispiel geben die folgenden Ausführungen, die von einem Abgesandten des Geber-Clans stammen, auch dem Kenner manches Rätsel auf: »Das Thema ›Lambsdorff spezial‹ (?) darf also nicht in einen gedanklichen Zusammenhang gebracht werden mit der ›höchstpersönlichen Erfindung‹ von Herrn Kanter, dem ›Spezialbrief‹. Mein Mandant ... bezeichnete ... Briefumschläge, die Geld enthielten, stets nur als ›Couverts‹.« Eine solche Passage wirft für den Forscher die Frage auf, wie sich die Angehörigen des Geber-Clans überhaupt miteinander verständigt haben, wenn schon über die Bedeutung so einfacher Ausdrücke wie *Brief, Couvert* und *Umschlag* innerhalb des »Hauses« keine Einigkeit zu erzielen war. Wurde dort überhaupt Deutsch gesprochen?

Daran werden Zweifel wach, wenn man die sieben Seiten liest, auf denen die Sendboten des Clans erläutern, was das Wort *wegen* in Düsseldorf-Oberkassel alles bedeuten kann. 80 Millionen Deutsche scheinen in diesem Punkt zu irren. Zumindest ist ihnen die »schillernde Vieldeutigkeit des Begriffsinhaltes des Wortes ›wegen‹« bisher entgangen. Wir werden darauf aufmerksam gemacht, daß der Gebrauch dieser Präposition bei Flick, dem Häuptling des Clans, »eine lange Tradition« hat, ebenso wie die Abkürzung »wg.«. Nach dieser Stammesüberlieferung bedeutet das Wort nicht nur das, was es bedeutet, sondern auch das Gegenteil davon. Vermutlich haben wir es mit einem bisher unbekannten Soziolekt zu tun. Wer ihn entziffern will, tut gut daran, die Arbeiten des englischen Linguisten Lewis Carroll zu Rate zu ziehen, insbesondere dessen Standardwerk »Alice hinter den Spiegeln«, aus dem ich eine einschlägige Stelle zitieren möchte: »Aber ›Glocke‹ heißt doch gar nicht ›einmalig schlagender Beweis‹«, wandte Alice ein.
»Wenn *ich* ein Wort gebrauche«, sagte Goggelmoggel in recht hochmütigem Ton, »dann heißt es genau, was ich für richtig halte – nicht mehr und nicht weniger.«
»Es fragt sich nur«, sagte Alice, »ob man Wörter einfach etwas anderes heißen lassen kann.«
»Es fragt sich nur«, sagte Goggelmoggel, »wer der Stärkere ist, weiter nichts.«

Nein, es hilft alles nichts. Wir haben uns bemüht, mit der Methode der Ethnologen auszukommen, weil sie schön unvoreingenommen ist; aber wir müssen uns eingestehen, daß sie nicht ausreicht. Vielleicht sollten wir lieber den wiederholten Hinweisen auf die »jahrzehntelange Tradition« des Hauses nachgehen. Sie geben uns zu verstehen, daß die Verwaltungsgesellschaft für industrielle Unternehmungen Friedrich Flick Gesellschaft mit beschränkter Haftung bzw. die Industrieverwaltung Friedrich Flick Kommanditgesellschaft auf Aktien von der historischen Unschuld eines melanesischen Kopfjäger-Stammes weit entfernt ist.

Vor dem eigentümlichen Stallgeruch, den die Dokumente verströmen, versagt die strukturalistische Einfalt; nur die geschichtliche Erfahrung kann ihn identifizieren. Er erinnert an altdeutsche Herrenzimmer, kalten Zigarrenrauch und gepolsterte Türen. In diesem Dunstkreis gibt es keine Frauen. Die einzige Phantasie, die hier entwickelt wird, ist eine militärische. Man bringt Geleitzüge auf den Weg, die »voll durchlaufen«, und gibt einander »Rauchzeichen« und »Flankenschutz«. Die Nuancen des Kasino-Tons reichen vom Stabsoffizier bis zum Frontschwein. Die Stelle des Untertans wird von der zivilen Obrigkeit eingenommen, der man nötigenfalls die Hammelbeine schon langziehen wird, wenn sie nicht alles mitmacht, stets beflissen die Türen öffnet und zu jeder Tages- und Nachtzeit zur Verfügung steht. Stramm gestanden wird nur vor dem Oberbefehlshaber, der von seinen Untergebenen, nach den Einlassungen ihrer Rechtsvertreter, »Hofberichterstattung im Sinne längst vergangener Zeiten« erwartet. Die Anwälte schildern die wilhelminischen Verhältnisse, die auf den Kommandohöhen der deutschen Wirtschaft herrschen, mit folgenden Worten:
»Alle Berichterstatter haben es sich angelegen sein lassen, die Tendenz ihrer Berichte nach Möglichkeit auszurichten an dem Erwartungshorizont, der psychischen Disposition und den Empfindlichkeiten der Adressaten unter Vorwegnahme möglicher Raktionen und der Gegenreaktion hierauf, stets eingedenk der bestehenden Machtstruktur.«
Anders ausgedrückt: »Bei der Mentalität Flicks mußte man Stunden um einen Brief herumreden. Die Verantwortung draußen sollte man ihm abnehmen, und doch war man dabei an ihn gebunden... Das ist wie eine Ehe... Aus dem ganzen Zusammenhang ergab sich, daß wir ausgabenmäßig viel zu scharf erzogen waren. Flick dachte sehr stark an Geld... Kasse war für ihn das Wesentliche... Es war bei Flick so, das Unangenehme konnte er nicht leiden... Das störte seine ganze Atmosphäre.«

Hier ist allerdings von Herrn Friedrich Flick senior die Rede, und die Auskunft stammt von einem früheren Handlanger der

Firma, dem Vorgänger des Herrn von Brauchitsch, SS-Brigadeführer Generaldirektor Otto Steinbrinck. Schon in jenen Tagen gab es übrigens Erbsenzähler und Herren, die Bauchschmerzen, kalte Füße oder Schiß hatten: »Es wurde ganz offen ausgesprochen, daß im Finanzministerium und Reichswirtschaftsministerium die Auffassung vertreten sei, daß hier die Flick-Gruppe ein besonders gutes Geschäft zum Nachteil des Reiches machen wolle. Insbesondere das Reichsfinanzministerium hat große Bedenken, die Tauschoperation in der vorliegenden Form dem Minister vorzutragen.«

Überflüssig zu sagen, daß puristische Gerechtigkeitsfanatiker auch im Jahre 1939 keine Chance hatten, und daß der Geleitzug auch damals voll durchgelaufen ist. Hermann Göring war durchaus zu einer Sachentscheidung zu bewegen, die sich über rechtliche Bedenken hinwegsetzte. Schließlich legte das Dritte Reich, im Gegensatz zur Bundesrepublik, auch keinen Wert darauf, als Rechtsstaat zu gelten.

Und daß Heinrich Himmler, von Beruf Reichsführer SS, im Februar 1933 im Berliner Büro der Flick-Gruppe erschienen ist, um dort, der Tradition des Hauses entsprechend, 120 000 (nach anderen Quellen 200 000) Mark in bar abzuholen, die Flick gespendet hatte, muß wohl als ein zufälliges Zusammentreffen gelten. Auch daß Flick, als zahlendes Mitglied des Freundeskreises Reichsführer SS, alljährlich 100 000 Mark auf das »bekannte Sonderkonto S.« überweisen ließ, erklärt sich zwanglos aus der Ansicht des Spenders, »daß mir auch eine politische Abstützung nicht schaden könnte«.

»Wie das verbucht worden ist«, sagte Steinbrinck vor dem Nürnberger Militärtribunal, »weiß ich nicht.« Das Geld der Himmler-Freunde, insgesamt 7,65 Millionen Mark, war bestimmt »für gewisse Aufgaben, beispielsweise Restschulden der Tibet-Expedition, Ausbau Wevelsburg, für Töpferei, Weberei und Holzschnitzarbeiten, Ausgrabungen und Dinge, die später im Ahnenerbe verankert worden sind.« Himmler soll dabei »großen Wert auf eine gute Harmonie und wirklich menschlichen Ausgleich der Männer untereinander« gelegt haben.

Mit diesen Bemerkungen zur Traditionspflege wollen wir natürlich nicht die hirnrissige Vermutung stützen, Flick sei ein Nazi gewesen. Mit Recht haben die Anwälte des Herrn von Brauchitsch auf die »jahrzehntealte, von Friedrich Flick begründete Spendenpraxis« hingewiesen, die nicht erst in den Tagen Himmlers aufgekommen ist. Die Bücher der Firma weisen schließlich auch Posten wie die folgenden aus: wg. Brüning 150 000, wg. Hindenburg 950 000, wg. Schleicher 100 000, wg. Papen 100 000 und wg. Stresemann eine Summe, die leider nicht aktenkundig ist.

Das hat auch das Nürnberger Tribunal der Alliierten eingesehen. Es hat Flick 1947 als Kriegsverbrecher zu sieben Jahren Gefängnis verurteilt und ihn im August 1950 vorzeitig wieder laufen lassen, genau einen Tag, bevor Bundeskanzler Adenauer von den Hohen Kommissaren der Besatzungsmächte in aller Form um die Aufstellung einer westdeutschen Armee nachsuchte. Das Rüstungsgeschäft konnte wieder beginnen.

Die Sitten und Werke dieser deutschen Unternehmer-Familie zeigen also eine eindrucksvolle Kontinuität, und an ihren Bilanzen ist keineswegs die Wirkung des oft bejammerten Flick-Malus abzulesen, sondern die Richtigkeit einer Berufsauffassung, derzufolge es Herrn Flick senior oder junior wurscht zu sein hat, ob es Sozis oder Nazis, Schwarze oder Grüne sind, die das Land regieren, solange sie ihm nur zu jeder Tages- und Nachtzeit zur Verfügung stehen.

Bundeskanzler Dr. Konrad Adenauer hat seinem warmen Verständnis für diese Art der Traditionspflege in einem Glückwunschtelegramm an Friedrich Flick mit bewegenden Worten Ausdruck verliehen: »Sie haben in langer und entsagungsreicher Arbeit, unbeirrt von allen Schicksalsschlägen, die unser Volk und Sie persönlich getroffen haben, ein großes und staunenswertes Lebenswerk aufgebaut. Mögen Ihnen Kraft und Gesundheit noch lange Jahre vergönnt sein, um sich Ihrer Erfolge und Ihres Werkes zu erfreuen.«

3. Aus dem Vereinsleben

Die politische Macht wird in der Bundesrepublik Deutschland bekanntlich von vier nicht eingetragenen, nicht rechtsfähigen Vereinen ausgeübt. Eine Erklärung hierfür findet nicht statt. In der Verfassung jedenfalls ist eine solche Herrschaft nicht vorgesehen. Im Gegenteil. Das Grundgesetz hat für diese Vereine nur einen einzigen Satz übrig: »Die Parteien wirken bei der politischen Willensbildung des Volkes mit.« Bescheidener kann man es kaum ausdrücken. In Wirklichkeit sind die sogenannten »Parteispitzen« zu einer Oligarchie geworden, die ihre Entscheidungen außerhalb des Parlaments trifft; der Bundestag registriert lediglich die Beschlüsse, zu denen die Präsidien, Vorstände, Fraktionen und Ausschüsse der Parteien gekommen sind.

Der Artikel 38 der Verfassung bestimmt, daß die Abgeordneten, und nicht irgendwelche Vereine, »in allgemeiner, unmittelbarer, freier, gleicher und geheimer Wahl« zu wählen sind; sie seien »Vertreter des ganzen Volkes, an Aufträge und Weisungen nicht gebunden und nur ihrem Gewissen unterworfen«. Die Parteien haben diese Bestimmung durch die Institute der Listenwahl und des Fraktionszwangs praktisch abgeschafft. Die Hälfte aller Abgeordneten wird nicht vom Volk gewählt, sondern längst vor dem Wahltermin durch Funktionäre ernannt, die darüber bestimmen, wer einen garantierten Sitz im Bundestag bekommt und wer nicht.

Die etablierten Parteien haben ferner darüber zu verfügen, wer Autobahnen, Panzer, Telefone bauen und wer Bademeister oder Bundesbahn-Chef, Programmdirektor oder Pförtner werden soll. Auch diese Zuständigkeit entbehrt einer verfassungsrechtlichen Grundlage. Die Väter des Grundgesetzes haben sich darüber ausgeschwiegen, wer Pfründen und Sinekuren zu verteilen hat.

Es erhebt sich nun die Frage, ob den vier Vereinen für die genannten Leistungen eine Vergütung zustehen soll, und falls

ja, von wem, in welcher Höhe und auf welche Weise ein solcher Tribut erhoben werden soll. An und für sich sollte man annehmen, daß die Aufwendungen eines Vereins durch die Beiträge seiner Mitglieder gedeckt werden sollten. Eine solche Auffassung weisen die Parteivorstände jedoch wie aus einem Munde zurück. Sie fordern, daß ihre Vereine von allen Einwohnern des Landes alimentiert werden. »Vom Bürger wird hier nur verlangt«, so äußerte sich schon 1965 der Schatzmeister der CDU, ein Professor namens Fritz Burgbacher, »daß er die Politik mitfinanziert, deren Früchte er genießt; denn nur dank der Politik dieser Parteien kann er überhaupt die Steuern bezahlen, aus denen auch das finanziert wird.«
Undankbare Leute gibt es überall, und so konnte es nicht ausbleiben, daß in der Bundesrepublik hie und da Stimmen laut wurden, die sich gegen derartige Schutzgeld-Zahlungen wandten. Daß der Steuerzahler verpflichtet sei, für die landläufige Ämterpatronage und für seine politische Enteignung selber aufzukommen, mochte nicht jedermann auf Anhieb einsehen. Um solche Nörgler eines Besseren zu belehren, haben sich die Vereinsvorstände eine neue und höchst originelle Begründung für ihre Forderungen ausgedacht. Es liege den Parteien im Grunde gar nichts an der Macht; sie hätten es vielmehr darauf abgesehen, das deutsche Volk zu bilden; die parteipolitische Tätigkeit sei eine Art akademischer Veranstaltung, für die jedermann entsprechende Hörgelder zu zahlen habe. In diesem Sinn erklärte der Schatzmeister der SPD, der Bürger müsse den Parteien »einen Teil der ihn aufklärenden Arbeit finanzieren«. Für diese Nachhilfestunden haben sich die Vereine seit 1959 »Globalzuschüsse«, »Zuwendungen« und »Sondermittel« in Millionenhöhe bewilligt. Nach den Zuwachsraten dieser Mittel zu urteilen, muß sich die politische Bildung der Deutschen zwischen 1968 und 1980 verneunfacht haben, und ein Ende dieser gigantischen geistigen Anstrengung ist gar nicht abzusehen.

Bei der Eintreibung dieser und anderer Subsidien befinden sich die vier Vereine in der angenehmen Lage, daß sie sich die

Gesetze, nach denen sie begünstigt werden, selber schreiben können. Störend wirkt sich dabei allerdings immer wieder die Existenz einer Verfassung aus, die das Prinzip der Gewaltenteilung vorsieht. Besonders irritierend für die Parteien sind die Artikel 92 und 93 des Grundgesetzes, die ihre Praktiken der Überprüfung durch das Bundesverfassungsgericht aussetzen.

Wenigstens siebenmal hat dieses Gericht sich veranlaßt gesehen, über die Finanzierung der Parteien zu urteilen. Jedesmal war das Resultat eine energische Ohrfeige, und jedesmal haben die zurechtgewiesenen Vorstände, um es milde auszudrücken, »flexibel reagiert«:

1958 entschied das BVG, Parteispenden dürften nicht in beliebiger Höhe von der Steuer abgesetzt werden; die zehn Jahre lang geübte Praxis der Vereine sei verfassungswidrig. Daraufhin gründeten die Parteien »staatsbürgerliche Vereinigungen«, um das Verbot zu umgehen.

1965 lehnte es das BVG ab, die dauernde finanzielle Fürsorge für die Parteien zu einer Staatsaufgabe zu machen. Daraufhin erfanden die Vereine Stiftungen, denen sie die bewußten »Globalzuschüsse für die gesellschaftspolitische und demokratische Bildungsarbeit« aus dem Staatshaushalt zuschanzten.

1966 erklärte es das BVG für unzulässig, »daß den politischen Parteien von Staats wegen laufende Zuschüsse zu ihrer gesamten politischen Tätigkeit gewährt werden«. Daraufhin erhöhten die Parteien den Anteil der Steuergelder an ihrem Aufwand, bis 1979 die folgenden Subventionsquoten erreicht waren: CSU 76%, FDP 65%, SPD 64%, CDU 62%.

1968 ordnete das BVG an, daß Parteispenden über 20000 Mark öffentlich ausgewiesen werden müßten. Daraufhin kassierten die vier Vereine anonyme Spenden, nahmen Kredite auf und beschlossen ein Parteiengesetz, das keinerlei Sanktionen für Verstöße enthielt.

1975 verbot das BVG den Parteien, den Abgeordneten einen Teil ihrer Diäten abzuverlangen. Daraufhin wurde einfach weitergezahlt; die Schutzgelder der Parlamentarier an die Vereins-

kassen machten 1978 bereits über 20 Millionen Mark aus; »wenn einer nicht zahlt«, so hieß es aus berufenem Munde, »dann wird er eben nicht mehr aufgestellt.«
1978 entschied das BVG, die Parteien seien keine gemeinnützigen Organisationen. Daraufhin erwogen die Vereinsvorstände, die Verfassung zu ihren Gunsten zu ändern.
1979 lehnte das BVG einen Antrag der CDU ab, höhere Steuervergünstigungen für Parteispenden zuzulassen. Daraus zogen die vier Vereine den Schluß, daß es an der Zeit sei, die Steuergesetze zu ändern.
Zusammenfassend kann man feststellen, daß die Urteile des höchsten Gerichts die Oligarchie in keinem einzigen Fall dazu veranlaßt haben, in sich zu gehen. Ihre kriminelle Energie ist ungebrochen. Offenbar ist der Versuch, den Parteispitzen auch nur ein minimales Unrechtsbewußtsein einzubleuen, aussichtslos. Es handelt sich um Wiederholungstäter, die auf ihre eigene Unbelehrbarkeit stolz sind. Wenn die Vereine natürliche Personen wären, so hätten die Gerichte unter diesen Umständen vermutlich keine andere Wahl, als die Untersagung der Berufsausübung (nach § 70) und die Sicherheitsverwahrung (nach § 66 StGB) anzuordnen. (Durch die Neufassung des § 129 haben die Parteien dafür gesorgt, daß sie nicht als kriminelle Vereinigungen verfolgt werden können.)

Eine kardinale Rätselfrage allerdings, die sich doch jedem Denkenden stellen muß, ist den Kritikern dieser Zustände, vielleicht, weil sie an ihrem stillen Ekel und an ihrer lauten Wut zu viel zu würgen hatten, im Halse stecken geblieben: Wie ist die rattenhafte Geldgier der Parteien eigentlich zu erklären? Warum erscheinen ihren Schatzmeistern die 2400 Millionen Mark, die sie 1975–1981 offiziell eingenommen haben, wie ein Tropfen auf den heißen Stein? Woher die nackte Not, die sie dazu zwingt, darüber hinaus alle möglichen schwarzen Kassen anzuzapfen?
Die naheliegende Erklärung, daß »die Bonzen« »da oben« »unser Geld« »in Saus und Braus« »verjubeln«, mag zwar volkstüm-

lich sein, ist aber keineswegs ausreichend. Gewiß, Empfänge, Charterflüge, Hotelsuiten, Fahrbereitschaften, das alles schlägt zu Buche, und wir wollen nicht so weltfremd sein zu bestreiten, daß mancher »Spitzenpolitiker« eine Lebenshaltung für unentbehrlich hält, die er sich bei seinen Duzfreunden aus der Industrie abgeguckt hat. Doch ein flüchtiger Blick auf unsere Vereinsvorstände dürfte auch dem Böswilligsten genügen, um sie von jedem Verdacht des Sybaritentums freizusprechen. Nein – Genuß, Pracht, Wollust, Üppigkeit, Luxus, das sind Kategorien, zu denen sich diese älteren Herren kaum zu erheben vermöchten. Derartige Regungen der Sinnlichkeit und der Phantasie müssen einer Sphäre fern bleiben, der, wie Otto Schily sagt, »etwas Leichenhaftes« eignet.
Vergessen wir übrigens nicht, daß es, vor allem im Mittelbau der Vereine, nach wie vor den Typ des selbstlosen Parteiarbeiters gibt, dessen Unbestechlichkeit sich bis zur demonstrativen Askese steigern kann, auch wenn er im großen Saal, wo die Lobbyisten und Filz-Virtuosen das Bild beherrschen, etwas verloren dasteht. Er trauert immer noch der Baracke nach. Für die vollklimatisierten Betonburgen, in denen er sein Leben verbringen wird, kann er keine Begeisterung aufbringen. Vielleicht merkt er sogar, daß die ganze Parteienlandschaft eher einem Hochsicherheitstrakt gleicht, und daß die Vereine, mit all den Millionen, die sie aus dem Fenster werfen, keinen einzigen Bau hervorgebracht haben, der auch nur mit einer Grunewald-Villa konkurrieren könnte.
Ihre Repräsentation ist und bleibt vertreterhaft, der Prunk wirkt furniert, und zwar dünn furniert, überall herrscht der Plastikgeschmack der Credit Cards vor, und das Attaché-Case, an das man sich klammert, ist die hauptsächliche Stütze der Persönlichkeit. Letzten Endes geht es doch immer nur darum, Zettel zu sammeln, um Aufwandsentschädigungen und Spesenersatz. Im Dunstkreis der Parteien geht es zwar teuer, aber kleinkariert zu; das muß ihnen der Neid lassen. Und je weiter man in ihren Hierarchien absteigt, desto stumpfer und schäbiger wirken die Büros. Das Ausschweifendste, was im Lokal

eines mittleren Kreisverbandes zu finden ist, dürfte eine Zimmerlinde sein.
Selbst die allerdings wäre entbehrlich, wenn sich die Parteien auf den realen Kern ihrer Tätigkeit, auf ihre Rolle als *powerbrokers,* d.h. als Schaltstellen zur Vermakelung von Macht beschränken würden. Dazu bräuchten sie nichts weiter als das eine oder andere Hinterzimmer und ein gutfunktionierendes Telefon. Ihren Verwaltungsaufwand könnten die Funktionäre in der Hosentasche mitführen: einen abgegriffenen Taschenkalender, in dem die entsprechenden Telefonnummern verzeichnet wären.

Warum also, frage ich mich, der manische Griff in die Kasse? Wozu das Ganze? Wohin mit dem Geld? Ich vermute, daß es sich hier um einen Fall von Potlatsch handelt, also um eine ritualisierte Form gesellschaftlicher Verschwendung. Dafür spricht, daß die Millionen-Etats der Parteien hauptsächlich zur Produktion von Müll erfordert werden. Die Vereine bringen jahraus, jahrein Selbstdarstellungen hervor, die Tausende von Tonnen wiegen; sie legen Broschüren von vollendeter Sprach- und Gegenstandslosigkeit auf; sie verschicken Millionen von Postwurfsendungen, die, da ihnen schlechterdings nichts zu entnehmen ist, ohne Umweg vom Briefkasten in den Papierkorb wandern; sie stellen Werbefilme von einer Banalität her, die selbst dem hartgeprüften Leser der »Bild-Zeitung« Tränen in die Augen treibt; sie drucken Plakate, denen man nicht einmal Verlogenheit vorwerfen kann, da eine Lüge, die frei von jedem Inhalt wäre, nicht denkbar ist; sie senden Fernsehspots, deren einzige Botschaft darin besteht, daß hier ein Fernsehspot gesendet wird; sie geben sich einer »politischen Aufklärungsarbeit« hin, die, da sie von niemandem zur Kenntnis genommen wird, nicht einmal als ihr eigenes Negativ, will sagen als Verblödung, funktioniert; sie betreiben, mit einem Wort, eine Vernichtung von Ressourcen, die prinzipiell uferlos ist, weil sich das Nichts beliebig vermehren läßt.
Die Beweggründe für dieses Verhalten liegen im Dunkeln. Ich

maße mir nicht an, sie endgültig aufgeklärt zu haben, doch glaube ich nach längerem Grübeln, wenigstens einen nützlichen Hinweis liefern zu können. Die Bonner Parteiapparate befinden sich in einer eigentümlich isolierten Lage. Mehr oder weniger gilt das, je nach dem Abstraktionsgrad ihrer Tätigkeit, für alle Institutionen, die nichts produzieren; sie sind zu sehr damit beschäftigt, sich selbst zu administrieren, als daß es ihnen gelingen könnte, den Kontakt zur gesellschaftlichen Wirklichkeit aufrechtzuerhalten. Die Sprecher der Parteien sind sich dieser Abgeschiedenheit bewußt und drücken sie auf das genaueste aus, wenn sie den Rest der Bevölkerung, also diejenigen, die sich nicht in Bonn aufhalten, als »die Menschen draußen im Lande« bezeichnen. Allerdings spricht sich in dieser Redensart eine gewisse Verkennung der Situation aus; denn von der Realität ausgeschlossen dürften wohl weniger die sechzig Millionen Bewohner des Landes sein, als die Insassen des Bonner Regierungsviertels.

Die soziale Lage der Parteiapparate tangiert aber ihre Beschaffenheit. Sie hat geradezu ontologische Weiterungen. Die vier Vereine machen auf den Außenstehenden einen gewissermaßen blasenhaften Eindruck. Im Vergleich zu ihnen wirken Institutionen wie ein Postamt oder ein Fußballclub, eine Stadtgärtnerei oder ein Altersheim geradezu prall und pausbäckig, als wäre jede von ihnen ein Ausbund an Lebenskraft und Produktivität. Daß die etablierten Parteien nur mit ihren Abkürzungen auftreten, ist kein Zufall, sondern ein Symptom für ihren minderen Realitätsgrad, für ihren Phantom-Charakter, für ihr schemenhaftes Wesen.

Meine Hypothese geht nun dahin, daß die Vereinsvorsteher selbst von diesem Sachverhalt eine (wenn auch naturgemäß blasse) Ahnung haben, daß im Herzen der Apparate ein existentieller Zweifel nistet, und daß der größte Teil ihrer Tätigkeit dazu bestimmt ist, gegen jene Ahnung, diesen Zweifel anzukämpfen. Das ist der Sinn ihrer Verschwendungsorgien und der einzige Inhalt ihrer Selbstdarstellungen: *Es gibt uns wirklich! Wir sind!*

Da solche Beteuerungen aber niemanden überzeugen, nicht einmal ihre Urheber; da sie das Publikum nur in seiner ruhigen, unerschütterlichen Gewißheit bestärken, das alles sei nur leeres Stroh und heiße Luft; und da der nagende Zweifel an der eigenen Realität um so schmerzhafter wiederkehrt, je lauter er niedergebrüllt wird, entsteht ein *circulus vitiosus,* und das klassische Suchtverhalten stellt sich ein. Die Steigerung der Dosis wird zur zentralen Obsession, die Leitlinien, Broschüren, Interviews müssen sich vermehren und damit auch der Aufwand. Es muß Geld her um jeden Preis, auch um den der Illegalität. So wie der Fixer keine Rücksicht auf die Gesetze nehmen kann, weil er seinen Flash braucht, müssen den Parteien alle Mittel recht sein bei ihrem unentwegten Versuch, einen ontologischen Mangel zu stopfen, der unstillbar ist. Wer nach der Maxime handelt: »Ich gebe Geld aus, also bin ich«, der wird nimmer satt. Das Potlatsch der Parteien ist ihr Existenzbeweis.

4. Rechtsmittelbelehrung

An den Bundestagswahlen von 1983 haben sich 89 von hundert wahlberechtigten Bürgern beteiligt. 94% der Stimmen wurden für die Abgeordneten jener vier Parteien abgegeben, die bis dahin allein im Parlament vertreten waren. Diese Tatsachen verstehen sich nicht von selbst. Die herkömmliche Parlamentarismus-Kritik kann zu ihrem Verständnis wenig beitragen. Das gilt vor allem für die marxistische These, derzufolge die Leute nicht wüßten, mit wem sie es zu tun haben; es sei dem politischen Systen gelungen, die Wähler derart zu manipulieren, daß sie sich allen Ernstes von den Parteien vertreten fühlten. Infolgedessen seien sie nicht in der Lage, den Schein der parlamentarischen Repräsentation zu durchschauen; eben auf diese Illusion aber komme es an; sie sei eine gesellschaftliche Notwendigkeit; ihr allein verdanke das System seine Stabilität. (Johannes Agnoli hat diese Argumente in seinem Buch »Die Transformation der Demokratie« mit Gründlichkeit und Scharfsinn verfochten.)

Ich halte diese Verblödungstheorie, zu deren Anhängern, wenn nicht alles täuscht, auch die Wahlkampf-Manager der Bonner Parteien gehören, für abwegig. Es gibt keine »staatsbürgerliche Bildungsarbeit«, die imstande wäre, den Leuten ihre schwer erworbenen Einsichten und Erfahrungen auszureden; wer sich etwas Derartiges einbildet, erliegt einer Selbsttäuschung. Ich möchte im Gegenteil behaupten, daß die Wähler ganz genau wissen, für wen sie ihr Kreuzchen machen; daß es mit ihren Illusionen nicht weit her ist; und daß sie durchaus in der Lage sind, die politische und moralische Integrität der Parteien richtig einzuschätzen.

Dafür spricht nicht zuletzt die bleierne Gelassenheit, mit der das Volk die Flick-Affäre und die zahllosen Parteifinanzierungs-Skandale aufgenommen hat, die ihr vorausgingen. Nicht weil die Bundesbürger einer Illusion aufgesessen wären und weil niemand sie aufgeklärt hätte, sondern umgekehrt, weil sie in einem trostlosen Grad bereits aufgeklärt sind, gehen sie mit ihrer Empörung sparsam um. Fortwährend werden sie in dem, was sie längst wissen, bestätigt. Das überfordert ihren Gefühlshaushalt. Sie lehnen es ab, ihre Emotionen, die sie für andere, wichtigere Zwecke brauchen, an die Bonner Abkürzungs-Phantome zu vergeuden.

Auf die Dauer wird es daher auch der Enthüllungs-Journalismus in der Bundesrepublik nicht leicht haben. Die ehrwürdige Tradition des *muckraking* in der Publizistik setzt nämlich einen Leser voraus, der enttäuschbar ist. Demaskieren kann man nur den, dessen Gesicht sich von seiner Maske unterscheidet. Dramaturgisch ausgedrückt fehlt es den vier Bonner Parteien an der moralischen Fallhöhe, die für einen Skandal unentbehrlich ist. (Den Gewerkschaften hingegen billigt die Bevölkerung offenbar immer noch eine gewisse Redlichkeit zu; von solchen Restbeständen zehrte die erregte öffentliche Reaktion auf die Korruptionsaffäre Neue Heimat.)

Unter diesen Umständen ist es nicht die vielbeschrieene »Verdrossenheit« über die Parteien, die mich wundert und die mir zu denken gibt, sondern die uferlose Gutmütigkeit, die unerhörte Toleranz, mit der ihre Herrschaft hingenommen wird. Dieses halb verächtliche, halb großmütige Gewährenlassen hat eine lange Vorgeschichte und mannigfache Wurzeln.

»Politik is anners seggen as doun«; »die Politik verdirbt den Charakter«; »Politik ist ein schmutziges Geschäft«; solche Sätze haben in Deutschland den Status jahrhundertealter Sprichwörter. Ihre Geltung hat zweifellos etwas mit den demokratischen Defiziten unserer Geschichte zu tun. Sie kann sich aber auch auf die Erfahrung stützen, daß die Berufspolitiker wenig unterlassen und viel getan haben, um das zähe Vorurteil zur unbestrittenen Gewißheit werden zu lassen.

Diesem eher traditionellen Motiv hat sich jedoch in der Bundesrepublik ein anderes beigesellt, das historisch neu ist. Ich meine die jahrzehntelange, systematische Erziehung zur Schlaumeierei. Die aberwitzigen steuerlichen und sozialstaatlichen Regelungen, die wir den Bonner Parteien verdanken, haben die Deutschen zu einem Volk von Trickbetrügern gemacht. Wer sich nicht darauf versteht, nach Strich und Faden abzuschreiben, einzuklagen, rauszuholen, abzusetzen, der hat hier nichts zu lachen. Ob Sozialwohnung oder Schwarzbau, Krankenkasse oder Taxiquittung, Stipendium oder Stütze, überall gilt der Imperativ des Nassauerns, Durchmogelns und Absahnens, und es gibt eine wachsende Zahl von Mitbürgern, die ohne diese Fähigkeiten verloren wären.

Das Werfen des ersten Steins wird unter solchen Verhältnissen zu einer fragwürdigen und riskanten Operation. Deshalb hat diese Sportart, im Vergleich zu volkstümlichen Disziplinen wie Skifahren, Spesenrittertum, Jogging und Steuerhinterziehung, von ihrer früheren Beliebtheit viel eingebüßt. So spricht auch aus dem Bericht der Bonner Staatsanwaltschaft in Sachen Flick nur die gewöhnliche Lebenserfahrung, wenn er feststellt: »Dabei ist die Frage, ob etwa gezahltes Geld über die Amtsträger an die Parteien weitergeleitet werden sollte, rechtlich ohne Belang. Zunächst spricht eine Zahlung in bar und ohne Quittung allerdings eher gegen als für eine solche Verwendung.«

Daß die Deutschen ihr Parteiwesen mit solcher Geduld ertragen, dafür ließe sich noch ein dritter Beweggrund anführen. Grob gerechnet liegt der Umsatz der vier Bonner Vereine im Jahr bei einer halben Milliarde, das macht pro Kopf der Bevölkerung zehn Mark. Ich könnte mir vorstellen, daß viele Bürger dieses Landes darüber erstaunt sind, wie klein das Trinkgeld ist, mit dem sich die Parteien zufriedengeben, und daß sie angesichts dieser Größenordnung den scheuen Blick, die verlegene Miene, die betuliche Augenwischerei des jeweiligen Vorstehers, wenn im Fernsehen die Rede auf seinen Selbstbedienungsladen kommt, eher entwaffnend finden. Im Vergleich zu einem Straßenräuber, der einen mit einem Gasrohr über den Kopf schlägt und bis aufs Hemd ausplündert, fällt hier ein gewisser Mangel an Entschlossenheit angenehm auf, und der Wähler, der gelernt hat, seine Ansprüche herabzuschrauben, faßt das Stottern des Heuchlers bereits als ungeschickte Huldigung auf. Der französische Schriftsteller Henry de Montherlant hat in einem ähnlichen Fall bemerkt: »Es ist ein großer Irrtum, unbegrenztes Vertrauen in die Gemeinheit der Menschen zu haben: nur selten tun sie uns all das Böse an, zu dem sie fähig wären.«

Alles in allem wird das Treiben der CCDDDFPPSSUU also eher resigniert und widerwillig hingenommen, als wäre diese Wolke von Abkürzungen ein Mückenschwarm, der sich schlechterdings nicht verscheuchen läßt. Immerhin handelt es sich nicht um ein Naturereignis, und so empfiehlt es sich vielleicht, zwei Erscheinungen aus dem Gemeinwesen zum Vergleich heranzuziehen, nämlich die Großbanken und die Mineralölkonzerne. Zwar liegt die Nützlichkeit dieser Einrichtungen auf der Hand, und insofern hinkt der Vergleich; doch haben sie, wie die Parteien, schwer unter dem hartnäckigen Liebesentzug ihrer Klientel zu leiden. Dieses kränkende Mißtrauen können sie sich nur durch die mangelnde ökonomische Bildung der Bevölkerung erklären, einen Mißstand, dem sie, wie die Parteien, durch aufklärende Hochglanz-Broschüren abzuhelfen suchen.

Ich habe eine private Umfrage veranstaltet, um die wahren Gründe ihrer Unbeliebtheit zu erforschen. Da es aber, rein juristisch gesehen, keinen Ruf gibt, der so schlecht wäre, als daß er nicht noch weiter geschädigt werden könnte, wage ich es nicht, meine Ergebnisse im einzelnen zu referieren. »Mafia« und »Gangsterbande« waren noch die mildesten Ausdrücke, die ich selbst aus dem Munde ansonsten verständiger, ja sanftmütiger Mitbürger zu hören bekam.

Diese dämonisierenden Urteile haben die Befragten aber keineswegs dazu veranlaßt, von der Einrichtung eines Bankkontos und vom Erwerb eines Autos abzusehen. Im Gegenteil: 85% aller Haushalte sind motorisiert. Fast jeder verfügt über eine Bankverbindung. Das sind Quoten, die der üblichen Wahlbeteiligung schon recht nahe kommen. Die Geldbeträge, die sie an Banken und Ölkonzerne abzuführen hat, versucht diese riesige Klientel zwar durch Preisvergleich und Boykottdrohung möglichst gering zu halten; sie ist sich aber darüber im klaren, daß niemand sich aus dem Netz von Filialen und Tankstellen befreien kann, und sie weiß, daß der täglich geforderte Tribut zu den *faux frais,* den toten Kosten ihres Alltags gehört.

Abschaffungs- und Enteignungsforderungen finden unter diesen Umständen wenig Widerhall. Die Bürger haben die anderswo gewonnenen Erfahrungen mit planwirtschaftlichen Systemen sorgfältig zur Kenntnis genommen. Sie ziehen deshalb private Oligopole dem staatlichen Monopol vor. Die Beobachtung, daß miteinander rivalisierende Banden zwar ihre gemeinsame Geschäftsgrundlage nach außen verteidigen, im Verhältnis zueinander aber nicht als Blutsbrüder, sondern als Konkurrenten handeln, mag für diese Wahl den Ausschlag geben. Dies gilt erst recht für das Vereinswesen. Das Votum für unsere Abkürzungen ist also auch, und vielleicht in erster Linie, ein Votum gegen den Einparteienstaat.

Drückt sich hierin ein durchaus gesunder Antikommunismus aus, so sind auf der anderen Seite gewisse marxistische Erkenntnisse den Bürgern unseres Landes, ganz unabhängig von ihren ideologischen Neigungen, längst in Fleisch und Blut übergegangen. Es würde heute niemandem mehr einfallen, Politik und Wirtschaft für reinlich unterschiedene oder auch nur unterscheidbare Sphären zu halten. Jedermann weiß, warum eine Energiepolitik, die diesen Namen verdienen würde, in der Bundesrepublik Deutschland ausgeschlossen ist, warum der Umweltschutz eine makabre Farce bleiben muß, warum Waffenhandel, Straßenbau und Verkabelung sich nicht nach den Interessen der Bevölkerung, sondern nach denen der Großunternehmen zu richten haben. Um das zu begreifen, braucht keiner einen »Kapital«-Arbeitskreis zu besuchen; und es ist nur eine schöne Bestätigung dieser weitverbreiteten theoretischen Einsicht, wenn der Wirtschaftsminister dieser Republik seine Behörde als einen »Dienstleistungsbetrieb für seine Kundschaft« bezeichnet.

Allerdings sind unsere vulgärmaterialistischen Grundkenntnisse teuer erkauft. In ihnen triumphiert ein abgebrühter Wirklichkeitssinn, der stolz darauf ist, alles zu durchschauen, aber durchaus geneigt, es dabei zu belassen. Niemand, oder fast niemand, möchte hierzulande als verträumter Utopist und als blauäugiger Weltverbesserer gelten. In der Tat hätte es wenig Sinn, dem folgenlosen Achselzucken durch folgenlose Systemkritik zu begegnen.

Ich frage mich aber, wieviel Zukunft einem Gemeinwesen noch beschieden sein kann, das von vornherein darauf verzichtet, sich einen anderen moralischen Aggregatzustand als das Püree auch nur vorzustellen. Ist es, streng genommen, unvermeidlich, daß die Entscheidungen eines Ministers für ein Couvert, einen Spezialbrief, einen Umschlag zu haben sind? Müssen demokratische Parteien korrupt sein, und wenn ja, durch und durch oder nur bis zu einem gewissen Grad? Ist ihr sinnloser Potlatsch eine unheilbare Deformation, oder könnten sie sich auch, wenn ihnen nichts anderes übrigbliebe, wenigstens bis zu einem gewissen Grad an die Gesetze halten?

Es werden nicht die vier Vereinsvorstände sein, die diese Fragen aufwerfen. Aber das macht nichts. Es gibt immer noch eine gewisse Anzahl von Leuten in diesem Land, die sich, aus den verschiedensten Gründen, ihrem wüsten Zirkus widersetzen. Freiheit der Meinungsäußerung und Teilung der Gewalten sind Hindernisse, die der Gemeinsamkeit der Kleptokraten im Wege stehen; sie kommen nicht nur in der Verfassung, sondern auch im Leben dieser Republik vor und werden sich schwerlich abschaffen lassen. Sie werden von vielen verteidigt, nicht nur von Grünen und von »Hintertreppen-Journalisten«, sondern gelegentlich auch von Richtern und von den »Erbsenzählern« und »Gerechtigkeitsfanatikern« in den Festungen der vielgescholtenen Bürokratie. Gebenedeit sei also der eigensinnige Steuerfahnder Förster, der sich seine Akten nicht aus der Hand winden läßt, und der Redakteur Kowalski, der auch angesichts eines gähnenden Publikums weiterrecherchiert.

Was sie dazu veranlaßt, mag der Teufel wissen; doch erfordern edle Taten nicht unbedingt edle Motive, und so kann es uns egal sein, ob sie aus Pflichtgefühl oder aus Rachsucht, aus Geltungsdrang oder aus Überzeugung handeln.

Allerdings ist es auf die Dauer nicht gut, wenn wir unsere moralischen Stellvertreter mit ihrer Sisyphus-Arbeit alleinlassen. Sie könnten übermütig werden oder, was näher läge, verzweifeln. Dies gilt sogar für das Bundesverfassungsgericht, das dankenswerterweise den Bonner Parteivorständen über die Jahre hinweg eine Ohrfeige nach der anderen versetzt hat. Es scheint mir ein Gebot nicht nur der Notwehr, sondern auch der politischen Moral, nicht nur der Verfassungstreue, sondern auch der Menschlichkeit, die erschöpften Richter bei dieser Handreichung gelegentlich abzulösen.

Ein Vergnügen ist es nicht. Niemand hält eine so undankbare Tätigkeit auf die Dauer aus. Auch der Arm des Finanzbeamten, des Staatsanwalts und des Journalisten erlahmt mit den Jahren, gar nicht zu reden von dem des Schriftstellers, der sich genötigt sieht, seine Kunst an einem so öden Gegenstand zu erproben, und der dabei am Ende noch riskiert, in der abge-

schmackten Rolle des Sittenrichters dazustehen. Wir alle hätten Besseres zu tun, und so ist es nötig, für die Fortführung des guten Werkes immer neue Freiwillige zu finden.
Der einzige Lohn, der ihnen in Aussicht gestellt werden kann, ist das ungläubige Stutzen des gewatschten Oligarchen, der flüchtige Moment, in dem hinter seinen Brillengläsern eine ferne Ahnung von demokratischem Verständnis aufblitzt, bevor er sich wieder seinen Geschäften zuwendet. Und so liegt unsere gemeinsame Anstrengung letzten Endes auch in seinem Interesse. Vielleicht wird ihm im Augenblick der Wahrheit ein Anflug jener schmerzlichen Gewißheit zuteil, nach der er sich im Grunde immer gesehnt hat: der Gewißheit, daß er existiert. Ich werde geohrfeigt, mag er denken, also bin ich.

1983

Das »Faszinosum« Hitler, das noch 1988 den zweithöchstgestellten Mann der Republik – Bundestagspräsident Philipp Jenninger – sein Amt kostete, kostete 1983 die Illustrierte »Stern« ihre linksliberale Reputation. (Über die Geschichte lachte die Nation 1991, als sie unter dem Titel »Schtonk« von Helmut Dietl verfilmt wurde.) Die nach dem Kohl-Wahlsieg 1982 auch von der Bundesregierung ausgehende Anregung, man möge nicht immer nur die Schattenseiten der nationalen Geschichte darstellen und betrachten, hatten damals findige Sensationshändler aufgegriffen, die auf der Stelle bereit waren, auch den größten dieser Schatten in etwas hellerem Licht erscheinen zu lassen...

Manfred Buchwald

Die Sensation als Droge
Die »Hitler-Tagebücher«

Als endlich, 1986, zwei Jahre nach dem größten Presseskandal der Bundesrepublik, das Urteil gesprochen wird, gehen die Angeklagten in den Knast: Der eine, Konrad Kujau, wird zu vier Jahren und sechs Monaten Haft verurteilt; der andere, Gerd Heidemann, erhält vier Jahre und acht Monate und ist vor allem darüber verärgert, daß sein Strafmaß höher ist als das seines ehemaligen »Geschäftspartners«.

Der eine hat die »Tagebücher« Hitlers gefälscht, der andere hatte sie gegen Millionenbeträge seinem Verlag angedient und – so die Anklage – nebenbei noch kräftig in die eigene Tasche kassiert.

Die im eigentlichen Sinne Schuldigen verlassen den Gerichtssaal rechtlich unbehelligt. Sie waren nie angeklagt, sondern lediglich als Zeugen geladen gewesen: die beiden Chefredakteure der Illustrierten »Stern«, Felix Schmidt und Peter Koch, sowie der Verlagschef Schulte-Hillen.

Die Blattmacher hatten beim Auffliegen des Skandals ihre Sessel geräumt und waren dafür mit Millionen-Abfindungen belohnt worden. Der Verlagschef blieb, was er war, und ist es bis heute.

Ein Stück voller Peinlichkeiten war damit vom Spielplan genommen, teils Posse, teils Drama; mit mancherlei Akteuren: Schurken, alte Naive, ein paar Bonvivants, ein historisches Ungeheuer und mancherlei buntscheckiges Statistengewimmel.

Der eigentliche Hauptdarsteller war jedoch das Publikum. Vor ihm und seinetwegen und wegen seiner fatalen Neigung, stets das Unwahrscheinliche für bare Münze zu halten und dafür bare Münze zu zahlen, war das Stück in Szene gesetzt, der Skandal erst möglich geworden. Ziemlich genau fünfzig Jahre

nach der »Ergreifung« einer Macht, die er nie ergriffen, sondern von Weimars Demokraten mehr oder weniger dargereicht bekommen hatte, schien Hitler, das größte Ungeheuer der deutschen Geschichte, post mortem noch einmal zu seinem Volk zu reden. Akribisch, wie es deutsche Art, sollte er Tagebücher geführt und penibel alle Jahre vom großen Glanz bis zum schrecklichen Untergang eigenhändig beschrieben haben. War es wirklich nur Zufall, daß ausgerechnet auf des weiland Feldmarschalls Göring ehemaliger Yacht »Karin II«, nunmehr im Besitz des Herrn Heidemann, ein erlauchter Kreis von Sterndeutern zusammenkam und verschwörerhaft beschloß, an allen Redaktionsinstanzen vorbei die große Sensation rauszulassen? War es zufällig, daß gerade an des Führers Geburtstag die ersten Druckfahnen frisch auf dem Schreibtisch der Täter lagen? Oder hat da aus irgendeinem Jenseits der schlimmste (Adoptiv-)Sohn der Deutschen heimlich Regie geführt?
Derlei Gedankenspiele sollten wegen ihrer okkulten Ungewißheit hier besser nicht in die Betrachtung gebracht werden. Zutreffender ist wohl die Vermutung, daß die Akteure des »Sterns« berauscht waren, vollgepumpt mit dem heiligen Eifer, die jüngste deutsche Geschichte neu zu schreiben und high von jener Droge, mit der sie alle zu hantieren wußten, der Sensation.
Gewiß ist richtig, daß kein Volk auf Dauer mit seinen Ungeheuern leben kann. Es will an ihnen menschliche Züge erkennen, um mit ihnen umgehen zu können. Das war zu allen Zeiten so; von Nero bis Napoleon, von den Päpsten der Inquisition bis zum einst vergötterten Führer. Die Deutschen hatten sich nicht zur Bewältigung des »Phänomens Hitler« gedrängt; sie hatten es durch den fast besinnungslosen Fleiß der Wirtschaftswunderjahre aus ihrem Bewußtsein verdrängt und eher gleichmütig den Vorwurf ertragen, der größte Mörder aller Zeiten gehe auf ihr historisches Konto. Da mochte es wohltun, nach Jahrzehnten der internationalen Ächtung aus dem Munde des »Stern«-Chefs zu hören, die Geschichte des Dritten Reiches müsse neu geschrieben werden. Verband sich mit dieser Ankündigung nicht

die Hoffnung auf zumindest geringfügige Rehabilitation? Konnte man nicht damit rechnen, nun durch Hitlers authentisches Bekenntnis zu erfahren, daß die schon immer gehegte Hoffnung, nicht der erwählte Führer, sondern die ernannten Paladine seien die Exponenten des Schreckens gewesen, doch berechtigt war?

Ein Blatt, das sich seit Jahrzehnten (und zu Recht) rühmte, mancherlei enthüllt und wichtige Beiträge zur politischen Hygiene der Zweiten Deutschen Republik geleistet zu haben, ging daran, die dunkelsten Jahre der Deutschen zu enthüllen. Angesichts dieses Knüllers jedoch brannten alle Sicherungen durch. Da wurde gegen das eherne Gesetz jedes Enthüllungsjournalismus verstoßen, das »wasserdichte« Recherchen verlangt. Da war eine Illustrierte, die so oft Korruption und Bestechung angeprangert hatte, bereit, »Geschichte« mit horrenden Summen käuflich und mit dem Recht der internationalen Vermarktung zu erwerben. Da wurden schüchtern vorgebrachte Fragen nach dem originären Urheberrecht an Hitlers Tagebüchern bedenkenlos beiseite geschoben. Da ließen sich die hartgesottenen Enthüller haarsträubende Ammenmärchen auftischen und glaubten ihnen blind.

Da kam keiner auf die ebenso naheliegende wie ehrenvolle Idee, den vermeintlich einzigartigen Fund aus der dubiosen Szene von Sensationsgier, Geldschneiderei und Großmäuligkeit zu lösen und (etwa) einem unverdächtigen Konsortium international anerkannter Wissenschaftler zur Prüfung zu übergeben. Das Geschäft mit dem Knüller wäre ja auch dann immer noch möglich gewesen. Jahre zuvor, als es um die vergleichsweise harmlose Wiederbeschaffung einer geraubten Madonna gegangen war, hatte der »Stern« anders gehandelt. Verhaltensmuster hätte es also gegeben.

Aber das waren andere Zeiten. Damals hatte das Blatt eine andere Redaktionsleitung, und der Journalismus der Publikumszeitschriften war noch nicht völlig der Droge Sensation verfallen, die alles und jeden für käuflich und verkäuflich hält, von Adolf Hitler bis zum Moskau-Flieger Rust.

Ebenso zungenflink, wie er die Sensation verkündet hatte, entschuldigte sich der »Stern«, als daraus ein Flop geworden war. Aus dem zerknirschten Versprechen, die internen Ungeheuerlichkeiten lückenlos im eigenen Blatt darzustellen, wurde freilich nichts. Diese Entsudelung überließ man einem Reinigungsinstitut: dem Hamburger Richter. Die Säuberungsarbeiten dauerten mehrere Monate und brachten ein ganz und gar nicht strahlendes »Stern«-Bild zutage. Hitlers angebliche Selbstbeschreibung war ein einzigartiger Millionenschwindel. Sein Bild in der Geschichte erfuhr nicht die geringste Korrektur, aber einem Millionenpublikum wurde eindringlich vor Augen geführt, welch schlimme Blüten der grassierende Scheckbuch-Journalismus einer bestimmten Pressespezies treiben kann.

So werden die Deutschen weiterhin mit ihrem monströsen Hitler leben müssen. Und mit manchen kleinen und kleinsten Ungeheuern, die hier und da – macht-, geld- oder sensationslüstern – aus dem alltäglichen Gesträuch unserer Zeit blinzeln.

1983

Mit dem Freitod des Cemal Altun wurde die Frage öffentlich, wie es denn die Bundesrepublik mit dem Recht auf politisches Asyl halte. »Asylanten« werden abschätzig Flüchtlinge genannt, die um politisches Asyl nachsuchen oder es bereits gewährt bekommen haben. Für die Flüchtlinge, deren wichtigster Fluchtgrund wirtschaftliche Not zu sein scheint, hält man die doppelt diskriminierende Bezeichnung »Scheinasylanten« bereit. Das nach den Erfahrungen der Nazizeit mit gutem Grund im Grundgesetz festgeschriebene Recht auf politisches Asyl war unpopulär. Unpopulär bei einem Teil der Bevölkerung, weil politische Flüchtlinge nicht immer der deutschsprachigen weißen Rasse angehören, unpopulär auch in einem Teil des Polizeiapparats, weil die Anerkennung politisch Verfolgter die gute Zusammenarbeit mit einigen Regimen stört, in denen die »Ordnungskräfte« eine privilegierte Rolle spielen dürfen. Unpopulär aber vor allem, weil viele Politiker – nicht nur der notorisch Rechten – meinen, an dumpfe Vorurteile appellieren, gegen eine »durchmischte und durchraßte Gesellschaft« (Edmund Stoiber, CSU) wettern zu müssen, um einen Popularitätsbonus zu ergattern.
Auf dem Höhepunkt der Gewalttaten, für die Namen wie Hoyerswerda, Hünxe, Rostock-Lichtenhagen, Mölln und Solingen stehen, wurde im Frühjahr 1993 der Asylparagraph 16 des Grundgesetzes geändert. Seitdem werden Flüchtlinge, die über sogenannte »sichere Drittstaaten« zur deutschen Grenze oder auf einen deutschen Flughafen gelangen, sofort wieder zurückgeschickt. Auch für Flüchtlinge, die es schaffen, direkt aus dem Land, wo sie verfolgt werden, in die Bundesrepublik zu kommen, ist die Erlangung politischen

Asyls nicht leichter geworden. Das gilt zum Beispiel für Kurden aus der Türkei (wie Cemal Altun). So überlegten sich im April 1994 Beamte des Bonner Innenministeriums, wie mit deutscher Hilfe in der Türkei Sondergefängnisse für aus der Bundesrepublik abgeschobene kurdische Straftäter eingerichtet werden könnten: Wenn die Strafanstalten von deutschen Beobachtern das Gütesiegel »folterfrei« erhielten, stünde einer systematischen Abschiebung nichts im Wege.

Veronika Arendt-Rojahn

Cemal Altun und das Recht auf Asyl

Dienstag, der 30. August 1983, ein herrlicher Spätsommertag. Im sechsten Stock des Verwaltungsgerichtes Berlin, im Saal 607, sind die Fenster geöffnet. Ein junger Mann wird in Handschellen in den Gerichtssaal geführt, man befreit ihn von den Handschellen, er nimmt neben dem Dolmetscher Platz. Plötzlich springt er auf, schwingt sich auf die Fensterbank und stürzt in die Tiefe, in den Tod. Ein Photograph hat den Sprung aus dem Fenster festgehalten. Diese Bilder, auch ein Photo des jungen Mannes, wie er mit verrenkten Gliedern auf dem Rasen vor dem Verwaltungsgericht liegt, gehen um die Welt.
Für einige Tage löst der Tod des türkischen politischen Flüchtlings Cemal Altun Betroffenheit aus, eine menschliche Tragödie wird auf einmal sichtbar, und eine etwas irritierte Öffentlichkeit fragt sich, wie es in einem Land um das Asylrecht bestellt ist, in dem der Tod von politischen Flüchtlingen schon wieder möglich ist. Doch fehlt es schon damals nicht an Stimmen, die vor dem Versuch warnen, aus dem Selbstmord Altuns zu folgern, mit der großzügigen Anwendung des Asylrechts in der Bundesrepublik stehe es vielleicht nicht zum besten. So meint die »Berliner Morgenpost« bereits einen Tag nach dem Tod, am 31. August: »Es sieht allerdings ganz danach aus, als solle der tragische Tod des jungen Türken mißbraucht werden, um politisches Kapital daraus zu schlagen. [...] Dafür sorgen Unwissende und Unberufene, die den Fall zum Anlaß nehmen, um auf der Straße und im Parlament ihr Mütchen zu kühlen.« Ähnlich besorgt sieht es »Die Welt«: »Und schon wird von interessierter Seite spekuliert, wie diese jedenfalls übereilte Tat politisch ausgenutzt werden kann, um die Bundesregierung unter Druck zu setzen. Was will man erreichen, daß künftig jeder ins Land darf, der möchte,

ohne daß einem Gericht die Gelegenheit gegeben wird, den Anspruch des Bewerbers zu überprüfen?« »Bild«, am 1. September, macht es kürzer: »Nun ist die Bundesrepublik Deutschland ein Rechtsstaat, aber sie darf nicht Sammellager aller in der Welt werden, die sich hier ein schönes Leben erhoffen.« Und auch die ach so seriöse »Frankfurter Allgemeine Zeitung« betont in ihrem Leitartikel vom 31. August, daß der Selbstmord Altuns »zuallerletzt« Anlaß für parteipolitische Vorwürfe sein dürfe: »Immerhin hat die Bundesregierung die Auslieferung, zu der sie berechtigt war, nicht vor der gerichtlichen Entscheidung über den Asylanspruch vonstatten gehen lassen; daß der Prozeß die Kraft des Betroffenen überstieg, ist ein Zeichen der Unzulänglichkeit menschlicher Ordnungen.«
Es ist zu vermuten, daß diejenigen, die dann wenige Tage später die Beerdigung Altuns auf einem Tempelhofer Friedhof zum Anlaß für die wüstesten Beschimpfungen des Friedhofsverwalters und seiner Frau nahmen – »Du Türkensau, ihr Türkenschweine, heute zerhacken wir euch den ganzen Friedhof« – und die schließlich dafür sorgten, daß der Friedhof unter Polizeischutz gestellt werden mußte, nur »Bild« gelesen hatten. Die Anspruchsvolleren, die wieder einmal die Unzulänglichkeit menschlicher Ordnungen hatten miterleben müssen, gingen zur Tagesordnung über. Genauso blitzartig, wie das Interesse am Schicksal Altuns geweckt worden war, verschwand es auch wieder.
Altun, der die Türkei im Januar 1981, fünf Monate nach dem Militärputsch vom September 1980, verlassen hatte, weil er wegen seines Engagements in einem linken Schüler- und Studentenverein von der Polizei gesucht wurde, hatte zunächst nicht die Absicht, einen Asylantrag zu stellen. Er hoffte auf eine Beruhigung des politischen Klimas in seiner Heimat und auf eine Studienmöglichkeit in Deutschland. Asyl beantragte er erst, nachdem er im Sommer 1981 aus der türkischen Presse erfahren hatte, daß er in der Türkei in Zusammenhang gebracht werde mit dem Mord an dem zweiten Vorsitzenden der faschistischen MHP (Partei der nationalen Ordnung), dem ehemaligen Zollminister Gün Sazak.

Mit dem Asylantrag begann sein Verhängnis:
Noch bevor der Asylantrag von dem zuständigen Bundesamt für die Anerkennung ausländischer Flüchtlinge bearbeitet wird, erhält die Abteilung Staatsschutz des Polizeipräsidenten in Berlin über die Ausländerakte Kenntnis von seinem Inhalt. Das Bundeskriminalamt in Wiesbaden wird eingeschaltet, der Inhalt des Asylantrages an Interpol Ankara weitergeleitet mit der Anfrage, ob ein Antrag auf Auslieferung gestellt werde. Die Antwort aus Ankara kommt prompt: »Der Betreffende wird aufgrund der in Ihren Mitteilungen erwähnten Straftat in unserem Land gesucht.« Mit Funkspruch vom 28. Juni 1982 kündigt Interpol Ankara sodann das Auslieferungsersuchen an und bittet um vorläufige Festnahme. Altun, der stets bestritten hat, in irgendeinem Zusammenhang mit dem Mord an Sazak zu stehen, wird am 15. Juli 1982 in Auslieferungshaft genommen, mit Beschluß vom 16. Dezember 1982 wird seine Auslieferung vom Kammergericht endgültig für zulässig erklärt. Das gegen diese Entscheidung unter Berufung auf den damals noch gültigen Artikel 16 Absatz 2 Satz 2 des Grundgesetzes angerufene Bundesverfassungsgericht erklärt sich für unzuständig: »Das Bundesverfassungsgericht übt seine Gerichtsbarkeit über Akte von Berliner Behörden derzeit im Hinblick auf die vorbehaltenen Rechte der drei Mächte nicht aus. [...] Ob im vorliegenden Fall die angegriffene Entscheidung des Kammergerichtes den Anforderungen des Art. 16 Abs. 2 Satz 2 und dem Gebot wirksamen Rechtsschutzes hinreichend Rechnung getragen hat, ist, wie ausgeführt, derzeit nicht zu überprüfen.«
Am 21. Februar 1983 bewilligt die Bundesregierung die Auslieferung, ohne daß das für die Entscheidung über den Asylantrag zuständige Bundesamt auch nur Gelegenheit gehabt hätte, Altun zu seinen Asylgründen zu befragen und über den Asylantrag zu entscheiden. Buchstäblich in letzter Minute wird die Auslieferung durch eine europaweite Welle von Protesten, Erklärungen und Interventionen vorläufig gestoppt. Altun erhebt Beschwerde bei der Europäischen Kommission für Menschenrechte in Straßburg, die am 2. Mai 1983 zugelassen wird. Auf-

grund dieser Entscheidung erklärt sich die Bundesrepublik zunächst bereit, die Auslieferungsbewilligung bis zur Entscheidung in der Sache auszusetzen. Inzwischen wird Cemal Altun am 6. Juni 1983 vom Bundesamt als Asylberechtigter anerkannt. Das Kammergericht ordnet gleichwohl Haftfortdauer an, der Bundesbeauftragte für Asylangelegenheiten erhebt gegen die Anerkennungsentscheidung des Bundesamtes Klage vor dem Verwaltungsgericht Berlin. Die Europäische Menschenrechtskommission trifft bis zur Sommerpause, die am 15. Juli 1983 beginnt, in der Sache keine Entscheidung. Grund für die Haltung der Kommission sind Garantien, die die Bundesregierung inzwischen gegenüber Straßburg abgegeben hat. Danach will die deutsche Botschaft durch Besuche in der Zelle und durch Beobachtung des Prozesses in der Türkei sicherstellen, daß Mißhandlungen unterbleiben und eine Verurteilung nur im Rahmen des Auslieferungsbegehrens erfolgt.

Zur selben Zeit erklärt der damalige Staatssekretär und spätere Außenminister Kinkel, daß die Bundesregierung, obwohl sie mit einem für Altun positiven Ausgang des Asylverfahrens vor dem Verwaltungsgericht rechne, nicht daran denke, die gegenüber der Türkei abgegebene Auslieferungszusage zu revidieren. Wenige Tage später ist türkischen Presseverlautbarungen zu entnehmen, daß der damalige Bundesinnenminister Zimmermann anläßlich seines Besuches in der Türkei dem von türkischer Seite mit besonderem Nachdruck vorgetragenen Wunsch auf sofortigen Vollzug der Auslieferung entsprochen habe. Aus Briefen von Bundesinnenminister Zimmermann an Bundesjustizminister Engelhard und von Bundesjustizminister Engelhard an Bundesaußenminister Genscher, die nach dem Tod Altuns bekanntgeworden sind, geht hervor, daß die Auslieferung ursprünglich für den 21. 7. 1983 vorgesehen war. Außenminister Genscher versucht durch sein Veto gegen die Pläne seiner beiden Amtskollegen Zimmermann und Engelhard immerhin, die Auslieferung Altuns zumindest bis zur endgültigen Entscheidung der Europäischen Menschenrechtskommission hinauszuzögern. Von seiner Intervention erfährt die Öffentlichkeit allerdings erst nach dem Tod Altuns. Weder der Betroffene noch sein Anwalt haben vor dem Tod irgendeine Mitteilung darüber erhalten, auch nicht vertraulich.

Am 25. August 1983 beginnt die mündliche Verhandlung vor dem Verwaltungsgericht Berlin über die Klage des Bundesbeauftragten gegen die Anerkennung Altuns als politischer Flüchtling. Am Morgen des zweiten Verhandlungstages setzt Cemal Altun dem Ringen um sein Schicksal durch einen Sprung aus dem Fenster ein Ende.

Politisch oder moralisch verantwortlich für den Tod fühlte sich niemand. Immerhin war, bevor die Bundesregierung die Auslieferung bewilligt hatte, deren Zulässigkeit nach Maßgabe des zwischenstaatlichen Rechts und des deutschen Auslieferungsrechts in einem justizförmigen Verfahren geprüft worden. Das in erster und letzter Instanz zuständige Kammergericht hatte die Auslieferung für zulässig erklärt. Nach geltendem Recht stand die Anerkennung als Asylberechtigter der Auslieferung nicht entgegen. Denn im Paragraph 18 des damaligen Asylverfahrensgesetzes hieß es nun einmal: »Die Entscheidung des Bundesamtes im Asylverfahren ist in allen Angelegenheiten verbindlich, in denen die Anerkennung rechtserheblich ist. Dies gilt nicht für das Auslieferungsverfahren« (heute § 4).

Nun ist das Asylverfahrensrecht, auf das sich die Bundesregierung wie auch das Kammergericht immer wieder berufen haben, einfaches Recht. Ob die Vorschrift mit dem durch die Verfassung garantierten Asylrecht vereinbar ist, wurde zumindest in der Rechtslehre bezweifelt. Das Bundesverfassungsgericht hat hierzu noch nicht eindeutig Stellung genommen. Soweit es allerdings mit der Überprüfung der Auslieferungspraxis befaßt war, hat es wiederholt mit Nachdruck den Vorrang des Asylgrundrechtes vor den auslieferungsrechtlichen Bestimmungen betont. Gerade in bezug auf die Türkei hat das Bundesverfassungsgericht zur selben Zeit, zu der es die Beschwerde Altuns aufgrund des Berlin-Vorbehalts nicht zur Entscheidung annahm, die besonderen Anforderungen an die Prüfungspflicht der Oberlandesgerichte formuliert und den verschiedenen Verfassungsbeschwerden gegen die Auslieferungsentscheidungen westdeutscher Oberlandesgerichte stattgegeben. Dabei hat es darauf hingewiesen, daß in Türkei-Fällen der Vorwurf der Manipulation des Auslieferungsersuchens sorgfältig zu prüfen sei, »weil es in der Vergangenheit anscheinend vorgekommen ist, daß türkische Behörden mit manipulierten strafrechtlichen Vorwürfen versucht haben, im Wege des Auslieferungsverfahrens politischer Gegner habhaft zu werden«. Ferner hat das Bundesverfassungsgericht auf die Entschließungen des Europäischen Parlaments zur Folterpraxis in der Türkei und die Bedenklichkeit der Auslieferung in Fällen, in denen politische Verfolgung geltend gemacht wird, verwiesen und dazu ausgeführt: »Da der Spezialitätsgrundsatz derzeit nicht geeignet ist, im Verhältnis zur Türkei jegliche politische Verfolgung nach einer Auslieferung auszuschließen, ist eine besonders genaue Prüfung jedes Einzelfalles erforderlich.«

Bundesregierung und Kammergericht ließen sich weder durch die Entscheidungen des Bundesverfassungsgerichtes noch durch die allseits bekannte Folter- und Strafverfolgungspraxis in der Türkei beeinflussen. Das Interesse an einem reibungslosen Auslieferungsverkehr mit der Türkei überwog auch dann noch, als für die Bundesregierung bereits offensichtlich war, daß sie von der türkischen Seite hinsichtlich der Einhaltung des Spezialitätsgrundsatzes (dem zufolge ein Ausgelieferter nur wegen der im Auslieferungsersuchen genannten Straftaten verfolgt werden darf) getäuscht worden war, so im Fall des bereits im Juni 1980 ausgelieferten Türken Levent Begen, bei dem der Bundesregierung im Laufe des Jahres 1982 definitiv bekannt geworden war, daß gegen Begen neue Anklagen unter eindeutiger Verletzung des Spezialitätsgrundsatzes erhoben worden waren. Statt hieraus die gebotenen Konsequenzen zu ziehen und den Auslieferungsverkehr zu stoppen, hat die Bundesregierung, unter anderem auch in ihren Stellungnahmen gegenüber dem Bundesverfassungsgericht in den anhängigen Auslieferungsverfahren, versucht, den Fall Begen zu bagatellisieren und als einen durch die türkische Seite bereits bereinigten Einzelfall hinzustellen.

Diese Stellungnahmen waren, wie sich später herausstellte, objektiv falsch. Denn die unter Verletzung des Spezialitätsgrundsatzes erhobenen Anklagen waren entgegen der Zusicherung der türkischen Behörden nicht fallengelassen worden. Im schlichten Vertrauen auf die türkischen Zusagen trugen sie im übrigen mit dazu bei, daß zur selben Zeit, als die internationale Öffentlichkeit dem Fall Altun bereits große Aufmerksamkeit schenkte, ein anderer türkischer Flüchtling – Sami Memis – trotz eines anhängigen Asylverfahrens und trotz vehementer Proteste von *amnesty international* am 12. August 1983 an die Türkei ausgeliefert wurde.

Sowohl das Bundesverfassungsgericht als auch die Europäische Menschenrechtskommission hatten im Fall Sami Memis – gestützt auf die Auskünfte der Bundesregierung – keine Anhaltspunkte dafür gesehen, daß die von den türkischen Behörden erhobenen Vorwürfe fingiert sein könnten, um einen politischen Gegner zu ergreifen. Sami Memis verschwand zunächst einmal in türkischen Gefängnissen, ohne daß sich das Auswärtige Amt oder die deutsche Botschaft um den Fall kümmerten. Aufgeschreckt wurde das Auswärtige Amt erst durch besorgte Briefe des *amnesty*-Generalsekretärs Frenz. Ein Gesandter der deutschen Botschaft in Ankara ließ daraufhin nach einem Besuch bei Sami Memis im Gefängnis wissen: »Die Frage, ob er nach seiner Überstellung an die Türkei oder später schlecht behandelt worden sei, hat Herr Memis verneint. Die türkischen Behörden hätten ihn höflich behandelt. Auch das Gefängnispersonal sei gegenüber den Gefangenen freundlich: es gefalle ihm im türkischen Gefängnis sogar besser als in deutschen Justizvollzugsanstalten.« Damit war der Fall für die Bundesregierung zunächst einmal erledigt. Der Presse gegenüber versicherte das Bundesjustizministerium, konkrete Auskünfte könne man zwar nicht geben, man habe den Fall aber unter Beobachtung und Kontrolle. Auch diese Auskunft war, wie sich im nachhinein herausstellte, falsch. Memis war zum damaligen Zeitpunkt wegen der ihm im Auslieferungsverfahren zur Last gelegten Körperverletzung längst freigesprochen, jedoch praktisch auf der

Schwelle des Gefängnisses erneut verhaftet und wegen politischer Delikte, die im Auslieferungsverfahren nicht erwähnt worden waren, vor Gericht gestellt worden. Im Gefängnis wurde er, wie feststeht, auch gefoltert. Das Auswärtige Amt, das sich von den türkischen Behörden offensichtlich ein weiteres Mal hatte täuschen lassen und das auch auf den erneuten Rechtsbruch wiederum erst durch *amnesty international* bzw. die Anwälte Memis' hingewiesen werden mußte, gab sich diesmal empört. Auf internationalen Druck mußten die türkischen Behörden die neue Anklage fallenlassen. Sami Memis wurde gestattet, in die Bundesrepublik Deutschland auszureisen. Er wurde am 29. April 1985 vom Verwaltungsgericht Ansbach als Asylberechtigter anerkannt.

Der Tod von Cemal Altun und die Behandlung der türkischen Flüchtlinge Leven Begen und Sami Memis haben dem Anschein nach für mehr als ein Jahrzehnt zur Unterbrechung des Auslieferungsverkehrs mit der Türkei geführt. Gesetzesinitiativen der SPD und der Grünen, die darauf abzielten, den Vorrang des Asylverfahrens vor dem Auslieferungsverfahren und damit den Schutz des Asylberechtigten vor der Auslieferung gesetzlich zu verankern, haben sich bisher nicht durchgesetzt. Im Gegenteil: in das neue Asylverfahrensgesetz vom 27. Juli 1993 wurde die bisherige Regelung in § 4 Asylverfahrensgesetz wortgleich übernommen.

Seit Beginn des Jahres 1994 sitzen in der Berliner Untersuchungshaftanstalt erneut zwei Türken, gebürtige Kurden, in Auslieferungshaft wegen politischer Delikte. In dem Fall von Mahmut Özpolat erklärte das Berliner Kammergericht trotz seines Flüchtlingsstatus die Auslieferung für zulässig. Die darüber hinaus für die Auslieferung erforderlichen politischen Entscheidungen des Bundesjustizministeriums und des Auswärtigen Amtes stehen noch aus. »Auf beklemmende Weise ähnelt das Vorgehen der Behörden dabei dem Geschehen, das vor elf Jahren Cemal Altun in tödliche Verzweiflung trieb«, schreibt »Die Zeit« am 11. März 1994.

1983/84

Vergebens erhoffte sich die Bonner Opposition Anfang 1984 von der Affäre Kießling, die bald schon zu einer Affäre des Verteidigungsministers Wörner wurde, eine nachhaltige Erschütterung der Regierung Kohl. Kanzler Kohl entschied sich für ein »Aussitzen« (dies wurde damals gerade zum geflügelten Wort) der Affäre. Die Regierung mußte zwar hinnehmen, daß wieder einmal einige Dumm- und Dumpfheiten eines Geheimdienstes (diesmal des MAD) ans Licht kamen, aber brisant wie Militärskandale der Vergangenheit war der Fall tatsächlich nicht, und genau das macht ihn interessant.

Barbara Sichtermann

Die Affäre Wörner/Kießling

Spät wurden die Deutschen eine zivile Nation. Von der Einigung bis zum Zusammenbruch genoß niemand im Reich, nicht einmal der hochrangige Politiker, Professor oder Kirchenmann, eine so inbrünstige Verehrung wie der Offizier. Noch der einfache Soldat durfte sich respektiert wissen mit einer Ehrfurcht, wie sie der Achtung vor dem redlichen Kaufmann oder dem braven Bauern nimmermehr beigemischt war. Wer nicht gedient hatte, zählte wenig, und die Uniform adelte selbst Bahnhofsvorsteher und Briefträger. Sie standen im Solde des Höchsten, des Staates, der zur Not statt mit der Waffe auch mit der Trillerpfeife oder dem Postsack verteidigt wurde.

Das niedere Gewimmel der bürgerlichen Gesellschaft, bestehend aus Geschäftemachern, Landleuten und intellektuellen Randexistenzen wie Künstlern und Zeitungsschreibern, hatte allenfalls ein Daseinsrecht. Aber die höheren Weihen der allgemeinen Huldigung, der persönlichen Wertschätzung des Staatsoberhaupts, der Verzückung prospektiver Schwiegermütter und des Zähneklapperns aller Spitz- und Gassenbuben wurden ihm ebensowenig zuteil wie die Staatspension. Ob Schupo oder General, es war der Mann mit Schnäuzer, Epauletten, Stechschritt und Kommandostimme, der den Platz des Vorbilds und des Inbegriffs von Größe und Ehrerbietung ausfüllte. Die Deutschen wollten Helden sein.

Eine solche Sehnsucht war ihrer Emanzipation zur modernen Gesellschaft abträglich. Diese gründet in Gewerbefleiß und Geschäftssinn, in Handwerkerstolz und Künstlerpech, kurz: in Aktivität und Selbstverständnis des »niederen Gewimmels«, das das zivile Fundament auch des modernen Gemeinwesens ausmacht. Wo die »Nichtgedienten« als elende Zivilisten ver-

höhnt, mit ihren Fähigkeiten und ihrem Ehrgeiz eher geduldet als ermutigt und auf der Hierarchie sozialer Geltung von vornherein für der Spitze unwürdig erklärt werden, geht dem Gesellschaftskörper sein größtes Reservoir an Energie und Selbstsicherheit verloren. Er überernährt seine aggressiven Organe zu Lasten der vitalen. Die Folgen sind allerlei Anfälligkeiten.
Als der Militarismus im Hitler-Reich endgültig zur Staatsdoktrin aufgestiegen war, hatte die Idee vom wehrhaften Deutschland endlich Aussicht auf Verwirklichung. Jetzt waren alle Deutschen Soldaten, auch die Kinder; jetzt waren Egge, Maurerkelle, Grundbuch und Zeigestock offiziell zu Waffen verklärt. Der Traum vom Heldenvolk ging in Erfüllung.
Es waren die Konsequenzen dieser Erfüllung, die eine zivile deutsche Gesellschaft sozusagen gegen deren Willen auf die Welt brachten. Aus Schutt und Asche wurde sie geboren, in Trauer um die verlorenen Helden – die leibhaftigen, die im Felde geblieben waren, und die symbolischen, die Leitbilder, die nun nichts mehr galten –, aber unfähig und auch unwillig, noch einmal den Krieger aufs nationale Podest zu heben. Der Neuanfang schloß den Offizier als Prototyp und den Krieg als Metapher für das gesellschaftliche Leben ein für allemal aus – trotz Wiederbewaffnung und Nato-Integration. Die Bundesrepublik hat alle möglichen Fehler, aber sie war und ist zivil. Das ist zweifellos die spektakulärste Veränderung, die am Charakter der deutschen Nation vor sich gegangen ist. Weder regieren die Armee und ihre Ambitionen das öffentliche Leben, noch dominieren die Uniformträger und ihr Auftreten Alltagsästhetik und -moral. Der Offizier als Idealtyp von Mensch, Staatsbürger, Schwiegersohn und Autoritätsperson hat abgedankt. Kein Mädchen wünscht sich mehr einen Uniformträger als Verehrer. Die Waffe ist nicht länger *der* Fetisch und *das* identitätsstiftende Abzeichen der männlichen Jugend. Die Armee führt eine unscheinbare, funktionale Existenz im Hintergrund. Wer nicht gedient hat, gilt um so mehr, und wer beim Bund Karriere macht, ist des Mangels an besseren Talenten verdächtig. Eher pflichtschuldig erwähnen Politiker und Journalisten immer mal

wieder den Verteidigungsauftrag – die Gesellschaft hat wenig Interesse. Zum ersten Mal in ihrer Geschichte widmet sich die deutsche Bevölkerung ihren zivilen Geschäften mit ungeteilter Inbrunst. Die Helden sind tot.
Das bedeutet, daß die Armee kein Ort für Skandale mehr ist. Da, wo sich niemand mehr hinträumt, wo die jungen Männer stöhnend ihre Pflicht verrichten, die älteren an ihre Niederlage erinnert würden und sich deshalb lieber nicht kümmern und die Frauen ein Engagement ihrer Gatten und Söhne bestenfalls in Kauf nehmen – was soll dort Aufregendes passieren? Und selbst wenn – kaum jemand würde es hören wollen.
Die Affäre Wörner/Kießling ist inzwischen weitgehend vergessen, und als sie die Öffentlichkeit beschäftigte, Ende des Jahres 1983 bis zum Frühjahr '84, da waren es, bezeichnenderweise, weniger die personellen und betriebsklimatischen Fragen innerhalb der Armee, die die Aufmerksamkeit wach hielten, als die »zivilen« Implikationen des Falles, seine Ausstrahlung auf den Rest der Gesellschaft. Der Verteidigungsminister entläßt einen Vier-Sterne-General und Stellvertreter des Obersten Alliierten Befehlshabers in Europa wegen des Verdachts, er sei homosexuell. Vom Militärischen Abschirmdienst ist Material beigebracht worden, demzufolge der ranghöchste deutsche Nato-Offizier ein Sicherheitsrisiko darstelle. General Kießling, der ohnehin einige Monate später in den Ruhestand hätte treten können, bestreitet die Vorwürfe. Minister Wörner besteht auf der Entlassung, kann aber seine Anschuldigungen nicht beweisen und muß den General vier Wochen später rehabilitieren. Nach weiteren zwei Monaten zieht sich General Kießling in den Ruhestand zurück. Er wird in allen Ehren und mit dem Großen Zapfenstreich verabschiedet.
Armee-Skandale machen nichts mehr her. Die bundesdeutsche Gesellschaft will nicht wissen, wer in der Armee eventuell ein Sicherheitsrisiko ist und welche Gefahren erpreßbare Vier-Sterne-Generäle darstellen. Viel mehr interessiert sie das Verhalten eines Ministers gegenüber seinen (hohen) Beamten: Die Parteinahme der Öffentlichkeit war, sofern die Pressebe-

richterstattung dies zuverlässig abbildet, *gegen* staatliche Willkür, und sei die einer noch so tiefen Sorge entsprungen, *für* einen Beschuldigten, dem sich nichts nachweisen ließ. Diese Parteinahme für das Recht und gegen die Macht, pro reo, contra den ministeriellen Ankläger, die war ein erfreulicher Beleg für die endgültige Zivilisierung der deutschen Heldenseele. Kießling hatte Zugang zu Geheimmaterial – nicht mal diese Information brachte die deutsche Presse davon ab, den MAD wegen seiner mangelhaften Recherchen und Wörner wegen seiner voreiligen Konsequenzen einem Dauerbeschuß auszusetzen. Die neue militärische Heldengestalt der Bundesrepublik hieß Kießling; sie war korrekt, unscheinbar, durchaus konservativ eingestellt, aber weder zackig noch schneidig. Ein Militär, so zivil wie eben möglich. Nicht mal der Verdacht der Homosexualität – den Wörner nicht erhärten, Kießling aber entkräften konnte – hat den General in der bundesdeutschen Öffentlichkeit Sympathien gekostet.
Unterm Strich blieb von der Affäre Wörner/Kießling die Frage: Wieviel Homosexualität verträgt die deutsche Gesellschaft? Wann endlich sind sexuelle Präferenzen die Privatsache, die sie in einer aufgeklärten, pluralistischen, der individuellen Wohlfahrt und Menschenwürde verpflichteten Gesellschaft zu sein haben? Ein schwuler General ist nur dann »erpreßbar«, d. h. ein »Sicherheitsrisiko«, wenn seine Neigung als sanktionierbare Verfehlung gilt. Man braucht diese Spielart von Sexualität nur »freizugeben«, und schon ist man alle Sorgen los. So einfach ist es aber nur im zivilen Leben. Im militärischen bleibt die Homosexualität, ja die Sexualität überhaupt ein Problem, eine Wunde, die nicht zugehen will, egal, wie liberal die Gesetze sind.
Als Staat im Staate, als rein männliche Korporation, ist die Armee der Idee nach geschlechtslos – weil der geschlechtliche Gegenpol fehlt. Die scharfe Ächtung der Homosexualität im Nazi-Reich spricht noch einmal für den Versuch des Regimes, das ganze Volk in ein Heer umzumodeln. Da sich aber die sexuellen Begierden der menschlichen Rasse nicht auf längere Dauer stillstellen lassen, bleibt keine Truppe sauber; die Gelü-

ste suchen sich ihren Weg, und wer mit Träumen, Zoten und Masturbation nicht auskommt, der wirft sich auf gleichgeschlechtliche Praktiken. Einen anderen Ausweg gibt es nicht. Ferner zieht die Armee, als ein Männerverein mit viel jungem Fleisch, Homosexuelle an. Sofern sie ihre Vorlieben verbergen, kommen sie zumindest als Voyeure auf ihre Kosten. Aber warum müssen sie etwas verbergen? Weil sexuelle Abenteuer, egal, ob flüchtig oder intensiv, sich nicht mit Disziplin vertragen und deshalb nicht geduldet werden können. Die Vorbereitung auf das Töten und Getötetwerden leidet keine Unterbrechung durch Akte der Lust oder der Zeugung. Das ist der Grund dafür, warum Frauen in aller Regel militärischen Verbänden ferngehalten werden – das mit der Schonung des schwächeren Geschlechts ist Vorwand. Die Armee arbeitet in einer künstlichen Atmosphäre postulierter Bedrohung, in der alle Kräfte auf die Erziehung zur kollektiven Aggressivität konzentriert werden. Sex – ob homo oder hetero – paßt da nicht hinein. Die endemische Homosexualität in allen Armeen beweist nichts anderes, als daß die Triebe letztlich stärker sind als die militärische Disziplin. Sie ist deshalb jedem Krieger von echtem Schrot und Korn verhaßt.

In der Affäre Kießling zeigte die Bundesrepublik, daß ihr im Zweifelsfalle der Mensch und Mann nähersteht als der Funktionär und General. Sie solidarisierte sich mit dem Düpierten und pfiff auf die Sicherheitserwägungen des Ministers. Damit bewies sie einmal mehr, daß sie ihre kriegerische Identität abgelegt hat und zivil geworden ist.

1985

Ein Satyrspiel unter den Skandalen der Republik ist der Fall des Juwelenräubers und abgehalfterten F.D.P.-Politikers Hans-Otto Scholl, der Anfang 1985 die Einfallslosigkeit der Satiriker bloßstellte. So sehr es sich auch um eine Polit-Groteske handelte, ließ der Fall Scholl doch die bange Frage zurück, wo und wie die Republik ihr politisches Führungspersonal rekrutiert, welche persönlichen Eigenschaften es sind, die jemanden politische Karriere machen lassen.

Norbert Seitz

Die Juwelenaffäre Scholl

Daß die F.D.P. mit Vorliebe das Sommerloch zu stopfen versteht, weiß man spätestens seit Genschers sogenanntem »Wende«-Brief vom August 1981. Außerdem ist seit Jahr und Tag das sogenannte Dreikönigstreffen der schwäbischen Liberalen für das Neujahrsloch zuständig. Wehner hätte wohl gesagt, die Pendlerpartei ist sich halt für kein Loch zu schade.

Was da in den ersten Stunden des taufrischen Jahres 1985 über den Äther ging, konnte freilich mit einem höchst absichtsvollen Unterhaltungsprogramm während der Parlamentsferien kaum mehr etwas zu tun haben. Selbst der ausgeklügeltste Genscherismus hätte derlei Delinquenz als verkniffene Erfolgsstrategie unmöglich in Kauf genommen.

Vor allem unter linken Politikbetrachtern war hämischer Schenkelschlag angesagt. Was man zuvor nur auf das boshafte Konto von agenturtheoretisch verbildeten, alt- wie neusozialistischen Denunziationshirnen verbucht hätte, schien mit einem Male tatbestandsmäßige Wirklichkeit. Süffig ließ sich mancher die ungeheuerliche Botschaft auf der Leguanzunge zerrinnen: Ein langjähriger, für ministrabel erachteter, im rheinland-pfälzischen Dunstkreis Helmut Kohls zu Amt und Würden gekommener, von dessen Amtsnachfolger Bernhard Vogel vielfach umgarnter und von Genscher geförderter F.D.P.-Landesvorsitzender wurde des Juwelenraubes bezichtigt. Richtig verstanden: Juwelenraub!

»Hört, hört«, intonierten die notorischen F.D.P.-Gegner im Stile parlamentarischer Hinterbänkler. Und an linken Stammtischen wurde verschwörungsideologisch darüber gekalauert, ob der liberale Tatverdächtige nur mit dem Dietrich oder gar mit dem Hans-Dietrich in den Juwelierladen eingedrungen sei.

Andere, epochal gestimmte Politräsonnierer deuteten gar die Tat als erstes Aufbruchssignal für eine Ära der Neuen Wilden in Zeiten der politischen Postmoderne.
Denunziatorisch taterschwerend kam der Verdächtigte aus Oggersheim – wie Kohl –, hatte laut Zeugen »ziemlich große Ohren« – wie Genscher – und gab sich zu allem Überdruß auch noch als »Dr. Zimmermann« aus – wie der Innenminister.
Freilich hatte jener Beschuldigte nichts von der politischen Überlebensstrategie der drei Genannten gelernt: Von Kohl hätte er lernen können, wie man machtdumpf derlei persönliche Verstrickung erst gar nicht aufkommen läßt; von Genscher, wie man sich in der Bredouille eleganterer Mittel bedient. Von Zimmermann erst gar nicht zu reden! Von dem hätte der Gestrandete nämlich lernen können, wie man sich selbst im Falle solch manifester Verstrickung noch wirksam behelfen kann – etwa durch die Hinzuziehung eines Psychiaters.
Nicht so unser Dr. Hans-Otto Scholl. Zur Person: Der weiße Jahrgänger Scholl – 1933 in Mannheim geboren – machte als Abiturient schon ganze Sache und trat 1952 als Neunzehnjähriger in die F.D.P. ein. Der promovierte Jurist war Anwalt und Hauptgeschäftsführer des Bundesverbandes der Pharmazeutischen Industrie; von 1974 bis 1981 stand er dem rheinlandpfälzischen Landesverband der F.D.P. vor; zwischenzeitlich gehörte er auch dem Bundesvorstand seiner Partei an; Mitglied des Landtags war er von 1967 bis zum März 1983, dem Tag der Bonner Wende-Wahl, als gleichzeitig in Rheinland-Pfalz gewählt wurde und die F.D.P. mit nur 3,5 Prozent Wählerstimmen aus dem Mainzer Landtag flog. Hatte er seit 1971 schon schmerzlich erleben müssen, daß die CDU in der heraufziehenden Kohl-Ära auch ohne die Koalitionspartnerschaft der F.D.P. auskam, so bedeutete der freidemokratische Parlamentsexitus von 1983 Scholls endgültiges politisches Aus.
Am 28. Dezember 1984 betrat Hans-Otto Scholl das Juwelengeschäft Koch in den Kurhaus-Kolonnaden von Baden-Baden. Die »sehr, sehr ordentliche Erscheinung« – so der zur Tatzeit bedienende Juweliersohn Dirk Greiling – habe zunächst

nach einem Rubincollier, sodann nach einem Rubinarmband, schließlich nach einem Ring für seine Frau gefragt. Der Herr mit den »ziemlich großen Ohren«, einer »silbernen Brille«, einem »weißen Schal« und »weißen Handschuhen« habe hernach die unziemlichen Worte »Überfall, Hände hoch!« verlauten und ihn – den Juniorchef – einen »harten Gegenstand in der Hüfte« verspüren lassen. Daraufhin habe er – der großohrigsilberbebrillte Kunde – den Juniorchef sich auf den Boden des Tresorraums zu legen genötigt. Dessen zufällig hereinschneienden Freundin habe der Kunde die notdürftige Fesselung des Freundes an Hand und Fuß verordnet und sie – die Freundin – ihrerseits gefesselt, ehe er – der langjährige Landesvorsitzende – unheimlich zu schreien begonnen habe: »Eigentlich müßte ich euch umbringen, aber« – so der Liberale – »wenn ihr euch ruhig verhaltet, passiert euch nichts.« Und weiter das »große Talent« von einst: »Andernfalls steht draußen mein Komplize, der euch umbringt.« Der »Steinzeitliberale«, wie man ihn gerne liebevoll nannte, habe beiden sodann je einmal auf den Hinterkopf geschlagen und dadurch blutende Schädelplatzwunden verursacht. Dann, so der Juniorchef, habe ein Schuß geknallt, und er – der freidemokratische Kunde – habe mit geraubten Armbändern, Broschen, Colliers, Edelsteinen, Manschettenknöpfen, Ohrgehängen und Ringen, Uhr und Uhrkette im Verkaufswert von rund 2,6 Millionen Mark die Flucht ergriffen.
Hinterher frotzelte Kabarettist Dieter Hildebrandt in der Fernsehsendung »Scheibenwischer«: »Ich wußte ja, daß die F.D.P. einbrechen würde; aber daß sie *so* einbrechen würde, hätte ich nicht gedacht.« Hämisch wurde die Affäre auch während der Mainzer Fastnacht – zuvor eine Heimspielstätte Scholls – aufs Korn genommen. In Anspielung auf die 1983 fehlgeschlagenen Koalitionspläne der F.D.P. hieß es dort mit spießig-doppelbödiger Steuerzahlermoral, Scholl sei durch seine mutmaßliche Tat nun doch »beim Staat untergekommen« – will sagen im Knast: »Nur zahlen wir jetzt für den Dollen / doch Hauptsach', er bleibt lang ver-scholl-en!«

Und in einer Talkshow witzelte Klaus Bresser vom ZDF, wie sehr künftig liberale Wahlkämpfer vor der Schwierigkeit stünden, Wählern begreiflich zu machen, daß sie nicht deren Schmuck, sondern nur deren Stimme wollten.
Die F.D.P. mußte freilich solche Befürchtungen nicht haben. Im Gegenteil, die Affäre zeitigte außer relativ reibungslosen innerlandesparteilichen Umgruppierungen kaum negative Konsequenzen für die Liberalen. Auf seiten der Scholl-Gegner in der rheinland-pfälzischen F.D.P. um Rainer Brüderle kam die Affäre eher dem zwar unappetitlichen, aber gleichwohl notwendigen Ende einer ehemals herrschenden Führungsclique gleich, die – im politischen Abseits gelandet – noch nicht einmal mehr Ämterversorgungsansprüche anmelden konnte.
Nur die linken F.D.P.-Gegner täuschten sich gründlich, als sie die Affäre zum I-Tüpfelchen der moralisch restlos erledigten Wendepartei stilisierten. Die Schadenfreude lohnte sich nicht, wurde doch die F.D.P. selten aus moralischen, sondern meist nur aus cool-utilitaristischen Gründen gewählt. Im moralischen Bewußtsein eines F.D.P.-Wendewählers kursiert die Neue-Heimat-Affäre als Gewerkschaftsverbrechen und der Juwelenskandal à la Scholl wahlweise als menschliches Versagen, individuelle Tragödie, psychoanalytisches Couchproblem oder als maßlos überzogenes Kavaliersdelikt. Der SPD hätte man einen derart fehlenden Ex-Landesvorsitzenden noch in Jahren nicht verziehen.
Wie wenig die Juwelenaffäre Scholl auch in den aufrechnungserprobten Medien haften blieb, sollte zwei Jahre danach die Barschel-Katastrophe beweisen. Mir ist kein räsonierendes Statement zum Thema »Politik und Verbrechen« erinnerlich, wo die Scholl-Affäre etwa als (freidemokratischer) Vorgeschmack auf den Kieler Großversuch Erwähnung gefunden hätte. Die »FAZ« fürchtete eine weitere Bestätigung »für die latente Bereitschaft des Publikums, in der Politik grundsätzlich ein schmutziges Geschäft sehen zu wollen«, und stellte sich die Frage, ob Scholl »ein gemeiner Räuber« sei. Doch Gerhard Mauz vom »Spiegel« hielt in seiner Prozeßreportage dagegen,

die Politik, die von der Öffentlichkeit voll Zorn als schmutzig empfunden werde, verstehe es, sich per »wg.« bezahlt zu machen: »Sie braucht kein Schießeisen.« Und dennoch kommt auch Mauz nicht umhin, sich zu fragen, wie ein so ausgebuffter Politprofi und versierter Pillenlobbyist derart regredieren konnte: »Warum bläst ein Flötenvirtuose plötzlich auf dem Kamm, warum hat ein Politiker es nötig, zur Smith & Wesson zu greifen?«

Als Kohl 1984 seinen salomonischen Schiedsspruch zur Wörner-Kießling-Affäre verkündete – den General moralisch freizusprechen, um den Minister zu be- und Strauß weiter fernzuhalten –, fiel Genscher dazu noch die byzantinische Formel ein, der Ausgang beweise, daß hierzulande die Armee »kein Staat im Staat« mehr sei, der Minister zu Fall bringen könne. Demgemäß nahmen manche lästernd ein genehmes Scholl-Urteil des ewigen Vizekanzlers vorweg. Etwa so: Am tragischen Schicksal des Hans-Otto Scholl lasse sich lernen, wie sehr sich ein besonders talentierter Politiker privat verirren könne, wenn ihm der legitime Zugang zur Macht versperrt bleibe. Doch Genscher tat ihnen auch dieses Mal den Gefallen nicht. Auf Scholl soll er nicht mit der diplomatischen Raffinesse des ehemaligen Freundes, sondern nur wegwerfend-banalisierend im Stile des spontanen Volksmundes reagiert haben: »Mein lieber Scholli!« Das war's denn auch.

1985 ff.

Die achtziger Jahre waren reich an Lebensmittelskandalen. Zwei Faktoren trafen aufeinander: Die im Zeichen des gemeinsamen europäischen Marktes begonnene Umwandlung von Landwirtschaft in Agrarindustrie – mit allen Folgen, die »rationelle« Massenproduktion für die Erzeugung von Lebendigem hat – war in ein gewisses Reifestadium getreten; gleichzeitig begannen die gesundheits- und naturbewußter gewordenen Verbraucher sich genauer anzuschauen, was sie da verzehren sollten. Dazwischen hin- und hergerissen der Staat, dessen Agrarpolitik die Hauptursache der Lebensmittelskandale ist, der zugleich aber auch weiß, daß die schleichende Vergiftung seiner Bürger ziemlich unpopulär ist, und deshalb versucht, wenigstens an einigen Symptomen der Agrarkrankheit herumzukurieren.

Claus-Peter Lieckfeld

Saubere Kost
Lebensmittelskandale ohne Ende

Welche Skandale gehen unter die Haut?
Die Antwort ist einfach. Lebensmittelskandale gehen – das ist ihre natürliche Verlaufsrichtung – unter die Haut. Unter unsere Verbraucherhaut. Auf dem kürzesten Weg: Speiseröhrendistanz. Lebensmittelskandale liegen im Magen, was noch nicht so schlimm wäre, denn die Verdauung ist die einzige Körperfunktion, die wir ständig auf Hochleistung trainieren. Aber die Skandalstoffe bleiben nicht im Magen; sie breiten sich im Blut aus, überschwemmen das Gewebe, gehen an die Nieren.
Sofern es nicht gleich um Vergiftung geht, rotiert die Mit-Gift durch unser Bewußtsein: Was muß ich mitessen, wenn ich esse? Muß ich? Das Hinterhältige: Man schmeckt den Schaden nicht. Hormone zum Beispiel sind geschmacksneutral und deshalb um so tückischer, sind doch viele hormonelle Masthilfen ausreichend verdächtig, beim Menschen Krebs auszulösen.
Aber wann hatten wir noch gleich einen Hormonskandal? War das 1983, als in Berliner Kälbern der Wachstumsbeschleuniger Trenbolon gefunden wurde? Oder 1985, als Hannover 15 000 Kälber aus dem Verkehr zog (hoffentlich), Tiere, die mit Medroxiprogesteronacetat gespritzt waren? Das ist der Stoff, der in der Humanmedizin zur Abtreibung verwendet wird. Oder war das, ebenfalls 1985, ein Skandal, als »Die Zeit« vermeldete, daß wohl etliche Bundesbürger eitrigen Schweinenacken gegessen hätten? Ein Umstand, den das niedersächsische Landwirtschaftsministerium mit der Bemerkung quittierte, ihm seien keine Klagen zu Ohren gekommen.
Nein, so lange kann das doch nicht her sein, da war doch noch was, was Massiveres. – Richtig! 1988 gab es Hormon satt, auf allen Kanälen, aus allen Pressespalten. Nordrhein-westfälische

Fahnder waren fündig geworden in den Grauzonen zwischen Kälberstall und Futtermittelhandel. Und zu Recht erkannte Nordrhein-Westfalens Landwirtschaftsminister Klaus Matthiesen »ein beträchtliches Maß an krimineller Energie«. Die durfte sich lange frei entfalten. Gegen einen der Hormon-Freunde, Bernhard Wigger, »schlummern« seit 1981 einschlägige Verfahren, was den Mann offenbar nicht sonderlich einschüchterte. Die Polizei beschlagnahmte nämlich Mitte August 1988 in seinen Stallungen 610 Kälber. Die waren kurz zuvor schon einmal beschlagnahmt worden, im Stall des Großmästers Felix Hying. Dieser internationale Mast-Multi wollte schon sichergestellte Beweismittel unter dem Auge des Gesetzes mit Hilfe von Kollege Wigger fortschmuggeln. Minister Matthiesen ließ ein blutiges Exempel statuieren: 4200 Kälber wurden geschlachtet und »menschlichem Verzehr entzogen«.
Die wütende Warum-Frage der Verbraucher – angesichts einer Agrarindustrie, die uns immer wieder, für ein paar Eurodollars mehr, den Tod spritzt – läßt sich lapidar beantworten: Ein nicht gedoptes Kalb nimmt, Zeit ist Geld, in seiner Einzelhaftbox täglich ein Kilo zu, ein gedoptes anderthalb. Das Fleisch der Tiere, die in Dunkelhaft und Minimalboxen dem Schlachthof entgegenvegetieren, wird zwar wäßrig, bleich und geschmacklos. Aber der deutschen Hausfrau (Hausmänner inklusive) wurde ja lange genug eingebimst, daß es so seine Richtigkeit habe.
Innerhalb von zehn Jahren hat sich der Umsatz in der landwirtschaftlichen Tiermedizin verdoppelt. Alles nur Schnupfen- und Hustenpräparate? Und wenn ja, wo hört Kälberhusten auf, wo fängt Menschenkrebs an? Clenbuterol, einer der Hauptdarsteller im nordrhein-westfälischen Hormonskandal, war in Holland bis zum August 1988 frei verkäuflich – zur Husten- und Rheumabehandlung.
Der kleine Grenzverkehr zwischen den Niederlanden, wo man traditionell eine lockere Spritzhand hat, und der Bundesrepublik floriert. Und seit 1992 ist Westeuropa grenzenlos. »Guten Appetit!« sagen die Zyniker. »Fleisch ist Schweinkram«, titelte der Journalist und Gourmet Seißler in der Zeitschrift »natur«.

Zum eingespielten Ritual der Hormonskandale gehört es, daß die Landwirtschaft und ihre Außenstellen in unseren Parlamenten, sobald bewiesen ist, was sich nicht länger leugnen läßt, ihr Lieblingstier vorführen: Das ist weder Kalb, Huhn noch Schwein, sondern das Schaf. Das schwarze, auch Sündenbock genannt. Man dürfe nicht wegen einiger schwarzer Schafe die ganze Branche hinhängen, nicht die Verfehlungen einzelner »pauschalieren«, mahnte Bayerns Landwirtschaftsminister Nüssel.
Und essen nicht auch die Amerikaner Hormon-Fleisch – ein Privileg, das ihnen sogar einen Handelskrieg mit der EG wert war? (Seit Anfang 1988 muß in Europa verkauftes Fleisch – eigentlich – clean sein.)
Nein, man darf deutsche Bauern nicht allein für die Deformation der Landwirtschaft verantwortlich machen. Darum auch fordern SPD und Grüne gesetzliche Schritte gegen die Massentierhaltung, die offenbar die chemische Keule nicht aus der Hand legen kann. Drastische Gefängnisstrafen (nicht mehr nach dem Lebensmittel-, sondern nach dem Arzneimittelgesetz!) sollen kommen.
Die Kuhstall-Dealer werden nachrüsten. Mit Sicherheit wird eine neue Generation von Masthilfen retortengezeugt und gedealt werden. Stoffe, die noch schwerer dingfest zu machen sind als die jetzigen (also Stoffe, die aus der Sicht der Anwender »sicherer« sind), werden sich als neue Schwarzmarkt-Renner durchsetzen. Überall dort, wo der Absatz lohnt: wo industrielle »Tierproduktion« stattfindet.
Die Presse hatte Ende 1988 gerade ihre letzten Salven in Sachen Hormon verschossen, als man uns Eier aufschlug. Die Landfrisch-Eier GmbH aus Stuttgart hatte über zwei Jahre täglich 3,5 bis 5 Millionen vordatierte Eier auf den Markt geworfen – pardon, gelegt. Sechzig Millionen holländische und belgische Eier wurden »eingedeutscht«: Zur Vereinfachung erhielten die Hersteller gleich die gefälschten deutschen Verpackungskartons. Strafbefehle in Höhe von 140 000 und 150 000 Mark akzeptierten die beiden Geschäftsführer – lächelnd vermutlich, bei *dem* Gesamtumsatz.

Bemerkenswerter als der faule Zauber mit den Eiern ist ein Detail: Die Firma hatte bereits im selben Jahr, in dem die Ermittler kräftig zufassen konnten, zwei Untersuchungen über sich ergehen lassen müssen. Beide förderten belastendes Material ans Licht. Frage: Druckt ein Fälscher im Vollbesitz seiner geistigen Kräfte weiterhin Blüten, wenn schon gegen ihn ermittelt wird? Antwort: Ja, wenn es sich lohnt.
Der schwäbische Eiertanz läßt, wenn man ausschließt, daß die Eierhändler naive Volltrottel sind, nur einen Schluß zu: Bei Landfrisch fand eine Güterabwägung statt. Auffliegen und Strafezahlen kommt billiger, als das lukrative Fälschergeschäft mit alten Eiern vorzeitig zu beenden.
Der Dezember 1988 war ein ergiebiger Monat in Sachen Ei. Vor dem Stuttgarter Landgericht ging es um eine Skandalnudel – die möglicherweise gar keine ist. Eiernudelhersteller Birkel klagte gegen das Land Baden-Württemberg auf 43,2 Millionen Mark Schadenersatz. Am 15. August 1985 hatte das Regierungspräsidium per Pressemitteilungen verbreitet, Birkel-Produkte seien »mikrobakteriell verdorben«. Indiz: hoher Milchsäurewert. Dieses Indiz hat aber nur dann entlarvende Kraft, wenn der Hersteller Frischei verwendet hat; bei Trockenei sagen hohe Milchsäurewerte zumindest nichts Negatives. Das Land, so klagt Birkel, habe fahrlässig gehandelt, weil es Birkel ohne Rückfrage und fälschlich die Verwendung von Frischei unterstellt habe. Der Vergleichsvorschlag des Landgerichts lag bei 8 Millionen Mark Schadenersatz für Birkel.
Mitte Mai 1989 befand die 17. Zivilkammer des Landgerichts Stuttgart, Birkels Klage sei »dem Grunde nach gerechtfertigt«, ein »erster Etappensieg« (Klaus Birkel).
Am Ende kostete die Birkel-Affäre die Landeskasse 12,75 Millionen Mark. Regierungspräsident Manfred Balling, der einen hervorragenden Ruf als Anwalt der Verbraucher hatte, nahm resigniert den Hut. Es war gelungen, den verantwortlichen Beamten ein für allemal den Mund zu stopfen: Wer wagt künftig noch eine Warnung, wenn es um Millionen geht?
Wie gings weiter? Ach ja, PER im Olivenöl, Würmer im Fisch,

Glykol im Wein, Kükenbrei im Hühnerei, Insektengift in Babynahrung und, und, und ... lassen wir es gut sein.
Kleines Fazit: Der Skandal sind wir selber. Wie lange halten wir Kalbfleischboykott, wie lange Olivenölverzicht durch? Kurze Zusammenbrüche des Marktes bereinigen nur die Landschaft zugunsten der Großen. Solange wir darauf bestehen, daß ein Schweineschnitzel unter Zellophan nur 2 Mark, ein Ei keine 25 Pfennig kosten darf, schicken wir Schweine auf die Spaltenböden und Hühner in die Kästen, sorgen wir für Massentierhaltung, Tierquälerei, von überbordendem Tierkot totgebeizte Felder und versalzenes Grundwasser.
Fabrik-Tierhaltung bedingt hohen Einsatz von Medikamenten. Und wo die Agrarindustrie, um vorzubeugen, eh mit Antibiotika um sich wirft, läßt sich immer etwas Masthilfe abzweigen. Sauber erzeugte Lebensmittel kosten mehr als agrarindustrieller Schrott. Aber Politiker wissen, daß unser Protest gegen hohe, ehrliche Lebensmittelpreise nachdrücklicher ausfallen würde, als unsere Proteste gegen allfällige Lebensmittelskandale auszufallen pflegen.
Ein Skandal frißt den anderen. Fälschereier schlagen Hormon, PER-Olivenöl schwemmt beide weg. Darum müssen auch Politiker nicht mehr tun, als sie tun. Und darum auch werden uns Lebensmittelskandale so sicher erhalten bleiben, wie das Ende eines Kalbes vorbestimmt ist.

1985

Die Auftritte des Bundeskanzlers Kohl mit dem amerikanischen Präsidenten Reagan in Bitburg und Bergen-Belsen zeugen – wie ihr im »Historikerstreit« am deutlichsten hervorgetretenes ideologisches Unterfutter – von der großen Sehnsucht vieler Deutscher, endlich einen »Schlußstrich« unter die Nazivergangenheit zu ziehen.

Während die verbohrten Nazis nach wie vor meinen, nur dann erhobenen Hauptes einhermarschieren zu können, wenn sie die Greuel der Vergangenheit schlicht leugnen und als »Auschwitz-Lüge« abtun, sucht Kohl, ausgestattet mit der »Gnade der späten Geburt«, die »Versöhnung« mit den Feinden und Opfern von damals, die gleichsam vertragliche Zusicherung aller Betroffenen und ihrer Rechtsnachfolger, es endlich gut sein zu lassen mit dem Aufrechnen der Vergangenheit.

Wenn der Täter und der Opfer gleichermaßen gedacht wird (so geschehen nicht nur in Bitburg und Bergen-Belsen, sondern seit 1993 in Schinkels Neuer Wache in Berlin) – dann erlangen die Täter ihre Unschuld wieder. Der Zweck der Operation ist, den (mittlerweile wiedervereinigten und souveränen) Deutschen die Unbefangenheit gegenüber ihrer Geschichte zurückzugeben, die sie vermeintlich brauchen, um wieder als Großmacht auftrumpfen zu können – auch militärisch.

Tatsächlich hat sich die Bundesrepublik als durchaus erfolgreiches Exemplar einer westlichen Demokratie auch im Ausland ein Vertrauen erworben, aus dem internationale Verpflichtungen erwachsen. Nichts spricht aber dafür, daß dieses Vertrauen sich auch auf Deutschland als unbefangen an seine Großmachtgeschichte anknüpfende »Nation« erstreckt.

Micha Brumlik

Das Öffnen der Schleusen
Bitburg und die Rehabilitation des Nationalismus in der Bundesrepublik

I.

Die Wahlergebnisse und die Serie pogromartiger Ausschreitungen und Gewalttaten seit dem Frühjahr 1989 bezeugen die politische Renaissance des Rechtsextremismus in der Bundesrepublik Deutschland. Seit Jahren war aus unterschiedlichsten Umfragen bekannt, daß es in der Bundesrepublik ein rechtsextremistisches Wählerpotential um die 12% gab, unklar war allenfalls, wann und ob überhaupt dieses Potential einen politischen Ort finden würde. Die Ursachen für das Entstehen und die politische Institutionalisierung des Rechtsextremismus sind vielfältig.

Sozialstrukturell drückt sich in der Neuetablierung einer extremen Rechten der Widerstand verarmender oder in ihren Aufstiegserwartungen gehemmter unterer Mittelschichten aus. Die von den liberalkonservativen Parteien ungehemmt vorangetriebene kapitalfreundliche Modernisierung der Stadtzentren, die durch die elektronischen Medien beförderte Umstrukturierung der Arbeitswelt und die Erhöhung individueller Lebensrisiken durch die sogenannte Gesundheitsreform, die sogenannte Rentenreform und eine die Vermieter begünstigende Wohnungspolitik zog soziale Kosten nach sich, die in diesem Modernisierungsmodell nicht mehr aufgefangen werden konnten. Die Spaltung der Gesellschaft in zwei Drittel, die von diesen Entwicklungen profitierten oder zumindest an ihnen nicht litten, und ein Drittel, das immer mehr Lasten zu tragen hatte, war innerhalb des herkömmlichen Parteiensystems politisch nicht mehr aufzufangen.

Politisch schlägt sich in diesen Wahlergebnissen vor allem die strukturelle Unfähigkeit einer auf Modernisierung setzenden CDU aus, ihren konservativen und reaktionären Wählerstamm an sich zu binden. Diese Unfähigkeit ist keineswegs Ausdruck mangelnden politischen Willens oder mangelnder Festigkeit, sondern Ausdruck eines nicht lösbaren politischen Dilemmas. Die wirtschaftliche und soziale Modernisierungspolitik, die den schon vor Jahrzehnten eingeschlagenen Weg in die europäische Integration notwendig begleitet und den die CDU weitergehen muß, wenn anders sie nicht auf unabsehbare Zeit die politische Hegemonie in der Mitte verlieren will, ist ebenso alternativenlos wie kostenträchtig. Auch das Konzept einer Volkspartei kann nicht auf der einen Seite die Interessen aufstiegsorientierter, selbstbewußter und tendenziell opportunistischer Wechselwähler hier und die wertorientierten Ansprüche traditioneller Milieus (z.B. Abtreibungsgegner), absteigender sozialer Gruppen (Bauern, ältere Arbeitnehmer) und ideologisch verfestigter Wahlbürger (Deutschnationale) auf der anderen Seite unter einen Hut bringen.

Demographisch überwiegen unter den Wählern des Rechtsextremismus überdurchschnittlich jüngere bzw. ältere, vor allem männliche Wähler, die entweder von Arbeitslosigkeit bedroht bzw. betroffen sind oder aber ihren sozialen Status, zu dem auch Aufstiegshoffnungen gehören, gefährdet sehen.

Der Unmut all dieser Gruppen artikuliert sich, wie die Wahlstatistiken überall zeigen, anläßlich, aber nicht aufgrund der Arbeitsimmigration bzw. der Flüchtlingspolitik. Nebst allen anderen Elementen ist die Ideologie der erfolgreichsten rechtsextremen Partei, der »Republikaner«, durch eine bahnbrechende Neuerung gekennzeichnet. Am Widerstand der »Republikaner« und ihrer Wähler gegen die »deutschstämmigen« Aussiedler zeichnen sich die Konturen eines nicht mehr großdeutschen, sondern bundesrepublikanischen Nationalismus ab, der in aggressiver Weise eigene Besitzstände auch gegen deutsch-völkische Ideologien behaupten möchte.

Aus alledem dürfte deutlich geworden sein, daß der neue Rechtsextremismus zwar personell, organisatorisch und ideologisch mannigfache Kontinuitäten zum Nationalsozialismus und zum deutschnationalen Konservativismus aufweist, seinen sozialstrukturellen Ursachen gemäß jedoch ein neues, bundesrepublikanisches Phänomen darstellt.

Sozialstrukturelle Verwerfungen sind mittels der Politik nur begrenzt steuerbar, die Reaktionen auf derlei Veränderungen hingegen sind einer öffentlichen Debatte sehr wohl zugänglich. In diesem Bereich des politischen Abarbeitens der Folgekosten ökonomischer und politischer Modernisierung und europäischer Integration haben die konservativen und liberalen Parteien nicht nur versagt – nein, sie haben durch eine falsch konzipierte Ideologieplanung jenen Kräften zugearbeitet, deren Konkurrenz sie fürchten müssen und die das Ansehen der Bundesrepublik Deutschland ebenso nachhaltig beeinträchtigen, wie sie deren inneren politischen Frieden gefährden. Diese Entwicklung wäre abzusehen gewesen, wenn die Ideologieplanung der CDU/CSU tatsächlich nur von Machterhaltungsinteressen geleitet gewesen wäre und nicht von eigenen ideologischen Vorurteilen. Mit dem obszönen Ritual von Bitburg, das in einem die Motive des »Historikerstreits« vorwegnahm und zugleich jene Motive lieferte, die es einem Schönhuber erlaubten, sich auch in der politischen Arena stolz zu seiner Waffen-SS-Angehörigkeit zu bekennen, inszenierte die CDU/CSU ihren eigenen Hegemonieverlust und kündigte den antinazistischen Konsens der Bundesrepublik auf.

Im Ritual von Bitburg liegt gleichsam das Drehbuch der Entfaltung des Rechtsextremismus vor, wie in einer Nußschale ist hier alles geprobt worden, was in diesen und den nächsten Jahren zu einer bedrohlichen Rechtsverschiebung des bürgerlichen Lagers führen wird. Im Jahre 1985, vierzig Jahre nach dem Ende des Zweiten Weltkrieges, der Befreiung Deutschlands vom Nationalsozialismus, leitete die große konservative Volkspartei den ideologischen Rechtsruck ein.

II.

In Ritualen kondensiert sich in symbolhaften Handlungen und einer sakralen Atmosphäre jener Sinn, den einzelne Personen oder Personengruppen sich und ihrer Zukunft geben wollen. Rituale präsentieren einen Mythos, einen übergreifenden Sinnentwurf, der für die Anhänger und Teilnehmer des Rituals verbindlich festlegt, was gut oder böse, richtig oder falsch, achtbar oder verwerflich ist. Als sozialer Text, als Inszenierung drückt ein Ritual stets mehr aus als das, was seine Inszenatoren beabsichtigten. Die vermeintliche Absicht des Rituals von Bitburg bestand darin, vierzig Jahre nach dem Ende des Zweiten Weltkrieges – analog zur Versöhnung von Deutschen und Franzosen über den Gräbern von Verdun – öffentlich zu besiegeln, daß die Feinde von einst, Deutsche und Amerikaner, nunmehr endgültig und unwiderruflich nicht nur zu Waffenbrüdern, sondern zu Freunden geworden waren und daß all das, was nach wie vor im Gedächtnis der Menschen an Trennendem vorhanden war, ungültig ist. Vor dem Hintergrund der damaligen Debatte über Abrüstung und Raketenstationierung wurde deshalb das Ritual von Bitburg vor allem als NATO-Zeremonie angesehen, als eine öffentliche Bekräftigung einer nunmehr gemeinsamen Frontstellung wider die Sowjetunion.

Es läßt sich nicht mehr einwandfrei rekonstruieren, ob Bitburg gewählt wurde, weil dieser Ort der Reiseroute und den Bedingungen des Fernsehens genügte, weil er – anders als Verdun – nur deutsche Soldatengräber aufwies, oder – *weil* er eben auch SS-Gräber aufwies. Angeblich waren alle Beteiligten von den neunundvierzig Gräbern mit SS-Runen überrascht worden, und angeblich waren es dann vor allem »technische« Gründe, die für ein Festhalten an Bitburg sprachen. Umgekehrt ist mittlerweile bekannt, daß die Bundesregierung, daß Helmut Kohl die amerikanische Regierung und Präsident Reagan mit allen Mitteln, den empörten Protesten der amerikanischen Juden zum Trotz, drängten, das wieder und wieder diskutierte Besuchsprogramm einzuhalten.

Wenn also Bitburg – abgesehen von seiner Botschaft – etwas beweist, dann zunächst doch, daß der vermeintliche Einfluß der Juden beziehungsweise die besondere Sensibilität westdeutscher Nachkriegsregierungen gegenüber der jüdischen Minderheit bestenfalls ein Gerücht ist. In Bitburg wurde ein endgültiger und unwiderruflicher Schlußstrich unter jene Politik eines verlogenen Philosemitismus gezogen, der sich in der Bundesrepublik der Juden immer dann bediente, wenn es galt, an ihnen westlich-demokratische Honorigkeit zu demonstrieren. In eben dem Augenblick, in dem der mächtigste der ehemaligen Feinde bereit zu sein schien, einen Schlußstrich unter die Vergangenheit zu ziehen, erwies sich überdeutlich der rein instrumentelle Charakter des herrschenden Philosemitismus. Jüdische Belange zählten immer nur dann und so lange, wie sie deutschen Interessen dienten; schienen sie ihnen zuwiderzulaufen, wurden sie mit jener Taubheit und Stummheit übergangen, deren beinahe sprichwörtlicher Repräsentant Helmut Kohl geworden ist. In Bitburg zerbarst der offizielle Philosemitismus der Bundesrepublik, den auch später aufwendige Veranstaltungen zum vierzigsten Jahrestag der »Reichskristallnacht« nicht mehr wiederherzustellen vermochten.

In Bitburg leistete aber auch die bundesdeutsche Linke einen Offenbarungseid. Wo nur wenige Monate und Jahre zuvor noch Hunderttausende gegen die Stationierung einiger Raketen demonstriert hatten, herrschte nun Schweigen: Bis auf wenige Antifaschisten waren die jüdischen Studentenvereinigungen aus der Bundesrepublik und aus dem Ausland unter sich. Das moralische Kapital, das die bundesdeutsche Linke in den späten sechziger Jahren in ihren bitteren Auseinandersetzungen mit der Generation ihrer mitlaufenden Väter und Mütter angesammelt hatte, zerstob. Daß in Bitburg die Opfer der industriellen Massenvernichtung ein weiteres Mal geschändet wurden, daß der brutale Angriffskrieg der deutschen Wehrmacht mitsamt ihrer Beteiligung am Holocaust offiziell rehabilitiert wurde, es wurde übergangen.

Wenig scheint schwerer zu sein, als sich der letzten und

schwächsten Opfer des historischen Verlaufs anzunehmen, der Toten, der Ermordeten und Erschlagenen. Unmöglich schien es, in einer Situation, in der eine beinahe hysterische Angst vor der eigenen nuklearen Vernichtung die Köpfe und Herzen der bundesdeutschen Opposition besetzt hatte, jener Vergangenheit und ihren Opfern treu zu bleiben, die doch sonst so oft beschworen wurden. Es ist ungeklärt, ob man sinnvollerweise von so etwas wie einer anamnetischen Solidarität, einer Solidarität in der Erinnerung mit jenen, die Opfer wurden, sprechen kann. Wenn es so etwas wie eine Treue zu solchen Opfern, zu den Opfern des Holocaust, den Opfern des schlimmsten und somit unvordenklichen Verbrechens der Weltgeschichte, gibt, in Bitburg wurde diese Treue aufgekündigt und wurden die Opfer verraten. Walter Benjamin, der der vollen Wahrheit über die nationalsozialistische Judenverfolgung nicht mehr teilhaftig wurde, weil er ihr vorher, indem er aus Verzweiflung Selbstmord beging, zum Opfer fiel, hat das, was sich Jahrzehnte später in Bitburg ereignen sollte, in seinen Thesen »Über den Begriff der Geschichte« gleichsam prophetisch erfaßt: »Nur *dem* Geschichtsschreiber wohnt die Gabe bei, im Vergangenen den Funken der Hoffnung anzufachen, der davon durchdrungen ist: auch die Toten werden vor dem Feind, wenn er siegt, nicht sicher sein. Und dieser Feind hat zu siegen nicht aufgehört.«
In Bitburg wurden die Mörder rehabilitiert, in Bitburg *und* Bergen-Belsen ihre Opfer ein zweites Mal ermordet, indem die Erinnerung an sie zur billigen Münze eines abgefeimten politischen Deals wurde. Ablauf und Drehbuch der Doppelveranstaltung von Bitburg und Bergen-Belsen haben gezeigt, daß der Holocaust auch nicht mehr ist als eine wohlfeile Kulisse zur Promotion beliebiger politischer Inhalte, ja mehr noch: daß er sich sogar zum Vehikel einer »Öffentlichkeitsarbeit« eignet, die nichts anderes zum Ziel hat, als ihn zu verdrängen.

III.

Erste Ankündigungen des amerikanischen Präsidenten, bei seinem Besuch im Frühjahr des Jahres 1985 auch ein ehemaliges Konzentrationslager zu besuchen, wurden von deutscher Seite alsbald als »unfreundlich« gekennzeichnet. Offenbar sollte ein Gedenken an den Zweiten Weltkrieg nur so stattfinden, als sei es bei diesem Krieg um Rohstoffe und Hegemonie gegangen, nicht aber um die Befreiung Europas und Deutschlands von einer massenindustriell mordenden Diktatur. Mit dieser ersten Ablehnung wurde jener Literatur und jenen Geschichtsdeutungen das Stichwort gegeben, die schließlich im »Historikerstreit« dazu führten, im Zweiten Weltkrieg eine »antibolschewistische« Abwehrschlacht bzw. einen über das Ziel hinausschießenden Vernichtungskrieg der Westmächte gegen Preußen und seine Nachfolger zu sehen. Paßt das erste hervoragend in die Strategie der »Wertegemeinschaft« NATO, so greift das zweite zwar das bis heute geltende Selbstverständnis der USA bezüglich ihres Engagements im Zweiten Weltkrieg an, wäre aber möglicherweise eine Geschichtsdeutung, mit der diese leben könnten, wenn dieses Zugeständnis dazu beitrüge, den Festlandsdegen Bundesrepublik bei der Leine zu halten und vor dem Abgleiten in den Neutralismus zu bewahren. Daß in beiden Fällen die historische Wahrheit um strategischer Interessen willen verraten wurde, braucht nicht eigens erwähnt zu werden.

Indessen: innenpolitische Interessen auch in den USA führten nach einigem Hin und Her, in dem mal nur ein Soldatenfriedhof, mal nur ein ehemaliges KZ als Besuchsort erörtert wurde, zu dem beispiellosen Kompromiß, gemäß dem zuerst der Opfer des Judenmordes, dann aber ihrer Mörder gedacht wurde. Immerhin: den Opfern wurde gleichsam der Vortritt gelassen, das Zeremoniell auf dem Gebiet von Bergen-Belsen dauerte länger, und die beiden Kirchen ließen es sich nicht nehmen, dort mitzutun, aber lästige Pflichten bringt man gerne hinter sich, um sich dann dem Eigentlichen zuzuwenden: der zehnminütigen Ehrung von Wehrmachtssoldaten und Waffen-SS-Angehörigen.

Präsident Reagan und Bundeskanzler Kohl betraten, begleitet von zwei ehemaligen Weltkriegssoldaten, den Generälen Steinhoff und Ridgeway, den Friedhof. Anschließend legte der Präsident einen Kranz nieder, die beiden ehemaligen Soldaten schüttelten die Hände, währenddessen intonierte ein einsamer Bundeswehrtrompeter »Ich hatt' einen Kameraden«. Reagan selbst beziehungsweise die Fernsehleute achteten darauf, daß Reagans Kopf niemals zusammen mit einem eventuell SS-Runen aufweisenden Grabstein gezeigt wurde – was den Präsidenten auch optisch eigentümlich schief aussehen ließ.

In diesem Ritual bekannten sich die USA und die Bundesrepublik zu dem »antibolschewistischen Erbe« der Waffen-SS und der Wehrmacht, ganz so, wie es der Vorsitzende der CDU-Bundestagsfraktion, Alfred Dregger, schon seit längerem eingeklagt hatte.

In den Debatten um Bitburg wurde viel Aufhebens um die Tatsache gemacht, daß gegen Ende des Krieges die Waffen-SS nicht nur ein Freiwilligenverband war, sondern auch junge Männer wider ihren Willen in ihre Reihen zog. Ob dies bei den neunundvierzig in Bitburg Begrabenen der Fall war – niemand weiß es. Der Umstand, daß eine Reihe von ihnen sehr jung war, läßt jedenfalls nicht automatisch darauf schließen, daß sie sich nicht freiwillig gemeldet hatten. Aber abgesehen davon wäre dies auch völlig gleichgültig gewesen, da sämtliche Kritiker des Rituals stets geäußert hatten, daß es nicht um die jungen Männer, sondern gegen das SS-Symbol ging. Und wiederum gilt – unabhängig von den guten, bösen oder auch nur dummen Absichten der Teilnehmer und Inszenatoren –: Der Präsident der USA und der Kanzler der Bundesrepublik Deutschland neigten in Ehrfurcht und Ehrerbietung ihre Köpfe vor SS-Runen.

Freilich galt die Ehrung nicht allein und in erster Linie der SS – doch gerade damit zeigte das Ritual von Bitburg in seinem objektiven Gehalt mehr an historischer Stimmigkeit, als es seinen Inszenatoren recht sein konnte. So sehr es nämlich einerseits skandalös war, daß die SS geehrt wurde, so richtig war es doch andererseits, daß vor dem Hintergrund des Holocaust die Differenzen zwischen Wehrmacht und SS weitestgehend verschwinden. Denn keineswegs war es so, daß die Wehrmacht zwar nolens volens die Front hielt und die SS das blutige Mordhandwerk verrichtete – nein, die neuere zeitgeschichtliche Forschung hat eindeutig erwiesen, daß große Teile der Wehrmacht ein integraler Bestandteil der Vernichtungsmaschinerie waren, ein Teil, ohne den die Konzentration und Deportation der Juden vor allem aus jenen besetzten Gebieten, in denen es keine oder nur eine schwache Zivilverwaltung gab, nicht möglich gewesen wäre. Objektiv legte das Ritual von Bitburg so die Gemeinsamkeit – bei allen Unterschieden – von Wehrmacht und (Waffen-)SS bloß, eine Gemeinsamkeit, die in der Bereitschaft, Europas Juden zu ermorden, andere Minderheiten wie die Sinti zu vernichten sowie Hunderttausende sowjetische Kriegsgefangene in den Tod zu schicken, gipfelte. Sosehr also Waffen-SS-Angehörige auch sogenannte »normale« Kriegsaufgaben wahrnahmen, so sehr waren umgekehrt viele Wehrmachtsangehörige im einzelnen und die Wehrmacht objektiv und insgesamt Teil der Vernichtungsmaschinerie. Das Ritual von Bitburg warf damit einen ebenso hellen wie demaskierenden Lichtstrahl auf all die vorhergehenden Bemühungen, der Wehrmacht ein ehrendes Angedenken zu sichern.

IV.

Die Unsäglichkeit des Rituals von Bitburg, sei es nun gut gemeint gewesen oder nicht, liegt nicht alleine in seiner politischen Ungeschicklichkeit, seiner menschlichen Taktlosigkeit oder seiner moralischen Verwerflichkeit. Klugheit, Takt und Moral sind gewiß Größen, die einigermaßen geschickte Politiker zu beachten hätten. Aber auch Klugheit, Takt und Moral hätten nicht das bewerkstelligen können, worum es Helmut Kohl in Bitburg und Bergen-Belsen im Frühling des Jahres 1985 ging, nämlich darum, sich um jeden Preis mit den Ermordeten so zu versöhnen, daß ihre stumme Anklage in Zukunft nicht mehr gehört würde. Die Unsäglichkeit des Rituals von Bitburg und Bergen-Belsen, das Opfer und Täter gleich behandelte, liegt in seiner Unmöglichkeit; einer Unmöglichkeit, die auf einer anderen Ebene als der von Klugheit, Takt oder Moral angesiedelt ist. Wir können diese Ebene ganz unterschiedlich bezeichnen und die genannte Unmöglichkeit als theologische, metaphysische oder – schlichter – begriffliche Unmöglichkeit benennen. Hierbei gibt es kein Geheimnis und kein höheres Wesen, und jede Person, die Deutsch oder eine andere Sprache versteht, begreift auf Anhieb, warum Kohls und Reagans Unterfangen an den eigenen unzulänglichen Voraussetzungen scheitern mußte. Der keineswegs verborgene, überhaupt nicht geheimnisvolle Grund dieses Scheiterns lautet: *Versöhnung läßt sich nicht erzwingen.* Indem wir uns versöhnen, vergeben wir einander eine Schuld, die wir uns zugefügt haben. Indem wir einander vergeben, verkleinern wir die Schuld, die wir zu tragen haben, nicht – im Gegenteil: wir erkennen sie an. Aber wir geben zugleich kund, daß es Höheres gibt als das Festhalten der Schuld, nämlich die Achtung, den Respekt und vielleicht auch die Liebe zu der Person, der wir vergeben. Indem wir einander vergeben, sprechen wir zugleich die Hoffnung aus, daß diejenigen, denen wir vergeben, ihr schuldbeladenes Handeln nicht mehr wiederholen werden, daß sie das Ausmaß ihrer Schuld eingesehen und anerkannt haben und zu echter Reue fähig sind. So jedenfalls funktioniert das Vergeben und Versöhnen im alltäglichen, zwischenmenschlichen Bereich, im Bereich all jener Kränkungen, Verletzungen und Versehrungen, die Menschen einander in ihrem gemeinsamen Leben zufügen.

Aber auch dieses alltägliche Versöhnen beruht auf Voraussetzungen, die weder beliebig verändert noch ersetzt werden können. Auch sie klingen zunächst trivial. Alltägliches Versöhnen und Vergeben setzt voraus, daß beide Parteien zugleich anwesend sind, daß sie miteinander über die Störung ihrer Beziehung sprechen können. Vergeben kann nur diejenige Person, die das Unrecht auch tatsächlich erlitten hat, und *niemand kann sie dabei vertreten.* Ebensosehr kann auch niemand zur Vergebung

gezwungen werden. Eine Versöhnung, die nicht *freiwillig* erfolgt, eine abgepreßte Verzeihung, ist undenkbar.
Helmut Kohl und Ronald Reagan haben während der Doppelveranstaltung von Bergen-Belsen und Bitburg in mehrfacher Weise sowohl gegen die Unvertretbarkeitsregel als auch gegen die Freiwilligkeitsregel verstoßen:
Wer tot ist, kann nicht mehr vergeben und insofern auch nicht mehr vertreten werden. Haben sich Helmut Kohl und Ronald Reagan auch nur ein einziges Mal der Frage ausgesetzt, was die von der SS und Wehrmacht zusammengetriebenen, ermordeten und deportierten Menschen dazu gesagt hätten, wenn man *nach ihnen* ihren Mördern die Ehre erweist? Aber sogar wenn wir einräumten, daß Tote vertreten werden können, haben Kohl und Reagan falsch gehandelt. Denn diejenigen, die vielleicht noch am ehesten zu einer stellvertretenden Nachsicht – wenn überhaupt – bevollmächtigt gewesen wären, nämlich die Vertreter der Juden – sie verweigerten alle, mit Ausnahme des israelischen Botschafters, eine Teilnahme an der Zeremonie in Bergen-Belsen. Die Teilnahme christlicher Geistlicher dort, wo jüdische Geistliche sich ausdrücklich verweigerten, zeigt, daß es mit dem christlich-jüdischen Dialog und der Solidarität der Kirchen mit dem Judentum doch weniger weit her ist, als es »Wochen der Brüderlichkeit« suggerieren. Jüdische Menschen protestierten und demonstrierten in Bergen-Belsen und Bitburg – all dies konnte Kohl, Reagan und ihre Entourage zu keiner Umsicht und keiner Einsicht bringen. Und so, wie sie gegen die Unvertretbarkeitsregel verstießen, so verletzten sie die Freiwilligkeitsregel. Denn sie nötigten den Toten, die sich gegen derlei nicht mehr wehren können, eine Zustimmung ab, von der sie nicht wissen konnten, ob sie ihnen gewährt worden wäre.
Es wäre mystisch, ja abergläubisch, an den Fluch solcher Taten zu glauben. Gleichwohl steht fest, daß auch eine Gesellschaft wie die der Bundesrepublik Deutschland auf ein Minimum von Authentizität und Moral in zentralen Bereichen ihrer Beziehung zu sich selbst und ihrer Geschichte angewiesen ist. Wer dieses

Minimum antastet, wie es Helmut Kohl um einer schnöden und zynischen Ideologieplanung willen tat, muß sich den Folgen stellen. Das Ritual der abgepreßten und somit unwirksamen »Versöhnung« von Bitburg schuf mit die Voraussetzungen für den Neuauftritt von Rassismus, Nationalismus, Fremdenfeindlichkeit und Antisemitismus. Diese Strömungen, im besten Fall als unerfreuliche Nebenkosten hingenommen, verdichten sich dort, wo sie hingehören: in einem rechtsextremistischen Parteienpool, der, wenn er weiter wächst, die Partei Helmut Kohls die politische Hegemonie kosten wird.

Wenn eine spätere Geschichtsschreibung Ort und Zeit der Geburt des neuen deutschen Rechtsextremismus zu benennen haben wird, ist kein Zweifel möglich: Im Frühjahr 1985 öffnete Helmut Kohl selbst jene Schleusen, deren lange zurückgehaltene Fluten zuallererst ihn selbst davonspülten.

Man hätte glauben wollen, daß der deutsche Konservativismus aus den Fehlern des Jahres 1933 gelernt und sich des Spiels mit Nationalismus und Fremdenhaß entledigt hätte. Bitburg und die Folgen zeigen, daß dem nicht so ist.

1986

Am besten an den Reaktionen der bundesdeutschen Politiker und Behörden auf den GAU im Atomkraftwerk Tschernobyl läßt sich ein neuartiger Typ des politischen Skandals studieren, der Beschwichtigungsskandal.

Das Maß, in dem eine Reihe von Politikern beim Abwiegeln berechtigter Ängste vor den Folgen unbeherrschbarer Technologien sich engagierten und dadurch vorauseilende Interessenvertretung für die Industrie betrieben, sprengt den Rahmen jeder Agenturtheorie: Sie handelten nicht einfach bloß als Lobbyisten, sondern als rücksichtslose »Macher« aufgrund eines Rollenverständnisses, das der sozialpsychologischen Analyse bedarf.

Hans-Jürgen Wirth

Alles halb so wild
Der Beschwichtigungsskandal um Tschernobyl

Am 26. 4. 1986 ereignete sich in dem sowjetischen Atomkraftwerk in Tschernobyl eine Katastrophe, wie sie einerseits die Anti-AKW-Bewegung, die Alternativen, die Grünen und die Friedensbewegung seit Jahren als Schreckensbild an die Wand gemalt hatten, wie sie andererseits von den Verfechtern der Atomenergie als zu vernachlässigendes »Restrisiko« angesehen wurde, mit dem man nur statistisch, nicht aber praktisch zu rechnen habe. Und so wurden wir alle – sowjetische wie bundesdeutsche Behörden, Kernkraftgegner wie Atomlobby – von der Katastrophe überrascht, waren innerlich und organisatorisch nicht auf sie vorbereitet. Niemand hatte sich einen solchen »Störfall« wirklich vorstellen können. Nur zögernd informierten die sowjetischen Behörden die Weltöffentlichkeit über das ganze Ausmaß des Reaktorunfalls und begannen erst 36 Stunden nach der Explosion mit der Evakuierung der Bevölkerung, die dann in drei Stunden durchgeführt wurde. Etwa 100000 Menschen im Umkreis von dreißig Kilometern mußten innerhalb weniger Minuten ihr Heim verlassen.

In den nächsten Tagen bescherte der Ostwind der Bundesrepublik nicht nur schönes Wetter, sondern auch eine radioaktive Wolke, die uns am 30. April erreichte. An diesem Tag konzentrierte sich die Berichterstattung der westdeutschen Tagespresse noch ganz auf die Vorgänge in der damaligen UdSSR. Keine Warnung an die eigene Bevölkerung, keine vorsorglichen Verhaltensempfehlungen, nichts, was die Menschen in der Bundesrepublik direkt hätte betreffen oder beunruhigen können. Doch von Stunde zu Stunde, von Rundfunkmeldung zu Rundfunkmeldung wurde es spürbarer: Ein katastrophales Geschehen vollzog sich und verbreitete Angst und Unsicherheit in der Bevölkerung.

Parallel zur Ausbreitung dieser Angst setzte in Bonn die Beschwichtigungsrhetorik ein. Am Abend des 30. April verkündete Bundesinnenminister Zimmermann persönlich über das Fernsehen: »Eine Gefährdung der Bürger in der Bundesrepublik ist absolut auszuschließen«. Denn, so begründete er, das Atomkraftwerk sei 2000 Kilometer entfernt. Doch allen Bagatellisierungsversuchen von Forschungsminister Riesenhuber, Innenminister Zimmermann, der Gesellschaft für Reaktorsicherheit und der Strahlenschutzkommission, denen sich große Teile des Fernsehens und der Presse anschlossen, zum Trotz, griff die Welle der Angst in der Bevölkerung um sich. In vielen Städten der Bundesrepublik kam es in den folgenden Tagen und Wochen spontan zu Kundgebungen, Protestversammlungen, Informationsveranstaltungen, Kinderdemonstrationen und Großdemonstrationen, zu massenhaften Protest- und Willensäußerungen also, wie sie seit Beginn der Friedensbewegung am Anfang der achtziger Jahre nicht mehr stattgefunden hatten. Trotz des Beschwichtigungsgeredes der Regierung beherrschte der GAU wochenlang die Medien, die öffentliche Diskussion und die Gespräche in den Familien, so daß sich schließlich auch die offiziellen Stellen gezwungen sahen, Empfehlungen für individuelle Vorsorgemaßnahmen zu geben, die in Widerspruch zu den vorher ergangenen Beteuerungen standen, es bestehe keinerlei Gefährdung. Alle Maßnahmen und Äußerungen der amtlichen Stellen und Sprecher waren gekennzeichnet von einer tiefen Verunsicherung, die sie hin und her schwanken ließ zwischen der ursprünglichen Absicht, schnell wieder zur Tagesordnung überzugehen, dem Eingeständnis der Hilf- und Ratlosigkeit sowohl der Behörden als auch der wissenschaftlichen Experten und dem Erschrecken über die Katastrophe selbst, vor allem aber über deren Auswirkungen auf die Stimmung in der Bevölkerung. So entstand ein heilloser Wirrwarr von Ratschlägen für das alltägliche Leben, wie das Wechseln von Luftfiltern in Pkws, von Verhaltensrichtlinien für das Baden in Seen und das Spielen in Sandkästen, und von Empfehlungen einer staatlich abgesegneten Schonkost: Salat waschen, auf Trockenmilch ausweichen usw. Auf Unbedenklichkeitserklärungen eines Regierungssprechers folgten Warnungen aus dem Munde eines Staatssekretärs, die wiederum durch Entwarnungen irgendeines Atom-Experten konterkariert wurden, um in der Dementierung von Warnung und Entwarnung zu gipfeln: »Wir müssen nicht warnen, deshalb müssen wir auch nicht entwarnen.« Zuerst wurde nur über Jod 131 berichtet mit dem Hinweis darauf, daß sich dessen radioaktive Strahlung alle acht Tage halbiert (»Halbwertszeit«). Erst Tage später schoben Experten Meldungen über das langlebige Caesium 137 nach, und schließlich sickerten beunruhigende Informationen über die hochgiftigen und langlebigen Strahler Strontium und Plutonium durch.

Doch nicht das allgemeine regierungsamtlich geförderte Informations-Chaos, das einige Kritiker dazu veranlaßte, von Tschernobyl in erster Linie als von einer »Informationskatastrophe« zu sprechen, ist der eigentliche Skandal. Unser wissenschaftlich gesichertes Wissen über die gesundheitlichen Langzeitwirkungen der atomaren Niedrigstrahlung sind so gering, daß sich widersprechende Expertenmeinungen und dementsprechende Empfehlungen gar nicht ausschließen lassen. Der eigentliche Skandal ist der Versuch der Regierung, zu beschwichtigen, zu bagatellisieren, zu verleugnen und so schnell wie möglich wieder zum üblichen Tagesgeschäft überzugehen. Diese Politiker taten so, als sei die offen geäußerte Angst vieler Bürger das eigentliche Übel und nicht der atomare Fallout. Die Hauptsorge der Bundesregierung galt nicht der Gesundheit der Bürger, sondern der Akzeptanz der Kernkraft in der Bundesrepublik. Forschungsminister Riesenhuber drückte diese Sorge am 4. Mai 1986 in seiner Warnung vor »Bestrebungen aus verschiedenen politischen Richtungen zur Emotionalisierung der Bevölkerung gegen Atomkraftwerke« aus. Und Kanzleramtsminister Schäuble äußerte sich am 6. Mai 1986 wie folgt: »Wir haben natürlich den Begriff ›Krisensitzung‹, ›Krisenstab‹ und ähnliches schon deshalb vermieden, weil unsere Bürger dann aus solchen Begriffen natürlich ableiten würden, es liege

eine konkrete Gefahrenlage vor, von der ich noch einmal sagen muß: Sie hat zu keinem Zeitpunkt vorgelegen.«
Doch bewirkten die staatlichen Bagatellisierungs- und Beschwichtigungsversuche bei vielen Bürgern gerade das Gegenteil. Sie stärkten das Mißtrauen gegen offizielle Verlautbarungen und amtlich bestellte und bezahlte Experten und motivierten viele Bürger, sich nach alternativen Informationsquellen und unabhängigen und kritischen Wissenschaftlern umzusehen. Eine repräsentative Befragung über »Die Reaktionen der Bevölkerung auf die Ereignisse in Tschernobyl« (Peters u.a. 1987) kam zu dem Ergebnis, daß die Glaubwürdigkeit der Bundesregierung, der Kernforschungszentren und der Industrie, die »Glaubwürdigkeit des Establishments« also, geringer war als die »Glaubwürdigkeit des Anti-Establishments«, zu dem Gruppierungen wie Bürgerinitiativen und das »Öko-Institut« gerechnet wurden. Es sei deutlich geworden, so resümierten die Autoren der Studie, »daß die ökologische Bewegung sich bis weit über ihren unmittelbaren Anhängerkreis hinaus Respekt verschafft hat und mit ihren Informationen ein offenes Ohr bei vielen Bürgern findet«.
Sozialpsychologisch betrachtet, stellen die Bagatellisierungsversuche der regierungsamtlichen Sprecher einen Widerpart in dem psychodynamischen Wechselspiel mit den geängstigten Bürgern dar: Je stärker die staatlichen Stellen versuchten, Informationen zu reglementieren, zu koordinieren, die Gefahren herunterzuspielen und abzuwiegeln, um so größer wurde das Mißtrauen der Bevölkerung, daß ihr relevante Informationen verheimlicht würden. Und umgekehrt: Je mehr Gefühle des Unheimlichen und der Angst in der Bevölkerung anschwollen, um so mehr glaubten die Politiker, ihr von vermeintlichen Sachzwängen beherrschtes Atomprogramm mit dem kühlen Sachverstand der eilig herbeizitierten Experten verteidigen zu müssen. Dieses Muster eines psychodynamischen Wechselspiels ließ sich im übrigen auch in privaten Beziehungen beobachten: Männer und Frauen, Alte und Junge, Eltern und Nichteltern, Befürworter und Gegner der Kernenergie erlebten sich

wechselseitig als hysterische Angsthasen bzw. als kühl kalkulierende Menschenverächter. Diese Polarisierungen reichten bis in die intimen Beziehungen der Familien und der Partnerschaften, charakterisierten aber auch die Auseinandersetzungen auf der politischen Ebene. Aus den Diffamierungen der Kernkraftgegner wurde deutlich, daß die Politiker Feindbilder innerhalb der Gesellschaft benutzen und aufbauen, um von den eigentlichen Problemen abzulenken und um mit ihren eigenen Unsicherheiten, Selbstzweifeln und Ängsten projektiv fertigzuwerden. Innenpolitisch übernahmen die Grünen, die Atomkraftgegner und überhaupt alle Menschen, die ihre Ängste und ihre Besorgnis offen zeigten und darüber sprachen, die Rolle von Sündenböcken. Sie wurden von den Sachzwangpolitikern beschimpft als notorische Nörgler, hysterische Panikmacher, einfältige Narren und »gefährliches Sammelsurium von Neinsagern« (CDU-Sprecher Jürgen Merschmeier). Diejenigen Bürger aber, die ihre Angst nicht offen zeigten, repräsentierten die hilflose Kehrseite, die negative Identität derjenigen Politiker und Bürger, deren oberstes Ziel das reibungslose Funktionieren ist, das sie durch den Unfall von Tschernobyl gefährdet sahen. Hätten diese Politiker nicht die ängstlichen, verzweifelten und auch protestierenden Bürger als Feind- und Kontrastbilder, könnten ihnen Selbstzweifel kommen ob ihrer gigantomanischen Programme, und sie würden in ihrer narzißtischen Selbstüberschätzung erschüttert. Wie labil die herrschende Technik-, Wissenschafts- und Fortschrittsgläubigkeit inzwischen tatsächlich geworden ist, wird durchaus auch an dem ganzen Durcheinander der offiziellen Verlautbarungen deutlich. Doch die regierenden Politiker zogen es vor, nicht die Radioaktivität selbst als Ursache für die Ängste der Bürger anzusehen, sondern die »Panikmacher« und die »uneinheitliche, verunsichernde Informationspolitik« der verschiedenen offiziellen Stellen. So war es nur konsequent, daß der damalige Bundesumweltminister Wallmann am 4. 6. 1986 im Fernsehen erklärte, in der Bundesrepublik sei durch Tschernobyl eine völlig neue Situation entstanden, jedoch »nicht in der Sache, aber im Bewußtsein der

Menschen«, wie er ausdrücklich hinzufügte. Dementsprechend sah er sich »nicht nur vor sachliche Aufgaben« gestellt, sondern er müsse den Bürgern zeigen, »daß wir ihre Ängste ernst nehmen«. Diesen Aspekt hob Wallmann so stark hervor, daß ihn der Moderator der ZDF-Sendung als »Seelenarzt für die Bevölkerung« bezeichnete, ohne daß Wallmann widersprochen hätte. Diese Episode hat den Kasseler Sozialpsychologen Hans Füchtner zu der Interpretation bewogen, Wallmann gehe an seine Aufgaben als Minister für Reaktorsicherheit nicht mit einer sachlich-fachlichen, sondern mit einer quasi-psychotherapeutischen Einstellung heran. Der Staat gebärde sich als Psychotherapeut. – Um nicht das eigene Atomprogramm in Frage stellen zu müssen, sahen die Atompolitiker die real begründeten Befürchtungen der Bürger als neurotische Ängste an, denen der Staat durch vertrauenseinflößende Maßnahmen entgegenzuwirken trachtete. Tatsächlich aber hätte das offene Eingeständnis der Politiker, daß die Wissenschaftler, die Techniker und die Politiker auch besorgt sind und eben nicht genau wissen, welche Folgen die Radioaktivität haben kann, viel eher »vertrauensbildend« gewirkt als der krampfhafte Versuch, alle Landesregierungen auf einheitliche Empfehlungen und Grenzwerte einzuschwören und den Bürgern ihre Ängste ausreden zu wollen. Die Politiker, die Wissenschaftler und Techniker hätten an Glaubwürdigkeit gewonnen, hätten sie etwas von ihrer eigenen Unwissenheit, Verunsicherung und Angst zugegeben und ihre bisherige Politik selbstkritisch hinterfragen können.

Außenpolitisch bestand die Sündenbock-Praktik darin, im kommunistischen System der Sowjetunion die Ursache für den Reaktorunfall zu suchen. Manche taten so, als handele es sich gleichsam um kommunistische Radioaktivität und als habe es nie ein Harrisburg und ein Challenger-Unglück gegeben. Unsere Aufgabe bestehe darin, so erklärte Riesenhuber am 3. Mai 1986, »die Kernenergie weltweit deutschen Sicherheitsstandards anzupassen«. Projektive Verzerrungen der Wirklichkeit und Selbstgefälligkeit kennzeichneten über weite Strecken die politische Auseinandersetzung.

So hat der Super-GAU von Tschernobyl zur Stabilisierung alter und zur Etablierung innenpolitischer und außenpolitischer Feindbilder beigetragen, statt daß man über ideologische und nationale Grenzen hinweg näher zueinandergefunden und die Besorgnis über die bedrohlichen Folgen der wissenschaftlich-technischen Entwicklung miteinander geteilt und gemeinsam nach Auswegen gesucht hätte. Eigentlich könnte Tschernobyl auch deutlich machen, um wieviel enger alle Völker im Atomzeitalter aneinandergerückt sind, wie sehr wir alle voneinander abhängig und auf die Kooperationsbereitschaft der jeweils anderen Seite angewiesen sind. Tschernobyl hat jedenfalls gezeigt, daß in den Ängsten der Anti-AKW-Bewegung, die so häufig als irrational verunglimpft wurde, mehr »vorausschauende Weisheit« (Horst-Eberhard Richter) steckte als in der scheinbar überlegenen Rationalität der Atompolitiker und ihrer Experten.

In der Zeit seit Tschernobyl ist die Kette der »Unregelmäßigkeiten«, der Störfälle und der Beinahe-GAUs in bundesdeutschen Kernkraftwerken nicht abgerissen. An den Skandal um die Atomfirmen Nukem, Alkem und Co. schloß sich ein Beinahe-GAU im hessischen Atomkraftwerk Biblis an, den die Kernkraftbetreiber vor der Öffentlichkeit zu vertuschen suchten. Seiner Aufdeckung folgte das Bekanntwerden einer ganzen Reihe weiterer, oft verschwiegener Störfälle. Und im Mai 1989 stand das Aus für die Wiederaufbereitungsanlage Wackersdorf auf der Tagesordnung. Die Atomwirtschaft taumelt – man darf es wohl, ohne zu übertreiben, so nennen – von Krise zu Krise, von Skandal zu Skandal. Und doch ist sie (noch) nicht untergegangen. Zu stark sind die ökonomischen und machtpolitischen Interessen, die mit ihr verknüpft sind. So bleiben nach Tschernobyl die bangen Fragen: Regiert wieder das Vergessen? Behalten die Beschwichtigungspolitiker und behält »die Angst vor der Angst« (Günther Anders) die Oberhand? Hat uns der »Mut zur Angst« schon wieder verlassen? Oder hat sich doch ein »Problembewußtsein« über die Risiken der Kerntechnologie in großen Teilen der Bevölkerung und auch bis in die oberen Etagen der Politik ausgebreitet?

Zu diesen Fragen gibt es verschiedene psychologische Untersuchungen und Meinungsumfragen, die übereinstimmend zu dem Ergebnis kommen, daß Tschernobyl von der Bevölkerung in der Bundesrepublik als ein »Realitätsschock« erlebt wurde (so Elisabeth Noelle-Neumann in der »FAZ« vom 6. 6. 1987), der »eine langanhaltende Erschütterung, eine Veränderung der Gefühle, aber auch des Denkens« bewirkt hat. Eine repräsentative Befragung von 2000 Bürgern der Bundesrepublik (Peters u. a. 1987) etwa sieben Monate nach der Katastrophe ergab, daß »das Ereignis bei erheblichen Teilen der Bevölkerung Unsicherheit über die gesundheitlichen Folgen hinterlassen hat«, eine Unsicherheit, die »nicht nur vorübergehend durch die Turbulenzen der Ereignisse in den ersten Wochen nach der Katastrophe vorhanden war, sondern in erheblichem Umfang bestehenbleibt – auch nachdem man mit einigem zeitlichen Abstand auf die Ereignisse zurückblicken kann«. Auch wenn eine echte Vorher-Nachher-Messung nicht vorliegt, halten es die Autoren für »wahrscheinlich, daß der Unfall in Tschernobyl eine erhebliche Vergrößerung des Anteils der Kernenergiegegner bewirkt hat«. »Fast dreiviertel der Befragten streben – mehr oder minder rasch – das Ende der Kernenergienutzung in der Bundesrepublik an. Davon plädieren rd. 40% für den forcierten Ausstieg, also das Abschalten von Kernkraftwerken vor Ende ihrer normalen Lebensdauer. Die radikale energiepolitische Position des sofortigen Ausstiegs wird nur von weniger als 10% vertreten; andererseits sprechen sich aber auch nur etwa 7% der Befragten für einen Ausbau der Kernenergie aus.« Nach einer vom Institut für Psychologie der Regensburger Universität veranstalteten Befragung über die Betroffenheit und die psychologischen Folgen des Unfalls an 559 Erwachsenen und Studenten in Bayern (Lukesch u. a. 1986) ist das hervorstechendste Gefühl gegenüber der Katastrophe Hilflosigkeit. Ärger und Wut folgen als nächstes, erst danach rangieren Angst und Furcht. Sehr deutlich wird die »hohe Betroffenheit der Befragten«. »Gleichgültigkeit und Vertrauen sind angesichts des Vorfalls so gut wie nicht vorhanden.« Selbst Frau Elisabeth Noelle-Neumann, die über jeden Ver-

dacht der Panikmache und der Schwarzmalerei erhaben sein dürfte, kommt aufgrund der Umfrageergebnisse ihres Institutes für Demoskopie in Allensbach zu folgender Erkenntnis: »Der Schock, der damals die Bevölkerung ergriff, hat sich bis zum Frühjahr 1987 nicht vermindert, er ist, so scheint es, zu einem Bestandteil des Lebensgefühls geworden. [...] Die Bedrohlichkeit wurde im Frühjahr 1987 mit gleicher Stärke empfunden wie wenige Wochen nach Tschernobyl im Sommer 1986. Es sieht sogar so aus, als ob sich die Angst in den Monaten nach der Katastrophe weiter ausgedehnt hat. Häufiger als gleich nach Tschernobyl sprechen die Menschen heute davon, sie sorgten sich mehr um die Zukunft der Kinder, sie seien jetzt vorsichtiger bei der Auswahl von Nahrungsmitteln, sie seien ganz allgemein ängstlicher geworden. Ein Abflauen von Besorgnis ist nirgends zu bemerken.«
Die »Frankfurter Allgemeine Zeitung« veröffentlichte die Untersuchung von Frau Noelle-Neumann im Wortlaut, allerdings – man traute seinen Augen nicht – unter der völlig gegenteiligen Überschrift »Tschernobyl: Ein Schock ohne [!] nachhaltige Wirkung« (FAZ vom 6. 6. 1987, S. 11). Auch ein Jahr nach dem Super-GAU erschienen sowohl das Ereignis selbst als auch seine möglichen Auswirkungen auf das politische Bewußtsein der Bevölkerung den Meinungsmachern der »FAZ« so bedrohlich, daß sie glaubten, die Tatsachen in ihr Gegenteil verkehren zu müssen.

1986

Unter dem Stichwort »Celler Loch« ist ein ungeheuerliches Bubenstück in die Annalen der Republik eingegangen, das 1986, acht Jahre, nachdem es ausgeheckt worden war, wenigstens auszugsweise das Licht der Öffentlichkeit erblickte. Die vom niedersächsischen Verfassungsschutz unter den Fittichen der Landesregierung ausgeführte Aktion weist in einigen Zügen auf die Barschel-Affäre des Jahres 1987 voraus. Doch da ist ein Unterschied: In Niedersachsen ist keiner von denen, die anderen fingierte Straftaten in die Schuhe schoben, um sich selbst gegenüber der Wähler-Öffentlichkeit im besseren Licht zeigen zu können, jemals ernsthaft zur Rechenschaft gezogen worden.

Eckart Spoo

Die Staatsbombe
Wie Niedersachsens Regierungschef Ernst Albrecht den Terrorismus bekämpfte

Ein Liebespaar verhinderte in der Nacht zum 24. Juli 1978 in Celle eine seit Monaten geplante geheime Staatsaktion. Beamte des Landes Niedersachsen und des Bundes, die sich in tiefer Dunkelheit mit einem Schlauchboot auf dem Flüßchen Aller geräuschlos der Stelle näherten, wo sie an der Mauer der Justizvollzugsanstalt eine Sprengladung anbringen sollten, mußten angesichts der beiden zärtlich Verschlungenen im Ufergras unverrichteter Dinge umkehren – ebenso geräuschlos, denn niemand durfte sie wahrnehmen. Das Liebespaar bemerkte nichts. Auf Steuerzahlers Kosten begab sich das staatliche Sprengkommando, dirigiert von einem leitenden Beamten der niedersächsischen »Verfassungsschutz«-Behörde, in der folgenden Nacht abermals nach Celle. Gefängnisdirektor Paul Kühling, in den Plan eingeweiht, ließ das Wachpersonal zu einer nächtlichen Dienstbesprechung zusammenrufen. Die Häftlingsaufseher wurden zu erhöhter Wachsamkeit ermahnt, weil mit Terroranschlägen zu rechnen sei. Als kurz danach mit großem Getöse der Sprengsatz explodierte, mußten die erschreckten Vollzugsbeamten das als Bestätigung auffassen, wie groß die Gefahr und wie umsichtig, fürsorglich ihre Obrigkeit war. Die Celler Polizei, bei deren Eintreffen die »Verfassungsschützer« und ein als Sprengstoff-Experte beigezogener Helfer von der Bundesgrenzschutz-Einheit GSG 9 verschwunden waren, fand am Tatort eine vergessene Polizeipistole.

Am Morgen nach dem Anschlag eilte der niedersächsische Justizminister Professor Hans-Dieter Schwind (CDU) nach Celle, um Journalisten das Loch in der Gefängnismauer zu zeigen und sich – obwohl ihm die wahre Täterschaft bekannt war – über die linken Terroristen zu empören, die offenbar versucht hätten, einen Häftling zu befreien. Die Deutsche Presse-Agentur (dpa) informierte alle aktuellen Medien der Republik. Am Abend trug die »Tagesschau« die beunruhigende Nachricht in jedes Wohnzimmer. Als Tatverdächtiger gesucht wurde der Schwerkriminelle Klaus-Dieter Loudil, der von einem Hafturlaub nicht in die Celler Anstalt zurückgekehrt sei. Der gescheiterte Befreiungsversuch habe offenbar dem Häftling Sigurd Debus gegolten. Debus wurde der Öffentlichkeit als Komplize der berüchtigten »Rote Armee Fraktion« (RAF) vorgestellt.

Erst acht Jahre später gelang einem Landtagsabgeordneten der Grünen und einem hannoverschen Journalisten die Enthüllung, daß die Öffentlichkeit damals irregeführt worden war. Loudil hatte sich nicht der Haft entzogen, sondern war vorzeitig entlassen worden, nachdem »Verfassungsschutz«-Beamte ihn für die Terroristenrolle engagiert hatten. Dem Sprengkommando aber hatte er gar nicht angehört.
Ernst Albrecht (CDU), zur Tatzeit und auch noch zur Zeit der Enthüllung Ministerpräsident des Landes Niedersachsen, sah sich nun veranlaßt, vor dem Landtag in Hannover eine Regierungserklärung abzugeben. Er stellte die geheimdienstliche »Aktion Feuerzauber«, die mit ihm persönlich ausgeheckt worden war, als bedeutenden Beitrag zur Bekämpfung des Terrorismus dar. Journalisten und einzelne gewissenhafte Abgeordnete recherchierten weiter, bis sich auch die Regierungserklärung als Irreführung der Öffentlichkeit erwies. Bei Albrecht war von einem einzigen Celler Strafgefangenen die Rede, den der Geheimdienst als V-Mann angeworben habe. In Wahrheit waren es zwei: neben Loudil der wegen zahlreicher schwerer Straftaten ebenfalls zu zehn Jahren Haft verurteilte Manfred Berger. Über den inzwischen verstorbenen Debus behauptete Albrecht, er habe Mithäftlinge für terroristische Zwecke angeworben. In Wahrheit hatte Debus nie in Verbindung zur RAF gestanden und auch Berger und Loudil nicht für irgendwelche gemeinsame Pläne zu gewinnen versucht. Im Gegenteil hatte der niedersächsische Geheimdienst, der um Debus herum eine Terrori-

stengruppe aufbauen wollte, die beiden an ihn herangespielt. Die »Verfassungsschützer« ließen Ausbruchswerkzeug in Debus' Zelle schmuggeln, das dort gefunden werden sollte. In einem gestohlenem Auto, das der Geheimdienst von der Polizei in Salzgitter finden ließ, lag neben anderen Gegenständen, die auf eine geplante Gefangenenbefreiung hindeuten sollten, ein gefälschter Paß für Debus. Vordruck und Dienstsiegel stammten aus Einbrüchen bei Behörden. Das Auto, einen Mercedes 350 SL, hatte der Geheimdienst durch den zu allerlei Schmutzarbeiten bereiten Agenten Werner Mauss alias Rick alias Nelson alias Lampe alias Franke besorgen lassen. Nach dem vorgetäuschten Befreiungsversuch ließ Anstaltsleiter Kühling, obwohl er ja wußte, daß dem ihm zur Resozialisierung anvertrauten Häftling damit Unrecht geschah, die Haftbedingungen für Debus erschweren. Während des Anschlags hatte Debus arglos im Bett gelegen. Gleich nachher mußte er sich einer Durchsuchung seiner Zelle und einer Leibesvisitation unterziehen. Damit fingen die Schikanen erst an, die er infolge der geheimdienstlichen »Aktion Feuerzauber« zu erdulden hatte, bis er einige Monate später in Hungerstreik trat und kurz vor dem Termin seiner Haftentlassung starb. Bezeichnend ist, daß ein Antrag seiner Anwälte auf Hafterleichterung unter ausdrücklichem Hinweis auf den Sprengstoffanschlag vom 25. Juli 1978 abgelehnt wurde – ein mörderisches Verwirrspiel.

Es seien alle Sicherheitsvorkehrungen getroffen worden, damit bei dem Anschlag kein Mensch habe zu Schaden kommen können, beteuerte Albrecht in seiner Regierungserklärung. Falsch. Mit Ausnahme des Anstaltsleiters wußten die Gefängnisbeamten, auch die auf den Wachtürmen, nicht Bescheid.

Der damalige Bundeskanzler Helmut Schmidt (SPD) sei über die geplante Geheimdienstoperation informiert gewesen. Falsch. Niemand hatte den Kanzler informiert.

Nach dem vorgetäuschten Versuch einer Gefangenenbefreiung habe »der V-Mann« Zugang zu terroristischen Kreisen gefunden. Falsch. Weder Loudil noch Berger fanden je Zugang zu solchen Kreisen.

Durch die »Aktion Feuerzauber« seien Erfolge bei der Bekämpfung des Terrorismus möglich geworden. Kein einziger Erfolg wurde bekannt.
Ein gewaltsamer Ausbruch von Debus sei vereitelt worden. Die Gefahr eines Ausbruchs hatte nie bestanden.
Eine geplante Mordtat sei verhindert worden, sagte Albrecht. Als Opfer war angeblich Anstaltsleiter Kühling ausersehen. Mit Verwunderung hörte Kühling davon, als ihn 1988 der parlamentarische Untersuchungsausschuß, der die ganze Affäre durchleuchten sollte, danach befragte.
Infolge der angeblich gelungenen Einschleusung »des V-Manns« in terroristische Kreise sei es auch möglich geworden, Brandanschläge und Raubüberfälle aufzuklären, flunkerte Albrecht dem Landtag vor. Welche Anschläge und Überfälle das gewesen sein könnten, blieb das Geheimnis des Ministerpräsidenten. Der Untersuchungsausschuß erfuhr von keinem einzigen Fall.
Geraubtes Geld sei sichergestellt worden. Das behauptete dann auch V-Mann Berger als Zeuge. Beweise lieferte er ebenso wenig wie der Ministerpräsident.
Waffen – so Albrecht – seien beschlagnahmt worden. Auch das blieb unbewiesen.
Ein Sprengstoffanschlag sei verhindert worden, hieß es schließlich in der Erfolgsbilanz, mit der Niedersachsens Regierungschef den von ihm genehmigten Sprengstoffanschlag zu rechtfertigen versuchte. Zeuge Loudil machte vor dem Ausschuß Angaben, die diesen Punkt zu bestätigen schienen. Aber andere Zeugen, selbst Berger, widersprachen. Näheres erfuhr der Ausschuß von einem »Verfassungsschutz«-Beamten mit dem Tarnnamen »Jahn«, der den V-Mann Loudil von dessen vorzeitiger Freilassung aus der Haft bis zur angeblichen Verhinderung eines Sprengstoffanschlages in Hamburg geführt hatte. In der Wohnung des Hamburger Maurers Manfred Gürth, in der Loudil in geheimdienstlichem Auftrag Quartier bezog und in der er nach der Version der niedersächsischen Landesregierung eine Sprengbombe entdeckt haben soll, hatte bis zu seinem Einzug

keine Bombe gelegt, wie »Jahn« bestätigte. Gürth selbst, der unmittelbar nach Loudils Auszug von der Polizei festgenommen wurde und dann drei Jahre Haft wegen Vorbereitung eines Sprengstoffanschlags absitzen mußte, berichtete dem Ausschuß, der professionelle und passionierte Waffenbastler Loudil habe während seines siebenwöchigen Aufenthalts in der Wohnung die Bombe gebaut und auch Pläne entwickelt, wo sie zur Explosion gebracht werden sollte. »Jahns« Aussage verstärkte den Verdacht, daß sich Loudil als *agent provocateur* betätigt hatte. Der V-Mann-Führer gab an, die Bombe sei, bevor Loudil auszog und die Polizei die Wohnung stürmte, entschärft gewesen. Doch nach den Polizeiprotokollen, auf denen das Urteil gegen Gürth basiert, war die Bombe scharf, also offenbar wieder zündfertig gemacht worden. Außerdem waren in der Wohnung Fingerabdrücke von Loudil anscheinend sorgfältig beseitigt worden.

So präsentierte Albrecht dem Parlament Unwahrheiten über Unwahrheiten, wofür er begeisterten Beifall der CDU-Fraktion erntete. Die Wahrheit hätte eher deprimierend gewirkt. Zu den Tatsachen, die Albrecht verschwieg, gehörte zum Beispiel, daß V-Mann Berger an mehreren Orten junge Menschen zur Mitwirkung an einer gewaltsamen Gefangenenbefreiung zu überreden versuchte. So rührte er in einem Jugendzentrum in Salzgitter gemeinsam mit einem weiteren V-Mann die Trommel für die Befreiung des »Genossen« Debus. Um Eindruck zu machen, zeigten die beiden V-Leute dort auch Waffen vor. In Hannover versuchte Berger einen ehemaligen Kumpan des Einbrechers und Räubers Debus anzuwerben. Der Angesprochene begründete seine Absage mit den einfachen, plausiblen Worten, er habe im Knast gesessen und wolle nicht dorthin zurückkehren. Achtmal fuhr Berger alias »Fritz« nach Amsterdam, um den Holländer Henk Wubben zu gewinnen: Debus sei physisch am Ende und müsse schnellstens herausgeholt werden. Wubben, der sich nicht verleiten ließ, war später das Ziel eines Bombenanschlags, dem er nur knapp entkam.

Als Debus starb und damit alle Befreiungspläne hinfällig wurden, schickte der Geheimdienst Berger und Loudil für eine Zeitlang ins Ausland. Berger ließ sich vorübergehend im französischen Straßburg nieder; die Wohnung dort sowie neue Tarnpapiere hatte ihm der »Verfassungsschutz« besorgt. Berger nutzte die Möglichkeiten, um seine alten kriminellen Aktivitäten wiederaufzunehmen. Schon kurz nach der Haftentlassung hatte er einen Handel mit gestohlenen Autos aufgemacht und dazu seine Tarnausweise verwendet. Er fühlte sich vom »Verfassungsschutz« abgeschirmt, den er gegenüber Komplizen als »meine Firma« bezeichnete. 1980 nahm ihn die Polizei bei einem Autoeinbruch fest – unter dem Namen »Werner Lepolt«. In der Untersuchungshaft erhielt er wiederholt Besuch von »Verfassungsschutz«-Beamten. Im Prozeß 1981, als er wegen mehr als 30 Straftaten angeklagt war, erklärte sein Pflichtverteidiger, Bergers Unrechtsbewußtsein sei »nicht mit normalen Maßstäben« zu bewerten. Am Ende der nichtöffentlichen Verhandlung ließ auch das Gericht »nicht unberücksichtigt, daß die Tätigkeit für eine niedersächsische Institution es dem Angeklagten unmöglich gemacht hat, sich in die Gesellschaft normal einzugliedern und ein bürgerliches Leben zu führen«. Vergleichsweise milde wurde Berger mit sechseinhalb Jahren Haft bestraft. 1985 kam er wiederum vorzeitig auf freien Fuß. Als 1986 publik wurde, wer das Celler Loch gesprengt hatte, schickte der »Verfassungsschutz« Berger und Loudil abermals ins Ausland, um sie vor der Öffentlichkeit zu verbergen. Beide wurden mit Geld und Tarnpapieren ausgestattet. Es dauerte nur ein halbes Jahr, bis Berger ein weiteres Mal von der Polizei gefaßt wurde: Er befand sich, mit einem schweren Trommelrevolver und einer automatischen Pistole bewaffnet, auf einer neuen Einbruchstour.

Die niedersächsische Landesregierung bezifferte 1986 den bei der »Aktion Feuerzauber« angerichteten Schaden auf 150 Mark. So wenig habe es gekostet, das Loch in der Mauer zuzumachen. Verschwiegen wurden dabei die vielen anderen – materiellen und immateriellen – Schäden, die entstanden waren. Und unerwähnt blieben die Opfer: zum Beispiel Sigurd Debus und alle diejenigen, auf die der »Verfassungsschutz« die *agents provocateurs* Berger und Loudil angesetzt hatte, namentlich Manfred Gürth, der jahrelange Haft erdulden mußte, weil ihn der »Verfassungsschutz« dazu ausersehen hatte, Mitglied einer Terrorbande zu werden. Oder die Opfer der Diebstähle, Einbrüche, Betrügereien, die Berger mit geheimdienstlicher Tarnung und Absicherung beging.

Zum Opfer wurde sogar die Polizei. Das Landeskriminalpolizeiamt Niedersachsen nahm die angebliche terroristische Gefahr so ernst, daß es nach dem Sprengstoffanschlag in Celle wochenlang einige seiner bewährtesten Beamten nach Berger und Loudil fahnden ließ, wobei es wegen deren Vorstrafenregister keinen Aufwand und kein Risiko scheute. Weil Berger als Polizistenmörder und Loudil als nicht weniger gefährlicher Gangster galt, war das Zielfahndungskommando darauf eingestellt, daß es bei der Entdeckung der Gesuchten zur Schießerei kommen werde. Tatsächlich waren beide bewaffnet, außerdem mit schnellen Autos, beispielsweise mit einem Porsche, und viel Bargeld ausgestattet, und sie kreuzten durchs gesamte Bundesgebiet, indem sie ihren Aufenthaltsort wiederholt plötzlich in dem Moment änderten, als ihnen die Fahnder dicht auf den Fersen waren. Wie der vom »Verfassungsschutz« getäuschte Landeskriminalpolizei-Chef Waldemar Burghard später bitter beklagte, »wurden hier polizeiliche Ressourcen absolut sinnlos, ja blödsinnig vertan und Beamte leichtfertig in Lebensgefahr gebracht«. Es habe sich dann herausgestellt, daß der Geheimdienst mit »eingespielten Fehlinformationen unser Zielfahndungskommando immer wieder von ihm (Loudil) ablenkte«.

Irregeführt und behindert wurde die Justiz. Zum Narren gehalten wurde das Parlament. Um nach der Enthüllung im Jahre 1986 öffentliche Kritik und Empörung abzuwehren, ließ sich die Landesregierung immer neue Lügengeschichten einfallen. Regierungssprecher Hilmar von Poser (»Was wir sagen, ist die reine Wahrheit«) faselte von einem »Volksgefängnis«, das dank

Loudil entdeckt worden sei. Daran stimmte ebensowenig wie an anderen Geschichten, mit denen von Poser aufwartete, etwa der Geschichte von der »baskischen terroristischen ETA-Gruppe, die Anschläge in Frankreich geplant hatte«. Angeblich war diese Gruppe durch Loudils V-Mann-Arbeit »aufgeflogen«. All das war frei erfunden.

Zwei abwesende Schwerkriminelle wurden vor der staunenden Öffentlichkeit zu wahren Helden hochstilisiert. Der damalige Bundesinnenminister Friedrich Zimmermann (CSU) erklärte, daß er vor ihnen »den Hut zieht«. CDU-Generalsekretär Heiner Geißler sprach von einem Orden, der ihnen gebühre. Niedersachsens CDU-Landesvorsitzender Wilfried Hasselmann jubelte in einer Presseerklärung: »Daß es in Celle durch die Aktion gelungen ist, einen Verbindungsmann in die terroristische Szene einzuschleusen, gibt unseren Bürgern den Glauben an die Handlungsfähigkeit des Staates zurück.« Albrecht selbst kündigte an, er würde es »immer wieder tun«. Und weil Frechheit siegt, sagte er wenige Wochen vor der niedersächsischen Landtagswahl 1986, die Enthüllung der Vorgänge von 1978 sei »genau das Element gewesen, das wir noch gebraucht haben, damit der Wahlkampf richtig in Gang kommt«. So wurde der Wahlkampf dann auch geführt: Wer die »Aktion Feuerzauber« kritisierte, wurde prompt verdächtigt, gegen den Terrorismus nicht wirkungsvoll durchgreifen zu wollen.
Rechtswidrig, erklärten niedersächsische Regierungsmitglieder, sei der Sprengstoffanschlag schon deswegen nicht gewesen, weil die Gefängnismauer dem Lande Niedersachsen gehöre und die Landesregierung darüber verfügen dürfe – eine Logik, nach der 1933 Hermann Göring wohl rechtmäßig das Reichstagsgebäude hätte in Brand setzen lassen dürfen.

1986 ff.

Motor der bundesrepublikanischen Wirtschaft ist der Export. Also ließen sich alle Bundesregierungen die Förderung des Exports angelegen sein, mit wachsendem Eifer und Erfolg, unbeeindruckt von der neidisch-üblen Nachrede im Ausland, die Deutschen seien zur Krämernation geworden. Sie waren schon Schlimmeres.

Handel hat mit Moral nichts zu tun; deshalb müssen ihm moralische Schranken politisch auferlegt werden, zum Beispiel bei Rüstungsexporten, zumal in Krisengebiete und an international geächtete Regime. Und so wollen es auch die Gesetze der Republik. Die Regierung und die ihr nachgeordneten Behörden müßten in diesen Fällen ihren Eifer, mit dem sie der Exportindustrie dienen, zügeln. Es gibt jedoch den begründeten Verdacht, daß sie es nicht tun, und so müssen sie sich den Vorwurf gefallen lassen, sie ordneten die Moral dem Geschäft unter. Die Auslegung bestehender Gesetze und die Modifizierung derselben paßten sich an neue Marktlagen an. Im Vordergrund steht oft der Wunsch nach dem Erhalt von Arbeitsplätzen in der Rüstungsindustrie, vor allem bei den gebeutelten Werften. Politische Grundbekenntnisse purzeln mitunter schnell.

Norbert Gansel

Waffenschmuggel im Staatsinteresse
oder:
Wie man mit U-Boot-Plänen untertauchen kann

»Absprachegemäß«, so schrieb der Vorstandsvorsitzende der bundeseigenen Salzgitter AG, Ernst Pieper, am 28. Oktober 1983 an den damaligen Bundesfinanzminister Gerhard Stoltenberg in einem als »persönlich – vertraulich!« bezeichneten Brief, »übersende ich Ihnen in der Anlage einen Vermerk über das südafrikanische Projekt, das bei uns unter der Bezeichnung ›IK 97‹ läuft. Ein gleichlautender Vermerk ist Herrn Minister Genscher vor wenigen Tagen übergeben worden.«

Stoltenberg konnte wissen, was »bei uns« so läuft. Der Salzgitter-Konzern, der als Bundesunternehmen der Aufsicht des Finanzministers untersteht, besaß 75 % der Aktienanteile der Howaldtswerke-Deutsche Werft AG (HDW). Über die anderen 25 %, die dem Land Schleswig-Holstein gehörten, hatte Stoltenberg noch selbst verfügt, bevor er das Amt des schleswig-holsteinischen Ministerpräsidenten einem gewissen Uwe Barschel überließ. Einst das größte europäische Schiffbauunternehmen, ist die Werft auf wenige tausend Beschäftigte heruntergeschrumpft und auf ihren Stammsitz Kiel reduziert. Unzureichend auf die weltweiten Strukturveränderungen im Schiffbau eingestellt, war die Werft in wachsende Abhängigkeit von der Kriegsschiffproduktion geraten und hatte sich in abenteuerliche Rüstungsexportgeschäfte verwickelt. Die noch mit dem Schah verabredete Lieferung von sechs U-Booten an den Iran war geplatzt, ein Vorschuß von einer viertel Milliarde DM im Unternehmen verbraten worden. Ein U-Boot-Geschäft mit Chiles Pinochet-Regime hatte die Endphase der sozialliberalen Koalition belastet. Ein anderes Milliardengeschäft mit Indien, das mit gigantischen Provisionen geschmiert worden war, drohte zu einem Verlustgeschäft zu werden. Nun sollte unter dem

Tarnbegriff »IK 97« ein neues Abenteuer organisiert werden, diesmal mit dem südafrikanischen Apartheid-Regime. Dabei sollte es nicht nur um die Lieferung von Unterlagen, Personal und Komponenten für den U-Boot-Bau in Südafrika gehen, sondern – wie sich später herausstellte – auch um den Aufbau einer dazugehörigen Werft für die südafrikanische Marine und für den U-Boot-Export an Staaten der Dritten Welt.

Der Tatplan

Während die bisherigen Rüstungsexportprojekte von HDW, wie immer man moralisch, politisch und wirtschaftlich darüber urteilen mochte, sich im Rahmen des rechtlich Zulässigen hielten, sollte nunmehr auch diese Grenze überschritten werden. 1977 hatte nämlich der Sicherheitsrat der UNO – »in der Auffassung, daß Politik und Handlungen der südafrikanischen Regierung Gefahren für den Weltfrieden und die internationale Sicherheit bergen« – ein Waffen- und Rüstungsembargo über die Republik Südafrika verhängt. Dabei handelte es sich nicht einfach um eine der vielen Resolutionen, sondern um den seltenen Anwendungsfall eines »mandatorischen Beschlusses«, der für alle Mitgliedsstaaten der UNO völkerrechtliche Bindungswirkung hat. Die Bundesregierung der sozialliberalen Koalition hatte diesen Beschluß selbst als Mitglied des Sicherheitsrates vorbereitet. Durch eine Änderung der Außenwirtschaftsverordnung hatte sie das UN-Embargo so umgesetzt, daß alle einschlägigen Exporte an Südafrika einer Genehmigungspflicht durch die Bundesregierung unterworfen wurden. Zugleich wurde das dem Bundeswirtschaftsministerium unterstehende und für Ausfuhranträge zuständige Bundesamt für Wirtschaft (BAW) angewiesen, für Rüstungs- und Waffenexporte mit dem Empfängerland Südafrika keine Genehmigung zu erteilen. Das geplante Rüstungsgeschäft wäre also nur unter Bruch der völkerrechtlichen Verpflichtung möglich gewesen.
Als Stoltenberg die Post vom Salzgitter-Boß erhielt, plagte

sich die Bundesregierung gerade mit einer großen Anfrage der SPD-Bundestagsfraktion »Zur Politik der Bundesregierung im südlichen Afrika«. Die Antwort, Anfang Dezember 1983 als Bundestagsdrucksache veröffentlicht, wurde innerhalb der Bundesregierung abgestimmt und von den einzelnen Ressorts gegengezeichnet. Sie ist eindeutig: »Die Bundesregierung lehnt Apartheid entschieden ab, weil sie elementaren freiheitlich-demokratischen Wertvorstellungen widerspricht [...] Die Bundesregierung hat bereits mehrfach auf entsprechende parlamentarische Anfragen hin festgestellt, daß sie sich strikt an das gegen Südafrika verhängte Embargo des Sicherheitsrates der Vereinten Nationen vom 4. November 1977 hält«.

In der Minister Stoltenberg »absprachegemäß« übersandten Anlage war deshalb für eine illegale und heimliche Abwicklung des »südafrikanischen Projekts« eine Regieanweisung niedergelegt, die später zu einem Tatplan werden sollte. »Vertraulich, Notiz, Argumente IK 97, No/B.« steht auf dem Vermerk vom 6. Oktober 1983. »Diktatzeichen Nohse!« hat Ernst Pieper mit der Hand dazugeschrieben. Der Diplomingenieur Lutz Nohse war geschäftsführender Gesellschafter des Ingenieurkontors Lübeck (IKL) und für Stoltenberg kein Unbekannter. Das IKL hatte sich seit langem darauf spezialisiert, Planungsarbeiten für den Bau moderner Kriegsschiffe zu verkaufen. Das Unternehmen, das von einem ehemaligen Mitarbeiter des »Schöpfers der deutschen U-Boot-Flotte« (und späteren Hitler-Nachfolgers) Admiral Dönitz gegründet worden war, hatte sein U-Boot-Know-how über die Zeiten des demilitarisierten Deutschlands hinweg retten können und »genoß« nunmehr für den Bau konventioneller U-Boote Weltruf. Beim Export solcher U-Boote arbeitete es seit langem eng mit der HDW in Kiel und den Nordseewerken-Thyssen in Emden zusammen.

In 15 Punkten auf anderthalb Seiten Schreibmaschine legt Nohse dem Minister seinen Tatplan offen:

»1. Aufgrund schlechter Erfahrungen (Frankreich) will der Kunde die Fahrzeuge im eigenen Land bauen. Voruntersuchungen haben erge-

ben, daß er hierzu in der Lage ist. Auch die Lieferung von Booten oder Sektionen über Drittländer wird vom Kunden abgelehnt.
[...]
5. Man will einen Satz Fertigungsanlagen der Boote, die bei HDW nach IKL-Zeichnungen für Indien im Bau sind, kaufen.
6. Die Unterlagen gehen als Mikrofilme im Diplomatengepäck über die Grenze (werden abgeholt).
[...]
9. Es ist außerdem erforderlich: eine begrenzte Umkonstruktion des obengenannten Bootes durch IKL, weil man Komponenten aus dem Kundenland einzubauen hat. Außerdem würde das IKL die Aufbauten verändern, um ›deutsches Design‹ zu vermeiden.
[...]
10. Diese Unterlagen würden in gleicher Weise, wie unter Punkt 6 erwähnt, abgeholt werden.
[...]
11. HDW und IKL müßten durch Entsendung von Spezialisten im begrenzten Umfang Bauhilfe geben.
[...]
12. Verwiesen wird auf § 5 Abs. 1 und § 45 Abs. 3 der Verordnung zur Durchführung des Außenwirtschaftsgesetzes (s. Anlagen).
[...]
15. Die mit dem Kunden geführten Gespräche haben ergeben, daß man gegebenenfalls in Anbetracht der besonderen und beim Kunden bekannten Problematik bis zu einer endgültigen Entscheidung mehrere Monate Geduld zeigen würde.«

Frankreich hatte in den siebziger Jahren zwei U-Boote auf südafrikanische Order gebaut, die Boote aber nach Verabschiedung der UN-Resolution nicht abgeliefert. Diese »schlechten Erfahrungen« sollte das Apartheid-Regime nicht noch einmal machen müssen.
Ausdrücklich verweist Nohse auf § 5 Abs. 1 und § 45 Abs. 3 der Außenwirtschaftsverordnung, in denen die Genehmigungspflichtigkeit des Südafrika-Projekts festgelegt ist. Den für die Genehmigung nötigen schriftlichen Antrag will er aber nicht stellen. »Im Falle einer regierungsseitigen Zustimmung... würde es für IKL ausreichend sein,... wenn es... von einem leitenden Beamten Rückendeckung zugesichert« bekäme, »... für den Fall, daß sich Schwierigkeiten ergeben würden...«, heißt

es unter Ziffer 13 und 14 von Nohses Plan. Nohse behauptet, daß auf ähnliche Weise Anfang der siebziger Jahre Pläne für den Bau israelischer U-Boote an eine britische Werft geliefert worden seien. Die Bundesregierung habe damals aus politischen Gründen keine Genehmigung erteilen wollen, habe das IKL aber zu dem Exportgeschäft aufgefordert. – Tatsächlich hatte es seinerzeit dazu Gespräche auf Unterabteilungsleiterebene im Bundesverteidigungsministerium gegeben. Nachdem der Know-how-Export dem BAW aber bekannt geworden war, hatte es das IKL schriftlich verwarnt und eine Bestrafung im Wiederholungsfalle in Aussicht gestellt.

Nachweisbar ist, daß neben dem Bundesfinanzminister Stoltenberg auch der Bundesverteidigungsminister Wörner in persona die »Argumente IK 97« erhielt. Beamte des Bundeswirtschaftsministeriums und des Auswärtigen Amtes erhielten sie ebenfalls. Ob und wann sie dem Bundeskanzleramt zugegangen sind, wird wahrscheinlich für immer im Dunkeln bleiben. Der »zuständige« Ministerialdirektor Dr. Horst Teltschik hat nämlich sämtliche ihm im Zusammenhang mit dem Südafrika-Geschäft von den Firmen übergebenen Unterlagen und anderes mehr rechtzeitig im Reißwolf vernichtet. Er kann sich auch sonst schlecht erinnern.

Das Rüstungsgeschäft mit Südafrika war in drei Variationen oder Abstufungen, von den Beteiligten »Lösungen« genannt, konzipiert worden:
- Für ca. 120 Millionen DM sollten bei der »kleinen Lösung« Konstruktionsunterlagen geliefert und Bauhilfe geleistet werden.
- Die »mittlere Lösung« umfaßte zusätzlich die Lieferung von U-Boot-Komponenten und hatte ein Gesamtvolumen von ca. 475 Millionen DM.
- Die Idee, komplette U-Boote nach Südafrika zu liefern, die sogenannte »große Lösung« für 1,7 Milliarden DM, schwebte ernsthaft wohl nur Bundeskanzler Helmut Kohl vor.

An einer »möglichst großzügigen Lösung« waren zwei Personen in besonderer Weise interessiert. Sie waren am Umsatz, nicht

nur am Gewinn prozentual beteiligt. Ein südafrikanischer »Agent« namens Albrecht sollte mit 4,35% beteiligt werden, und für einen gewissen Siegfried Zoglmann waren für nützliche Bemühungen 3,5% – also je nach »Lösung« 4,2 oder 16,6 oder gar 60 Millionen DM – als Provision vorgesehen.
Siegfried Zoglmann ist eine Schlüsselfigur in der ganzen Affäre, als Handelnder und als Wissender. Wegen eines möglichen Verstoßes gegen das Außenwirtschaftsgesetz ist bis heute gegen ihn nicht ermittelt worden. Die Strafverfolgungsbehörden der Bundesrepublik haben ihn noch nicht einmal als Zeugen in Anspruch genommen. Vor dem Parlamentarischen Untersuchungsausschuß verhinderten die Regierungsparteien, daß an ihn überhaupt nur eine Frage gestellt werden konnte.
Zoglmann hat eine bewegte politische Vergangenheit. Bei den Nazis in der Propaganda und als Abteilungsleiter für das »Reichsprotektorat Böhmen und Mähren« und in der HJ-Führung in Ämtern und Ehren, versuchte er sich nach 1945 als Liberaler. Er stand zu seiner Vergangenheit. Seine Bewährung saß er für die FDP zunächst im nordrhein-westfälischen Landtag und dann von 1957 bis 1970 im Deutschen Bundestag ab. Als aktiver Funktionär der Sudetendeutschen Landsmannschaft verließ er 1970 seine Partei aus Protest gegen die Ostpolitik der sozialliberalen Koalition. Er hospitierte bei der CDU/CSU-Fraktion und gehörte zu den »Mandatsüberträgern«, die dem konstruktiven Mißtrauensvotum gegen Willy Brandt eine Chance gaben. Nach 1972 kehrte er noch einmal für vier Jahre als Abgeordneter der CSU in den Bundestag zurück. So hatte er nach einem Zwischenspiel bei der rechts-obskuren »Nationalliberalen Aktion« wieder eine politische Heimat gefunden, für die er sich auch nützlich machen konnte. Als ehemaliger Schatzmeister der nordrhein-westfälischen FDP besaß er beträchtliche Erfahrungen in Sachen Parteienfinanzierung. Man darf vermuten, daß er bei seinem Geschäftssinn dieses Kapital für die CSU nicht hat brachliegen lassen.
Als Werftlobbyist trat Zoglmann erstmalig am 7. 11. 1983 in Erscheinung, als er Bundesverteidigungsminister Wörner die

schon zitierten »Argumente IK 97« übersandte und sie mit dem Hinweis verband, daß Außenminister Genscher gegenüber dem Projekt positiv eingestellt sei und daß auch der bayerische Ministerpräsident Strauß davon Kenntnis habe. Am 9. 1. 1984 ist in einem Protokoll des HDW-Vorstandes verzeichnet: »Die Provision an Z. sollte pro rata des Zahlungseingangs vom Kunden gezahlt werden.«

In Kapstadt war Herr Albrecht schon tätig geworden. Ende September 1983 besuchte eine Delegation schleswig-holsteinischer Unternehmer unter Leitung des Landwirtschaftsministers Dr. Westphal Südafrika. Westphal war Mitglied im Präsidium des HDW-Aufsichtsrates. »Zwischen den Herren Dr. Westphal und Albrecht (Verbindungsmann bei IKL) hat ein Gespräch über dieses Projekt stattgefunden«, so verzeichnet das Protokoll des HDW-Vorstandes vom 24. 10. 1983. Hat Westphal seinen Ministerpräsidenten Barschel über »dieses Projekt« informiert? – Westphal wäre nicht als einzige Quelle in Frage gekommen. Im HDW-Aufsichtsrat saß auch der Staatssekretär Schleifer aus dem schleswig-holsteinischen Finanzministerium, der mit seinem Ministerpräsidenten intimen Umgang pflegte. Er sollte später in der Affäre zwischen Barschel und Engholm eine zwielichtige Rolle spielen. In der schleswig-holsteinischen Landespolitik war er eine jugendlich-graue Eminenz. Im Mai 1984 planen HDW und IKL für das U-Boot-Geschäft die Einladung von »Dr. Schleifer nach S. A.«. – Auch in dieser Affäre wird Barschel später bis zu seinem bitteren Ende jede Mitwisser- und Mittäterschaft abstreiten.

Ende Mai 1984 taucht Zoglmann das erste Mal im Bundeskanzleramt auf, um seinen alten Bekannten, den Kanzlerberater und für Rüstungsexporte gerade zuständig gewordenen Abteilungsleiter Ministerialdirektor Teltschik, über das Südafrika-Geschäft zu informieren. Unterlagen werden übergeben, von denen Teltschik später behauptet, sie nicht gelesen zu haben. Dafür ist Zoglmann voll auf dem laufenden. Am 3. Juni bittet er Teltschik telephonisch und dringend um ein Gespräch und schaut am Tag darauf im Kanzleramt vorbei. Der damalige südafrikanische Ministerpräsident Botha, der am nächsten Tag zu einem offiziellen Besuch zu Bundeskanzler Kohl kommen werde, beabsichtige, bei dieser Gelegenheit das U-Boot-Geschäft anzusprechen. Und so geschieht es auch.

Kanzler Kohl kümmert sich persönlich

Offiziell war Botha in Bonn als Gast nicht gerade willkommen. In Afrika zeigte sich das Apartheid-Regime wieder einmal von seiner unmenschlichen Seite. In der Bundesrepublik forderten die Kirchen den Bundeskanzler auf, Botha die kalte Schulter zu zeigen. Strauß bestand dagegen auf seinem Empfang im Bundeskanzleramt. Dieses Mal wollte Kohl einen Konflikt aber nicht aussitzen. Er ließ deshalb das Sofa, auf dem er traditionsgemäß mit ausländischen Sehenswürdigkeiten freundlich lächelnd fotografiert wurde, aus dem Empfangsraum entfernen, um seinen südafrikanischen Gast in betonter Frostigkeit und stehend zu begrüßen. Das Fernsehen brachte nicht nur diese Begrüßungsszene, sondern auch die Bilder mit den zwei das Sofa wegtragenden Saaldienern – eine Sternstunde für die Kabarettisten.

Botha hatte vorher einen Besuch in London gemacht und für den Kauf britischer Düsenjäger einen hohen Preis geboten. Aber Maggie Thatcher ließ ihn mit Hinweis auf das Rüstungsembargo der UNO abblitzen. Helmut Kohl dagegen hörte, nachdem man endlich in einem Besprechungszimmer Platz genommen hatte, seinem Gast Botha freundlich zu.

Bothas Ausführungen sind im Untersuchungsausschuß des Deutschen Bundestages durch den Zeugen Teltschik in indirekter Rede überliefert worden: Er, Botha, wolle ein Problem ansprechen, nämlich ein Projekt, über das verhandelt würde mit dem Ingenieurkontor Lübeck. Diese Verhandlungen könnten – nach seiner, Bothas, Kenntnis – nur fortgesetzt werden, wenn der Bundessicherheitsrat zustimme. Von der Industrieseite seien die Verhandlungen vorangeschritten, so daß man zu einem

Abschluß kommen könne. Ihm liege jetzt daran, den Bundeskanzler zu überzeugen, wie wichtig dieses Projekt für Südafrika sei, und er wolle an den Herrn Bundeskanzler appellieren, baldmöglichst eine positive Entscheidung zu treffen. Der Bundeskanzler habe geantwortet, daß er sich persönlich darum kümmern werde. »Daraufhin hat der Premierminister Botha den Gegenstand noch einmal aufgegriffen und erläutert, daß er dieses Projekt zu eigenen Zwecken der Küstenverteidigung nutzen wolle und daß die südafrikanischen Werften mit dem Know-how der Bundesrepublik Deutschland dieses U-Boot bauen könnten. Daraufhin hat der Herr Bundeskanzler noch einmal seine vorherige Aussage wiederholt, und damit war der Gegenstand dann beendet,« so Teltschik vor dem Untersuchungsausschuß.
Kohl versprach, sich persönlich darum zu kümmern. Und persönlich beauftragte er außer Teltschik den Chef des Kanzleramtes, seinen alten Schulkameraden und mittlerweile bei ihm zum Staatssekretär aufgestiegenen Waldemar Schreckenberger, mit einer »wohlwollenden Prüfung«. Er möge auch prüfen, ob man nicht komplette U-Boote liefern könne.
HDW, IKL und die der südafrikanischen Rüstungsagentur Armscor unterstehenden Firmen hatten tüchtige Vorarbeit geleistet. Mal trafen sich die zuständigen Vorstandsmitglieder der Firmen in Hamburg – wie es sich gehört, im vornehmen Hotel Atlantik –, mal trafen sich die Experten in Südafrika. Die südafrikanische Werft wurde inspiziert und eine Studie zu ihrer Umrüstung für die U-Boot-Produktion angefertigt. Technische Einzelheiten des südafrikanischen U-Boot-Typs wurden besprochen, später wurden auch schon mal Pläne von U-Booten der Bundesmarine über den Tisch geschoben. Man trug dafür Sorge, daß die Unterlagen von Hinweisen auf ihre Herkunft »gesäubert« wurden. Es wurde ein »Coververtrag« über ein ziviles Tauchboot vorbereitet, um die eigene Belegschaft zu täuschen. – Am Tage nach dem Botha-Besuch bei Kohl vermerkt das Protokoll der HDW- Vorstandssitzung: »IKL Projekt 97 (S. A.): D. und M. berichten über den Sachstand des Projek-

tes. Vertragsunterzeichnung am 15. 6. 1984 vorbehaltlich der Genehmigung (›grünes Licht‹). Die Vertragserfüllung erfolgt erst nach einem ausdrücklichen Vorstandsbeschluß.«
Tatsächlich wird am 15. 6. 1984 der Vertrag zwischen IKL/HDW und dem südafrikanischen Rüstungsunternehmen mit dem Vorbehalt unterzeichnet, daß er »nur in Kraft tritt, wenn vor dem 15. 8. 1984 die notwendige Zustimmung der Bundesregierung erteilt worden ist«.
Gegenstand des Vertrages war die Lieferung von Fertigungsunterlagen und eines Konstruktionsmodells im Maßstab 1:5 sowie die Erteilung von Baulizenzen für vier U-Boote nach Südafrika. Im Vertrag wurde außerdem die Umkonstruktion der gelieferten Unterlagen und die Durchführung technischer Hilfe vereinbart. Der Gesamtwert der Vereinbarungen belief sich auf ca. 116 Millionen DM, davon 60 Millionen DM für die Fertigungsunterlagen, das Konstruktionsmodell und die Baulizenz für das erste U-Boot.
Die Fertigungsunterlagen waren identisch mit den Unterlagen für die nach Indien verkauften U-Boote, an denen bei HDW noch gebaut wurde. Bei der Modifikation dieser Unterlagen sollten zusätzliche Wünsche erfüllt werden. Einzelheiten darüber und über die Bewaffnung der U-Boote sind bis heute nur in Bruchstücken bekannt geworden. Aus einer Vorstudie ergibt sich aber, daß die Südafrikaner ihre Boote mit Abschußrampen für Kurzstreckenraketen ausgelegt haben wollten. Keine westliche Marine verfügt über U-Boote mit einer solchen Bewaffnung. Daran knüpfen sich Spekulationen, ob Südafrika den ersten U-Boot-Typ plante, der konventionellen Antrieb mit nuklearer Bewaffnung verbindet. Der Verkauf sogenannter Multisensor-Plattformen durch den in München residierenden Rüstungskonzern MBB an Südafrika, die zur Steuerung von Raketen dienen können und über die zur gleichen Zeit verhandelt wurde, könnte dafür ein Indiz sein.

Rüstungsexport, Provisionen, Südafrika, MBB und eine nukleare Option – die Assoziation zu Franz Josef Strauß liegt nahe. Strauß hatte das Projekt IK 97 schon Anfang November 1983 mit Zoglmann besprochen – rechtzeitig vor einem Besuch in Südafrika im November 1983. Man kann davon ausgehen, daß auch er auf dem laufenden gehalten wurde. Als die Geschichte Ende November 1986 bekannt wird und Kohl noch alles leugnet, bekennt sich Strauß in einem »Bild«-Interview dazu, vom »südafrikanischen Botschafter darum gebeten worden zu sein, die Genehmigung der Anträge beim Kanzler zu befürworten. Von diesem habe ich eine positive Antwort erhalten«.
Wahrscheinlich hat Strauß am 23. 7. 1984 bei der Wanderung am Tegernsee dem Vorsitzenden der Schwesterpartei in die Hacken getreten. Am 31. Juli 1984 schreibt er einen Brief an den »sehr geehrten Herrn Bundeskanzler« und »lieben Helmut Kohl« und erinnert ihn:

»Wir haben uns mehrmals über Aufträge aus Südafrika unterhalten. Ich habe das letzte Mal bei unserem gemeinsamen Spaziergang darauf hingewiesen, daß der Vertrag über Software in der Höhe von etwa 116 Mio. DM zwischen dem südafrikanischen Partner und IKL/HDW mit der Klausel abgeschlossen worden ist, daß er nur wirksam wird, wenn bis zum 15. August der Sicherheitsrat die Genehmigung erteilt. Daher ist größte Eile geboten! Du hast ... bei unserem Spaziergang darauf hingewiesen, daß Dir eine große Lösung mit Lieferung von Hardware ... lieber wäre. Premierminister Botha beruft sich darauf, daß ... Du dem Vorhaben zustimmst. Ich bitte Dich, Dich dieser Angelegenheit anzunehmen und das weitere zu veranlassen.«

Und weil es eben so eilig ist, schickt Strauß seinen Brief auch noch am selben Tag als Telefax an das Bundeskanzleramt. Helmut Kohl weilte am 31. Juli 1984 in Bonn. Er hatte für diesen Tag seinen Urlaub am Tegernsee unterbrechen müssen, weil der Bundestag zu einer Sondersitzung über die Inbetriebnahme des Kohlekraftwerkes Buschhausen – als Dreckschleuder der Nation in die Annalen dieser Republik eingegangen – eine Sondersitzung veranstalten wollte. Die Bundestagsdebatte begann am frühen Nachmittag um 14 Uhr. Um 12.30 Uhr rief

Staatssekretär Schreckenberger IKL-Geschäftsführer Nohse in seinem Lübecker Büro an und teilte ihm mit, »Bundeskanzler und Ministerpräsident Strauß hätten ein Interesse daran, daß HDW und IKL den Vorgang IK 97 ausführen könnten«. Nohse fertigte nach diesem Telefongespräch eine Notiz an, die – wie andere wichtige Unterlagen – durch den Untersuchungsausschuß des Bundestages bekannt wurde. Nohse hielt auch fest, daß Schreckenberger »dieses zustimmend zur Kenntnis nahm«: »... wir werden – vorausgesetzt, daß unser Partner HDW zustimmt – dieses Telefongespräch und die Nachricht vom 28. 7. 1984 aus München zum Anlaß nehmen, dem Kunden gegenüber zu erklären, daß für uns der Vertrag rechtskräftig geworden ist und daß wir jetzt die Arbeiten aufnehmen.« – Auf Bitten Nohses rief Schreckenberger anschließend bei HDW an. Auch hier ist eine Telefonnotiz angefertigt worden über das Gespräch mit Schreckenberger, das um 13.00 Uhr vom HDW-Vorstandsvorsitzenden Ahlers in Gegenwart seines Vorstandskollegen Rohde geführt wurde. »Herr Staatssekretär Dr. Schreckenberger hat uns im Auftrage von Herrn Bundeskanzler Kohl telefonisch mitgeteilt, daß der Bundeskanzler und Franz Josef Strauß unserem Projekt IK 97 in der mittleren Lösung, d.h. Blaupausenexport und Zulieferung von Teilen, ihre Zustimmung verliehen.«
Wenige Tage später fahren Ahlers und Nohse nach Südafrika, um an Ort und Stelle durch ihre Unterschrift den Vertrag in Kraft zu setzen. »The approval ... now is at hand in a sufficient manner«, geben sie ihren südafrikanischen Partnern zu Protokoll. Später wird diese Vertragsergänzung in der Oberfinanzdirektion Kiel ins Deutsche übersetzt: »In Erwartung einer Genehmigung« habe man den Vertrag vom 6. 8. 1984 für wirksam erklärt. Diese Übersetzung wird sich für die Firmen als ausgesprochen hilfreich erweisen.

Schwierigkeiten tauchen auf

Am 10. Oktober 1984 werden die ersten Konstruktionsunterlagen der U-Boote, die in Kiel für Indien gebaut werden, an einen Kurier der südafrikanischen Botschaft in Lübeck übergeben und von diesem ordnungsgemäß auf Vollständigkeit überprüft und quittiert.
Am 14. 12. 1984 sowie am 30. 1., am 22. 2. und am 11. 5. 1985 werden weitere Unterlagen in Lübeck an Vertreter der südafrikanischen Botschaft übergeben. Wie im Tatplan »IK 97« vorgesehen, werden sie auf Mikrofilm im Diplomatengepäck »über die Grenze gebracht«.
Im Verlauf des Jahres 1984 kommt es zu fast einem Dutzend Treffen und Gesprächen im Bundeskanzleramt zwischen den Firmenvertretern und den Vertretern der Bundesregierung. Teltschik und Schreckenberger behaupten später vor dem Untersuchungsausschuß, sie hätten das erste Mal im September 1984 den Firmen definitiv erklärt, sie würden von der Bundesregierung die nach dem Außenwirtschaftsgesetz erforderliche Genehmigung nicht erhalten. Schreckenberger will erstmalig im Oktober von dem Vertragsabschluß unter Vorbehalt gehört haben. Er habe dazu geraten, »die Sache in Ordnung zu bringen«. Am 10. Dezember 1984 verzeichnet das HDW-Vorstandsprotokoll: »Projekt IK 97 (S.A.) M. teilt mit, daß er zusammen mit Herrn Nohse zu weiteren Verhandlungen am 11. 12. 1984 nach Bonn fährt; Gespräch Sch., Waigel, Zo.« – Am 15. Januar 1985 sprechen Kohl und Genscher über das Südafrika-Geschäft. Teltschik wird tags darauf vom Bundeskanzler über das Gespräch informiert. Am 22. 1. 1985, so sagt er vor dem Untersuchungsausschuß aus, habe er Nohse, Ahlers und Zoglmann im Auftrage der Bundesregierung das definitive Nein für das Exportobjekt mitgeteilt.
Nur aus der Quelle Teltschik ist bekannt, wie definitiv diese Absage war. Sie ist jedenfalls nicht in Schriftform erfolgt, die Firmen hatten ja auch nie den nach dem Außenwirtschaftsrecht erforderlichen schriftlichen Antrag gestellt oder es auch

nur vorgehabt. Ihr Vorhaben bezog sich auf »Rückendeckung... für den Fall, daß sich Schwierigkeiten ergeben würden«. Die Lieferung von Blaupausen wurde tatplanmäßig fortgesetzt. Beim Transport der Blaupausen im Diplomatengepäck lief alles glatt. Dann gab es Schwierigkeiten.
Man darf vermuten, daß sich die Firmen auch darüber Gedanken gemacht haben, wie denn nun die größeren Objekte, z. B. das mehrere Meter lange und zentnerschwere U-Boot-Modell und einzelne Komponenten, nach Südafrika gelangen könnten. Am 18. Juni 1985 suchten Zoglmann und Nohse den frisch ins Amt gekommenen Bundeswirtschaftsminister Martin Bangemann in seinen Bonner Diensträumen auf, um mit ihm über ein Waffengeschäft mit Portugal zu sprechen. Der Minister hatte zu dem Gespräch den in Werftfragen erfahrenen Staatssekretär von Würzen gebeten. In einem vertraulichen Vermerk vom 1. Juli 1985 hat dieser über das Gespräch festgehalten:

**»... Sie benutzten die Gelegenheit, über eine beabsichtigte Ausfuhr nach Südafrika Folgendes vorzutragen: ›Südafrika wünsche seit längerem die Lieferung von U-Booten. 3 Lösungen seien im Gespräch: kleine Lösung ... mittlere Lösung ... große Lösung ...‹ Der Sachverhalt sei im BK (StS Schreckenberger, MinDir Teltschik), im BMVe und in der bayerischen Staatskanzlei bekannt. Nach Rücksprache mit dem Bundeskanzleramt hätten sie den Vertrag über die kleine Lösung im Juli 1984 abgeschlossen und z. T. auch durchgeführt. Das Bundeskanzleramt hätte sie jedoch darüber unterrichtet, daß es nunmehr politische Schwierigkeiten für diese Ausfuhr gäbe. Sie beabsichtigen daher, den Rest des Vertrages über die Türkei abzuwickeln. Dazu sei eine Änderung der Verfahrensvorschriften beim BAW nötig.
Unsere Frage, ob das BAW den 1. Teil der Lieferung genehmigt habe, wurde verneint.
BM Bangemann und ich haben auf folgendes hingewiesen:
Der Export von U-Booten, U-Bootteilen und Fertigungsunterlagen für U-Boote nach Südafrika sei genehmigungspflichtig, ...«**

Zwei Tage später, am 20. 6. 1985, wird in Lübeck an den südafrikanischen Kurier die letzte Blaupausenlieferung übergeben, für die es eine schriftliche Quittung eines Vertreters der Bonner Botschaft Südafrikas gibt.

Es scheint, daß Bangemann, der mit den Argumenten »IK 97« und ihrer Vorgeschichte nicht vertraut war, auf das Gespräch und die darin enthaltene Anstiftung zu völkerrechtswidrigem Tun ziemlich bestürzt reagiert hat. Schließlich hatte er noch vor kurzem als Mitglied des Europaparlaments flammende Aufrufe gegen das unmenschliche Apartheid-Regime und seine militärischen Kommandounternehmen verabschiedet. Im Juni 1985 führt das Apartheid-Regime ein brutales Regiment. Der Ruf nach umfassenden Wirtschaftssanktionen wird lauter und erreicht sogar das Bonner Kabinett. In der Öffentlichkeit gibt es Streit darüber, ob die Bundesrepublik den Empfehlungen der EG-Kommission, Maßnahmen gegen Südafrika zu ergreifen, folgen soll. Und jetzt auch noch »diese Geschichte«!
Was macht der Minister? – Vorsichtige telefonische Anfragen im Bundeskanzleramt ergeben, daß die Angaben der Firmenvertreter Substanz haben. Bangemann spricht mit Genscher. Am 3. Juli wird im Auswärtigen Amt ein vertrauliches Rechtsgutachten erstellt:

»...Fertigungsunterlagen (Blaupausen) für die Herstellung von U-Booten oder auch Teilen von U-Booten sind nach dem Außenwirtschaftsgesetz ausfuhrgenehmigungspflichtig... Die Genehmigungspflicht ergibt sich aus § 5, Abs. 1 Außenwirtschaftsverordnung: ›Die Ausfuhr der in Teil I Abschnitt A, B und C der Ausfuhrliste (Anlage AL) genannten Waren bedarf der Genehmigung. Das gleiche gilt für die Unterlagen zur Fertigung der Waren, die in Teil I Abschnitt A, B und C der Ausfuhrliste genannt sind.‹
U-Boote sowie Teile von U-Booten und besonders konstruierte Zusatzaggregate sind in Abschnitt A der Ausfuhrliste unter den Ziffern 9 a–f erfaßt. Unterlagen zur Fertigung dieser Rüstungsgüter sind somit ausfuhrgenehmigungspflichtig.
Im normalen Genehmigungsverfahren hätte das BAW dem Auswärtigen Amt einen Antrag auf Genehmigung der Ausfuhr zur Stellungnahme zuleiten müssen. Wir hätten BMVg beteiligt und um Beurteilung unter militärpolitischen, verteidigungswirtschaftlichen und sicherheitsmäßigen Gesichtspunkten gebeten. Eine solche Anfrage des BAW ist nicht erfolgt.
Spezifisch für Ausfuhren nach Südafrika enthält § 45 Abs. 3 AWV ein zusätzliches Genehmigungserfordernis:

›(3) Der Genehmigung bedürfen ferner die Erteilung von Lizenzen an Patenten sowie die Weitergabe von nicht allgemein zugänglichen Kenntnissen an Gebietsfremde, die in der Republik Südafrika und Südwestafrika ansässig sind, soweit die Patente oder Kenntnisse die Fertigung oder Instandhaltung der in Teil I Abschnitt A, B und C der Ausfuhrliste genannten Waren betreffen.‹

Mit der Lieferung von Blaupausen dürfte regelmäßig § 45 Abs. 3 ebenfalls betroffen sein. Auch insoweit liegt kein Genehmigungsantrag vor.

Wie ... dargestellt, kann eine Bestrafung entweder als Vergehen nach § 34 AWG oder nur als Ordnungswidrigkeit erfolgen. § 34 AWG lautet: ›(1) Mit Freiheitsstrafe bis zu drei Jahren oder mit Geldstrafe wird bestraft, wer eine in § 33 Abs. 1 bezeichnete Handlung begeht und dadurch
1. die Sicherheit der Bundesrepublik Deutschland beeinträchtigt,
2. das friedliche Zusammenleben der Völker stört oder
3. die auswärtigen Beziehungen der Bundesrepublik Deutschland erheblich stört.

(2) Der Versuch ist strafbar ...‹

Die Bestrafung als Ordnungswidrigkeit setzt nur voraus, daß mindestens fahrlässig die erforderliche Ausfuhrgenehmigung nicht eingeholt worden ist. Die vorgesehene Geldbuße beträgt maximal 500 000 DM. Gewinne, die infolge der Ordnungswidrigkeit erzielt wurden, können abgeschöpft werden (§ 17 OWiG).

Was die Strafverfolgung angeht, so ist die Staatsanwaltschaft bei Verdacht eines Vergehens zur Aufnahme der Ermittlungen verpflichtet (Legalitätsprinzip). Bei einer Ordnungswidrigkeit sind Ermittlungen in ihr Ermessen gestellt. In dem hier fraglichen Zusammenhang wird die Staatsanwaltschaft jedoch Ermittlungen aufnehmen müssen, da ein Vergehen nicht von vorneherein ausgeschlossen werden kann.

Soweit entsprechende Sachverhalte der Bundesregierung zur Kenntnis gelangt sind, ist es Sache des federführenden Ressorts (BMWi), über Einschaltung der Strafverfolgungsbehörden zu entscheiden.

Vorausschauende Bewertung
Falls der unterstellte Sachverhalt zutrifft und in der Öffentlichkeit bekannt wird, sind heftige Reaktionen von verschiedenen Seiten vorherzusehen, die der Bundesregierung Verstoß gegen das VN-Waffenembargo und Unterstützung der Apartheid-Politik Südafrikas vorwerfen werden ...«

Der Gutachter des Auswärtigen Amtes hat das außenpolitische Interesse der Bundesrepublik vor Augen, als er sein Gutachten mit dem Hinweis abschließt:

»In diesem Fall muß mit einem Ermittlungsverfahren des Staatsanwalts gerechnet werden, in dem dann die Frage Bedeutung gewinnen kann, ob dieses Verfahren auf Hinweis von offizieller Seite bereits vor Bekanntwerden in der Öffentlichkeit eingeleitet worden ist.«

Der Gutachter weiß nicht, was andere gewußt, getan und nicht verhindert haben. Er kennt nicht die innenpolitische Brisanz des Sachverhaltes. Wahrscheinlich wäre ihm nie im Traume eingefallen, daß bei einem Ermittlungsverfahren der Staatsanwaltschaft fast die halbe Bundesregierung einschließlich des Bundeskanzlers als Zeugen, als Beteiligte und gar als Mittäter in den Strudel der Ermittlungen geraten könnten. Noch ist in der Öffentlichkeit nichts bekannt geworden, und auch in der Bundesregierung wird der Kreis der Informierten so klein wie möglich gehalten.
Staatssekretär Ruhfus aus dem Auswärtigen Amt ist in etwa informiert, als er für seinen Minister einen Vermerk zu Papier bringt mit dem Betreff »Ihr beabsichtigtes Gespräch mit dem Bundeskanzler am 17. 7. 1985«:

»... Um Vertraulichkeit zu wahren, habe BM Bangemann nicht das BAW, sondern einen erfahrenen und zuverlässigen Referatsleiter seines Hauses mit Aufklärung beauftragt ... Angesichts der politischen Sensibilität müsse offenbleiben, wieweit BMWi die Vertreter des Ingenieurkontors zu Aussagen über die Vorgeschichte drängen werde, da dies das BMWi möglicherweise hinsichtlich der Einleitung strafrechtlicher Schritte in Zugzwang bringen könne ... Er, Genscher könne BK auf außenpolitische Brisanz hinweisen. Bekanntwerden deutscher Beiträge zum Aufbau von Rüstungskapazitäten in Südafrika würde internationale schärfste Reaktionen hervorrufen und stünden im Widerspruch zu einer Reihe von Resolutionen der Vereinten Nationen.«

Im Bundeswirtschaftsministerium hat sich inzwischen der von Staatssekretär Ruhfus einschlägig apostrophierte Ministerialrat Haase an die Arbeit gemacht. Er wird später die Weichen so stellen, daß strafrechtliche Schritte vermieden werden. Noch später, im sogenannten Transnuklear-Untersuchungsausschuß des Bundestages, wird man feststellen, daß Herr Haase auch bei Lieferungen der deutschen Industrie für die pakistanische Atombombe seinem Namen alle Ehre gemacht hat. Er hat von nichts gewußt und darum auch nichts verhindern können wollen. Auch jetzt ist auf seine Erfahrung und Zuverlässigkeit Verlaß. Im Bundeswirtschaftsministerium werden nacheinander drei Gutachten zu der Frage angefertigt, ob es eine rechtliche Verpflichtung des Bundeswirtschaftsministeriums gibt, Anzeige bei der Bonner Staatsanwaltschaft zu erstatten. Nachdem das von Herrn Haase erfaßte Gutachten zu dem Ergebnis kommt, daß das Wirtschaftministerium nur »bei Kenntnis von schweren Verstößen... grundsätzlich verpflichtet« sei, Anzeige zu erstatten, zeichnet sich eine neue »kleine Lösung« ab: Die ganze Geschichte wird als minderbedeutend eingestuft, als eine mögliche Ordnungswidrigkeit, für die die Zuständigkeit einer Oberfinanzdirektion gegeben sein könnte, und also vom Bundeswirtschaftsministerium an das Bundesfinanzministerium weitergeschoben.

Eine »kleine Lösung« wird versucht

Immerhin war der Vorgang doch noch so bedeutend, daß die Abgabe nicht auf dem normalen Dienstweg geschah. Vielmehr wurde eine dünne Akte von Bundeswirtschaftsminister Bangemann bei einem vertraulichen Gespräch im September 1985 dem Bundesfinanzminister Stoltenberg übergeben. Nun hätte der Bundesfinanzminister die für Bonn örtlich zuständige nordrhein-westfälische Oberfinanzdirektion informieren können. Er entschied sich aber für einen heimischen Weg. Zunächst wurde der Vorgang wieder von Hand zu Hand vom Minister an den Staatssekretär im Finanzministerium übergeben, und der reichte sie sodann dem zu diesem Zwecke ins Ministerium bestellten Oberfinanzpräsidenten Hansen aus Schleswig-Holstein weiter. Schließlich hatten IKL und HDW ja den Firmensitz in Schleswig-Holstein, und es war nur Zufall, daß der Oberfinanzpräsident Hansen mit Protektion des früheren schleswig-holsteinischen Ministerpräsidenten Stoltenberg ins Amt gekommen und auch sonst mit ihm befreundet war.

Auch er mußte, wie der Ministerialrat Haase, als erfahren und zuverlässig gelten.

Nach Kiel wieder zurückgekehrt, öffnete Oberfinanzpräsident Hansen am 18. 11. 1985 den verschlossenen Umschlag, den ihm der Staatssekretär in Bonn anvertraut hatte. Den Inhalt reichte er zur weiteren Veranlassung an den Regierungsdirektor Budrat weiter. Budrat war Leiter der Fachgruppe der Zollabteilung, die auch für Außenwirtschaftsfragen zuständig war. Budrat verzichtete aber darauf, die zuständige Referentin für Außenwirtschaftsfragen mit der Bearbeitung zu beauftragen. Schließlich war sie erst seit vier Wochen im Amt, und man konnte nicht wissen, ob auch sie zuverlässig und erfahren war. Der Gruppenleiter machte sich deshalb höchstpersönlich ans Werk.

Es verging noch einige Zeit, bis Mitte Februar 1986 die erste wichtige Ermittlungshandlung vorgenommen wurde – und zwar ausschließlich gegen das Lübecker Ingenieurkontor. Später redete man sich damit heraus, eine Beteiligung von HDW sei zu jener Zeit nicht erkennbar gewesen (obwohl das Unternehmen schon in den wenigen Papieren, die das Bundeswirtschaftsministerium produziert hatte, ausführlich aufgeführt worden war). Der weitsichtige Regierungsdirektor setzte nun auch nicht die Zollfahndung in Trab, die ja möglicherweise Durchsuchungen und Beschlagnahmungen durchgeführt hätte, sondern gab eine Außenwirtschaftsprüfung in Auftrag, die dann auch nach freundlicher telefonischer Vorankündigung durchgeführt wurde.

Der Betriebsprüfer namens Kohl macht eine schnelle, aber gründliche Arbeit. Nach drei Tagen steht das Ergebnis fest: Der Vertrag vom 15. 6. 1984 »galt vollinhaltlich für IKL und HDW«. »Für die Unterlagen wurden insgesamt 42,6 Millionen DM bezahlt«. Die »ausgelieferten Fertigungsunterlagen durften nur mit Genehmigung an die Auftraggeber ausgehändigt werden (§ 5 Absatz 1 Satz 1 und § 45 Absatz 3 AWV). Das IKL konnte Ausfuhrgenehmigungen nicht vorlegen«. – Der Betriebsprüfer Kohl stellte auch fest, daß das IKL in drei anderen Fällen an Staaten Unterlagen für den Kriegsschiffbau geliefert hat, ohne die gesetzlich erforderlichen Genehmigungen eingeholt zu haben. In diesen Fällen stellt Budrat das Verfahren ohne weitere Begründung ein.

Budrat konzentriert sich ganz auf das Südafrika-Geschäft. Bis zum 30. Mai 1986 passiert deshalb nichts, außer daß er einen Zwischenbericht für den Bundesminister der Finanzen anfertigt. Er bittet um Weisung, ob »Bedenken bestehen«, mit der Firma HDW in Verbindung zu treten und sie um Stellungnahme zu dem gemeinschaftlichen Ausfuhrgeschäft zu bitten«. Erst am 30. 10. 1986 findet sich Gelegenheit, um in den Geschäftsräumen des Vorstandsvorsitzenden von HDW ein informatorisches Gespräch mit dem Vorsitzenden Ahlers und seinem ehemaligen Vorstandsmitglied Hansen-Wester zu führen. Es stellt sich heraus, daß Hansen-Wester sich um das Südafrika-Projekt besonders intensiv gekümmert hat. Eine Beamtin der Oberfinanzdirektion protokolliert seine Aussage:

»... maßgebliche Stellen in den Verantwortungsbereichen der Ministerien des BMWi, des BMV und des Bundeskanzleramtes seien über die Vertragsunterzeichnung und auch über die Auslieferung der Konstruktionsunterlagen informiert gewesen ... Maßgebliche Persönlichkeiten der ministeriellen Ebene hätten geäußert: ›Gehen Sie davon aus, daß Sie die Genehmigung bekommen werden, wie immer sie auch aussieht.‹ ... Der Genehmigungsbedürftigkeit des Südafrikaprojektes sei man sich voll bewußt gewesen. Deshalb habe man auch die nötigen Vorgespräche geführt ... Herr Hansen-Wester hob hervor, daß von dem geplanten Südafrika-Geschäft vor allem Indien als Käufer des Bootstyps 1650 nichts habe erfahren dürfen ... Erst nach den Äußerungen maßgeblicher Personen auf der Regierungsebene sei der Vertrag mit dem südafrikanischen Partner abgeschlossen worden. Bei Firmenentscheidungen sei in diesem Bereich bisher das Interesse der Bundesregierung berücksichtigt worden; es seien sogar Lieferungen vorgenommen worden, die Einbußen bei anderen Vertragspartnern zur Folge gehabt hätten ...«

Die Beamtin hält fest, daß »die beiden Herren ihr nachhaltiges Interesse bekundeten an einer möglichst zügigen Abwicklung und Beendigung der Angelegenheit«.

Auch Hansen-Wester macht für die Firmenakten eine Aufzeichnung dieses Gespräches. Daraus ergibt sich, daß man den

Beamten der Oberfinanzdirektion zu verstehen gegeben hat, daß man »an einer politischen Beerdigung« der Angelegenheit interessiert sei, »unter der Voraussetzung«, daß auch »die Höhe des Bußgeldes für HDW akzeptabel« sei.
Wenn Hansen-Wester sich auch bei der Abfassung seiner Notiz in der Erinnerung getäuscht haben mag, so beweist er doch prophetische Weitsicht. In einem Berichtsentwurf für das Bundesfinanzministerium schreibt Budrat wenige Tage nach der Vernehmung:

»**Ich beabsichtige, gegen die Firmen IKL und HDW ... unter Einstellung der Verfahren gegen die betroffenen natürlichen Personen ... wegen der ungenehmigten Weitergabe von Kenntnissen für die Fertigung von U-Booten in die Republik Südafrika ... ein Bußgeldverfahren durchzuführen. Sollten sich nach der vorgesehenen Anhörung der betroffenen Vertreter der Firmen keine veränderten Gesichtspunkte ergeben, erscheinen mir Geldbußen in Höhe von je 50 000 DM gegen die Firmen angemessen«.**

Bis zum 26. 11. 1986 gelingt es, »Vertraulichkeit zu wahren« (vgl. Staatssekretär Ruhfus am 16. 7. 1985). Aber irgendwo muß es im November eine undichte Stelle gegeben haben. Irgendwo muß jemand daran Anstoß genommen haben, daß die Strafe für ein illegales Rüstungsgeschäft, bei dem mehr als 40 Millionen DM reiner Gewinn gemacht worden ist, mit einem Griff in die Portokasse bezahlt werden soll. Am 26. 11. 1986 erscheint die erste Pressemeldung zu der Affäre. In den »Kieler Nachrichten« berichtet der Journalist Peter Höver unter der Überschrift »U-Boot-Pläne der HDW an Pretoria« und in einem zweiten Artikel über die Reaktion der schleswig-holsteinischen Landesregierung »Barschel: Von HDW-Geschäft mit Pretoria nichts bekannt«.
Bei der Haushaltsdebatte des Bundestages am gleichen Tag greift die SPD-Fraktion die Presseberichte auf. Genscher scheint überrascht und fordert in einer Entgegnung »die Untersuchung eines strafwürdigen Tatbestandes.« – Der Bundestag wird auch in den nächsten Wochen auf Initiative der SPD-Fraktion in Fragestunden und in einer aktuellen Stunde mit

dem Südafrika-Projekt beschäftigt. Die Bundesregierung streitet ab und versucht herunterzuspielen. Kohl schweigt beharrlich. Schäuble und Stoltenberg sind aktiv. Stoltenberg hat, wie sich heute nachweisen läßt, mehrfach die Unwahrheit gesagt, was nicht nur auf schlechte Erinnerung zurückzuführen sein kann. Gegenüber den »Kieler Nachrichten« erklärte er am 1. Dezember, er habe »aus rechtsstaatlichen Gründen weder die Landesregierung noch den HDW-Verwaltungsrat über das schwebende Verfahren wegen des illegalen Verkaufs von U-Boot-Konstruktionsplänen an Südafrika informiert. Als er das Verfahren an die Oberfinanzdirektion Kiel abgab, sei nicht erkennbar gewesen, wem rechtswidriges Verhalten zuzuordnen sei.« Schäuble erklärt vor der Bundespressekonferenz sogar, solche Information hätte den Tatbestand einer Begünstigung erfüllen können.

Später wird Staatssekretär Tietmeyer vor dem Untersuchungsausschuß gestehen: »Nach Rücksprache mit Bundesminister Stoltenberg und mit seiner Zustimmung habe ich dann später den Aufsichtsratsvorsitzenden von HDW, Herrn Pieper, telefonisch über die Tatsache unterrichtet, daß ein Ermittlungsverfahren bei der OFD Kiel gegen das IKL läuft und daß nicht auszuschließen sei, daß in den zu ermittelnden Vorgang der Vorstand von HDW involviert sei.« Auf Nachfragen gibt Tietmeyer für den Zeitpunkt dieses Telefonats an: »Herbst '85 ... nach Übermittlung der Akten an die OFD ... oder Anfang '86«.

Auf Antrag der SPD und der Grünen beschließt der Bundestag in einer letzten Sitzung vor der Bundestagswahl die Einsetzung eines parlamentarischen Untersuchungsausschusses. Ausgerechnet Otto Graf Lambsdorff hatte noch vorher versucht, mit einer Drohung den Untersuchungsausschuß abzuwenden: »Sonst werden wir einmal gründlich untersuchen, was in den Regierungszeiten Brandt und Schmidt geliefert wurde«. – Die Oberfinanzdirektion Kiel erhält nach der Vorlage des Zwischenberichtes vom Bundesfinanzministerium die Weisung, ihre Ermittlungen fortzusetzen.

Die Justizaffäre

Was jetzt kommt, ist eine neue Affäre – eine Justizaffäre in dem Zusammenspiel von Bundesfinanz- und Bundeswirtschaftsministerium, Oberfinanzdirektion Kiel und der Staatsanwaltschaft beim Kieler Landgericht. Später gibt es eine weitere Affäre – den Versuch von CDU/CSU und FDP, am sogenannten U-Boot-Untersuchungsausschuß des Bundestages gewissermaßen modellartig ein verfassungsrechtlich statuiertes Kontrollorgan funktionsunfähig zu machen. Man hätte damit rechnen müssen, daß, nachdem nun die Sache in der Öffentlichkeit war, so wie vor über einem Jahr in den Bundesministerien erwartet und befürchtet, staatsanwaltschaftliche Ermittlungen beginnen würden. Aber die Regierung hat nicht immer recht und die Justiz ist unabhängig. Sie ermittelt nicht, sie beobachtet.

Beim Generalbundesanwalt wird ein sogenannter Beobachtungsvorgang angelegt. Ausschließlich gestützt auf ein Gutachten des Bundesverteidigungsministeriums, das um die Jahreswende 1986/87 angefertigt wird, entscheidet Generalbundesanwalt Rebmann rechtzeitig und wenige Tage vor der Bundestagswahl, daß er keine Ermittlungen eröffnen werde. Es gebe keine ausreichenden Verdachtsmomente, daß auch militärische Geheimnisse der Bundesmarine an Südafrika weitergegeben sein könnten.

Auch bei der Kieler Staatsanwaltschaft wird ein Beobachtungsvorgang angelegt. Zunächst einmal entscheidet aber die Behördenspitze, daß nicht der für Außenwirtschaftsstrafsachen zuständige Staatsanwalt den Vorgang bearbeiten soll, sondern der politische Dezernent. Nun sind zwar alle Straftaten nach dem Außenwirtschaftsgesetz politische Tatbestände, weil entweder die äußere Sicherheit der Bundesrepublik oder der internationale Frieden oder die auswärtigen Beziehungen der Bundesrepublik betroffen sein müssen (§ 34 AWG), aber hier handelt es sich eben um einen besonderen politischen Fall. Der politische Dezernent hat Erfahrung, so wird seine Zuständigkeit begründet. Nach vier Wochen wird er in das Justizministerium versetzt. Sein Nachfolger erweist sich zwar als weniger erfahren, aber doch als zuverlässig. Bei der Bundesregierung wird ein Gutachten angefordert, ob die auswärtigen Beziehungen der Bundesrepublik durch das Südafrika-Geschäft erheblich gestört worden seien. Nach Recht und Gesetz ist ein solches Gutachten für die Aufnahme von Ermittlungen durch die Staatsanwaltschaft nicht erforderlich. Aber es kann ja auch nichts schaden. – Im Februar kommt die Bundesregierung zu dem Ergebnis, die auswärtigen Beziehungen seien zwar gestört, aber »nicht erheblich«. Hätte das Auswärtige Amt anders entschieden, hätte es womöglich die Justiz auf die Politiker losgelassen, mit denen Außenminister Genscher gerade über die Fortsetzung der Koalition verhandeln mußte. Aber solche Sorgen sind vielleicht unnötig gewesen. Die Staatsanwaltschaft bleibt bei der Bewertung des Sachverhaltes auch in Zukunft beharrlich auf der Linie der Bundesregierung.

Vom Dezember 1986 bis in die Gegenwart gibt es eine Vielzahl von internationalen Reaktionen auf das, was Stück für Stück und insgesamt bruchstückhaft über das U-Boot-Geschäft mit Südafrika und die Beteiligung von Regierungskreisen bekannt wird. Die Ausschüsse der UNO beschäftigen sich damit, und die Bundesregierung versucht, ihre Position zu verbessern, indem sie behauptet, nur durch ihr Dazwischentreten sei die Vollendung des Geschäftes verhindert worden. Schwarzafrikanische Regierungschefs protestieren öffentlich. Abgeordnete aus vielen Parlamenten attackieren die Bundesregierung. Kongreßmitglieder aus den USA schreiben an den Bundeskanzler. Zweimal wird sogar in der Generalversammlung der UNO über »deutsche U-Boote für das Apartheid-Regime« diskutiert. Die Zusammenstellung internationaler Reaktionen füllen im Untersuchungsausschuß einen ganzen Aktenordner.

Aus den Akten des Auswärtigen Amtes ergibt sich, daß sich der indische Premierminister höchstselbst besorgt zeigt, die Pläne »seiner« U-Boote könnten an Südafrika geliefert worden sein. Aber Indiens formelle Proteste sind recht verhalten. Das hat

seine Gründe. Die indische Regierung befürchtet, daß die Endempfänger der Provisionsgelder bekannt werden, die bei dem U-Boot-Geschäft zwischen HDW und Indien »angefallen« sind. Es handelt sich dabei um beträchtliche Summen. Die Kongreßpartei soll damit ihren Wahlkampf finanziert haben, und auch Familie Gandhi scheint nicht ganz leer ausgegangen zu sein. Die indische Innenpolitik ist in den Sog von Beschaffungsskandalen bei deutschen U-Booten und schwedischen Kanonen geraten. Bei dem Waffenhandel mit dem schwedischen Rüstungskonzern Bofors »zahlte Indien 1986 für die Lieferung von 400 Feldhaubitzen 1,3 Milliarden US-Dollar – davon 319,4 Millionen als ›Provision‹«, berichtet der »Spiegel«. Auch bei den U-Booten aus der Bundesrepublik haben die n.A. – so werden »nützliche Aufwendungen« im Jargon üblicherweise abgekürzt – eine unübliche Höhe erreicht. Ihre Offenlegung darf die indische Regierung nicht provozieren. – So deckt eine Affäre die andere.
Die Oberfinanzdirektion ermittelt weiter.
Noch ist die Szene der Rüstungsgewinnler aus Regierung, Parteipolitik und Lobby in Gefahr. Sollten sich die Prognosen der bisherigen Ermittlungen der Rechtsgutachter aus dem Bundeswirtschaftsministerium und dem Auswärtigen Amt, der Betriebsprüfer und Referenten der Oberfinanzdirektion als richtig herausstellen, müßten nicht nur saftige Geldbußen verhängt, sondern auch die Gewinne abgeschöpft werden. Wer aber den Gewinn beziffern muß, muß auch die Kosten inklusive der Provisionen und Schmiergelder offenlegen. Aus der »kleinen Lösung« des Bundesfinanzministeriums mit dem Bußgeld von 50 000 Mark aus der Firmenkasse wird nun eine ebenso dreiste wie intelligente »große Lösung«: In ständiger Abstimmung mit dem Bundeswirtschaftsministerium und mit dem Bundesfinanzministerium, das gegenüber der schleswig-holsteinischen Oberfinanzdirektion weisungsbefugt ist, wird eine Einstellung des Ordnungswidrigkeitsverfahrens angepeilt – mit anderen Worten, ein Freispruch für alle Beteiligten. Dazu sind in dem Schacherspiel drei Züge erforderlich.

1. Bei der Ermittlung »der Tatsachen« beschränkt man sich auf die Angaben, die die Firmen freiwillig machen und auf die Unterlagen, die die Firmen freiwillig herausgeben. Dabei loben die Ermittlungsbehörden ausdrücklich das kooperative Verhalten der Firmen. So kann auf Durchsuchungen und Beschlagnahmen verzichtet werden. – Die Version der Firmen, daß nur unbedeutende Teillieferungen erfolgt sind, wird voll übernommen. Glaubhaft, so stellen die Ermittlungsbehörden fest, sind auch die Erklärungen der Firmen, daß man nie etwas anderes vorgehabt habe, als sich im Rahmen des rechtlich Zulässigen zu bewegen. So sei das Geschäft noch gerade rechtzeitig beendet worden, bevor die Schwelle der Genehmigungspflicht erreicht worden sei.

2. Die ermittelten Tatsachen bedürfen noch der technischen Bewertung. Dafür wird ein Gutachten beim Bundesamt für Wirtschaft angefordert, das nun endlich, mit anderthalb Jahren Verspätung, wirklich informiert worden ist. Bevor der Gutachter mit seiner Arbeit beginnt, ruft er aus dem Binnenland bei Regierungsdirektor Budrat an der Küste an, ob nicht die Besichtigung eines U-Bootes der Bundesmarine arrangiert werden könne. Er habe noch nie zuvor ein U-Boot gesehen und müsse in dieser Sache »Pionierarbeit« leisten. – Der Gutachter kommt zu dem Ergebnis, daß die gelieferten Fertigungsunterlagen »weitgehend und prinzipiell denen für ein ziviles, ausfuhrgenehmigungsfreies Tauchboot entsprechen«. »Der Empfänger der Unterlagen könne den Bau des U-Bootes ohne weitgehende fachgerechte Unterstützung von außen nicht durchführen«. Allenfalls »ließe sich aufgrund der gelieferten Unterlagen für eine südafrikanische Eigenentwicklung eine Zeitersparnis von schätzungsweise zwei Jahren veranschlagen«.

3. Rechtlich abgesichert wird das ganze durch Interpretationshilfen bei der Auslegung der Außenwirtschaftsverordnung. Der »zuverlässige und erfahrene Referatsleiter« aus dem

Wirtschaftsministerium, Ministerialrat Haase, erfüllt die in ihn gesetzten Erwartungen mit einer Stellungnahme seines Ministeriums, bei »unvollständigen Fertigungsunterlagen« komme es darauf an, ob es sich um »wesentliche Teile« handele. Das sei aber nicht quantitativ zu entscheiden, sondern von dem »spezifisch militärisch-strategischen« Gehalt der Unterlagen abhängig. Diese Interpretation ist zwar neu und eigens für die U-Boot-Affäre entwickelt, aber sie wird flugs von der Oberfinanzdirektion übernommen. Regierungsdirektor Budrat kommt zu der Schlußfolgerung, daß mit den gelieferten Unterlagen allenfalls so eine »Art Zigarre zusammenzubauen wäre«, die gerade »wasserdicht« sei.

Am 11. Januar 1988 wird das Ermittlungsverfahren gegen IKL und HDW so wie gegen ihre verantwortlichen Vertreter eingestellt. Der § 5 AWV sei nicht erfüllt, und soweit es sich beim § 45 um »die Weitergabe von nicht allgemein zugänglichen Kenntnissen« handele, sei dies auch nur relevant, wenn die Voraussetzung des § 5 vorläge. Die Paragraphen seien insofern nur redaktionell unterschiedlich gefaßt. Zwar habe es auch eine Lizenzvereinbarung gegeben, sie habe sich aber nicht auf Patente bezogen. Auch ein *Versuch* eines Verstoßes gegen die Außenwirtschaftsverordnung liege nicht vor, da nicht habe bewiesen werden können, daß »die Betroffenen einen Vollendungswillen gehabt hätten, die Vorstellung und den Willen also, das Geschäft notfalls auch ohne die erforderliche Genehmigung durchzuführen.« – »Am Rande der Rechtsbeugung«, so kommentiert Wolfgang Hoffmann in der Wochenzeitschrift »Die Zeit« die Einstellungsverfügung der Oberfinanzdirektion.

Dabei hatte Regierungsdirektor Budrat an den Tatsachenfeststellungen seines Betriebsprüfers nicht vorbeikommen können, soweit sie in den Akten festgehalten waren. Von 5000 geplanten Werkstattzeichnungen und Stücklisten waren 4700 auf Mikrofilm nach Südafrika gegangen. Südafrika hatte eine sogenannte »Feasibility-Studie« für die U-Boot-Produktion in der südafrikanischen Schiffbauindustrie erhalten. An südafrikanische Partner waren auch einige Tonnen Hy-80-Stahl gegangen, die bislang nur beim U-Boot-Bau verwendet werden dürften. Im Frühjahr 1986 hatte HDW einen Oberingenieur aus seiner U-Boot-Werft für südafrikanische Dienste beurlaubt. »Er ist dort im Rahmen eines Öl-Bohr-Projekts tätig« (OFD-Entscheidung). In den Akten der Oberfinanzdirektion finden sich auch noch andere Merkwürdigkeiten. So schickte der Rechtsanwalt Zoglmann jr., Sohn des als Vermittler aufgetretenen Zoglmann sen., der sich bei IKL als Rechtsvertreter verdingt hatte, zu Händen von Herrn Regierungsdirektor Budrat »einen Auszug des von Heinz Vielein verfaßten Buches ›Waffenschmuggel im Staatsauftrag‹« und meinte, daß die von einem Bonner Gericht aus Anlaß eines Verfahrens gegen den Bundesnachrichtendienst wegen illegaler Waffengeschäfte in den sechziger Jahren »(erstmals) entwickelten Rechtsgrundsätze zu Form und Inhalt von Genehmigungen nach dem AWG auch auf unseren Fall über weitere Bereiche unmittelbar Anwendung zu finden haben.«

Der Untersuchungsausschuß

Die Arbeiten des Bonner Untersuchungsausschusses gestalteten sich nicht weniger träge und unergiebig. Von Anfang an versuchten die CDU/CSU- und FDP-Mitglieder des Untersuchungsausschusses in holder Eintracht auf Zeit zu spielen und die Beschaffung von Unterlagen und Akten zu blockieren. Die vor dem Untersuchungsausschuß auftretenden Zeugen aus der Bundesregierung hatten es schwer. Bei Teltschik und Schrekkenberger waren alle Unterlagen in den Reißwolf gegeben worden. Der Strauß-Brief an Kohl fand sich später durch Zufall und als einziges wichtiges Dokument im Vorzimmer des schleswig-holsteinischen Wirtschaftsministers Westphal wieder, als die Regierung Engholm im Sommer 1987 die Regierungsgeschäfte in Schleswig-Holstein übernahm. Kohl und Genscher hatten bis dato vor dem Untersuchungsausschuß verschwiegen, daß Strauß überhaupt eine Rolle in dieser Affäre gespielt hatte. Die Aktenvermerke der Firmen über die Telefonanrufe Schrecken-

bergers wurden in der Substanz von diesem bestritten. Stoltenberg vertrat – immerhin – die Auffassung, daß »ungewöhnliche Methoden« angewandt worden seien, »die zeigen, daß hier die Absicht bestand, ein nicht genehmigtes Geschäft im dunkeln abzuwickeln«. – Den Firmenvertretern wurde von der Ausschuß-Mehrheit der Regierungsfraktionen ein generelles Auskunftsverweigerungsrecht zugebilligt.
Eine Woche vor Ende der Legislaturperiode am 17. Februar 1987 erhielten die Ausschuß-Mitglieder einen Teil der internen Firmenakten zu dem Südafrika-Geschäft. Sie wurden als »geheim« klassifiziert. Es kann deshalb an dieser Stelle nur angedeutet werden, daß sie ein Milieu offenbaren von Rüstungskooperation und Geschäftemacherei, von Geheimdienstlichkeit und Mafia-Methode. Da sollte mit doppelten Pässen und mit Cover-Stories gearbeitet werden. Beteiligte Personen, Firmen und Staaten werden mit Tarnnamen versehen. »Tjello« für die Bundesrepublik Deutschland und »Karate« für Südafrika. Und: In der »Taz« vom 4. 2. 1988 wird aus den Firmenakten ein »Strategiepapier« der Firmen über eine »Desinformationskampagne« zitiert:

»Sollten Informationen darüber an die Öffentlichkeit gelangen, ist der Eindruck zu erwecken, daß die Bauphase des Programms auf unbestimmte Zeit verschoben wird ... IKL und HDW werden gebeten, Einzelpersonen in der westdeutschen Regierung zu informieren und ihnen zu versichern, daß diese Vorgehensweise gewählt wurde, um jedes nur denkbare Risiko einer Enthüllung auszuschalten; daß das Programm tatsächlich nicht verzögert wird; daß im Gegenteil die Hoffnung besteht, daß die Bauphase sogar noch beschleunigt wird.«

Der Inhalt der Firmenakten war so alarmierend, daß sich die SPD-Bundestagsfraktion entschloß, den Untersuchungsausschuß mit demselben Auftrag in der neuen Legislaturperiode des Deutschen Bundestages wiedereinzusetzen – erstmalig in der deutschen Parlamentsgeschichte. Über fast jede Sitzung, über jede Zeugenvernehmung, über jede Akte gab es Streit. Die eine Seite hoffte auf die Ermüdung der Öffentlichkeit und die

Verjährung etwaiger Straftaten im Jahre 1990, die andere Seite sah die Chance, mit ihrer Aufklärungsarbeit wenigstens auf andere illegale Rüstungsexportgeschäfte abschreckend einwirken zu können. Um erneut an die Firmenakten heranzukommen, erzwingt die Opposition ein Beschlagnahmeverfahren vor dem Bonner Amtsgericht. Ein gewisser Amtsrichter, Herr Hertz-Eichenrode, entscheidet.
Der Antrag auf Herausgabe der Firmenakten an den Untersuchungsausschuß wird abgelehnt. Dem Untersuchungsausschuß fehle es an einem »verfassungsmäßig zulässigen Untersuchungsauftrag«, da die Absicht, »unmittelbar das Verhalten des Ministerpräsidenten und der Mitarbeiter von Ministerien und anderen Stellen der Länder zu untersuchen«, mit dem Bundesstaatsprinzip des Grundgesetzes nicht in Einklang stehe. Nach der Veröffentlichung dieser Entscheidung Ende September 1988 weigern sich die Regierungsfraktionen, die Untersuchungsarbeit des Ausschusses fortzusetzen. Bald darauf stirbt Ministerpräsident Franz Josef Strauß. Der andere Ministerpräsident eines Landes, der sich wie Strauß im außenpolitischen und außenwirtschaftlichen Zuständigkeitsbereich der Bundesregierung bewegt hatte, war schon ein Jahr vorher in Genf ums Leben gekommen.
Die Regierungsfraktionen verhinderten mit ihrer Mehrheit im Untersuchungsausschuß, daß gegen die amtsrichterliche Entscheidung Rechtsmittel eingelegt wurden. So zeichnete sich die Möglichkeit ab, daß durch die Entscheidung eines Amtsrichters im Beschlußverfahren das Verfassungsinstitut des Untersuchungsausschusses lahmgelegt werden könnte – auch erstmalig in der deutschen Parlamentsgeschichte. Die Regierungsfraktionen weigerten sich schließlich auch, einer Reduzierung und Präzisierung des Untersuchungsauftrages im Plenum des Deutschen Bundestages zuzustimmen. So blieb der SPD-Bundestagsfraktion keine andere Möglichkeit, als den Weg zum Bundesverfassungsgericht nach Karlsruhe zu gehen. Erst Karlsruhe beendete Anfang 1989 die anderthalb Jahre dauernde Blockade des Untersuchungsausschusses.

Im Oktober 1990 fand schließlich eine vehemente, aber ergebnislose Debatte im Deutschen Bundestag über den vorläufigen Abschlußbericht des Untersuchungsausschusses statt. Danach läßt sich folgende Bilanz ziehen:

Die an die Howaldtswerke-Deutsche Werft aus Südafrika gezahlten Millionenbeträge liegen auf einem Sperrkonto und bringen Zinsen, nachdem die Südafrikaner im Januar 1987 noch einmal zwei Millionen DM an Lizenzgebühren überwiesen haben. Das Ingenieurkontor Lübeck hat seine Millionen vereinnahmt.

Die Verfahren der Oberfinanzdirektion gegen Nohse, Ahlers, Hansen-Wester, IKL und HDW sind eingestellt und nicht wiederaufgenommen worden.

Der Vorstandsvorsitzende Ahlers ist bei HDW mit rund 400 000 DM Abfindung und Aufstockung seiner Pensionsbezüge vorzeitig und einvernehmlich ausgeschieden und in hochdotierter Position bei einem Bremer Speditionsunternehmen wieder untergekommen.

Pieper und Nohse verhandeln mit der neuen schleswig-holsteinischen Regierung Engholm über wirtschaftspolitische Projekte und klagen über die andauernde Belästigung durch den Untersuchungsausschuß des Bundestages.

Stoltenberg ist zwar Verteidigungsminister geworden, mußte aber 1992 zurücktreten, als öffentlich wurde, daß er von Rüstungsexporten nach Israel und in die Türkei nichts gewußt hatte. Ob er sich im Fall der Blaupausen-Affäre der Begünstigung schuldig gemacht hat, als er Pieper durch Tietmeyer von dem bevorstehenden Ordnungswidrigkeitsverfahren gegen HDW informieren ließ, ist bisher von keiner Staatsanwaltschaft geprüft worden.

Die Widersprüche zwischen den Aussagen von Schreckenberger und Teltschik vor dem Untersuchungsausschuß und den Aktenvermerken der Firmen sind zwar offenbar, aber keine Staatsanwaltschaft ist dem Verdacht uneidlicher Falschaussagen bisher nachgegangen.

Die Anzeige der Grünen gegen Bundeskanzler Kohl wegen möglicher uneidlicher Falschaussage vor dem Untersuchungsausschuß, weil er den Strauß-Brief und andere Aktivitäten seines Männerfreundes bei seiner Vernehmung verschwiegen hatte, ist im Sande verlaufen.

Nachdem der Journalist Uwe-Karsten Heye in einem Fernsehmagazin ein Firmendokument gezeigt hat, das eine Vertragsänderung darstellt und auf eine mögliche geheime Bargeldzahlung von 2,5 Millionen DM weist, entschließt sich die Kieler Staatsanwaltschaft schließlich unter den Augen des damals gerade neu ins Amt gekommenen Generalstaatsanwalts, bei der Bundesregierung die nach § 353 StGB erforderliche Ermächtigung zur Aufnahme von Ermittlungen wegen einer möglichen Verletzung des deutsch-indischen Geheimschutzabkommens über die bei HDW gekauften U-Boote zu beantragen. Der Antrag wird im März gestellt. Nach einigen Beratungen mit Kabinettskollegen entscheidet der damalige Bundeswirtschaftsminister Haussmann im Juli 1989: Die Ermächtigung wird nicht erteilt. Ihr stünden »wichtige öffentliche Interessen« entgegen. »Ein längeres Ermittlungsverfahren, wie es hier mit hoher Wahrscheinlichkeit zu erwarten sei, ist selbst bei einer späteren Einstellung geeignet, die Fähigkeit der Bundesrepublik zur Rüstungskooperation insbesondere mit NATO-Partnern zu beeinträchtigen.« – Wenige Wochen vor Haussmanns Entscheidung war der Vermerk einer interministeriellen Besprechung über den Antrag der Kieler Staatsanwaltschaft bekanntgeworden. Zitat: »...Von Vertretern des Verteidigungsministeriums und des Wirtschaftsministeriums wurde darauf hingewiesen, daß die mit einer Verweigerung der Ermächtigung zwangsläufig verbundene Durchbrechung des ›Legalitätsprinzips‹ hingenommen werden könne, weil der Unrechtsgehalt, der mit einer Weitergabe von VS-Sachen an Südafrika verbunden wäre, verhältnismäßig gering zu bewerten ist. Selbst wenn formal sekretierte Unterlagen geliefert worden wären, hätte dies für sich allein noch keine schwerwiegenden Konsequenzen und müßte wegen der besonderen Umstände des Falles strafrechtlich als ein relativ geringfügiger Verstoß gewertet werden...« – Wer fürchtet sich vorm Staatsanwalt?

Im Frühjahr 1989 hat die Bonner Staatsanwaltschaft Ermittlungen gegen Ministerialdirektor Teltschik wegen des Verdachts des Verwahrbruchs aufgenommen, weil er möglicherweise ihm dienstlich anvertraute Unterlagen vernichtet hat, ohne dazu berechtigt gewesen zu sein. Alle Achtung!
Der mehrfach geäußerte Vorwurf, Oberfinanzpräsident Hansen und sein Regierungsdirektor Budrat hätten sich am Rande der Rechtsbeugung bewegt, wird geduldig ertragen.
Im Sommer 1989 erstattet die deutsche Anti-Apartheid-Bewegung bei der Kieler Staatsanwaltschaft Anzeige gegen die beiden Herren wegen des Verdachts der Rechtsbeugung im Amt.
Im Sommer 1989 berät der Bundestag Gesetzentwürfe der Bundesregierung zur Verbesserung der Überwachung des Außenwirtschaftsverkehrs bei Rüstungsexporten.
Gleichzeitig tauchen Nachrichten über immer neue Rüstungsexportskandale auf:
- über den Versuch, den Verkauf von Tornado-Bombern an Jordanien über die Kreditanstalt für den Wiederaufbau zu finanzieren,
- über die Lieferung von Komponenten und Know-how für Entwicklung und Produktion von Atomwaffen nach Pakistan und Indien,
- über die Beteiligung Deutscher bei der Entwicklung und Produktion von Mittelstreckenraketen in Südamerika und im Nahen Osten,
- über die Lieferung von Nachtsichtgeräten für die irakischen und iranischen Scharfschützen im Golfkrieg,
- über die Beteiligung Deutscher bei der Giftgasproduktion in Libyen und im Irak.
Am brisantesten ist die Affäre um die C-Waffen-Fabrik im libyschen Rabta. Hier leisten nicht nur Deutsche, sondern auch deutsche Firmen Beihilfe. Eine Firma aus dem Salzgitter-Konzern hat einige nicht ganz unbedeutende Pläne geliefert. Sie sind von Hinweisen auf ihre Herkunft »gesäubert«. Wieder muß der Vorstandsvorsitzende der bundeseigenen Salzgitter AG, Ernst Pieper, einen Brief an den Bundesfinanzminister schreiben.

Sein Unternehmen habe über Bestimmungsland und Bestimmungszweck nichts gewußt. »Fest steht nur, daß Salzgitter offensichtlich getäuscht worden ist«, erklärt Pieper im »Spiegel«. »Die Tarnung war offenbar so perfekt, daß keines der vielen beteiligten Unternehmen seinerzeit erkannt hat, wer wirklich hinter dem Auftrag steckt und wohin die Lieferungen gingen.«
Die Tarnung war offensichtlich so perfekt, daß der Bundeskanzler noch Anfang Januar 1989 zu Pressemeldungen erklären konnte: »Es ist für mich überhaupt nicht denkbar, daß sich einzelne innerhalb der Bundesrepublik aus Gewinnsucht an Vorhaben beteiligen, die zumindest in Teilen der Welt friedensgefährdend sind.«
Durch eine Bundestagsdebatte wurde die Bundesregierung im Februar genötigt, einen Bericht über alle Informationen zu veröffentlichen, die ihr zu einer »möglichen Beteiligung deutscher Firmen an einer C-Waffen-Produktion in Libyen« in der Vergangenheit zugegangen waren. Es zeigte sich, daß die Bundesregierung seit 1983 fast einhundert Hinweise aus nachrichtendienstlichen und diplomatischen Quellen, aus Wirtschaftskreisen und von Ermittlungsbehörden erhalten hatte.
Der damalige Kanzleramtsminister Schäuble informierte den Bundestag:

5. 7. 1985 Deutsche Botschaft Moskau berichtet über einen Hinweis aus nicht östlicher Quelle, wonach die Firma Imhausen, Lahr (Inhaber Dr. Hippenstiel), in Hongkong einen Vertrag zur Lieferung eines pharmazeutischen Projekts abgeschlossen habe. Ein deutscher Staatskonzern sei beteiligt. Der Standort des Projekts sei unbekannt.
Wegen Sonderwünschen des Auftraggebers (Glas statt Stahlrohren, was auf Produktion von Giftgas schließen lasse) und Geheimhaltung des Standorts seien bei beteiligten Fachleuten Zweifel aufgetaucht, ob es sich um ein Pharmaprojekt für Hongkong handele. Als tatsächliches Bestimmungsland sei Libyen erwähnt worden. – Nach Einschätzung der Botschaft handelte es sich hier um Vermutungen, die sie mit der Bitte um allergrößte Diskretion weiterleite.

8. 7. 1985 AA leitet den Bericht an BMWi und BND, letzterem mit der Bitte um weitere Aufklärung soweit möglich, weiter.

9. 7. 1985 BMWi übersendet Abdruck der Botschaftsmeldung vom 5. 7. 1985 an BAW zur Prüfung. Ergebnis: Imhausen hat keine Ausfuhrgenehmigungsanträge gestellt, auch nicht für Hongkong.

Auch IKL und HDW – ein Unternehmen aus dem Staatskonzern, der auch in die Libyen-Affäre verwickelt ist – hatten in Sachen »U-Boote für Südafrika« keine Ausfuhrgenehmigungsanträge gestellt. Die Problematik solcher Geschäfte, inklusive perfekter Tarnung, war der Bundesregierung nicht neu. Die Abteilungen im Bundeswirtschaftsministerium, im Auswärtigen Amt, beim Bundesamt für Wirtschaft und im Bundeskanzleramt, die die Giftgaswarnung der deutschen Botschaft aus Moskau erhielten, müssen sich zur gleichen Zeit nämlich auch mit U-Boot-Plänen für Südafrika beschäftigt haben. – Es kann nicht ausgeschlossen werden, daß »erfahrene und zuverlässige Referatsleiter mit der Aufklärung beauftragt waren, um Vertraulichkeit zu wahren«. Und daß dies nicht gelungen ist, macht den eigentlichen Skandal aus! Merke: Nur was öffentlich wird, kann auch zu einem Skandal werden.

PS: Anfang 1993: Die rot-grüne Landesregierung Niedersachsens unter Ministerpräsident Gerhard Schröder (SPD) befürwortet einen 17-Milliarden-Auftrag: zehn U-Boote und Korvetten für Taiwan. Die Sicherung von Arbeitsplätzen in der Werftindustrie macht sozialdemokratische Prinzipien wie die Konversion der Waffenproduktion zu Makulatur. (Die Herausgeber)

1987

Als Höhepunkt in der Geschichte der bundesrepublikanischen Skandale gilt inzwischen unangefochten die Barschel-Affäre. Zu Recht, denn jenseits aller abenteuerlichen kriminellen Details ging es in ihr, prägnanter noch als in der Parteispenden-Affäre, um das Funktionieren der Demokratie in ihren Grundlagen. Wer, muß sich der Bundesbürger seither fragen, schützt ihn davor, daß die etablierte Macht manipulierend in die politische Willensbildung bei Wahlen eingreift und damit das erste Grundrecht der Demokratie, die Bestellung der staatlichen Organe durch das Volk, weitgehend außer Kraft setzt? Die erschreckende Antwort lautet, daß der Zufall – vielleicht auch die relativ labile Psyche eines Spitzenpolitikers – schon zu Hilfe kommen muß, damit solche Machenschaften aufgedeckt werden können.

Volker Skierka

Die Affäre Barschel

Schleswig-Holstein 1987, war da was? Die »Barschel-Affäre«? Ach ja, die »sogenannte«, wie man inzwischen sagt. Stimmt, sie war so eine Art Krönung der Skandalgeschichte der Bundesrepublik, die seit der Bonner Wende 1982 ihrem Höhepunkt zutrieb. Wie schnell heutzutage so etwas vergessen und verdrängt wird. Dabei war das ein echtes Schurkenstück, wie es der »Bild«-Zeitungsleser liebt. Nicht so kompliziert wie die steuerrechtlich verwickelte Parteispenden-Affäre oder die illegale Weitergabe deutscher U-Boot-Baupläne nach Südafrika. Als Drehbuch oder Krimistoff hätte einem die Geschichte freilich keiner abgenommen, und selbst für einen Groschenroman wäre sie etwas billig gewesen. Nein, wenn, dann passen die Platitüden, daß die unglaublichsten Geschichten immer noch das Leben schreibt und Politik ein schmutziges Geschäft ist, nirgendwo besser als zu der Barschel-Affäre.

Was mag in unserer Zeit schnellebiger Skandale haftengeblieben sein in den Köpfen der Leute? Vielleicht, daß da ein christdemokratischer Ministerpräsident aus Schleswig-Holstein namens Uwe Barschel den damaligen sozialdemokratischen Oppositionsführer namens Björn Engholm denunzieren und bespitzeln ließ, ihn gar mit dem Verdacht infizieren wollte, er sei aidskrank, um ihn persönlich und politisch zu ruinieren. Sicher werden sich die Leute den Namen Pfeiffer gemerkt haben, weil der so gut zu dem Wort »verpfeifen« paßt. Pfeiffer hieß jener zwielichtige Zeitgenosse nämlich, der Barschel kurz vor der schleswig-holsteinischen Landtagswahl am 13. September 1987 beim »Spiegel« verpfiff. Und natürlich werden sich die Leute noch an das spektakuläre Ehrenwort Barschels erinnern, von dem Schauspieler und Regisseure, die den Auftritt im

Fernsehen gesehen hatten, sofort sagten, der ehrenwerte Kollege Politiker habe gelogen, was daran erkennbar gewesen sei, wie schlecht er die Rolle der verfolgten Unschuld gespielt habe. Augenausdruck, Gestik und Aussage hatten dem kritischen Blick der Show- und Theaterprofis nicht standgehalten und den Ministerpräsidenten deshalb schon damals entlarvt. Nur leider hat die Schauspieler niemand gefragt. Vielmehr hat man es prominenten NDR-Fernsehjournalisten überlassen, beflissen vorzupreschen und eilfertig an einem Vorfreispruch ihres Parteifreundes Barschels zu basteln. Doch lang ist es her, und mancher fragt sich heute: Wie war das denn eigentlich genauer damals? Die Barschel-Affäre, so ist vorweg zu sagen, gliedert sich in zwei Komplexe, nämlich in den Komplex »Haupttäter« und in den Komplex »begünstigendes Umfeld«.
Es begann damit, daß Barschel im August 1986 den Springer-Vorstandsvorsitzenden Peter Tamm wissen ließ, daß er einen Journalisten als Mitarbeiter suchte. Im Januar fing Reiner Pfeiffer in der Staatskanzlei an, sein Unwesen zu treiben. Barschel beauftragte ihn, den Oppositionsführer bei den Finanzbehörden wegen Steuerhinterziehung anschwärzen zu lassen. Leider aber, so mußte Barschel später nach einer umfangreichen konspirativen Aktion zerknirscht erfahren, hatte Engholm seine Steuern bezahlt. Dann heckte man aus, Engholms Liebesleben durch Privatdetektive auspähen zu lassen. Als Rechtfertigung wurde das Gerücht in die Welt gesetzt, der SPD-Spitzenkandidat sei homosexuell und habe auch ein »ausschweifendes Liebesleben mit dem weiblichen Geschlecht«. Die Finanzierung der Detektive wurde über Barschel-Freund Ballhaus und die Firma Schwarzkopf als »Sicherheitsanalyse« eingefädelt. Aber auch diese Aktion brachte nicht den gewünschten Erfolg. Nun legte man einen Zahn zu. Als falscher Arzt rief Pfeiffer bei Engholm an und versuchte, ihn mit der »vertraulichen Mitteilung« zu schockieren, er habe sich möglicherweise die Immunschwäche Aids eingefangen. Doch auch diese Aktion verpuffte. Dann kümmerte man sich von der Staatskanzlei aus um die Grünen und die der CDU

Konkurrenz machende Splitterpartei UWSH (Unabhängige Wählergemeinschaft Schleswig-Holstein) mit dem Ziel, durch eine Zersetzungskampagne und gefälschte Erklärungen Zwietracht zu säen. Ende Mai 1986 wurde das Gespann Barschel/Pfeiffer in seinen Aktivitäten jäh gebremst: Barschel stürzte bei Lübeck mit einem kleinen Privatflugzeug ab. Als einziger der vier Insassen überlebte er das Unglück schwerverletzt und konnte somit in den folgenden Wochen nicht mehr sein Unwesen treiben. Das tat unterdessen freilich seine Partei. Während Engholm den Rekonvaleszenten pietätvoll schonte, leitete sie einen infamen Wahlkampf in die Wege. Zu den Spitzenprodukten gehörten eine in der Staatskanzlei zusammengestellte üble Broschüre unter dem Titel »Betr.: Engholm«, in der Engholm als Landesverräter gebrandmarkt wurde, und eine (später gerichtlich verbotene) Kampagne mit dem Ziel, dem Wähler zu suggerieren, die SPD befürworte Sex mit Kindern.
Inzwischen sank Pfeiffer in der Gunst seines Chefs. Der Mann fürs Grobe versuchte dies seinem Chef heimzuzahlen, indem er die gemeinsamen Untaten an die SPD verriet, die das zunächst nicht glauben mochte und fürchtete, der Informant sei ein *agent provocateur*, der sie hereinlegen wollte. Also ging Pfeiffer zum »Spiegel«. Als Barschel in der Staatskanzlei eine Woche vor den Wahlen Wind von einer bevorstehenden Enthüllungsstory bekam, versuchte er seinen Vertrauten Pfeiffer zu überreden, eine Abhörwanze zu besorgen und in Barschels Diensttelefon zu installieren. Die sollte bei einer von Barschel veranlaßten Kontrolle von Technikern »zufällig« gefunden und der SPD angehängt werden. Das ist die eine Version. Die andere ist die, daß Pfeiffer mit der Wanze hereingelegt und als SPD-Agent der Öffentlichkeit präsentiert werden sollte, dem dann keiner mehr seine »Spiegel«-Geschichte geglaubt hätte. Doch der letzte Coup mißlang. Was sich dann am Wahlwochenende im »Spiegel« auftat, war nur noch Abgrund.
In den stürzte schließlich der Bösewicht Nummer eins: der ehemalige Ministerpräsident. Mögen die Einzelheiten der Affäre im Gedächtnis verschwimmen, den Tod von Uwe Barschel in

der Badewanne eines Genfer Hotels mit dem schönen Namen »Beau Rivage« vergißt man nicht. Und es ist vor allem die Legende, die sich um diesen Tod rankt und fortspinnt, die der Affäre Barschel doch noch irgendwie ein ewiges Leben als Fußnote der deutschen Nachkriegspolitik garantiert. Die Legende sorgte überdies für den kleinen Nebeneffekt, daß aus dem Täter Barschel plötzlich ein Opfer geworden ist und nicht so sehr dessen schmuddelige Missetaten im Bewußtsein der breiten Öffentlichkeit haftenblieben, sondern vielmehr die Frage: War es Mord? Selbstmord war's, sagten die Ermittlungsbehörden, als sie die Aktendeckel über dem Fall zuklappten. Mord war's, sagen jene, denen ein vom Selbstmord abgeleitetes Schuldeingeständnis aus politischen, persönlichen oder geschäftlichen Motiven nicht paßt. Und sie tun wahrlich eine Menge, um das Legendengebäude abzustützen, zum Beispiel mit der These, Barschel sei als Mitwisser dunkler Waffengeschäfte in die Wanne gelegt worden. Ein Genfer Ermittler ahnte es gleich, als er unmittelbar nach dem spektakulären Abgang prophezeite, mit Barschel werde es so laufen wie mit der Marilyn Monroe. Der blonden Schönheit nimmt man ihren Selbstmord ja auch bis heute nicht ab. Die Frage ist bei Barschel nur: Wenn's Mord war, warum wurde er nicht noch perfekter als Selbstmord getarnt? Der oder die Täter konnten doch kein Interesse daran haben, daß der angebliche Mord wie ein vom Opfer selbst als dilettantisches Verwirrspiel getarnter Selbstmord aussah?

Dabei können wir von Glück sagen, daß wir überhaupt von einer Affäre Barschel berichten können. Um ein Haar hätte es sie nämlich nicht gegeben, müßten diese Seiten unbeschrieben bleiben. Zu danken haben wir dem Zufall. Dabei war der Fall Barschel an sich kein Zufall. Zufall war nur, daß alles aufflog. Die Affäre war gewissermaßen ein verunglückter Normalfall, eine Art Betriebsunfall, eine Panne, die sich für die CDU allerdings zu einer kleinen Katastrophe, einem landespolitischen Super-GAU auswuchs, bei dem der damalige Landesvorsitzende Gerhard Stoltenberg als erster in den Bunker kroch und auf diese Weise als einer der wenigen schleswig-holsteinischen CDU-Politiker politisch überlebte – aber nur fern der Heimat, in Bonn. Man stelle sich einmal vor, der von der Spitze des Springer-Konzerns freundlicherweise an die Kieler Staatskanzlei ausgeliehene Journalist und Spießgeselle Barschels, Reiner Pfeiffer, wäre nicht zum »Spiegel« marschiert und hätte ausgepackt. Dann wäre wahrscheinlich alles noch so wie früher in Schleswig-Holstein. Barschel wäre wohl immer noch Ministerpräsident und würde sich mit aufgeblendeten Autoscheinwerfern, wie er es liebte, von Küste zu Küste brausen lassen, der ehemalige Hamburger Arbeitgeberpräsident Karl Josef Ballhaus wäre wohl immer noch Boß bei der Shampoo-Firma Schwarzkopf und Barschels Freund, der Axel-Springer-Konzern wäre nicht als Desinformationsgigant blamiert; namhafte Medienmacher hätten sich nicht herablassen müssen, vor einem Untersuchungsausschuß in Kiel peinliche Fragen von Provinzpolitikern zu beantworten, und Stoltenberg wäre immer noch CDU-Landesvorsitzender und der geachtete und gefürchtete große Klare, der die Fäden zieht in der Partei. Schleswig-Holstein wäre weiterhin das von der CDU wie ein großes herrschaftliches Gut verwaltete schöne Land zwischen den Meeren mit einem Musik-Festival in Scheunen, Schlössern und Parks geblieben. Und vielleicht hätte es ja geklappt, den SPD-Spitzenkandidaten Engholm mit vereinten Kräften doch noch so gezielt aus dem Hinterhalt zu erledigen, daß dieser gar nicht gewußt hätte, wie ihm geschehen wäre.

Vielleicht hätte Barschel seinen Pfeiffer ja nur befördern müssen, wie all die anderen um ihn herum befördert und mit Karrieren geködert worden waren, bis sie bereitwillig und gewissenlos die Spielregeln der Demokratie außer Kraft setzten und das alles ganz normal, überhaupt nicht verwerflich und »völlig legitim« fanden. Vielleicht war es wirklich der alles entscheidende Fehler, daß der Ministerpräsident den ihm lange Zeit treu ergebenen, zu allerlei Schandtaten bereiten Pfeiffer nicht »anständig« belohnte, mit einem Staatssekretärs- oder gar Ministerposten, wie dieser ihn sich in seiner maßlosen Selbstüberschätzung erträumte. (Er sah sich inzwischen immerhin schon als Innenminister.) Der bis zur Wahl so unauffällige Pfeiffer wäre dann nur ein Gesicht mehr gewesen in einem Kabinett ausdrucksloser Gesichter, die nichts zu melden hatten unter Barschel, die sich von diesem kujonieren ließen wie die Schulbuben und alles mögliche mitmachten, deckten oder wegsahen – bis zum Schluß. Denn es ging ja um die Partei und um die Macht und damit vor allem um die eigene Karriere, um Dienstwagen, Statussymbole, das Einkommen. Was ist man jetzt, da alles perdu ist? Nichts, man ist nur noch eine Art Nullnummer in einem Bundesland, wo fast vierzig Jahre lang die richtige Gesinnung, das Parteibuch und der Grad der Ergebenheit vor den Parteioberen über das Fort- und Hochkommen entschied.

Der unter dem Schock der Affäre von allen Parteien eingesetzte parlamentarische Untersuchungsausschuß zur Aufklärung der Affäre deckte in monatelanger Arbeit auf, wie sich auf dem Rücken einer demokratischen Partei eine Führungsclique nach oben hangelte und sich dann das Land Schleswig-Holstein und seine Institutionen nach und nach zur Beute machte. Es war keine Clique, die über Nacht durch einen Putsch an die Macht gekommen war, sondern eine über Jahrzehnte gewachsene, fest miteinander verbandelte Seilschaft. Barschel war der politische Ziehsohn von Gerhard Stoltenberg. Stoltenberg wiederum ist der Ziehsohn und Ziehenkel der früheren CDU-Ministerpräsidenten Helmut Lemke und Kai Uwe von Hassel. »Er war der Mann, der genau in das politische Milieu hineinpaßte, das sich ihm bot«, resümierte bitter der Ehrenvorsitzende der CDU Schleswig-Holstein von Hassel in einem Ansatz innerparteilicher Selbstkritik.
Aber wer war der Mann Uwe Barschel, der da so gut in das politische Milieu paßte, denn eigentlich? Ein Suizidforscher von einer Hamburger Psychiatrischen Klinik stufte ihn als »narzißtische Persönlichkeit« ein. Unter einer »narzißtischen Persönlichkeit« versteht man nach dem amerikanischen Psy-

choanalytiker Otto F. Kernberg, einem der renommiertesten Forscher auf diesem Gebiet, Menschen, die »durch ein ungewöhnliches Maß an Selbstbezogenheit im Umgang mit anderen Menschen, durch ihr starkes Bedürfnis, von anderen Menschen geliebt und bewundert zu werden« auffallen. In Kernbergs Buch »Borderline-Störungen und pathologischer Narzißmus«, einem Standardwerk der psychoanalytischen Literatur, heißt es weiter, »die Hauptkennzeichen narzißtischer Persönlichkeiten« seien »Größenwahn, eine extrem egozentrische Einstellung und ein auffälliger Mangel an Einfühlung und Interesse für Mitmenschen, so sehr sie jedoch andererseits nach deren Bewunderung und Anerkennung gieren. Sie empfinden starken Neid auf andere, die etwas haben, was sie nicht haben, und sei es einfach Freude am Leben. (...) Hochintelligente Menschen mit dieser Persönlichkeitsstruktur können sogar auf ihrem Gebiet als recht kreativ erscheinen; man findet zum Beispiel narzißtische Persönlichkeiten in führenden Positionen in Industrieunternehmen oder akademischen Institutionen. (...) Betrachtet man jedoch ihre Produktivität genauer und über einen längeren Zeitraum hin, so stößt man auf Anzeichen von Oberflächlichkeit und Flüchtigkeit in ihrer Arbeit und auf einen Mangel an Tiefe, so daß die Leere und Substanzlosigkeit hinter der glänzenden Fassade schließlich nicht mehr zu übersehen sind.«

Diese Charaktermerkmale decken sich frappierend mit dem Mosaik von Beschreibungen der Persönlichkeit Barschels durch eine Vielzahl von Menschen, die ihn als politische Gefährten, Gegner, Mitarbeiter und Journalisten jahrelang aus der Nähe erlebt hatten. Barschel setzte wie kaum ein anderer seinen ganzen Ehrgeiz zum Aufbau einer politischen Karriere ein. Er machte den doppelten »Dr.«, heiratete eine von Bismarck und zeugte vier Kinder. Mit 25 war er stellvertretender CDU-Landesvorsitzender, mit 27 Fraktionsvorsitzender seiner Partei im Landtag, mit Anfang 30 Minister. Mit 38 wurde er als Nachfolger des als Finanzminister nach Bonn berufenen Stoltenberg Ministerpräsident und war damit erst einmal ganz oben. Eine Blitzkarriere. In jungen Jahren hatte er einmal als Berufs-

wunsch »Bundeskanzler« angegeben. Barschel erschien seiner Umgebung als ein kalter, verkrampfter Mensch, stets auf der Lauer. Er war hoffärtig und hatte rüde Gutsherrenmanieren. »Wenn narzißtische Persönlichkeiten«, schreibt Kernberg, »selber objektiv bedeutende Positionen – etwa leitende Stellungen in politischen Institutionen oder in irgendeiner sozialen Gruppe – innehaben, so umgeben sie sich gern mit Bewunderern, an denen sie so lange interessiert bleiben, als die Bewunderung noch frisch ist. (...) Versucht aber einer dieser ›Sklaven‹ sich etwa zu befreien, so reagiert der Narzißt aufs äußerste beleidigt.« Ihre Beziehungen zu anderen erleben sie laut Kernberg »häufig als reines Ausnutzungsverhältnis – ›wie man eine Zitrone ausquetscht und den Rest wegwirft‹«.
Hier drängt sich eine Parallele zu dem Verhältnis zwischen Barschel und Pfeiffer auf und gibt auch eine mögliche Erklärung dafür, wie dieses Paar zueinander finden und eine Weile harmonisieren konnte. Der anpassungsfähige, gern zu Autoritäten aufblickende und bisweilen servile Pfeiffer, der den »MP«, wie Barschel sich nennen ließ, mit viel Achtung und Bewunderung umschmeichelte und gleichzeitig ein Stück rauhe Wirklichkeit und Abenteuer in das sterile Leben Barschels trug, schien vom Zuschnitt jener Leute, wie Barschel sie brauchte: einer, der sich einspannen ließ als Mann fürs Grobe. Barschel, den sie ja kannten in den Führungskreisen der Union im Norden, schien in seinem Ehrgeiz und seiner Rücksichtslosigkeit ein Garant für die Machterhaltung der »Seilschaft« in Schleswig-Holstein.

Wie diese Seilschaft funktionierte, macht folgendes Beispiel deutlich: 1974, als Stoltenberg schon Ministerpräsident von Schleswig-Holstein war, forderte sein Schützling, der gerade 30jährige Fraktionsvorsitzende Uwe Barschel, in einem vertraulichen, von der FDP ausgekramten Papier: »In der Beförderungspraxis muß sichtbar – und zwar geräuschlos – werden, daß unsere Regierung CDU-Freunde am ehesten für geeignet hält, CDU-Politik an Ort und Stelle zu verwirklichen.« Schon 1956

hatte ein CDU-Ausschuß gemahnt, »die Verwaltungsangehörigen mit CDU-Gesinnung« seien die einzigen, »auf die wir dann noch rechnen können, wenn die politische Führung der Verwaltung einmal in andere Hände übergehen sollte.«
Das Ergebnis solcher Politik war schließlich vom Untersuchungsausschuß zu besichtigen, dessen SPD-, FDP- und SSW-Vertreter (SSW: Südschleswigscher Wählerverband) schließlich zu der Bewertung kamen: »Die Vorstellung, daß die CDU auf den Verwaltungsapparat dadurch stärkeren Einfluß ausüben sollte, daß – möglichst geräuschlos – alle einflußreichen Stellen mit Mitgliedern der Regierungspartei besetzt werden sollten, hat dazu geführt, daß es heute im schleswig-holsteinischen Verwaltungsapparat kaum einen Abteilungsleiter gibt, der einer anderen Partei als der CDU angehört. Dies ist ein Beleg dafür, daß vielfach nicht nur die berufliche Qualifikation – wie im Grundgesetz gefordert –, sondern insbesondere die parteipolitische Ausrichtung entscheidender Maßstab für die Ernennung war. Damit aber wurde das Prinzip des Machterhalts für viele zu einem Karriere-, für manche sogar zu einem existentiellen Problem. Deshalb fehlte oft die kritische Distanz zum eigenen Handeln.«

Dies mag eine Erklärung dafür sein, weshalb alle, die etwas merkten oder hätten merken müssen, nichts sahen, nichts hörten, nichts sagten. Unrechtsbewußtsein und Zivilcourage waren die am stärksten verkümmerten Charaktereigenschaften in der politischen Führungsklasse von Schleswig-Holstein und der ihr anvertrauten Administration. Hätte man nämlich seine Aufgaben als Staatsdiener und nicht als Parteidiener verstanden, hätte eigentlich irgendwann einmal jemand zum Telefonhörer greifen und nachfragen müssen, ob in Barschels Umgebung jemand sitzt, der übergeschnappt ist. Spuren haben die Barschel-Pfeiffer-Bande und ihre Sympathisanten schließlich genug hinterlassen: Der Untersuchungsausschuß förderte in dem damaligen stellvertretenden Regierungssprecher Herwig Ahrendsen einen weiteren Mittäter sowie eine ganze Reihe von Mitwissern und Helfershelfern zutage, die in der Staatskanzlei und an der Spitze des Parteiapparates einen von dem damaligen Kieler CDU-Generalsekretär und Stoltenberg-Vertrauten Reichardt geleiteten Schmutzwahlkampf ohnegleichen ausgeheckt und entfesselt hatten.

In Leitsätzen des Bundesverfassungsgerichtes heißt es: »Den Staatsorganen ist es von Verfassung wegen versagt, sich in amtlicher Funktion im Hinblick auf Wahlen mit politischen Parteien oder Wahlbewerbern zu identifizieren und sie unter Einsatz staatlicher Mittel zu unterstützen oder zu bekämpfen, insbesondere durch Werbung die Entscheidung des Wählers zu beeinflussen.« Diese Grenzen waren im Lande Schleswig-Holstein fließend. Der seinerzeit für das Gebaren seiner Partei politisch verantwortliche CDU-Landesvorsitzende Stoltenberg vermochte in seiner stets zur Schau getragenen scheinbar unerschütterlichen Selbstgerechtigkeit vor dem Untersuchungsausschuß nur in einem Falle eine »Grenzüberschreitung« im Zusammenhang mit der Vermischung von Staats- und Parteiinteresse in jenem »Wahlkampf« erkennen. Das war, als Pfeiffers Diensttelefonnummer in der Staatskanzlei als Kontaktnummer für die CDU-Wahlkampfzeitung genannt worden war. Aber vielleicht muß man Stoltenberg ja sogar ein subjektiv reines Gewissen zubilligen. Vielleicht kommt es nur darauf an, wo ein jeder für sich die »Grenze« setzt: Je weitläufiger, je großzügiger Stoltenberg für sich und seine Partei die Grenzpflöcke einrammte, desto größer war natürlich auch der Auslauf, desto weniger Grenzüberschreitungen konnte es geben, weil sich ja alle vermeintliche politische Immoral innerhalb dieses großzügig selbstgesteckten Toleranzfeldes abspielte. Daß der Spielraum des einen immer kleiner wird, wenn der andere den seinen nach Belieben ausweitet, war in Schleswig-Holstein stets nur eine Machtfrage, und die war fast 40 Jahre lang eindeutig beantwortet. Aus dieser Perspektive ist es daher auch einleuchtend, daß für Stoltenberg das Pamphlet »Betrifft: Engholm«, das unter seiner Verantwortung als Landesvorsitzender von einem hohen Regierungsbeamten aus der Staatskanzlei »unter Mitarbeit aller Häuser« (sprich: Ministerien) für die Partei als Wahlkampfmunition zusammengemixt worden ist, nichts Verwerfliches war. Schließlich hat er ja sogar dem Druck einer Neuauflage zugestimmt. Im Untersuchungsausschuß erschien der Landesvorsitzende jedenfalls wie die verfolgte Unschuld aus Bonn.

Dabei ließ Stoltenberg gleichzeitig eine innerparteiliche Hexenjagd gegen jene zu, die sich für eine rückhaltlose Aufklärung der Affäre und eine grundlegende personelle Erneuerung einsetzten und die sich in der Partei jenen politischen Anstand bewahrt hatten, der nötig ist, um eines späteren Tages wieder einmal aufrecht in den Spiegel und dem politischen Gegner in die Augen sehen zu können. Jenem tapferen einstigen CDU-Obmann im Untersuchungsausschuß, Trutz Graf Kerssenbrock, wurde sein Engagement bitter heimgezahlt, als seine innerparteilichen Gegner ihm eine neuerliche Kandidatur für das Parlament verwehrten; er wurde obendrein im April 1989 als Nestbeschmutzer aus dem Landesvorstand herausgeworfen. Zur selben Zeit kürte die Basis Stoltenberg unter großem Jubel zum Ehrenvorsitzenden, und in Bonn vertraute ihm Kanzler Kohl den Posten des Bundesverteidigungsministers an.

Wie in einer anderen Welt fühlte man sich bisweilen im Schleswig-Holstein-Saal des Kieler Landeshauses, wenn die Mitglieder des parlamentarischen Untersuchungsausschusses in einem Klima, das weitgehend frei war von dem vordergründig parteipolitischen Gezänk draußen vor der Tür, unbeirrbar der Wahrheit auf den Grund zu gehen versuchten.

Zu Hilfe kamen ihnen dabei jene unbestechlichen Listen des Telefoncomputers im Kieler Landeshaus, in denen jede angewählte Nummer und die Dauer des Gesprächs aus den Skandalmonaten aufgelistet waren. Das Parlament als Legislative schien in Schleswig-Holstein lange die einzige noch funktionierende demokratische Institution zu sein, in einer Zeit, in der die Exekutive so schwere Schuld auf sich geladen und die Justiz, die den Verdacht der Parteilichkeit weckte, versagt hatte. Die Vertreter der Staatsanwaltschaft Lübeck, die sich der Affäre angenommen hatten, hinterließen im Ausschuß den Eindruck, »ihre Ermittlungen nicht mit der gebotenen Neutralität durchgeführt« zu haben, wie die FDP im Ausschuß kritisierte. Die Art und Weise, wie der vom Generalstaatsanwalt gedeckte Leitende Lübecker Oberstaatsanwalt, das CDU-Mitglied Oswald Kleiner, lange Zeit von Barschel weg und in Richtung eines Komplotts der SPD mit Pfeiffer gegen die CDU hin ermittelte, als er längst von den Laienjuristen im Ausschuß die richtige Fährte gewiesen bekommen hatte, und wie der Täter Barschel bevorzugt, das Opfer Engholm indessen benachteiligt wurde, disqualifizierte den Justizapparat als Herrschaftsinstrument einer Partei.

Es war ein politischer »Ball Paradox«, wie er da im Schleswig-Holstein-Saal des Kieler Landeshauses vom Herbst 1987 bis Frühjahr 1988 über die Bühne ging: Ein buntes Panorama der bundesdeutschen Nachkriegsgesellschaft. Viele sogenannte Stützen dieser Gesellschaft mußten in vier Monaten hier aufmarschieren und Zeugnis ablegen über einen Störfall im politischen Normalbetrieb.

»Solange es schlicht als Katastrophe gilt, wenn die einen die anderen in der Macht ablösen, und die Macht zu verlieren als Schande gilt, so lange werden alle durch Jahrhunderte bekannten Gefahren der Macht vielfache und vielfältige Chancen bekommen, unserem Gemeinwesen, gerade dem demokratisch verfaßten, in seiner Wurzel zu schaden. Und es steht sehr wohl zu befürchten, daß hier der eigentliche Herd der Krankheit liegt, die Uwe Barschel hingestreckt, aber auch viele andere befallen hat«, sagte der Lübecker Bischof Ulrich Wilckens am Sarg von Barschel. Und er gab der politischen Prominenz unter den Trauergästen schließlich den Satz mit auf den Heimweg: »Der plötzliche Tod Uwe Barschels, des Ministerpräsidenten, mitten hinein in den Morast von Affären und Machenschaften, (...) erregt ja nicht nur die persönliche Teilnahme vieler, vieler Menschen, sondern eben auch eine brennende Scham über den inneren Zustand unseres Gemeinwesens, wie er hier wie in einem Menetekel offenbar geworden ist.«

PS: 1993 findet die »Barschel-Affäre« ihre Fortsetzung in der sogenannten »Schubladen-Affäre«. Sie erzwingt den Rücktritt des schleswig-holsteinischen Ministerpräsidenten und SPD-Kanzlerkandidaten Björn Engholm. Barschels späte Rache. Das Opfer der »Barschel-Affäre« stolpert über eine Falschaussage, die im Gesamtkomplex des wohl größten Politikskandals der Bundesrepublik eine marginale Bedeutung hat. (Die Herausgeber)

1987

Kurze Zeit, nachdem die erste rot-grüne Koalition auf Landesebene in Hessen an der Forderung der Grünen, die Hanauer Atombetriebe Alkem, Nukem und RBU stillzulegen, zerbrochen war, unmittelbar nach dem Sieg der CDU unter Bundesumweltminister Walter Wallmann und der FDP bei den vorgezogenen Landtagswahlen, begannen die Enthüllungen über die gemeingefährlichen »Entsorgungs«-Praktiken der Nukem-Tochter Transnuklear.

Als der Skandal mit dem Lautwerden des ungeheuerlichen Verdachts, die deutsche Atomindustrie habe mehreren Schwellenländern beim Bau der Atombombe geholfen, seinen Höhepunkt erreichte, versiegten die Informationsquellen. Die Affäre um den Proliferationsverdacht wurde durch andere Rüstungsexportskandale abgelöst.

Die skandalträchtigen Atomindustrieanlagen in Hanau gerieten erst 1991 durch die »Aktenaffäre« wieder ins ungeliebte Rampenlicht. Hessens CDU-Umweltminister Karl-Heinz Weimar hatte kurz vor seiner Ablösung durch den Grünen Joschka Fischer Genehmigungsakten für die Plutoniumverarbeitung im Siemens-Brennelementewerk (vormals Alkem) ausgerechnet bei dem zu genehmigenden Betrieb ausgelagert. Um Siemens eine Aktualisierung, Abgleichung oder Verfälschung der Unterlagen zu erlauben? Oder, wie Weimar behauptet, wegen Platzproblemen in seinen Diensträumen?

Gerd Rosenkranz

Atom außer Kontrolle
Transnuklear-Affäre, Atommüllskandal,
Proliferationsverdacht

Listen gehören zur Standardausstattung eines anständigen deutschen Skandals. Kaum einer kommt ohne sie aus. Leben preußische Tugenden in den Niederungen bundesdeutscher Korruptions-Tabellen fort? Oder ist die Erklärung des Phänomens gar nicht von ethno-psychologischer, sondern von viel banalerer Art? Treibt ganz einfach die kleinen wie großen Gaunern eigene, selbstschützerische Klugheit sie dazu, Mittäter, Hintermänner und sonstige Nutznießer ihrer Machenschaften für den Fall der Entdeckung in schier endlosen Tabellen bloßzustellen? Wir wissen es nicht. Hans Holtz jedenfalls wurde von seinen Vorgesetzten angewiesen, die »ominösen Listen« zu vernichten. »Ich hab's nicht getan, Gott sei Dank, sonst wär ich heute wahrscheinlich im Gefängnis«, machte sich der 57jährige noch im August 1987 Mut. Geholfen hat es ihm nicht. Unter dem Verdacht, nicht nur andere bestochen, sondern auch großzügig in die eigene Tasche gewirtschaftet zu haben, wird der langjährige Prokurist und Abteilungsleiter der Hanauer Atomtransportfirma Transnuklear am 11. Dezember 1987 verhaftet. Vier Tage später findet ihn ein Justizbeamter mit aufgeschnittenen Pulsadern in seiner Zelle im Hanauer Untersuchungsgefängnis. Einer der wichtigsten Zeugen des größten Skandals der bundesdeutschen Atomwirtschaft ist tot.

Zu diesem Zeitpunkt beschäftigt die Transnuklear-Affäre, wie der Atomskandal in der Sprache der Abwiegler noch heißt, bereits fast ein dreiviertel Jahr die Öffentlichkeit. Und Hans Holtz ist nicht der erste Suizid-Tote. Klaus Ramcke, beim größten Atomstromproduzenten der Republik, der Preussen Elektra AG (Preag), im Sold, hatte sich am frühen Morgen des 27. April 1987, unmittelbar nach Aufdeckung des Bestechungsskandals und seiner fristlosen Entlassung, bei Hannover vor einen Zug geworfen. In der Preag-Hauptverwaltung entschied der Diplomingenieur zuvor viele Jahre lang über die Entsorgungspfade der fünf konzerneigenen Atomkraftwerke. Von allen bekannten Schmiergeldempfängern hatte Klaus Ramcke am kräftigsten zugelangt. Sein Tod verhinderte jedoch nicht, daß die »Unregelmäßigkeiten« bei Transnuklear bald aus den Schlagzeilen verschwanden.

Das Publikum war mit Hanauer Skandal-Meldungen ohnehin gesättigt. Als nach Nukem, Alkem und der Reaktorbrennelement-Union (RBU) ein viertes Unternehmen des wuchernden Atomfirmengeflechts ins Blickfeld der örtlichen Staatsanwaltschaft geriet, hielt sich die öffentliche Empörung in Grenzen. Dies umso mehr, als die Nukem-Tochter mit ihren 137 festen Mitarbeitern nicht gerade zu den Riesen der Branche zählte. Doch der Blick auf die Beschäftigtenzahl täuscht. Als Entsorgungs- und Transportfirma für strahlenden Müll aus bundesdeutschen Atommeilern war die »TN«, wie das Unternehmen im Jargon der Gemeinde hieß, lange Zeit marktbeherrschend. Die Atomtransporteure schafften den AKW-Betreibern vorrangig jene leicht- und mittelaktiven Atomabfälle vom Hals, von denen hierzulande jährlich etwa fünfhundert Tonnen anfallen – verstrahlte Filter, kontaminierte Flüssigkeiten, Schutzkleidung und so weiter, Dinge, die insbesondere nach den turnusmäßigen Revisionsarbeiten oder störfallbedingten Stillständen in den Atommeilern anfallen. Vornehmlich im Ausland wurden die strahlenden Stoffe verbrannt, verpreßt, jedenfalls in ihrem Volumen reduziert oder sonstwie »sachgerecht konditioniert« und – so jedenfalls wollten es die Bestimmungen – anschließend dorthin zurückverfrachtet, wo sie herkamen. An den AKW-Standorten sollte die strahlende Hinterlassenschaft der Branche zwischenlagern, bis – irgendwann, irgendwie – eine endgültige Ruhestätte gefunden sein würde. In Wirklichkeit wußte niemand, was die Atommüllkutscher da zurück über die Grenze brachten, es scheint sich auch niemand ernsthaft dafür interessiert zu haben. Die Behörden erteilten für

die gelben Fässer pauschal Transport- und Lagergenehmigungen, ohne überprüfen zu können, ob da drin war, was da drauf stand. Die Eingangskontrollen der in die Atomkraftwerke zurücklaufenden »Gebinde« waren eher symbolischer Natur.
Nicht immer gingen die Geschäfte bei TN so gut wie in den Jahren vor der Zwangsschließung. Die besten Leute machten sich schon Anfang der siebziger Jahre zuerst im Streit davon und dann erfolgreich einen Konkurrenzladen auf. 1979 herrschte bei der Transnuklear tiefe Depression. Der Umsatz in Hans Holtz' Abteilung »Radioaktive Abfälle« lag bei mickrigen zweieinhalb, der Verlust bei einer Million Mark. Die Konkurrenz, klagte Holtz, »war immer schneller, wir hinkten hinterher«. Das sollte sich ändern. »Wenn eine Maschine nicht läuft, muß man sie eben ölen«, riet Gerhard Hackstein, damals Geschäftsführer der TN-Mutter Nukem. Holtz startete die Ära der »freien Akquisition« und mit ihr eine Explosion des Umsatzes seiner Abteilung auf 29,6 Millionen Mark im Jahr 1986.
Die Kundenwerbung begann mit kleinen Aufmerksamkeiten. Taschenrechner, Radiowecker, Aktenkoffer (breit oder normal), 20-Liter-Milchkannen (Kupfer, alt oder neu) – wie es eben üblich ist in der »freien Wirtschaft«. Doch es blieb nicht dabei. Das Sortiment verbreiterte sich, die Preise stiegen. Bald wurden Stereoanlagen und Farbfernseher angefordert, eine Querflöte, ein Gewehr, ein Mofa, schließlich eine komplette Wohnungsrenovierung. Zeitweise, berichtet Holtz später, gerieten Angebot und Nachfrage im TN-Sortiment aus dem Gleichgewicht. Was da geboten werde, seien »Kinkerlitzchen«, er sei »Besseres gewöhnt«, kanzelte beispielsweise Klaus Ramcke den TN-Akquisiteur ab. Der wenig diskrete Hinweis auf die Konkurrenz wurde verstanden. Ramcke war ja nicht nur der anspruchsvollste Auftragsvermittler, sondern auch einer der wichtigsten. Im November 1980 bestellte TN-Geschäftsführer Peter Vygen bei einem Autohaus für 21 500 DM ein »Sonderfahrgestell mit Spezialaufbau, zum Transport radioaktiver Corebauteile in kontaminierten Behältern«. Geliefert wurde ein Audi für Klaus Ramcke. Doch derlei »Naturalien« waren für den

Preag-Mann eher ein Zubrot. Vor allem sahnte er cash ab und brachte es so im Laufe der Jahre auf weit über eine halbe Million Mark.
Mit der »Hardware« – wie die kleinen und großen Geschenkartikel firmenintern hießen – allein wollten sich auch andere Nutznießer der TN-Bakschischwirtschaft auf Dauer nicht abspeisen lassen. Bares sollte fließen, möglichst gebündelt. Man begann, Auftrags-Provisionen nach einem festen Schlüssel auszuschütten: 50 Pfennig pro Kilogramm brennbarer Abfälle, 20 Pfennig für solche, die gepreßt werden können, 3000 Mark pro Transport mit flüssigen Abfällen. Schließlich ging die TN dazu über, im In- und Ausland Scheinfirmen zu gründen, die als Waschanlagen für Provisionszahlungen und »Nützliche Aufwendungen« in Millionenhöhe vorbei am Finanzamt genutzt wurden. Bares reichte Akquisiteur Holtz wahlweise in der noblen Atmosphäre einschlägiger Hotelbars oder weniger stilvoll auf Autobahnraststätten in Briefkuverts weiter. Alles in allem hielt die TN ihre Kunden über die Jahre mit etwa fünf bis sechs Millionen Mark bei Laune. Stets bemüht um ein angenehmes Geschäftsklima, sorgten die TN-Manager – zumal nach harten Verhandlungsrunden – auch für die Entspannung ihrer mit der Atomversorgung betrauten Geschäftsfreunde – in Etablissements mit so phantasievollen Namen wie »Club Chérie«, »Tante Anna«, »Top Secret« oder »Studio Chan Pan«. Bis zu 30 000 Mark monatlich ließ sich die Hanauer Klitsche derlei Bewirtungen im Puff kosten.
Bezahlt haben diese und andere »Nützliche Aufwendungen« letztlich die Stromkunden. Transnuklear war nämlich bald dazu übergegangen, die Provisionen in die Auftragskalkulationen mit einzurechnen. Ergebnis: Die Stromkonzerne zahlten nicht nur für ihre »*Ent*sorgung«, sondern auch für die *Ver*sorgung der eigenen Angestellten mit Schmiergeldern.
Wir halten fest: Leitende Angestellte der großen Stromkonzerne der Bundesrepublik, Strahlenschutzbeauftragte und Mitarbeiter von gut einem halben Dutzend Atomkraftwerken standen auf den Bestechungslisten der TN. Die Belegsammlung

aus den Schickeria-Bordellen – von Holtz penibel gesammelt – zeichnet ein Sittengemälde der bundesdeutschen Atomszene. Kaum ein AKW-Betreiber taucht da nicht auf. Angestellte der Siemens-Firma Kraftwerk Union nahmen die Entspannungsangebote der Hanauer Atommüllkutscher ebenso gerne in Anspruch wie Wissenschaftler der beiden staatlichen Kernforschungszentren in Jülich und Karlsruhe. Eine Zählung auf seiten der Schmierer und der Geschmierten ergibt etwa hundert potentielle Beschuldigte. Einige Dutzend wurden fristlos gekündigt, die Mehrheit jedoch kam mit ein paar schlaflosen Nächten davon. Auf die naheliegende Frage, ob als Motiv für Bestechung in Millionenhöhe und zwei Selbstmorde nicht mehr im Spiel gewesen sein muß als schlichte Firmenkonkurrenz, wissen die Ermittler auch zwei Jahre später keine Antwort. »Es gibt dafür keine Erklärung«, stellt Oberstaatsanwalt Albert Farwick im Mai 1989 resigniert fest.

Über »Verfehlungen einzelner« dürfe nicht ein »ganzer Berufsstand ins Zwielicht« geraten. So lautete zu jener Zeit die stereotype Verteidigungsformel der Atomgemeinde. In der Tat ist es ja kein Geheimnis, daß geölte Geschäfte auch in anderen Branchen eher die Regel als die Ausnahme darstellen. »Kommerzielle Bestechung« gibt es überall, und die Edelbordelle der Republik könnten ohne die Männerzirkel des »business« gar nicht existieren.

So lag die Vermutung nahe, daß zum Jahreswechsel 1987/88 der Vorhang endgültig vor der Schmieren-Klamotte mit Namen »Transnuklear-Affäre« hätte fallen sollen. Doch es kam anders.

Der große Fässer-Verschiebebahnhof

Man schreibt den 16. Dezember 1987, als sich die Bühne erneut dem Blick des Publikums öffnet. Das Schauspiel entwickelt sich zum Drama. Der neue Titel: Atommüllskandal.

Selbst gewieften Atomkraftkritikern war entgangen, daß seit Anfang der achtziger Jahre praktisch alle bundesdeutschen

Betreiber von Atomanlagen unter dem Alpdruck der ungelösten Entsorgungsfrage den Großteil ihrer radioaktiven Hinterlassenschaft zur »Konditionierung« und Volumenreduzierung durch das in der belgischen Kleinstadt Mol ansässige »Studiecentrum voor Kernenergie (SCN/CEN)« schleusen ließen.
An diesem Mittwoch bekennen die Oberkonditionierer in Mol öffentlich, was aufgrund der deutschen Ermittlungen in Sachen Transnuklear nicht länger zu verbergen ist: 321 Fässer mit plutoniumhaltigen Abfällen aus einem defekten belgischen Forschungsreaktor habe man den Deutschen falsch deklariert als konditionierten Müll aus bundesdeutschen Reaktoren untergeschoben. Von nun an werden Hanau und Mol stets gemeinsam buchstabiert. Beide Städtenamen stehen bald für undurchsichtige Atommüllschiebereien, für Millionenbetrug, Etikettenschwindel, Inkompetenz und Fahrlässigkeit im Umgang mit der hochgefährlichen radioaktiven Hinterlassenschaft der nuklearen Stromerzeugung. Das kriminelle Bindeglied zwischen der deutschen und der belgischen Atomhochburg bilden die Müllkutscher von Transnuklear. Ganz nebenbei wird bekannt, daß sich die leitenden belgischen Beamten in Mol für geschäftsbegleitende Freundlichkeiten der TN nicht weniger empfänglich zeigten als die deutschen AKW-Entsorger.
Das Eingeständnis aus Belgien löst in der Bundesrepublik hektische Betriebsamkeit aus. Bundesumweltminister Töpfer beschleichen endlich Zweifel an der nach dem Atomgesetz zwingend vorgeschriebenen besonderen Zuverlässigkeit der Hanauer Atomkutscher. Am 17. Dezember entzieht er der Transnuklear die Transportgenehmigung. Fieberhaft hecheln derweil Beamte der Landeskriminalämter durch sämtliche bundesdeutsche Atomstandorte. Um die Jahreswende wird die staunende Öffentlichkeit Zeugin einer »wundersamen Faßvermehrung«, in deren Verlauf sich die Zahl der in diversen Lagern vagabundierenden, falsch deklarierten Mol-Fässer von 1758 zu Weihnachten über 1942 zu Silvester auf schließlich etwa 2500 hinaufschraubt.
In diesen Tagen kommt endlich auch die Hanauer TN-Mutter Nukem angemessen ins Gerede. 50 Mol-Fässer mit obskurem

Inhalt stehen seit Jahren auf dem Firmengelände, zwei andere gibt es nur noch in den Firmenunterlagen. Außerdem gesteht die Nukem, daß in Hanau eigene Abfälle mit hochangereichertem Uran aus der Brennelemente-Produktion routinemäßig mit harmloserem abgereicherten Uran »verdünnt« wurden, um sie so für die Behandlung in Mol »zulässig« zu machen. Das alles geschah an den Aufsichtsbehörden vorbei. Entgegen allen bisherigen Beteuerungen ist die Nukem-Führungsebene auch über die dunklen Geschäfte ihrer Tochterfirma Transnuklear bestens im Bilde. Überraschen kann das eigentlich niemanden. Unternehmensintern gilt die TN als Nukem-Geschäftsbereich. Auch die Selbstanzeige, die die Bestechungsaffäre im Frühjahr 1987 erst zum öffentlichen Thema gemacht hatte, erweist sich als Gemeinschaftswerk führender Herren von TN, Nukem und der Nukem-Mutter Degussa. Das Finanzamt hatte die Selbstbezichtigung mit der für die Herren beunruhigenden Ankündigung ausgelöst, den Betriebsprüfer bei TN reinschauen zu lassen. Die Veröffentlichung verzögerte sich allerdings – exakt bis zwei Tage nach Walter Wallmanns hauchdünnem Sieg bei der hessischen Landtagswahl.

Im Verlauf des Jahres 1988 verziehen sich allmählich die Nebelschwaden über einigen Bereichen des vielgleisigen deutsch-belgischen Atommüll-Verschiebebahnhofs. Nach Durchsuchungen bei praktisch allen bundesdeutschen TN-Geschäftspartnern läßt sich nicht länger verbergen, daß nicht nur plutoniumhaltige Abfälle aus Mol in die Bundesrepublik geschafft wurden, sondern Brisantes auch in umgekehrter Richtung die Grenze passierte. Aus deutschen Atomanlagen transportierte Transnuklear in großem Maßstab Abfälle nach Mol, die in den dortigen Konditionierungsanlagen gar nicht behandelt werden konnten. Mindestens fünf Atomkraftwerke, betrieben von den Stromkonzernen Preag und RWE, aber auch die Hoechst AG entledigten sich so auf elegante Weise ihres Problemmülls. Die Auftragsvermittler sind teilweise identisch mit jenen Herren in den Hauptverwaltungen der Stromkonzerne, die auf den Transnuklear-Bestechungslisten ganz oben stehen.

In Mol stapelte sich der strahlende Abfall zu Bergen. Damit Geld reinkam, schickten die Belgier zurück, was gerade verfügbar oder ansonsten nur schwer wieder loszuwerden war. Dabei entwickelten die Verpackungskünstler von Mol ein hohes Maß an Phantasie. So mischten sie gezielt gerade soviel radioaktives Kobalt in ansonsten mit schlichtem Beton gefüllte Fässer, daß die Außenstrahlung der des angelieferten Mülls entsprach. In andern Fällen wurden brisante Abfälle im Innern der Fässer in kleineren Stahlbehältern versteckt, um sie von außen für Kontrollinstrumente »unsichtbar« zu machen und die Außenstrahlung zu reduzieren. Wo welche Fässer welchen Inhalts am Ende gelandet sind, weiß nur der liebe Gott. Auf horrende 170 Millionen Mark schätzt Oberstaatsanwalt Farwick den Aufwand, wollte man alle Fässer einzeln auf ihren Inhalt hin überprüfen.
Doch nicht nur die radioaktiven *Stoff*ströme lassen sich nicht mehr rekonstruieren. Über die von der Transnuklear ausgeschütteten Schmiergelder in Höhe von fünf bis sechs Millionen Mark hinaus versickerten gewaltige *Geld*ströme – die Rede ist von 12 bis 15 Millionen Mark – irgendwo auf ihrem Weg von Hanau nach Mol. Transnuklear ließ den angelieferten Atommüll auf dem Gelände des staatlichen Forschungszentrums in Mol von einer windigen privaten Industriereinigungsfirma namens Smet-Jet vorbehandeln. Weit über zwanzig Millionen Mark wurden dem als »gewieften und skrupellosen Geschäftemacher« bekannten Firmeninhaber Carlo Smet seit Anfang der achtziger Jahre überwiesen. Nur für einen Bruchteil davon, behauptet die seit Anfang 1987 amtierende TN-Geschäftsführung, habe er Leistungen erbracht. Die neuen Herren in Hanau fühlen sich von Smet-Jet und jenen drei TN-Mitarbeitern gelinkt, die die deutsch-belgischen Müllgeschäfte abwickelten. In Kooperation mit den belgischen Partnern, so der Verdacht der Hanauer Staatsanwaltschaft, haben die drei die letztlich von den bundesdeutschen TN-Kunden bezahlten Millionen in die eigenen Taschen umgeleitet. Im Herbst 1988 ließ Oberermittler Farwick, der hier den eigentlichen, »ganz großen Betrugskomplex« wittert, die drei TN-Mitarbeiter verhaften.

Wenige Tage später waren sie gegen Kautionen zwischen 100 000 und 500 000 Mark wieder auf freiem Fuß. Für immerhin denkbar hält es Farwick, daß die kriminelle Vereinigung Transnuklear/Smet-Jet vornehmlich mit dem Ziel gebildet wurde, einen Teil des bundesdeutschen Atommülls einfach in der Nordsee zu verklappen oder irgendwo auf dem Weg zwischen bundesdeutschen Atomkraftwerken und dem Forschungszentrum Mol verschwinden zu lassen – eine Horrorvision.
Verdient an dem Atommüll-Karussel haben alle Beteiligten: Transnuklear an den Aufträgen, die AKW-Betreiber hierzulande, indem sie sich um die sachgerechte und teure Behandlung problematischer Abfälle – wissentlich oder unwissentlich – herumdrückten, und das Atomzentrum in Mol, indem es die brisanten Frachten annahm, und natürlich Carlo Smet und last but not least die TN-Verbindungsleute nach Mol. »Aus den Augen, aus dem Sinn«, dachten die Deutschen, »nach uns die Sintflut« die Belgier.

Vom Atommüllskandal zum Proliferationsverdacht

»Es gibt solche Verdachtsmomente.« Vier Worte des hessischen Ministerpräsidenten Walter Wallmann (CDU), geäußert während einer Ausschußsitzung des Landtags in Wiesbaden, stürzen den politisch-atomaren Komplex der Bundesrepublik am Nachmittag des 14. Januar 1988 endgültig in seine bislang schwerste Existenzkrise. »Gibt es Befürchtungen, daß spaltbares Material von der Nukem unter Verletzung des Nichtweiterverbreitungsvertrages irgendwohin geliefert worden ist?« hatte der Fraktionssprecher der Grünen, Joschka Fischer, gefragt. Ohne erkennbare Not bestätigt der sonst stets cool-distanzierte Walter Wallmann den »ungeheuerlichen Verdacht« – und löst damit eine Lawine aus. Vier Worte machen aus dem Atommüllskandal den Proliferationsskandal.
Schlagartig stehen deutsche Firmen vor der Weltöffentlichkeit im Verdacht, Pakistan und Libyen über das Atomzentrum von

Mol mit Stoff für die »islamische Bombe« versorgt zu haben. Noch am Nachmittag des 14. Januar entzieht Klaus Töpfer, Wallmanns Nachfolger im Amt des Bundesumweltministers, der Hanauer Skandalfirma Nukem die atomrechtliche Betriebsgenehmigung. Gleich auf drei Ebenen – im hessischen Landtag, im Bundestag und im Europaparlament – werden Untersuchungsausschüsse eingesetzt. Politiker und Medien jeglicher Couleur sind geschockt über den – wie etwa die »Frankfurter Allgemeine Zeitung« bemerkt – »bisher unvorstellbaren Fall von ungesetzlicher Proliferation«. Der SPD-Politiker Volker Hauff, der Tage nach Wallmanns historischer Äußerung etwas voreilig glaubt, Beweise für die Lieferung von Atommaterial nach Pakistan vorlegen zu können, spricht von einer »politischen Katastrophe für unser Land«. Der Bundestagsabgeordnete der Grünen Otto Schily sieht den »Anfang vom Ende der Atomindustrie« gekommen. Auch im Ausland, insbesondere in Washington, registrieren Beobachter unter Politikern und Wissenschaftlern ein »Gefühl von Schock«.

Niemand möchte in der aufgeheizten Atmosphäre dieser Tage seine Hand für die bundesdeutsche Atomwirtschaft ins Feuer legen – selbst die Protagonisten der Atomgemeinde geben sich nachdenklich. Die Atomprofessoren Häfele, Schulten und Knizia setzen ihre Unterschrift unter eine Erklärung, in der die »illegale Abzweigung von waffenfähigem spaltbarem Material« als »Ungeheuerlichkeit« gegeißelt wird, die »die Gesamtsituation qualitativ ändern würde«. Eine Ungeheuerlichkeit wäre es nach Meinung der Professoren aber auch, sollte der Vorwurf zu Unrecht erhoben worden sein.

Doch so plötzlich der Sturm losbrach, so schnell flaut er zunächst wieder ab. Die Hanauer Ermittler können ebensowenig den »Lieferschein« für Plutonium oder hochangereichertes Uran vorlegen, wie die Politiker oder Hunderte von Journalisten, die sich in wilder Hektik auf die Jagd begeben hatten. Die Hintergründe für Walter Wallmanns öffentliches Bekenntnis bleiben verschwommen. Dieter Kassing, Chefredakteur des »Bonner Energiereports«, hatte am Rande eines Interviewtermins mit dem hessischen Umweltminister Karl-Heinz Weimar vage angedeutet, waffenfähiges Plutonium sei möglicherweise von Mol aus über den Lübecker Hafen nach Pakistan oder Libyen geschafft worden. Allein aufgrund dieses Hinweises und ohne sich nach Belegen für die Behauptung zu erkundigen, will Ministerpräsident Wallmann die politische Bombe im Landtagsausschuß gezündet haben. Joschka Fischer sinniert später über eine »intellektuelle Knallgasreaktion« des Ministerpräsidenten. Andere mutmaßen, in Wirklichkeit habe Wallmann mehr gewußt und – im Ausschuß zur Rede gestellt – geglaubt, die Flucht nach vorn antreten zu müssen.

Als die Beweise für den »ungeheuerlichen Verdacht« auf sich warten lassen, starten Atomwirtschaft und ihre verbliebenen politischen Parteigänger sogleich die publizistische Gegenoffensive. Offensichtliches Ziel: Mit dem Vorwurf des illegalen Plutoniumschmuggels soll der Atommüllskandal gleich mit von der Bildfläche verschwinden. Die Mitglieder der »Kerntechnischen Gesellschaft« sehen sich als Opfer einer »Kriminalisierungskampagne«, initiiert zu keinem andern Zweck, als die »Ehre und Würde« der in der Branche Beschäftigten zu verletzen. In Wahrheit habe sich der sogenannte Atomskandal längst zum »Medienskandal« gewandelt. Bundesumweltminister Töpfer beeilt sich zu beteuern, die Nukem-Schließung habe zu keiner Zeit etwas mit dem Proliferationsverdacht zu tun gehabt, sondern sei einzig Resultat der »Unregelmäßigkeiten« im Zusammenhang mit den Atommüll-Schiebereien von und nach Mol.

Aber so wenig der Donnerschlag vom Januar 1988 zur Aufklärung über die Verschiebung von Spaltmaterial nach Pakistan oder Libyen geführt hat, so wenig gelingt es nun, das öffentliche Vertrauen in die »Zuverlässigkeit« der Atomgemeinde wiederherzustellen. Die Atomlobby kämpft gegen Windmühlen und liefert immer wieder selbst die Gründe. Ausgelöst durch den Proliferationsverdacht öffnet sich Schub um Schub der Vorhang, hinter dem zuvor der skandalöse Alltag des internationalen Atomhandels verborgen lag. Da stellt sich heraus,

daß die weltweiten Spaltstoffströme durch die Kontrolleure der Internationalen Atomenergie-Kommission (IAEA) oder der Europäischen Atombehörde (Euratom) keinesfalls lückenlos überwacht werden können. Die Trennung von friedlicher und militärischer Nutzung der Atomenergie erweist sich als Fiktion. Da werden Auflagen der Uranlieferländer durch die Praxis des sogenannten »Flaggentauschs«, der Änderung von Herkunftsbezeichnungen von Uran, ebenso bedenkenlos umgangen wie das Embargo gegen südafrikanisches Uran. Die Nukem verdient als international führendes Maklerunternehmen für Kernbrennstoffe ausgezeichnet an den dubiosen Geschäften. Da floriert ein weltweiter grauer Markt, auf dem sich atomare Schwellenländer wie Pakistan, Indien, Südafrika, Brasilien und Argentinien fast nach Belieben mit Atomtechnologie und »sensiblen« Stoffen eindecken können, die sie zur Produktion der Bombe brauchen. Bundesdeutsche Unternehmen handeln am Rande oder jenseits der Legalität munter mit. Wenn der Atom-Dealer Alfred Hempel Schweres Wasser, das in Reaktoren zur Plutonium-Produktion verwendet werden kann, nach Indien verschiebt, ist die Nukem über gemeinsame Firmenbeteiligungen im Ausland mit von der Partie. Schließlich wird zur Gewißheit, daß die hessische Firma Neue Technologie GmbH teilweise mit Wissen und Billigung der Bundesregierung eine ganze Palette »sensibler« Stoffe und technischer Gerätschaften nach Pakistan, Indien und Südafrika geliefert hat.
Atom außer Kontrolle: Nach Transnuklear-Affäre, Atommüllskandal und Proliferationsdiskussion glaubt die Öffentlichkeit den Kritikern der Atomenergie beinahe alles, der Skandalbranche rein gar nichts mehr. Die Stimmungslage innerhalb der Atomgemeinde wechselt zwischen trotziger Selbstgerechtigkeit und weinerlichem Selbstmitleid. Man fühlt sich zu Unrecht verfolgt, mißverstanden, gedemütigt. Die Kontroll- und Entflechtungsbegehren der Behörden werden als Schikane oder Zumutung gewertet, wo immer sie mit der eigenen Interessenlage nicht in Einklang zu bringen sind. Der oberste Aufseher der Branche, Bundesumweltminister Klaus Töpfer, beschwört als

Ziel all seiner Eingriffe – »es muß tief geschnitten werden« – die »Genesung, nicht den Tod des Patienten«. Doch wo immer Chirurg Töpfer das Skalpell ansetzt, entwindet sich die sieche Branche störrisch und meist schon geschüttelt von der nächsten Krise. Der Gesundheitszustand des Patienten entspricht den Umständen – stabil ist er nicht. Stabil scheint allein die Mehrheit, die ihm den Tod wünscht. Das Mißtrauen, das die Atomskandale in der Bundesrepublik angerichtet haben, ist endgültig. Das Atomzeitalter hat hierzulande keine Zukunft mehr – zumindest in den Köpfen der Bevölkerung.

Nachtrag: Die Transnuklear wird nach der zunächst vorläufigen Schließung im Frühjahr 1988 endgültig aufgegeben. Die »Konkursmasse« übernehmen Krisengewinnler des Skandals wie die Essener Gesellschaft für Nuklearservice (GNS). Die Nukem gibt freiwillig ihre Brennelemente-Produktion auf und konzentriert sich auf den lukrativen internationalen Spaltstoffhandel und andere Dienstleistungen im Nuklearbereich. Eine millionenschwere Image-Kampagne soll die Wunden heilen, die der Skandal geschlagen hat.

1987/88

Keine Skandale, die die Grundfesten der Republik erschütterten, sondern »nur« richtig miese Machenschaften um Macht und Pfründenverteilung – allerdings erstaunlichen Ausmaßes: dies waren die niedersächsischen Spielbank-Affären, die 1987 bekannt wurden. Das eigentliche Ärgernis daran war, daß die zuletzt noch in der Barschel-Affäre vielerorts beschworenen »Selbstreinigungskräfte« der Demokratie hier schon wieder versagten. Bis auf einen halbherzigen Ministerrücktritt blieb nach Bekanntwerden der Skandalkette praktisch alles beim alten.

Eckart Spoo

Nur ein Taschengeld
Niedersächsische Spielbanken-Affären

Wie kommt man mühelos zu viel Geld? Indem man selber Banknoten druckt. Aber dieses Recht hat sich der Staat vorbehalten. Auch ein kapitalistischer Staat duldet da keine Privatinitiative. Eine andere Möglichkeit: Steuern erheben. Doch auch sie ist uns versperrt, denn die öffentliche Hand gestattet es niemandem außer sich selbst, den Bürgerinnen und Bürgern auf diese Weise in die Tasche zu greifen. Eine dritte Möglichkeit: Glücksspiel. Das ist gleichfalls ein absolut sicherer Tip. Man darf jedoch nicht etwa selber spielen. Das wäre ganz falsch, denn dabei würde man mit allergrößter Wahrscheinlichkeit nicht zu Geld kommen, sondern Geld verlieren. Vielmehr muß man andere Menschen spielen lassen. Als Glücksspiel-Veranstalter kann man nur gewinnen. Der Staat verschafft sich auch auf diese dritte Art viel Geld, zum Beispiel als Toto- und Lotto-Veranstalter.

Im Lauf der bundesrepublikanischen Geschichte war der Staat jedoch in einzelnen Fällen so großzügig, Privatpersonen an dem risikofreien Geschäft mit der Spielleidenschaft zu beteiligen. So geschah es 1955 in Bayern, aber nur für kurze Zeit, denn dann entstand daraus ein politischer Skandal.

Zwei Jahrzehnte nach Bayern, wo die Spielbanken dann bald verstaatlicht worden waren, ließ sich Niedersachsen darauf ein, Privatleuten Kasino-Konzessionen zu erteilen. Das schien einige Jahre lang gutzugehen. Doch im Jahre 1987 brach plötzlich – für Fachleute allerdings nicht überraschend – die äußerst lukrative Spielbank-Gesellschaft Hannover/Bad Pyrmont, die insgesamt drei Kasinos betrieb, finanziell zusammen. Die Millionenerträge, die dem Hauptteilhaber und Aufsichtsratsvorsitzenden, dem hannoverschen Wäschehändler Marian Felsenstein, Jahr für Jahr zugeflossen waren, hatten ihm nicht genügt. Die Gesellschaft hatte sich immer höher verschulden müssen, bis sie zahlungsunfähig wurde. Wofür brauchte Felsenstein die Millionen und Abermillionen? Er hatte eine Schwäche, die mit noch so hohen Einkünften nicht zu finanzieren war. Statt nur kühl zu kassieren, was die törichten Glücksspieler allabendlich beim Roulette, beim Baccarat oder an den Automaten verloren, geriet er beim Zuschauen in Hitze, setzte sich zu den Roulettespielern, wagte immer höhere Einsätze und verlor manchmal innerhalb weniger Stunden Hunderttausende. Als die Gesellschaft zusammenbrach und der Staat ihr die Konzession entzog, kam eine Lawine ins Rutschen, die noch manche anderen Pfründen plattwalzte und das Renommee hochgestellter Politiker und Beamter hinabriß.

Da war zum Beispiel Ministerialrat Gerhard Roemheld, einer der einflußreichsten Beamten des niedersächsischen Innenministeriums. Auf seine wohlgeschneiderten dunkelblauen Anzüge verirrte sich nie ein Stäubchen. Als Verantwortlicher fürs Polizeirecht befürwortete er beredt die Ermächtigung der Polizei zum Todesschuß und ihre Ausrüstung mit Maschinengewehren und Handgranaten, weil sie dann wirksamer für Sicherheit und Ordnung sorgen könne. Sein Lieblingswort war »Seriösität« – mit feinem ö. Wiederholt findet sich dieses Wort auch in seinem Aufsatz »Über Nutz und Frommen der staatlich konzessionierten Spielbanken«, erschienen Ende 1985 in »Unsere Sicherheit«, der Hauszeitschrift des Ministeriums. Dort erklärte er, diese Spielbanken verständen sich »zuvörderst als Stätten gepflegter Unterhaltung«. Ihre »Seriösität« werde Tag für Tag bis in die späte Nacht von Staatsbeamten »peinlich genau« überwacht. Roemheld bemühte in dem Aufsatz auch ein Bibelzitat: Zwar fühlten sich viele berufen, aber nur wenige könnten ausgewählt werden. Damit meinte er die Bewerber um Spielbank-Konzessionen. Der Innenminister, beteuerte der Ministerialrat, sehe sich die Bewerber »schon recht genau« an.

An der Spitze der Arbeitsgruppe im Ministerium, die beauftragt war, zu sichten und auszuwählen, stand kein anderer als Gerhard Roemheld. Nachdem die Konzessionen vergeben waren, blieb er auch zuständig für die Spielbanken-Aufsicht: Garant der »Seriösität«. Und er blieb es fast ebensolange, wie sich Felsenstein seiner Konzession erfreute. Dann aber kamen unausweichlich Fragen auf. Warum hatte sich das Ministerium ausgerechnet für den Wäschehändler entschieden?

Die Grundregel lautete, daß nur kapitalkräftige Bewerber in Betracht kämen und daß ihre Bonität nachgewiesen sein müsse. Das war nicht selbstverständlich. Da die Erlaubnis, eine Spielbank zu betreiben, etwa soviel wert war wie eine Genehmigung zum Drucken von Tausendmarkscheinen, hätte das Land Niedersachsen genau die gegenteilige Regel aufstellen können, nämlich daß unvermögende Bürger oder Bürgerinnen zu bedenken seien statt solcher, die ohnehin schon viel Geld besitzen. Aber so sozial dachte im Innenministerium niemand, schon gar nicht Roemheld.

Inzwischen ist offenkundig, daß die Voraussetzungen im Fall Felsenstein nicht erfüllt waren. Zum Zeitpunkt der Konzessionserteilung war es mit seinem Wäschehandel längst bergab gegangen. Der Bonitätsnachweis, den eine Wirtschaftsprüfungsgesellschaft liefern sollte, kam nach deren Angaben auf amtliches Drängen sehr eilig zustande: Selbstauskünfte des Bewerbers genügten.

Was Felsenstein auszeichnete, war die Großzügigkeit, die er guten Freunden angedeihen ließ. Er bedachte CDU, SPD und FDP mit Spenden, und er half auch bei der Gründung eines Vereins zur Förderung der Behandlung krebskranker Kinder; Vorstandsmitglied des Vereins wurde Ministerialrat Roemheld.

Ein »zärtliches Verhältnis« (so Kasino-Mitgesellschafter und Aufsichtsratsmitglied Giselher Schaar) verband allezeit den Aufsichtsratsvorsitzenden Felsenstein und den staatlichen Aufsichtsbeamten Roemheld. Sogar mit Selbstgereimtem diente der Ministerialrat dem Kasino-Besitzer. Anläßlich der Eröffnung einer neuen Spielstätte deklamierte er: »Was wurde geplant und was wurde bedacht / Wie hat Sie beschäftigt bei Tag und bei Nacht / Das Werk, welches dürfte wohl allen / hannoverschen Bürgern gefallen!« Nach dem Zusammenbruch der Kasino-Gesellschaft schilderten vor dem Untersuchungsausschuß, den der niedersächsische Landtag eingesetzt hatte, zwei Kassierer der Spielbank Hannover das »zärtliche Verhältnis« mit weiteren Details: Einmal habe Felsenstein für 2000 Mark Jetons geholt und sie Roemheld zugesteckt. Die Begleitung des Aufsichtsbeamten habe die 20 Jetons dann zur Kasse zurückgebracht und sich 2000 Mark auszahlen lassen. Die langjährige Sekretärin des Wäschehändlers berichtete über Wäschelieferungen an Familie Roemheld und andere Freunde des Hauses, zum Beispiel an den früheren Protokollchef der Landesregierung, Gustav Wöhler (der sich außerdem allmonatlich 3000 Mark an der Spielbank-Kasse abholte, und zwar sechs Jahre lang, insgesamt 200 000 Mark, womit angeblich ein 50 000-Mark-Kredit Wöhlers an Felsenstein zurückgezahlt wurde). Was sich alles an der Spielbank-Kasse abspielte, illustrierte auch der Chauffeur des Aufsichtsratsvorsitzenden: Im Auftrag der Sekretärin seines Chefs sei er morgens zur Kasse gefahren, um Bargeld oder Schecks abzuholen, mit denen dann Wechsel des Wäschegeschäfts oder andere Verbindlichkeiten Felsensteins zu bezahlen gewesen seien – an manchen Tagen 30 000 Mark, an anderen bis zu 800 000 Mark. Das Fahrtenbuch enthielt auch Hinweise auf finanzielle Transaktionen im hannoverschen Steintor-Milieu, wo mit Sex und Drogen gehandelt wird. Die Spielbank soll den Steintor-Gangstern als Geldwaschanlage gedient haben. Eine ähnliche Funktion hatte sie für Lockspitzel der Polizei, die sich an der Kasino-Kasse in zahlreichen Fällen »Vorzeigegelder« abholten.

Der Autor des Aufsatzes »Vom Nutz und Frommen der staatlich konzessionierten Spielbanken«, Polizeirechtsexperte Roemheld, übte in all den Jahren die staatliche Aufsicht aus und bewahrte Felsenstein die Freundschaft, auch als sich längst peinliche Meldungen über dessen eigene Spielleidenschaft häuften. Kasino-Mitgesellschafter Theo Gerlach: »Ich machte

das Innenministerium als Aufsichtsbehörde schriftlich darauf aufmerksam, daß Felsenstein seine Spielbank-Anteile verpfändet hat – nichts geschah. Ich übte in der Gesellschafterversammlung Kritik an Felsensteins Geschäftsgebaren, der Aufsichtsbeamte Roemheld war selbst dabei – nichts geschah.«
Jahrelang blieben Bilanzen aus, jahrelang warteten Gesellschafter vergeblich auf Gewinnanteile. Gerlach wandte sich auch direkt an den damaligen Innenminister Wilfried Hasselmann, der zugleich stellvertretender Ministerpräsident war und Landesvorsitzender der CDU. Brieflich wies Gerlach ihn darauf hin, daß Felsensteins und Roemhelds »persönliche Verbindungen weit über das Maß des Üblichen« hinausgingen. Doch der Minister zeigte sich unbeeindruckt.
1988 stellte der Landesrechnungshof in einem Prüfungsbericht fest, bereits im Juni 1985, zweieinhalb Jahre vor dem Zusammenbruch der Spielbank-Gesellschaft Hannover/Bad Pyrmont, sei eine Pfändung von 400 000 Mark gegen Felsenstein bekannt gewesen. Das Ministerium sei aber sogar dann noch nicht eingeschritten, als ihm innerhalb weniger Wochen zwei um 20 Millionen Mark differierende Angaben über Verbindlichkeiten Felsensteins bekanntgeworden seien. »Trotz Drängen des Ministers der Finanzen war der Minister des Innern dagegen, Maßnahmen gegen die Spielbank oder deren Hauptrepräsentanten zu ergreifen«, heißt es in dem Bericht. Der Landesrechnungshof gelangte zu dem Ergebnis: »Der Minister des Innern hat seine Aufsichtspflicht nicht ordnungsgemäß ausgeübt.«
Wo lag der Grund der Versäumnisse? Nur bei Roemheld? Oder auch bei Staatssekretär Dieter Haaßengier, der von Felsenstein einmal eine Wahlkampfspende für die CDU erbeten und prompt erhalten hatte? Oder gar bei Minister Hasselmann persönlich? Ihm verdankte Felsenstein, wie sich herausstellte, die erstaunliche Zusage, daß die Konzession von 10 auf 25 Jahre verlängert würde. Journalisten fanden schließlich auch heraus (und wurden daraufhin von der CDU als »linke Kampfpresse« gescholten), daß Hasselmann zweimal je 20 000 Mark Spenden von Felsenstein angenommen hatte. Die Enthüllung war be-

sonders peinlich, weil Hasselmann in seiner ersten Vernehmung vor dem parlamentarischen Untersuchungsausschuß ungefragt behauptet hatte, niemals Spenden von Spielbankeignern erhalten zu haben. Auch in anderen Punkten erwies sich seine Aussage als falsch. Er mußte seinen Ministerposten räumen, blieb aber CDU-Landesvorsitzender. Haaßengier wurde als Staatssekretär vom Innen- ins Kultusministerium versetzt, Roemheld ließ sich aus Gesundheitsgründen pensionieren, und sein langjähriger engster Mitarbeiter, der von etlichen Zeugen belastete Oberamtsrat Gerhard Bentin, erhielt im Innenministerium eine andere Aufgabe.

Felsenstein kam in Haft. Davor konnte ihn auch Richard Langeheine, der Ehrenvorsitzende der niedersächsischen CDU, nicht bewahren, der sich lange vor dem Spielbank-Zusammenbruch in Verhandlungen mit der Landesregierung intensiv bemüht hatte, ihm aus seinen finanziellen Nöten herauszuhelfen und den drohenden politischen Skandal zu vermeiden. Das Finanzministerium zögerte. Hinter Felsensteins Rücken ließ es durch die staatliche Lotteriegesellschaft für 10,2 Millionen Mark Spielbank-Anteile aufkaufen. Als Strohmann fungierte ein hannoverscher Teppichhändler. Diese Summe – viel zu gering, um Felsenstein und dessen Kasino-Gesellschaft zu sanieren – mußte dann auch noch zu den Verlusten gebucht werden.

Beiläufig erfuhren die Mitglieder des Untersuchungsausschusses, daß Langeheine selbst in den Besitz von rund 30 Prozent der Anteile einer anderen niedersächsischen Spielbank-Gesellschaft – mit Kasinos in Hittfeld (am Stadtrand von Hamburg) und in Bad Harzburg – gelangt war. Die Konzession für diese Kasinos war besonders heftig umstritten gewesen. Eine Bewerbergruppe hatte den damaligen Medienberater der niedersächsischen CDU, Laszlo Maria Rath, kostenlos mit 25 Prozent beteiligt – in der Hoffnung, die Partei dadurch günstig zu stimmen. Den Zuschlag erhielt jedoch nicht diese, sondern eine von dem inzwischen verstorbenen hannoverschen Rechtsanwalt Karl Schmidt-Rux vertretene Gruppe. Schmidt-Rux, der enge persönliche Beziehungen zu Roemheld unterhielt, trug diesen Namen erst seit Kriegsende – vorher hieß er Schmidt-Römer und war Reichsamtsleiter der NSDAP. Die erfolgreiche Gruppe nahm auch anwaltliche Dienste des damaligen Bad Harzburger Bürgermeisters Siegfried Hoffmann (SPD) in Anspruch, der dafür ein sechsstelliges Honorar bezog.

Für Sozialdemokraten fiel sonst wenig ab. Richard Lehners (SPD), Innenminister bis 1974, hätte zwar die Konzession für Hittfeld und Bad Harzburg gern einer Gesellschaft erteilt, an der ein ihm nahestehender Gastronom beteiligt war; dieser zeigte sich ihm auch insofern gefällig, als er in einem seiner Restaurants der Geliebten des Ministers einen Arbeitsplatz verschaffte. Aber Lehners hatte viel zu viel Respekt vor der Ministerialbürokratie, namentlich vor dem immer so korrekt wirkenden Ministerialrat Roemheld, als daß er gewagt hätte, sich über die vom zuständigen Beamten vorbereitete Entscheidung hinwegzusetzen, und so kam eben die Gruppe zum Zuge, in der sich später CDU-Ehrenvorsitzender Langeheine als tonangebend erwies.

Von solchen Skrupeln wie Lehners waren seine Nachfolger im Ministeramt nicht geplagt. Rötger Gross, Landesvorsitzender der FDP, der zeitweilig das Innenministerium leitete, vergab die Konzession für die Kasinos in Bad Bentheim und Bad Zwischenahn – entgegen einer Vorlage Roemhelds – an eine Gruppe, an der, wie vor dem Untersuchungsausschuß herauskam, fast ausschließlich Freidemokraten beteiligt waren. Die Idee zur Gründung der Gesellschaft stammte vom Schatzmeister des FDP-Landesverbands Niedersachsen, dem Bundestagsabgeordneten Detlef Kleinert. Er trug sie an seinen Parteifreund Kurt Jodexnis heran, Mehrheitsgesellschafter und Geschäftsführer diverser Firmen, an denen Kleinert beteiligt ist. Jodexnis machte gern mit, ebenso die Parteifreunde Hans Sievert, Ulrich Rau und Günter Hennings. Kleinert selbst blieb mit einer Unterbeteiligung von 300 000 Mark (knapp zehn Prozent des Gesellschaftskapitals) vornehm im Hintergrund, desgleichen der frühere FDP-Bundestagsabgeordnete Joachim An-

germeyer. Wie Jodexnis dem Ausschuß mitteilte, bringt das Gesellschaftskapital jährlich eine Rendite von etwa 70 Prozent. Demnach (Schätzungen von Experten gehen noch weit darüber hinaus) bezieht beispielsweise der Unterbeteiligte Kleinert jährlich mehr als 200 000 Mark – steuerfrei wie alle Spielbank-Erlöse. Für Kleinert sei das »nur ein Taschengeld«, bestätigte auf Fragen von Journalisten der FDP-Fraktionsvorsitzende im Landtag, Martin Hildebrandt. Kleinert selbst plädierte als Zeuge vor dem Ausschuß energisch dafür, daß die Spielbanken, auch wenn sie arg ins Gerede gekommen seien, weiterhin privat betrieben werden müßten.
FDP-Landesvorsitzender Gross, der das Innenministerium an den CDU-Landesvorsitzenden Hasselmann weitergab, erhielt im November 1986 von allen niedersächsischen Spielbank-Gesellschaften einen Beratervertrag.

1988/1989

Die Empörung über die »Memminger Hexenprozesse«, wie die Strafverfahren um die Schwangerschaftsabbrüche des Arztes Dr. Theissen genannt wurden, erfaßte einen erheblichen Teil der bundesrepublikanischen Öffentlichkeit. Vor allem aber empörten sich die Frauen, denn mehr noch als der »Abtreibungsarzt« waren Frauen Opfer dieser Prozesse. Seit der halbherzigen Reform des »Abtreibungsparagraphen« 218 durch die sozialliberale Koalition hatte es nicht einen solch massiven Versuch gegeben, alle strafrechtlichen Möglichkeiten des Paragraphen auszuloten. Die Vorgehensweise der Memminger Justiz war eingebettet in eine der Kampagnen der Rechten in CSU, CDU und darüber hinaus, die fortschreitende Liberalisierung des Strafrechts rückgängig zu machen. Diese Liberalisierung bezieht ihre Impulse seit Gründung der Republik nicht zuletzt aus dem Grundgesetz, denn würden die dort umrissenen Persönlichkeitsrechte konsequent durchgesetzt, wäre der Paragraph 218 genauso obsolet wie die bereits gestrichenen Straftatbestände des Sexualstrafrechts.

Die Debatte darüber, inwieweit sich der Staat in die intimsten Entscheidungen von Frauen (und ihren Partnern) einmischen soll, wird zweifellos auch nach dem Paragraph-218-Urteil des Bundesverfassungsgerichts vom Mai 1993 weitergehen, das einerseits am Prinzip der Rechtswidrigkeit aller Schwangerschaftsabbrüche außerhalb eng gefaßter Indikationen festhält, andererseits aber unter bestimmten Bedingungen die Straffreiheit von Abbrüchen während der ersten drei Monate toleriert. Denn diese höchstrichterliche Rechtsprechung offenbart in ihrer Widersprüchlich-

keit auch nur einen Abwehrkampf gegen einen Wandel des moralischen Empfindens der Bevölkerungsmehrheit, der längst vollzogen ist.

Heike Mundzeck

Die Memminger Abtreibungsprozesse

Am 5. Mai 1989 wurde der Frauenarzt Dr. Horst Theissen von der Ersten Strafkammer des Landgerichts Memmingen zu zweieinhalb Jahren Haft und einem dreijährigen Berufsverbot verurteilt. Das Gericht befand den Mediziner für schuldig, in 36 Fällen einen illegalen Schwangerschaftsabbruch vorgenommen zu haben. In keinem dieser Fälle habe tatsächlich eine Notlage nach § 218a des Strafgesetzbuchs vorgelegen. Außerdem habe Theissen vier versuchte Schwangerschaftsabbrüche sowie 39 Abtreibungen ohne die gesetzlich vorgeschriebene Indikationsfeststellung durch einen anderen Arzt zu verantworten, wobei in 37 dieser Fälle auch keine Beratung durch eine dritte Stelle stattgefunden habe.

Das Urteil erging nach 61 Verhandlungstagen in acht Monaten und beendete in erster Instanz den längsten und spektakulärsten Prozeß in der Bundesrepublik wegen Verstoßes gegen die Paragraphen 218 ff. StGB.

Was macht diesen Prozeß zu einem Skandal? Unbestritten ist: Der Memminger Arzt hat in einer Vielzahl von Fällen gegen die damals gültigen Vorschriften des bundeseinheitlich geltenden Strafgesetzbuches sowie gegen landesrechtliche Ausführungsbestimmungen verstoßen. Er nahm in seiner Praxis ambulant Schwangerschaftsabbrüche vor, ohne daß die Patientinnen eine Beratungsbescheinigung und/oder eine von einem anderen Arzt gestellte Indikation vorweisen konnten. Das heißt, er selbst hat sie sowohl beraten als auch die Notlage festgestellt und schließlich den Abbruch vorgenommen.

Warum? Die schwäbische Kleinstadt Memmingen – 39 000 Einwohner, zwei Drittel davon sind katholisch – liegt in Bayern.

Und dort gehen die Uhren, wie man weiß, in mancher Hinsicht anders. Das gilt auch für die praktischen Regelungen in Schwangerschaftskonfliktsituationen. So wurden im Kreiskrankenhaus von Memmingen bei Notlagen-Indikationen keine Abbrüche vorgenommen, ebensowenig in den umliegenden Krankenhäusern in Kempten, Füssen oder Illertissen. Frauen aus der gesamten Allgäu-Region mußten in solchen Fällen nach Augsburg, Nürnberg oder München fahren. Denn auch ambulante Abbrüche in einer gynäkologischen Praxis waren nach Landesrecht untersagt. Bayern berief sich dabei (wie auch Baden-Württemberg und Niedersachsen) auf eine sogenannte »Entschließungsfreiheit« nach Artikel 3 des Strafrechtsreformgesetzes von 1976. Danach durfte »der Schwangerschaftsabbruch nur in ... einer hierfür zugelassenen Einrichtung vorgenommen werden«. Als solche aber waren in Bayern ausschließlich die Krankenhäuser anerkannt. Und deren Chefärzte hatten wiederum die »Freiheit«, den Eingriff bei Notlagen-Indikationen zu verweigern. Durch Landesrecht war außerdem geregelt, daß die (bundesrechtlich) vorgeschriebene Beratung, die Indikationsstellung und der Abbruch örtlich und zeitlich getrennt erfolgen mußten. Dabei waren die Berater in den staatlichen wie konfessionellen Beratungsstellen angewiesen, in jedem Fall »für das Leben« zu beraten. Kamen die Frauen »dem Gesprächsangebot nicht genügend entgegen«, konnte ihnen die notwendige Bescheinigung versagt werden. Weder die Adressen von indikationsstellenden Ärzten noch von Krankenhäusern, die Abbrüche vornehmen, durften von den Beratern weitergegeben werden. Mit diesen Bestimmungen sollte der Schwangerschaftsabbruch den Frauen in Bayern erschwert, wenn nicht unmöglich gemacht werden, weil die bayerische Landesregierung gegen den »offensichtlichen Mißbrauch der sozialen Indikation« und die »Morde an ungeborenen Kindern«, so der bayerische Innenminister Edmund Stoiber, vorgehen wollte. Ihr Ziel war die Abschaffung der sozialen Indikation, also Aushöhlung von Bundesrecht. Das wurde auch erkennbar aus dem Entwurf eines Bundesberatungsgesetzes in Schwangerschaftskonfliktsituationen nach

bayerischem Muster, das jahrelang kontrovers in Bonn diskutiert wurde und immer wieder vor allem an der FDP, aber auch am Widerstand vieler Frauen in der CDU scheiterte. Um nun den Forderungen nach Verabschiedung dieses bayerisch fundierten und formulierten Bundesberatungsgesetzes Nachdruck zu verleihen, kam der »Fall Memmingen« dem bayerischen Justizministerium und der Landesregierung gerade recht, zumal Justizministerin Mathilde Berghofer-Weichner damals ihre weisungsgebundene Staatsanwaltschaft bereits aufgefordert hatte, bei Ermittlungen wegen illegaler Abtreibungen strenge Maßstäbe anzulegen, damit der § 218 »nicht in diesem Maße unterlaufen und mißbraucht werden kann«. So gingen dann ihre Staatsanwälte bei Freisprüchen in Abtreibungsfällen auch regelmäßig in die Berufung. Was politisch in Bonn nicht durchzusetzen war, sollte im Freistaat auf dem Weg über die Gerichte versucht werden.
Das war der politische Hintergrund des an Zwischenfällen und Skandalereignissen reichen Memminger Abtreibungsprozesses gegen Frauen, Männer und den Arzt Dr. Horst Theissen.

Begonnen hatte alles 1986 mit der anonymen Anzeige einer unzufriedenen Sprechstundenhilfe gegen Dr. Horst Theissen wegen Steuerhinterziehung. Die Steuerfahndung beschlagnahmte daraufhin 1390 Karteikarten mit Angaben über Patientinnen in der Praxis des Memminger Frauenarztes. Nach ihrer Durchsicht informierte Oberamtsrat Knobelspies vom Finanzamt Kempten die Staatsanwaltschaft in Memmingen über seinen Verdacht, hier würden illegale Schwangerschaftsabbrüche vorgenommen. Daraufhin leitete Staatsanwalt Herbert Krause gegen Dr. Theissen ein Ermittlungsverfahren ein und beantragte die Beschlagnahme der Patientinnenkartei.
Der Beschluß des Amtsgerichts Memmingen erging am 8. Dezember 1986, und sämtliche Karteikarten wechselten zur Memminger Kriminalpolizei, die nun mit den Ermittlungen begann. Im Laufe des Jahres 1987 wurden weitere 201 Karteikarten beschlagnahmt und ausgewertet. In der Folge wurden Dr. Theis-

sen, seine Sprechstundenhilfen und Hunderte von Frauen und Männern vernommen. In einigen Fällen fuhr die Polizei bei der Arbeitsstelle der Frau vor oder suchte sie ohne vorherige Anmeldung zu Hause auf. Andere wurden telefonisch ohne Angabe des Grundes zum Verhör bestellt.

279 Frauen und 78 Ehemänner, Partner oder Freunde dieser Frauen wurden schließlich wegen illegaler Abtreibung oder Beihilfe dazu vor Gericht gestellt, knapp 200 von ihnen verurteilt. Die meisten akzeptierten die Strafbefehle zwischen 800 und 3200 Mark, weil sie – zumeist wohnhaft in der Kleinstadt oder den umliegenden Dörfern – weiteres öffentliches Aufsehen vermeiden wollten. 45 Verurteilte erhoben Einspruch, fast alle ohne Erfolg, in zwei Fällen gab es einen Freispruch. Bekannt wurde der Fall der Magdalena Federlin, die mit ihrem Urteil in die Berufung ging, dort freigesprochen wurde und dann auf die Entscheidung des Bayerischen Obersten Landesgerichts zu warten hatte, weil die Staatsanwaltschaft sich mit dem Freispruch nicht abfinden wollte und Revision beantragte.

In ihren Verfahren vor dem Memminger Amtsgericht mußten die Angeklagten erleben, daß soziale Probleme selten und seelische überhaupt nicht von den Richtern Rüdiger Bochum und Franz Freiherr von Castell anerkannt wurden. Regelmäßig gefragt wurden die Frauen, warum sie das Kind nicht ausgetragen und zur Adoption freigegeben hätten. Wies eine Frau dieses Ansinnen als unzumutbar zurück (»So was könnte ich nicht tun; wenn ich ein Kind zur Welt bringe, möchte ich es auch behalten«), bekam sie zur Antwort: »Und dann haben Sie es lieber umgebracht.« So wurden die im bayerischen Memmingen angeklagten Frauen bereits in ihren eigenen, später vielfach als »Hexenjagd« bezeichneten Verfahren kriminalisiert, weil ihnen die Richter – oft Jahre nach dem Abbruch – rückwirkend die ärztlich attestierte Notlage absprachen.

Parallel zu diesen Verfahren erhob die Staatsanwaltschaft am 16. Juni 1988 vor dem Landgericht Memmingen Anklage gegen Dr. Horst Theissen. Er sollte in den Räumen seiner Praxis zwischen Dezember 1981 und März 1987 mindestens 156 illegale Schwangerschaftsabbrüche vorgenommen haben. Als Beweismittel wurden unter anderem die Karteikarten der Patientinnen bezeichnet.

Am 8. September 1988 wurde der Prozeß gegen Theissen vor dem Memminger Landgericht eröffnet. Sofort beantragte Theissens Verteidiger, Sebastian Cobler aus Frankfurt, das Strafverfahren einzustellen, weil die Karteikarten und damit alle aus ihnen gewonnenen Erkenntnisse nicht verwertet werden dürften. Denn durch die Beschlagnahme und Auswertung sei »massiv und maßlos – also unverhältnismäßig – in Grundrechte Dr. Theissens wie auch zahlreicher seiner Patientinnen eingegriffen« worden. Das Arztgeheimnis sowie die Privat- und Intimsphäre eines jeden Menschen stehen unter dem besonderen Schutz der Verfassung. Nach gefestigter Rechtsprechung des Bundesverfassungsgerichts gehören dazu alle auf eine Schwangerschaft sich beziehenden Angaben einer Frau, die vom Arzt auf ihrer Karteikarte notiert werden. In die Intimsphäre darf gar nicht eingegriffen werden (Beweiserhebungs- und Verwertungsverbot), in die Privatsphäre nur dann, wenn es sich um die notwendige Aufklärung einer schweren Straftat handelt (Verhältnismäßigkeitsgrundsatz). Das heißt, Eingriffe in die Intimsphäre unbeteiligter Personen sind verboten, und bei Strafverfolgungsmaßnahmen, die die Privatsphäre Dritter beeinträchtigen, sind besonders hohe Anforderungen an die Verhältnismäßigkeit der Mittel zum angestrebten Zweck (Strafverfolgung) anzulegen.

Versetzen wir uns zurück in die Situation, in der gegen den Arzt Dr. Horst Theissen das Steuerstrafverfahren in Gang kam. Den Arzt traf zunächst nur der Verdacht der – nicht zur schweren Kriminalität zählenden – Steuerhinterziehung, mit der seine Patientinnen nichts zu tun hatten. An die für sie notwendigen Informationen hätte die Steuerfahndung auch auf andere Weise – etwa durch eine steuerliche Betriebsprüfung – kommen können. Mit der Beschlagnahme der Patientinnen-Karteikarten zur Aufdeckung einer Steuerstraftat wurde deshalb – so die Argumentation der Verteidigung und die Meinung zahlreicher Strafrechtsexperten – unzulässig in die Intimsphäre Hunderter von Frauen eingegriffen. Darüber hinaus sei das Vertrauensverhältnis zwischen dem Arzt und seinen Patientinnen massiv gestört worden. Die Folgen solcher Eingriffe in die Persönlichkeitsrechte sind für das Gesundheitswesen schlechthin unabsehbar. Kann nämlich eine Patientin oder ein Patient nicht mehr auf die Unverletzlichkeit des ärztlichen Vertrauensverhältnisses bauen, wird die vorbehaltlose Inanspruchnahme ärztlicher Hilfe grundsätzlich in Frage gestellt, besonders aber für den Fall, in dem sich die Patientin oder der Patient (z.B. in einer Schwangerschaftskonfliktsituation oder etwa als Drogenabhängiger) selbst strafbar gemacht hat oder haben könnte.

Im § 218-Verfahren gegen die Frauen ist die Verhältnismäßigkeit des Zugriffs auf private Daten gar nicht geprüft worden, weil die Staatsanwaltschaft die Kartei ja bereits im Besitz hatte. Ebensowenig wurde aber die Verhältnismäßigkeit des Eingriffs in die Patientinnen-Rechte im Prozeß gegen Dr. Theissen selbst untersucht.

In der Bevölkerung und unter Ärzten sowie Juristen löste der hier praktizierte leichtfertige Umgang mit dem Vertrauensverhältnis zwischen Arzt und Patientin sofort Empörung und Verunsicherung aus. Ganz gewiß schuf er in der Öffentlichkeit die Grundlage für die Mißbilligung und Ablehnung eines Gerichts, das sich von Anfang an selbstherrlich und uneinsichtig gegenüber menschlicher Not zeigte und nicht einmal davon abzusehen vermochte, die Namen der 156 geladenen Zeuginnen gegen den angeklagten Arzt durch Staatsanwalt Herbert Krause öffentlich verlesen zu lassen.

Angeblich um den – bereits verurteilten – Frauen die peinliche Befragung im Zeugenstand zu ersparen, verschickte der Vorsitzende Richter Barner außerdem an alle einen zehn Seiten langen Fragebogen mit der Aufforderung, ihn »sorgfältig und wahrheitsgemäß auszufüllen und binnen 14 Tagen ... zurückzusenden«. Und er fügte die unmißverständliche Bemerkung hinzu, daß »die Mitwirkung an einer möglichst diskreten Abwicklung des Verfahrens nicht zuletzt in Ihrem Interesse liegen dürfte ...« Andernfalls würde sich die Zeugin nämlich vor Gericht wiederfinden. Die Fragen drangen bis zur Absurdität in die persönlichen Lebensumstände der Zeuginnen ein und betrafen nicht nur Einkommen und Schulden, Sparguthaben und Sachwerte (»bitte Bescheinigungen beifügen«), sondern auch den »Zustand der Ehe«, die »Dauer der Beziehung« zum »Erzeuger«, »Hindernisse gegen Festigung der Beziehungen«, die Zahl der Kinder und den Hausarzt der Eltern, Betreuungsmöglichkeiten des erwarteten Kindes durch Geschwister oder Freunde, Vertrauenspersonen beim Arbeitgeber. Besonders folgenreich war die Frage: »Durch wen wurde die Zeugin darauf hingewiesen, daß Dr. Theissen möglicherweise einen Schwangerschaftsabbruch vornehmen werde?« Ihre Beantwortung brachte auch noch den Informanten oder die Informantin vor Gericht. Zudem interessierte den Richter, ob Arzt und Berater(in) durch die Zeugin von der Schweigepflicht entbunden würden. Auf den Zeugenvorladungen fand sich außerdem der Vermerk, daß Lohnbescheinigungen, Unterlagen über Arbeitslosenunterstützung sowie »alle Sparbücher der Familie und Unterlagen über Kredite mitzubringen« seien.

Wer diese 127 Fragen unrichtig oder unvollständig zum Vorteil von Herrn Dr. Theissen beantworte, könnte sich noch einmal strafbar machen, diesmal wegen Strafvereitelung, vergaß der fürsorgliche Richter nicht, den Frauen anzudrohen. Die meisten schickten den Fragebogen nicht ausgefüllt zurück, zumal sie von ihren RechtsberaterInnen erfuhren, daß sie damit keineswegs vor einer persönlichen Vorladung geschützt wären, falls Staatsanwaltschaft oder Verteidigung ihre Vernehmung wünschten.

Von den 156 vorgesehenen Zeuginnen wurden schließlich, weil die Zeit drängte, nur 79 verhört, darunter viele Ausländerinnen und ihre Partner. Als besonders quälend wurde von den Zeuginnen empfunden, daß sie vor Gericht den Mann belasten sollten, der ihnen in ihrer Notlage geholfen hatte und mit dem sie in dieser Hinsicht ein besonderes Vertrauensverhältnis verband. Da der Arzt weiterhin unter Schweigepflicht stand, sie aber, weil sie bereits einschlägig verurteilt waren, die Aussage nicht verweigern durften, kam es bei der unsensiblen, ja rücksichtslosen Ausforschung der Hintergründe und Vorgänge um den jeweiligen Schwangerschaftsabbruch zu erschütternden Szenen. Was den Frauen von seiten der beiden jungen Staatsanwälte Herbert Krause und Johann Kreuzpointner sowie vor allem von dem Beisitzenden Richter Detlef Ott an Fragen und Bemerkungen zugemutet wurde, war an Arroganz und Sarkasmus kaum zu überbieten. Nicht wenige der Betroffenen reagierten mit Weinkrämpfen und Nervenzusammenbrüchen, andere versteinerten und verstummten, nahezu alle sahen sich fassungslos einer Justiz ausgeliefert, die in ihrer Unerbittlichkeit und Kälte keinerlei Verständigung über das zumutbare Ausmaß persönlicher, sozialer oder seelischer Not als Ursache für einen Schwangerschaftsabbruch möglich machte. Täglich wußten die Medien von neuen Katastrophen zu berichten, in die Familien durch die unbarmherzige Aufklärungswut des Gerichts gestürzt wurden. Ehen zerbrachen, Familien zerfielen, Freundschaften gingen auseinander, Frauen wagten sich in ihrer dörflichen Umgebung nicht mehr auf die Straße, katholische Pfarrer verdammten Arzt und Abtreiberinnen von der Kanzel, verschlossen ihre Kirchentüren und zogen sich auf grundsätzliche Moralpositionen zurück.

Obwohl das Bundesverfassungsgericht in einem Grundsatzurteil zum § 218 StGB erklärt hatte, daß die »Entscheidung zum Abbruch einer Schwangerschaft den Rang einer achtenswerten Gewissensentscheidung haben kann« und »die allgemeine soziale Lage der Schwangeren und ihrer Familie Konflikte von solcher Schwere erzeugen [kann], daß von der Schwangeren über ein bestimmtes Maß hinaus Opfer zugunsten des ungeborenen Lebens mit den Mitteln des Strafrechts nicht erzwungen werden können«, entstand im Gerichtssaal der Eindruck, daß Staatsanwälte und Richter gar nicht gewillt waren, diesen vom Verfassungsgericht eröffneten Weg zu gehen und eine Notlage zugunsten der Frauen und des angeklagten Arztes anzunehmen. Im Gegenteil, selbst in Fällen, in denen die Indikation eher aus medizinischen als aus sozialen Gründen gegeben war, wurde dem Arzt und den Patientinnen nachträglich die Berechtigung zu einem Schwangerschaftsabbruch abgesprochen. Dabei stand immer wieder der zweite für diesen Prozeß typische Eingriff in das Arzt-Patientinnen-Verhältnis zur Debatte, nämlich die gerichtliche Nachprüfbarkeit einer »nach ärztlicher Erkenntnis« getroffenen Entscheidung, wie sie § 218a Abs. 2 StGB forderte. Danach war ein Schwangerschaftsabbruch nicht strafbar, »wenn er nach ärztlicher Erkenntnis ... angezeigt ist, um von der Schwangeren die Gefahr einer Notlage abzuwenden, die a) so schwer wiegt, daß von der Schwangeren die Fortsetzung einer Schwangerschaft nicht verlangt werden kann und b) nicht auf andere für die Schwangere zumutbare Weise abgewendet werden kann«.

Das Bundesverfassungsgericht, das 1975 die Fristenlösung verworfen und lediglich bestimmte Indikationen als zulässige Rechtfertigungsgründe anerkannt hatte, wollte es jedoch dem Gesetzgeber überlassen, die Indikationsgründe näher zu definieren. Das ist hinsichtlich der »Notlage« bewußt nicht geschehen, um einen unzureichenden Katalog verschiedener Lebenssituationen zu vermeiden und dem beratenden Arzt die Möglichkeit zu geben, in vertrauensvollem Gespräch mit der Patientin herauszufinden, ob es sich im jeweiligen Fall um eine so große persönliche Not handele, daß er aus ärztlichen Gründen eine Austragung der Schwangerschaft nicht verantworten könne. Dabei war er nicht gehalten, »als V-Mann der Polizei und Staatsanwaltschaft aufzutreten« (Rechtsanwalt Fischer, Frankfurt) und die Lebensverhältnisse der Frau aufs gründlichste auszuforschen, insbesondere mußte er sich weder Lohnbescheinigungen vorlegen lassen noch Sparbücher oder Scheidungsurteile anfordern. Seine Beurteilungskriterien erwuchsen allein aus der »ärztlichen Erkenntnis«. Ist die Frau nicht nur wirtschaftlich und sozial, sondern auch körperlich und seelisch in der Lage, eine Schwangerschaft auszutragen und ein Kind aufzuziehen? Oder leidet sie unter bestimmten, subjektiv als unerträglich empfundenen Lebensverhältnissen und Zukunftserwartungen, so daß ihr die Fortsetzung der Schwangerschaft nicht zugemutet werden und ihre Not auch nicht anderweitig abgewendet werden kann? Die Antwort auf diese Fragen konnten Arzt und Patientin nur im vertrauensvollen Gespräch finden, wobei der Arzt einen Beurteilungsspielraum hatte, wie auch der Bundesgerichtshof 1985 in einem richtungweisenden Urteil erklärte:

Ihm obliege »die letzte, eigenverantwortliche Entscheidung darüber, ob eine Notlage vorliegt, auf seine ›ärztliche Erkenntnis‹ kommt es an, die er an den zum Schutze des Lebens strengen Voraussetzungen des § 218a StGB auszurichten hat.

Von eindeutigen Fallgestaltungen abgesehen stände es auch im Widerspruch zu der vom Gesetz dem Arzt übertragenen Aufgabe, wenn die Gerichte ohne genaue Kenntnis auch der medizinisch relevanten Umstände ihre Beurteilung an die Stelle der des abbrechenden Arztes setzen könnten.«

Die Gerichte können nur überprüfen, ob die getroffene Entscheidung, also die Feststellung einer Notlage, *vertretbar* war. In Zweifelsfällen wäre genau zu begründen, wieso eine »nach ärztlicher Erkenntnis« getroffene Entscheidung nicht »vertretbar« war. Der Nachweis wäre schwer zu führen, wie auch der frühere Präsident des Bundesverfassungsgerichts Ernst Benda betont. Er hat an dem Urteil von 1975 mitgewirkt und zu dem Problem in einem Fernsehinterview 1989 geäußert: ». . . in der Praxis wird dies in nahezu allen Fällen ausgeschlossen sein, zumal das Gespräch zwischen der schwangeren Frau und dem Arzt regelmäßig ohne Zeugen stattfindet, niemand genau sagen kann, wie das Gespräch verlaufen ist, außer dem Arzt selber, der als Beschuldigter oder Angeklagter nicht verpflichtet ist, darüber Auskunft zu geben, im übrigen ohnehin aufgrund des Vertrauensverhältnisses zwischen Arzt und der Patientin nicht verpflichtet, vielleicht gar nicht berechtigt ist, darüber im einzelnen Auskünfte zu geben. Die Beweissituation wird also in mindestens der überwiegenden Zahl der Fälle so sein, daß selbst dann, wenn Anlaß zu der Vermutung besteht, daß eine Notlage objektiv nicht vorgelegen hat, dies kaum jemals ihm wird nachgewiesen werden können.«

Dennoch urteilten die Memminger Richter in 36 Fällen anders, weil sie meinten, nachträglich mit Sicherheit feststellen zu können, daß eine Notlage nicht vorgelegen habe und Arzt und Patientin das gewußt und sich darüber hinweggesetzt hätten.
Die verheerende Wirkung des Urteils zeigte sich bereits wenige Wochen nach seiner Veröffentlichung, als die Ärzte und Ärztinnen zwar in Gruppen oder über ihre Verbände protestierten, von wenigen Ausnahmen abgesehen aber erkennen ließen, daß sie die Konsequenzen aus dem Urteil ziehen und sich nicht in die Gefahr der Kriminalisierung und des Verlustes ihrer Approbation begeben würden.
Denn weitere Ermittlungen und Verfahren gegen Ärzte, Frauen und ihre Partner folgten, in Bayern wie in anderen christdemokratisch regierten Bundesländern. Angst vor Verfolgung und Kriminalisierung hatten vor allem die Frauenärzte in Baden-Württemberg, Rheinland-Pfalz und Niedersachsen. Wenn sie überdurchschnittlich viele Abbrüche über die Krankenkassen abrechneten, interessierte sich die kassenärztliche Vereinigung besonders für sie. Und der Freistaat Bayern kündigte sogar eine Verfassungsklage gegen die Abtreibung auf Krankenschein an.
Ob all diese Aktivitäten allerdings eine einzige Abtreibung verhindert haben, darf bezweifelt werden. Mochten die Zahlen in Bayern und Baden-Württemberg auch sinken, so stiegen sie statt dessen in Hessen, Bremen und Hamburg, liberalen Bundesländern, in denen bayerische Frauen dann vermehrt Zuflucht suchten. So kam es durch eine sozial nicht vertretbare Rechtsungleichheit bei der Umsetzung der Strafrechtsvorschriften zum Schwangerschaftsabbruch nicht nur zu einem entwürdigenden »Abtreibungstourismus«, sondern auch zu einer unnötigen finanziellen Mehrbelastung der Krankenkassen sowie einem unerträglich erhöhten Gesundheitsrisiko für die Frauen, denn unter Fachleuten gilt die ambulant angewandte Absaugmethode als schonender und billiger als ein mehrtägiger Zwangsaufenthalt im Krankenhaus.
Während des gesamten Prozesses hielt sich die bayerische Justizministerin Mathilde Berghofer-Weichner in der Öffent-

lichkeit mit Stellungnahmen zu dem Prozeß zurück mit der Begründung, sie wolle als oberste Dienstherrin der Staatsanwaltschaft jeden Schein einer Einflußnahme vermeiden. Doch spätestens nach den zahlreichen übereinstimmenden Presseberichten über den menschenverachtenden Umgang der Memminger Staatsanwälte mit den Zeuginnen und Zeugen im Gerichtssaal fragte sich die Öffentlichkeit immer wieder, warum die Justizministerin – auch, es sei gestattet: als Frau – hier keinerlei Reaktion hat erkennen lassen, geschweige denn ihre Staatsanwälte zur Mäßigung ermahnen mochte.

Der Skandal dieser Prozeßführung gipfelte schließlich in dem Ereignis, das kein Schriftsteller zu erfinden wagen würde, wollte er nicht der Kolportage geziehen werden: Nach mehr als zwei Dutzend erfolglosen, wenn auch im einzelnen stets gut begründeten und nun im Revisionsverfahren zu überprüfenden Ablehnungsanträgen gegenüber dem Gericht wurde den Anwälten des Arztes Dr. Theissen bekannt, daß der Beisitzende Richter Detlef Ott, unerbittlichster Inquisitor in der Troika dieser Kammer, im Sommer 1980 selbst an einer Abtreibung bei seiner damaligen Freundin beteiligt war. Ott, zu jener Zeit noch Staatsanwalt, fuhr mit der Freundin nach Baden-Württemberg. Bei der Unterredung mit dem Arzt hat er »mehr gesprochen« als seine Freundin, wie er selbst erklärt. Das Paar erreichte eine Notlagen-Indikation. Einige Zeit darauf trennten sich die beiden. Ott, der Dr. Horst Theissen gerade in diesem Zeitraum als Staatsanwalt in einem Abtreibungsverfahren gegenüberstand und letztlich das Verfahren mangels Tatverdachts hatte einstellen müssen, maßte sich nun, acht Jahre später, an, »unbefangen« über diesen Arzt und zahllose Frauen zu urteilen. Dieser Richter wurde abgelöst, doch der Prozeß ging weiter – bis zu den Zornausbrüchen der Zuhörer nach der Urteilsverkündung, die das traurige Spektakel vorläufig beendete.

Noch mit seiner Urteilsbegründung sorgte der Vorsitzende Richter Albert Barner für Aufsehen, indem er nicht nur den Angeklagten durch eine ungewöhnlich persönlich gehaltene Charakterisierung diffamierte, sondern auch die Zeuginnen auf entwürdigende Weise beurteilte. Dabei verwahrte er sich seinerseits gegen den mehrfach öffentlich in den Medien geäußerten Vorwurf, das Gericht habe die Frauen »mit mittelalterlichen Methoden inquisitorisch in die Zange genommen«. Dem Arzt bescheinigte er, skrupellos und gewerbsmäßig gehandelt zu haben, und nannte ihn einen »Überzeugungs- und Gesinnungstäter«, der »ein bißchen liberal, ein bißchen anthroposophisch, ein bißchen esoterisch und ein bißchen anarchistisch« sei. Er habe keinerlei Einsicht in seine Schuld gezeigt, sich vielmehr nur nach den Wünschen der Frauen gerichtet und als »Halbgott in Weiß« gefühlt.

Das Gericht zog die Einzelstrafen von zusammen mehr als 15 Jahren wegen illegaler Abtreibungen und Verstoßes gegen das Beratungs- und Indikationsfeststellungsgebot zu einer Gesamtstrafe von zweieinhalb Jahren zusammen, in der auch die ein Jahr zuvor ergangene, inzwischen rechtskräftige Verurteilung zu einem Jahr Freiheitsstrafe wegen Steuerhinterziehung enthalten war. Die Staatsanwaltschaft hatte dreieinhalb Jahre beantragt. Die Strafe konnte nach Ansicht des Gerichts nicht zur Bewährung ausgesetzt werden.

Die Memminger Prozesse ließen in der Öffentlichkeit den Ruf nach einer menschlicheren Gerichtsbarkeit laut werden, dem sich seinerzeit selbst höchste Repräsentanten des Staates anschlossen, Bundestagspräsidentin Rita Süßmuth und Bundespräsident Richard von Weizsäcker.

Ein konkreter Schritt in diese Richtung wäre eine Reform der Strafprozeßordnung nach Maßgabe des in der Verfassung angelegten Schutzes des Persönlichkeitsrechts. Mit Aufmerksamkeit sollte deshalb zur Kenntnis genommen werden, was der Münchner Rechtsanwalt und Theissen-Verteidiger Wolfgang Kreuzer fordert: Schriftliche Aufzeichnungen, die der Intimsphäre des Angeklagten oder eines Zeugen angehören, sollten grundsätzlich nicht verwertet werden dürfen. Das Bundesverfassungsgericht hat diese Unverwertbarkeit bereits anerkannt, sie muß nunmehr in der Strafprozeßordnung gesetzlich verankert werden. Anders ausgedrückt: Gerichtlich nicht verwertbar sollten alle Aufzeichnungen sein, hinsichtlich deren einem Zeugen nach der Strafprozeßordnung bereits heute ein Zeugnisverweigerungsrecht zusteht. Hierzu würde dann insbesondere auch die Patientenkartei eines Arztes gehören.

Und wie die Berater (Geistliche, Ärzte, Zahnärzte, Apotheker, Hebammen) sollten auch die Beratenen (z. B. Patientinnen) ein Zeugnisverweigerungsrecht über den Inhalt des zur Intimsphäre zählenden Beratungsgesprächs haben. Es ist nicht einzusehen, warum die Intimsphäre der Beratenen nicht auch von deren Seite her geschützt werden sollte. Die Beratenen sollten zudem vor der peinlichen Situation bewahrt werden, als Zeugen unter der Wahrheitspflicht vor Gericht zur Überführung von Personen beitragen zu müssen, deren Hilfe sie zuvor dankbar in Anspruch genommen haben.

Wenn der Inhalt eines vertraulich geführten Gesprächs zwischen Arzt und Patientin bei einem Schwangerschaftskonflikt nicht mehr an die Öffentlichkeit gezerrt werden darf, kann die Strafbarkeit einer Abtreibung kaum noch ermittelt und abgeurteilt werden. Das aber würde den § 218 im Strafgesetzbuch genauso überflüssig machen wie vor Jahren die Paragraphen zu homosexuellen Handlungen unter Erwachsenen und Ehebruch. Denn letztendlich geht es auch bei der Abtreibung um Wertvorstellungen, denen der einzelne aus seiner persönlichen Situation heraus folgt; die Auseinandersetzung über diese zu führen ist kaum die Aufgabe von Gerichten. So hat auch Ernst Benda aus seiner langjährigen Erfahrung als Bundesverfassungsrichter erklärt: »Das wirkliche Problem ist nach meiner Überzeugung nicht ein Problem der Rechtsordnung; das wirkliche Problem ist das Auseinanderfallen der Wertvorstellungen in unserem Gemeinwesen ... Hier sind Anzeichen für schwere Defizite in der Entwicklung der Wertvorstellungen in der Gesellschaft, die in allerletzter Hinsicht Aufgabe des Staates sind, sondern in erster Linie Aufgabe der großen Glaubensgemeinschaften, der Weltanschauungsgemeinschaften und der Gemeinschaft der Bürger insgesamt ... Hier liegt, wenn überhaupt, die wirkliche Antwort auf diese schwierige Frage, nicht im Rechtsbereich.«

PS: Aufgrund der Revision vor dem Bundesgerichtshof wurde das Verfahren gegen Theissen vor einem schwäbischen Landgericht wiederaufgerollt, diesmal der 8. Strafkammer des Landgerichts Augsburg, die im Januar 1994 ihr Urteil fällte. Die Kammer stellte fest, daß die Memminger Richter in zwanzig Fällen die Verjährung nicht beachtet hatten, würdigte die Tatsache, daß Theissen sich in einem »schwierigen Spannungsfeld« zwischen seiner ärztlichen Pflicht und der Not seiner Patientinnen befunden hatte, und berücksichtigte auch, daß eine »Veränderung gesellschaftlichen Denkens stattgefunden« habe. Sie reduzierte das Strafmaß auf eine Bewährungsstrafe von anderthalb Jahren. (Die Herausgeber)

Anhang

Nachbemerkung

Die Skandale der alten Bundesrepublik, von denen dieses Buch handelt, sind beileibe nicht alle; nur eine mehrbändige Enzyklopädie der bundesrepublikanischen Affären könnte Anspruch auf Vollständigkeit erheben.
Dennoch behaupten wir, daß die wichtigsten Skandale der Bundesrepublik von ihrer Gründung bis zur Wiedervereinigung der beiden deutschen Nachkriegsstaaten hier verzeichnet sind – solche wie die »Spiegel-Affäre«, der Flick-Parteispenden-Skandal und die Affäre Barschel, die die politische Erfahrung der Bevölkerung dieses Landes mit geprägt haben. Unter den – für sich genommen – weniger bedeutenden Skandalen haben wir exemplarisch ausgewählt. So soll ein Hans Globke auch an alle anderen Diener des Nazistaats erinnern, die in der zweiten deutschen Republik zu höchsten Ehren gelangten. Etwa an die Bundespräsidenten Lübke und Carstens, von denen der erstere als Architekt für den Nazistaat arbeitete, während des zweiten Erinnerung erst kräftig nachgeholfen werden mußte, bis ihm einfiel, daß er einmal um Aufnahme in die NSDAP nachgesucht hatte. Oder an den Bundeskanzler Kurt Georg Kiesinger, der – typisch für eine ganze Generation – seinen eilfertigen Eintritt in die NSDAP 1933 als Maulwurftaktik und Unterwanderungsstrategie gegen den NS-Staat erklärte. Oder an den »unsäglichen« Marinerichter Hans Filbinger, der in den letzten Kriegstagen noch Todesurteile gegen Soldaten fällte – weshalb er, als die Sache öffentlich gemacht wurde, sein Amt als Ministerpräsident von Baden-Württemberg aufgeben mußte. Oder schließlich, um ein komplizierteres Beispiel zu nennen, an den Fernsehstar Werner Höfer, einen durchaus liberalen Mann, der darüber stolperte, daß er seine Jubelartikel in der Nazipresse über die

Hinrichtung eines regimekritischen Künstlers partout nicht mehr wahrhaben wollte.

Über den aufgeführten Rüstungsbeschaffungsskandalen sollten natürlich nicht die kleinen schmierigen Korruptionsfälle vergessen werden, wie die Affäre um den »Onkel Aloys« und die »Fibag-Affäre«, die – man möchte fast sagen: unvermeidlicherweise – mit dem Namen Franz Josef Strauß verknüpft sind, einem Namen, der übrigens auch unter den freundschaftlichen Kontakten zu finden ist, die der Stasi-Oberst Alexander Schalck-Golodkowski im Interesse seines volkseigenen Schieberrings »Kommerzielle Koordination« (KoKo) besonders intensiv pflegte.

Der Fall der Herstatt-Bank steht für eine Vielzahl von Schwindelgeschäften großen Stils – wie die Affäre um den dubiosen Investment-Fonds IOS, in die der ehemalige FDP-Vorsitzende Erich Mende verwickelt war, oder – man erinnert sich kaum noch – den Korruptionsskandal um den Chef der Westdeutschen Landesbank, Ludwig Poullain, der die besten Beziehungen zur damaligen SPD-Regierung von Nordrhein-Westfalen unterhielt.

Auch die – an sich bereits spektakuläre – Flick-Affäre ist nur die Spitze eines Eisbergs. Schon allein die Förderung von Parteien und Politikern durch das große Geld ist ein Skandal; die Praxis illegaler Spenden ist es allemal. Und mit der Wiedervereinigung 1989 endeten natürlich nicht die Skandale der Bundesrepublik.

Die nächsten Parteispendenskandale und Fälle mehr oder minder subtiler Politikerbestechung ließen nicht lange auf sich warten. Man erinnere sich nur daran, wie der Baden-Württembergische Minister Lothar Späth über die »politische Landschaftspflege« der Wirtschaft stolperte. Oder die diversen bayerischen »Amigo«-Affären. Fortsetzung folgt garantiert...

Ebenfalls mit einiger Sicherheit zu erwarten sind die nächsten Enthüllungen auf dem weiten Feld der nicht nur unmoralischen, sondern oft auch rechtswidrigen Exporte von Kriegswaffen und Produktionskomponenten für Giftgas oder Atombomben.

Wie wenig von den Versprechungen zu halten war, die die Regierungspolitiker nach den peinlichen Enthüllungen über unkontrollierte (oder möglicherweise sogar hinter den Kulissen staatlich geförderte) Rüstungsexporte nach Südafrika, nach Libyen und in den Irak eilfertig abgaben, zeigte sich bereits in der »Landmaschinen«-Affäre Ende 1991, als die Verschiebung als Landmaschinen getarnter Waffen aus Beständen der Nationalen Volksarmee der DDR nach Israel aufflog. Der Nachweis, daß so etwas gegenüber »befreundeten« Mächten wie dem Folterstaat Türkei Routine ist, wirkte nicht unbedingt beruhigend.

Typische Kettenskandale wie die des Rüstungsexports sind auch die Umwelt-, Lebensmittel- und Atomwirtschaftsaffären samt der dazugehörigen Beschwichtigungsskandale. Sie werden uns ebenfalls weiter begleiten. In diesem Buch konnten sie – aus Platzgründen – nur summarisch abgehandelt werden; ihre Erwähnung war jedoch nicht nur wegen der dramatisch gewachsenen Probleme wichtig, deren Ausdruck sie sind. Es kam auch darauf an, die klassische Typologie des Skandals zu ergänzen. Umweltskandale und ähnliche, die ihre ganz spezifischen Szenarien aufweisen, treten neben politische Affären, Gesellschaftsskandale, Justizskandale, Literaturskandale und Wirtschaftsskandale. Alle diese Skandaltypen sind im vorliegenden Band vertreten. Die verschiedenen Sphären, in denen Skandale sich ereignen, und die verschiedenen Verlaufsformen, die sie annehmen, sollten freilich nicht darüber hinwegtäuschen, daß wirkliche Skandale stets einen politischen Kern haben. Das gilt auch für so scheinbar banale und grobschlächtige Skandale wie den Bundesligaskandal und die Tragikomödie um den Juwelenräuber Scholl.

Was ein Skandal genannt werden darf und genannt werden muß, ist eine politische Frage. Für die Autoren dieses Buches sind es Skandale, worüber sie schreiben. Für andere wird dasselbe in manchen Fällen das Normalste auf der Welt oder gar das politisch Wünschenswerte sein. So ist es durchaus nicht gängige politische Münze, das Verhalten des Staates während der

Schleyer-Entführung oder den Auftritt von Bundeskanzler Kohl in Bitburg als skandalös darzustellen. Hier wie in den anderen Beiträgen wird politisch Partei ergriffen. Partei für eine liberale, strikt rechtsstaatliche und nicht nationalistische Demokratie.

Die Herausgeber

PS: Und wie es in den ersten fünf Jahren des wiedervereinigten Deutschland weiterging in der Skandalchronik des Landes, erfahren Sie in einem weiteren Band, der unter dem Titel »Neue Skandale der Republik« ebenfalls im Rowohlt Taschenbuch Verlag erschienen ist (rororo 9690).

Zu den Autoren

Veronika Arendt-Rojahn, geboren 1946, ist Rechtsanwältin in Berlin und Vizepräsidentin der Internationalen Liga für Menschenrechte/Sektion Berlin.

Micha Brumlik, geboren 1947 in Davos, ist Professor für Erziehungswissenschaft an der Universität Heidelberg und Stadtverordneter der »Grünen« im Frankfurter Römer.

Manfred Buchwald, geboren 1936 in Oberhausen, ist Intendant des Saarländischen Rundfunks; war lange Zeit Moderator der ARD-Sendung »Tagesthemen«.

Helga Dierichs, geboren 1941 in München, lebt in Frankfurt am Main als freie Journalistin für Hörfunk und Fernsehen; Trägerin des Elisabeth-Selbert-Preises 1989.

Bernt Engelmann, geboren 1921 in Berlin, war von März 1944 bis zu seiner Befreiung im Mai 1945 wegen seiner Mitgliedschaft in einer Widerstandsgruppe KZ-Häftling; nach dem Krieg Journalist (u. a. beim »Spiegel« und als Mitarbeiter des ARD-Magazins »Panorama«) und freier Schriftsteller. 1977–1983 Bundesvorsitzender des »Verbands deutscher Schriftsteller« (VS); zahlreiche Buchveröffentlichungen. Bernt Engelmann starb im Mai 1994.

Hans Magnus Enzensberger, geboren 1929 in Kaufbeuren, befaßte sich als freier Schriftsteller mit zahlreichen Formen der Literatur, nicht zuletzt mit dem politischen Essay, dem er in der bundesrepublikanischen Literatur seinen Platz als ernstzunehmende Gattung erringen half; gründete 1965 das »Kursbuch« als Forum zeitkritischer Essayistik; lebt in München.

Jörg Friedrich, geboren 1944 in Tirol, lebt in Berlin als freier Schriftsteller, veröffentlichte unter anderem »Die kalte Amnestie. NS-Täter in der Bundesrepublik«, Frankfurt am Main 1984, und »Freispruch für die Nazijustiz«, Reinbek 1983. Arbeitet gegenwärtig an einer Darstellung der zwölf Nürnberger Nachfolgeprozesse.

Norbert Gansel, geboren 1940 in Kiel, Jurist, ist seit 1972 Bundestagsabgeordneter der SPD.

Peter Härtling, geboren 1933 in Chemnitz, war nach dem Krieg Journalist und von 1967 bis 1973 Cheflektor des Frankfurter S. Fischer-Verlags; seitdem freier Schriftsteller. Zahlreiche, vielfach ausgezeichnete Buchveröffentlichungen.

Georg M. Hafner, geboren 1947 in Heidelberg, ist Fernsehjournalist und Redakteur beim Hessischen Rundfunk.

Edmund Jacoby, geboren 1948 in Düsseldorf, arbeitet als Verlagslektor in Frankfurt am Main.

Wolfgang Kraushaar, geboren 1948, Politologe, arbeitet am Hamburger Institut für Sozialforschung.

Heiner Lichtenstein, geboren 1932 in Chemnitz, ist Hörfunkredakteur beim WDR. Für seine journalistische Aufklärungsarbeit vor allem zu den Verbrechen der Nazizeit erhielt er den nordrhein-westfälischen Landesverdienstorden und die Jad-Vaschem-Medaille.

Claus-Peter Lieckfeld, geboren 1948 in Hanstedt, freier Autor, schrieb von 1981 bis 1988 für die Zeitschrift »natur«. Er ist Verfasser des Umweltromans »427 – im Land der grünen Inseln«, München 1985, des Ökomärchens »Esel & Co«, München 1988, und weiterer Bücher.

Alfred Mechtersheimer, Jahrgang 1939, studierte Politologie und war bis 1979 aktiver Oberstleutnant der Bundeswehr. Seit 1981 leitet er das Forschungsinstitut für Friedenspolitik e. V. in Starnberg. Er war Mitglied der Fraktion »Die Grünen« im Bundestag. Mitbegründer des »Starnberger Komitees«.

Benedict Maria Mülder, geboren 1955, arbeitete neun Jahre als Redakteur der »tageszeitung« und lebt heute als freier Journalist für Presse, Funk und Fernsehen in Berlin.

Herfried Münkler, geboren 1951 in Friedberg, ist Ordinarius für Politikwissenschaft an der Humboldt-Universität in Berlin und veröffentlichte u. a. »Macchiavelli«, Frankfurt am Main 1982, und »Im Namen des Staates«, Frankfurt am Main 1987.

Heike Mundzeck, geboren 1938 in Hamburg, arbeitet seit 1964 als Journalistin. Seit 1975 macht sie vor allem Filme für das Fernsehen; für den Film »Mit unnachgiebiger Härte« über die Memminger Prozesse erhielt sie 1989 die Ludwig-Thoma-Medaille.

Wolf-Dieter Narr, geboren 1937 in Schwenningen, ist Hochschullehrer an der Freien Universität Berlin im Fachbereich Politische Wissenschaft.

Gerd Rosenkranz, geboren 1950 in Lüdenscheid, ist Naturwissenschaftler. Er arbeitete als Redakteur bei der Berliner »tageszeitung« und ist heute freier Journalist.

Jürgen Saupe, geboren 1938 in Stuttgart, arbeitet als freier Journalist in Hamburg.

Esther Schapira, geboren 1961 in Frankfurt am Main, arbeitet ebenda als freie Journalistin. Trägerin des Elisabeth-Selbert-Preises 1987.

Samuel Schirmbeck, geboren 1941 in Göttingen, lebt als Fernsehjournalist in Frankfurt am Main, veröffentlichte u. a. die Bücher »Die Barrikaden von Paris«, 1969, und »Viva Portugal«, 1975/76.

Wilfried F. Schoeller, geboren 1941 in Illertissen, lebt als Journalist in Frankfurt am Main. Herausgeber der Werke Oskar Maria Grafs.

Ludger Schulze, geboren 1950 in Beckum/Westfalen, ist seit 1978 festangestellter Redakteur im Ressort Sport bei der »Süddeutschen Zeitung«, München, und hat verschiedene Bücher zu sportlichen Themen veröffentlicht (»Die Trainer«, »30 Jahre Europapokal«, »Die Mannschaft«).

Jürgen Seifert, geboren 1928 in Berlin, ist Universitätsprofessor für Politische Wissenschaft an der Universität Hannover. Er war Bundesvorsitzender der Humanistischen Union (1983–1987) und hat verschiedene Schriften zu den Notstandsgesetzen, zur »Spiegel-Affäre« und zur Entwicklung des Grundgesetzes verfaßt.

Norbert Seitz ist Redakteur der Zeitschrift »Frankfurter Hefte/Die Neue Gesellschaft« in Bonn und Autor des Buchs »Bananenrepublik und Gurkentruppe«, Frankfurt am Main 1987.

Heinrich Senfft, geboren 1928, ist Rechtsanwalt in Hamburg, spezialisiert auf Verlags-, Presse- und Urheberrecht. Vertrat in zahlreichen Prozessen die »Zeit«, den »Stern« sowie mehrere Verlage und Autoren.

Barbara Sichtermann, geboren 1943, lebt als freie Schriftstellerin in Berlin. Trat vor allem mit ihren Essays zur Frauenbewegung hervor. Trägerin des Jean-Améry-Preises 1987; hat heute ihre regelmäßige Kolumne in der »Zeit«.

Volker Skierka, Jahrgang 1952, war Norddeutschland-Korrespondent der »Süddeutschen Zeitung«; Autor von »Lion Feuchtwanger – eine Biographie« sowie (zusammen mit Cordt Schnibben) von »Macht und Machenschaften – Die Wahrheitsfindung in der Barschel-Affäre«. 1981 erhielt er den Egon-Erwin-Kisch-Preis.

Eckart Spoo, geboren 1936 in Mönchengladbach, ist Niedersachsen-Korrespondent der »Frankfurter Rundschau«; war Vorsitzender der Deutschen Journalisten Union. Zahlreiche Buchveröffentlichungen.

Fritz Vahrenholt, geboren 1949 in Gelsenkirchen-Buer, ist seit 1984 Staatsrat der Umweltbehörde Hamburg und bekannt geworden durch sein 1978 erschienenes Buch »Seveso ist überall« sowie durch den 1983 veröffentlichten »Umweltatlas der Bundesrepublik« (»Die Lage der Nation«).

Hans-Jürgen Wirth, Jahrgang 1951, arbeitet am Zentrum für psychosomatische Medizin an der Universität Gießen; Mitherausgeber der Zeitschrift »Psychosozial«.

Namenregister

Adenauer, Konrad 17 ff, 23, 25, 27, 45, 47, 53, 68, 70, 75 f, 78, 87, 210
Ahlers, Conrad 69, 71 ff, 77, 80 f
Ahrendsen, Herwig 340
Albrecht, Ernst 286 ff, 293
Albrecht, Susanne 154
Altmeier, Jakob 99
Altun, Cemal 235 ff
Angermeyer, Joachim 366 f
Antes, Wolfgang 125 f, 128 f
Apel, Hans-Otto 200
Arndt, Adolf 18, 28
Arndt, Claus 170
Augstein, Josef 68
Augstein, Rudolf 70 ff, 76, 81

Baader, Andreas 123, 153 f
Bahr, Egon 192
Ballhaus, Karl Josef 333, 336
Bangemann, Martin 309 f, 312 f
Barner, Albert 376, 382
Barschel, Uwe 285, 296, 302, 316, 332 ff, 389
Bauer, Fritz 78
Bauer, Leo 192
Baum, Gerhart 133, 167

Baumgartner, Josef 53 ff,
Begen, Levent 240, 242
Benda, Ernst 380, 384
Bender, Traugott 166
Berger, Manfred 287 ff
Berghofer-Weichner, Mathilde 373, 381
Bertram, Bernd 128
Bissinger, Manfred 191 f, 194
Blank, Theodor 45
Bochum, Rüdiger 374
Bockenförde, Ernst-Wolfgang 170
Bölling, Klaus 158, 162, 164
Börner, Holger 175
Botha, Pieter Willem 303 ff, 306
Brandt, Willy 112, 121, 192, 317
Brauchitsch, Eberhard von 195, 209 f
Brentano, Heinrich von 193
Bresser, Klaus 253
Brüderle, Rainer 253
Buback, Siegfried 153 f
Burghard, Waldemar 292

Canellas, Horst-Gregorio 104 ff
Carstens, Karl 389

Castell, Franz Freiherr von 374
Cobler, Sebastian 375
Coppik, Manfred 160

Dattel, Danny 135 ff
Debus, Sigurd 287 ff
Dehler, Thomas 28
Diehl, Rudolf 127, 195, 197 f
Diels, Rudolf 23 f, 26
Diepgen, Eberhard 119, 129 f
Döring, Wolfgang 76
Dregger, Alfred 269
Dufhues, Josef-Hermann 86
Dutschke, Rudi 122, 390

Ehard, Hans 53 f
Ehlers, Hermann 99
Ehmke, Horst 82
Engelhardt, Hans 238
Engholm, Björn 302, 326, 332 ff, 336, 341, 343 f
Ensslin, Gudrun 153 f, 165
Erhard, Ludwig 35, 54, 87, 121, 193
Erler, Fritz 77
Eyrich, Heinz 101

Felsenstein, Marian 360 ff, 369
Filbinger, Hans 389
Fischer, Joschka 347, 354, 356
Flach, Karl Hermann 79
Flick, Friedrich 207 ff
Flick, Friedrich Karl 195 ff, 389 f

Förster, Klaus 199 f, 224
Franke, Klaus 125, 129
Franke, Kurt 126 f, 129
Fraundorfer, Ludwig 56 f
Freisehner, Karl 52, 54 ff
Frenz, Helmut 241
Freye, Günter 125
Frick, Wilhelm 14, 16, 20
Friderichs, Hans 195, 200, 205

Garski, Dietrich 122, 124
Gehlen, Reinhard 19, 26 ff, 191
Geislhöringer, August 54 ff, 56
Geißler, Heiner 293
Genscher, Hans-Dietrich 205, 238, 250 f, 254, 296, 302, 308, 310, 316, 319, 323
Gerlach, Theo 364
Gerling, Hans 133 f, 140 f
Globke, Hans 12 ff, 389
Gollwitzer, Helmut 88
Goltz, Bernhard Graf von der 135, 138
Greiling, Dirk 251
Gross, Röttger 366 f
Gürth, Manfred 289 f, 292

Haaßengier, Dieter 364 ff
Hansen, Svend Olav 313, 328
Hansen, Karl-Heinz 160
Hassel, Kai-Uwe von 86, 337
Hasselmann, Wilfried 293, 364 ff, 367
Hauff, Volker 355
Haussmann, Helmut 327
Heidemann, Gerd 228 f

Heigl, Frank Peter 190
Heinemann, Gustav 100
Heinemann, Hilda 100
Heldmann, Hans-Heinz 160
Hempel, Alfred 357
Hennings, Günter 366
Herold, Horst 157, 164, 167
Herstatt, Iwan 131 ff, 390
Heß, Rudolf 14, 22
Heuss, Theodor 22
Heydte, Friedrich August von der 69
Hildebrandt, Martin 367
Hirsch, Burkhard 157
Hochhuth, Rolf 83 ff
Höfer, Werner 389
Hoeffler, Heinrich 99
Högner, Wilhelm 53
Hoffmann, Diether 187
Hoffmann, Siegfried 366
Holtz, Hans 346, 348 ff
Hopf, Volkmar 70, 73, 81
Hundhammer, Alois 53 f
Hying, Felix 257

Jahn, Gerhard 76 f, 81
Jodexnis, Kurt 366 f
John, Otto 22 ff

Kaiser, Jakob 27 f, 30
Karry, Heinz-Herbert 208
Kassing, Dieter 355
Kempner, Robert 16
Kerssenbrock, Trutz Graf 342
Kiesinger, Kurt Georg 28, 192, 389

Kiep, Walter Leisler 205
Kießling, Günter 243 ff, 254
Kind, Wolfgang 126
Kindermann, Hans 105 f
Kinkel, Klaus 238
Kipphardt, Heiner 84
Klein, Hans-Joachim 165
Kleiner, Oswald 343
Kleinert, Detlef 366 f
Koch, Peter 228
Kohl, Helmut 85, 96, 243, 250 f, 254, 261, 265 f, 269, 270 ff, 300, 303 f, 306, 308, 317, 323, 326, 342, 391
Kolle, Oswald 33
Krause, Herbert 373, 376, 378
Kreßmann-Zschach, Sigrid 122 f
Kreuzer, Wolfgang 383
Kreuzpointner, Johann 378
Krone, Heinrich 16
Kuby, Erich 35
Kühling, Paul 286, 288 f
Kuhn, Horst 70, 169
Kujau, Konrad 228

Lafontaine, Oskar 67
Lahnstein, Manfred 204
Lallinger, Ludwig Max 53
Lambsdorff, Otto Graf 195 f, 200, 205, 317
Langeheine, Richard 365 f
Langemann, Hans Georg 189 ff
Langkau, Wolfgang 191
Lappas, Alfons 182, 184 f

Lattmann, Dieter 160
Lehners, Richard 366
Lemke, Helmut 337
Lenz, Otto 16, 46
Littmann, Gerhard 32
Loderer, Eugen 182
Löwenstein, Karl Fürst zu 86
London, Daniel E. 193
Lorenz, Peter 123
Loudil, Klaus-Dieter 287 ff
Louis-Ferdinand von Hohenzollern, Prinz 26
Lübke, Heinrich 389
Lummer, Heinrich Jodokus 123, 128 f

Mahler, Horst 122 f
Maier, Reinhold 28
Maihofer, Werner 165, 167
Manglitz, Manfred 104 f
Martin, Alfred 68 f, 81
Matthiesen, Klaus 257
Matthöfer, Hans 200, 205
Mauz, Gerhard 253 f
McCarthy, Joseph R. 26
McCloy, John 99
Meier, Richard 167
Memis, Sami 241 f
Mende, Erich 390
Merkatz, Hans Joachim von 28, 99
Merten, Hans 77, 81
Möller, Irmgard 154
Momper, Walter 130
Montini, Giovanni Battista (Paul VI.) 89

Müller, Josef (»Ochsensepp«) 16, 53

Nitribitt, Rosemarie 31 ff
Nixon, Richard 193
Nohse, Lutz 298 ff, 307 ff, 326
Nowottny, Friedrich 162

Oberhauser, Josef 98 f
Özpalat, Mahmut 242
Osswald, Albert 131
Oster, Achim 44, 72 ff, 81
Ott, Detlef 378, 382 f

Pacelli, Eugenio (Pius XII.) 86 f, 92
Patzke, Bernd 105
Payot, Denis 166
Pfeiffer, Reiner 12, 332, 335 ff, 339 ff, 343
Pieper, Ernst 296, 298, 326, 328 f
Pohlmann, Heinz 37 ff
Ponto, Jürgen 133, 154
Poser, Hilmar von 292 f
Poullain, Ludwig 390
Preysing, Kardinal Graf 16
Putsch, Otto 129

Quandt, Herbert 133

Ramcke, Klaus 346 ff
Raspe, Jan-Carl 153
Rath, Laszlo Maria 365
Rau, Ulrich 366

Reagan, Ronald 265, 268 f, 271 f
Rebmann, Kurt 154, 157 ff, 318
Reichardt, Rolf Rüdiger 341
Renger, Annemarie 192
Riesenhuber, Heinz 277 f, 281
Roemheld, Gerhard 361 ff, 366
Rückerl, Adalbert 97
Rühe, Volker 50
Ruhfus, Jürgen 312, 316

Sammet, Rolf 144
Sazak, Gün 236 f
Schaar, Giselher 362
Schalck-Golodkowski, Alexander 390
Schäuble, Wolfgang 278, 317, 329
Schauff, Johannes 193
Scheel, Walter 160
Schiess, Karl 166
Schiesser, Horst 187
Schily, Otto 165, 167, 215, 355
Schleifer, Carl-Hermann 302
Schleyer, Hans Martin 152, 154 ff, 162, 168, 170 f
Schmid, Carlo 99
Schmid, Richard 78
Schmidt, Felix 228
Schmidt, Helmut 69, 77, 81, 155, 157 ff, 164, 168 f, 171, 288, 317
Schmidt-Rux, Karl 365 f
Scholl, Hans-Otto 249 ff, 391
Schreckenberger, Waldemar 304, 307 f, 323 f, 326
Schröder, Gerhard 22, 90
Schütz, Klaus 122, 130
Schulte-Hillen, Gerd 228
Schwanz, Otto 127 f
Schwind, Hans-Dieter 286
Seidel, Hanns 54 ff
Seidl, Alfred 193
Sieburg, Friedrich 41
Sievert, Hans 366
Simer, Laurentius 16
Smet, Carlo 353 f
Späth, Lothar 390
Stammberger, Wolfgang 69, 80
Stauffenberg, Klaus Schenck Graf 27
Stauffenberg, Christoph von 193
Steinbrinck, Otto 209
Steinhoff, Johannes 289
Stemmer, Alfons 106
Stobbe, Dietrich 122, 130
Stoiber, Edmund 233, 372
Stoltenberg, Gerhard 296 ff, 300, 313, 317, 324, 326, 336 ff, 341 f
Strauß, Franz Josef 12, 43, 46 ff, 52 ff, 57, 68, 70, 72 ff, 77 f, 80 f, 190, 193 f, 254, 302 f, 306 f, 323, 325, 390
Strauß, Walter 29
Stuckart, Wilhelm 15, 17 f
Süßmuth, Rita 383

Tamm, Peter 333
Tandler, Gerold 194
Teltschik, Horst 300, 302 ff, 308, 323, 326 f
Theissen, Horst 369 ff, 382, 385
Thiele, Rolf 35
Thomasius, Jutta 33
Thüsing, Klaus 100, 160
Tietmeyer, Hans 312, 326
Töpfer, Klaus 355 ff
Traube, Klaus 165 f

Vetter, Heinz-Oskar 182
Vetter, Horst 129
Vietor, Albert 182 ff, 186
Vogel, Bernhard 250
Vogel, Hans-Jochen 156 ff, 161
Vygen, Peter 348

Wagner, Walter 70
Wallmann, Walter 280 f, 345, 352, 354 ff

Wehner, Herbert 68, 77, 160, 250
Weimar, Karl-Heinz 347, 356
Weizsäcker, Ernst von 90
Weizsäcker, Richard von 124, 383
Westphal, Jürgen 302, 323
Wigger, Bernhard 257
Wilckens, Ulrich 343
Wild, Tasso 105
Wischnewski, Hans-Jürgen 157
Wöhler, Gustav 363
Wörner, Manfred 50, 243, 246 f, 254, 300 f
Würzen, Dieter von 309
Wunder, Heinrich 70

Zimmermann, Friedrich 51 f, 54 ff, 157, 164, 168, 238, 251, 277, 293
Zoglmann, Siegfried 301 f, 308 f

Skandalstichwörter

Abhöraffäre Traube 165 f
Aktenaffäre (um atomrechtliche Genehmigung) 345
Alkem 345 ff
Altun, Cemal (Asylfall) 233 ff
»Amigo«-Affäre 390
Antes (Affäre) 125 ff
Asbest 148
Asyldebatte 233 ff
Atommüllskandal 350
Atom-Proliferationsskandal 354 ff

Barschel (Affäre) 10, 253, 285, 331 ff, 359, 389
Bayerische Spielbanken (Affäre um) 51 ff
Berliner Bauskandale 119 ff
Berufsverbote 109 ff
Biblis (Beinahe-GAU in) 282
Bitburg 261 ff
Brokdorf 173, 176
Bundesligaskandal 103 ff

Celler Loch 285 ff
Chemieskandale 143 ff
Contergan-Skandal 59 ff
Co op 181

»Deutscher Herbst« 151 ff
Duogynon-Affäre 63

Eiernudelskandal 259 f

Fibag-Affäre 390
Filbinger (»Marinerichter«-Affäre) 389 f
Flick-Affäre 195 ff, 389 f
Formaldehyd-Skandal 145

Globke (Affäre) 12 ff
Glykolwein 260

Hauptstadtaffäre 17 f
Helaba-Skandal 131
Herstatt-Skandal 131 ff, 390
Historikerstreit 261, 264, 268
Hitlertagebücher 227 ff
Höfer, Werner (NS-Vergangenheit) 389
Hormonskandale 256 ff
Hoyerswerda 233
HS-30-Affäre 43 ff
Hünxe 233

»Jäger 90« 44, 50 ff
Jenninger-Rede 227
John (Affäre) 21

Kiesinger (NS-Vergangenheit) 389
Kießling (Affäre) 243 ff
»Kommerzielle Koordination« (KoKo) 390
Kontaktsperregesetz 159

Landmaschinen-Affäre 391
Langemann (Affäre) 189 ff
Lebensmittelskandale 255 ff, 391
Libyen-Affäre 329 ff
Lockheed-Bestechungsskandal 49
Lübke (NS-Vergangenheit) 389

Memis, Sami (Asylfall) 241 f
Memminger »Hexenprozesse« 369 ff
Mölln 233

Nachrichtensperre während der Schleyer-Entführung 161 ff
Neue Heimat 179 ff, 253
Niedersächsische Spielbankaffären 359 ff
Nitribitt-Skandal 31 ff
NS-Prozesse 93 ff

Parteispendenskandale 195 ff, 390
Pentachlorphenol 145

PER-Olivenöl 260
Pershing-Raketen (Mutlangen, Heilbronn) 176

Radikalenerlaß 109 ff
»Republikaner« (ideologisches Umfeld) 263 f, 273
Rostock-Lichtenhagen 233
Rüstungsexport-Skandale 295 ff, 391

Schiesser (Verkauf der Neuen Heimat an) 187
Scholl (Juwelenraubaffäre) 249
Seveso-Fässer 143, 150
Solingen 233
Späth (Affäre) 390
Spiegel-Affäre 67 ff, 389
Stammheim 154 f
Starfighter-Affäre 47 ff
Startbahn West 173 ff
Steglitzer Kreisel 119 f
»Stellvertreter« (Affäre um Hochhuth-Stück) 83 ff

Tornado-Affäre 44, 49 f
Transnuklear-Affäre 345 ff

Wackersdorf 148, 173, 176
Wiedervereinigung (skandalöse Begleitumstände) 119
Wörner/Kießling (Affäre) 243 ff, 254

aktuell ESSAY

Peter–Jürgen Boock
Schwarzes Loch im Hochsicherheitstrakt
(aktuell 12505)
«Mein Bericht über die Hochsicherheitshaft ist parteiisch und soll es auch sein. Hochsicherheitshaft zerstört Menschen, ihre Psyche wie ihre Physis, dazu kann es keine «neutrale» Position geben.
Jürgen–Peter Boock

István Eörsi
Erinnerung an die schönen alten Zeiten
(aktuell 12990)
1956, nach dem ungarischen Volksaufstand, wurde István Eörsi, Anhänger von Imre Nagy und Schüler des später verfolgten Georg Lukács, verhaftet. Dreißig Jahre danach erinnert er sich ...

Alain Finkielkraut
Die Niederlage des Denkens
(aktuell 12413)

Antonia Grunenberg
Antifaschismus – ein deutscher Mythos
(aktuell 13179)
In unserem Jahrhundert der Ideologien war Antifaschismus eine der bewegendsten politisch-ideologischen Kräfte. Für viele bleibt er das einzige Erbe der jüngeren Geschichte, das zählt. Doch dieses Erbe ist ein Mythos. Die Geschichte des Antifaschismus ist von totalitären Visionen, Denkblockaden, Gewalt und beschädigten Helden geprägt. Eine demokratische Kultur muß sich diesem Mythos stellen.

rororo aktuell

Robert Havemann
Die Stimme des Gewissens *Texte eines deutschen Antistalinisten*
(aktuell 12813)

Hans-Jürgen Heinrichs
Inmitten der Fremde *Von In- und Ausländern*
(aktuell 13219)

Gunter Hofmann
Willy Brandt – *Porträt eines Aufklärers aus Deutschland*
(aktuell 12503)

Karl Otto Hondrich
Lehrmeister Krieg
(aktuell 13073)

Joachim Kahl
Das Elend des Christentums *Erweiterte Neuausgabe*
(aktuell 13278)

Claus Leggewie
Alhambra - der Islam im Westen
(aktuell 13274)

Sonja Margolina
Rußland: Die nichtzivile Gesellschaft
Ab Juni '94
(aktuell 13424)

aktuell ESSAY

Johannes Beck
Der Bildungswahn *Essay*
(aktuell Essay 13421, ab Juli '94)
«Bildungsnotstand» – dieser populäre und vielzitierte Begriff führt in die Irre, sofern er die Aufmerksamkeit lediglich auf die anachronistisch gewordenen «Lernvollzugsanstalten» bündelt. Zu diagnostizieren ist vielmehr ein moralischer Notstand unserer Gesellschaft. Die immer wieder beklagte Bildungskrise ist in Wahrheit eine Art Bildungswahn: Die totalitär gewordene Pädagogisierung sämtlicher Lebensverhältnisse.

Walter Janka
Schwierigkeiten mit der Wahrheit
(aktuell Essay 12731)

Rudolf zur Lippe
Freiheit die wir meinen
(aktuell Essay 12900)
«Der gescheiterte Sozialismus hinterläßt ein erschreckendes Erbe. Die westliche Freiheit muß ganz neu ihren Aufgaben gerecht werden. Wie können wir ihre Werkzeuge tauglich machen, um den Erwartungen zu entsprechen und nicht länger Natur und Geschichte zu zerstören?»
Rudolf zur Lippe

Thomas Meyer
Fundamentalismus Aufstand gegen die Moderne
(aktuell Essay 12414)

Adam Michnik
Der lange Abschied vom Kommunismus
(aktuell Essay 13072)

Michael Lukas Moeller
Der Krieg, die Lust, der Frieden, die Macht
(aktuell Essay 13175)

Péter Nádas/Richard Swartz
Zwiesprache *Vier Tage im Jahr 1989.*
(aktuell Essay 13277)

Bahman Nirumand
Leben mit den Deutschen *Briefe an Leila*
(aktuell Essay 12404)

Chaim Noll
Nachtgedanken über Deutschland
(aktuell Essay 13120)

rororo aktuell

Ökologie

«Die Menschen werden zu Gefangenen zeitraubender Beschleunigung, verdummender Erziehung und krankmachender Medizin, weil die Abhängigkeit von verfassungsmäßig garantierten Industriegütern und Expertendiensten die menschlichen Möglichkeiten zerstört.»
Ivan Illich

R. Behrend / W. Paczian
Raubmord am Regenwald *Vom Kampf gegen das Sterben der Erde*
(rororo aktuell 12729)

H. Burwitz / H. Koch / T. Krämer-Badoni
Leben ohne Auto *Neue Perspektiven für eine menschliche Stadt*
(rororo aktuell 13123)

Hans-Walter Döring
Unfruchtbar durch Umweltgifte *Zum Massenphänomen ungewollter Kinderlosigkeit*
(rororo aktuell 12902)

Monika Griefahn (Hg.)
Wir kämpfen für eine Welt, in der wir leben können
Greenpeace Report 5
(rororo aktuell 12602)

R. Grießhammer, C. Hey, P. Hennicke, F. Kalberlah
Ozonloch und Treibhauseffekt *Ein Report des Öko-Instituts*
(rororo aktuell 12603)

Karl Otto Henseling
Ein Planet wird vergiftet *Der Siegeszug der Chemie: Geschichte einer Fehlentwicklung*
(rororo 13013)

Ivan Illich
Selbstbegrenzung *Eine politische Kritik der Technik*
(rororo aktuell 4629)
«In der Zuspitzung seiner Zivilisationskritik wirkt Illich wie ein wiederauferstandener Rousseau. Seine Polemik in "Selbstbegrenzung" öffnet uns die Augen.»
Norddeutscher Rundfunk

Katalyse-Institut
Gentechnik im Supermarkt
Lebensmittel aus der Retorte. Ein kritischer Ratgeber für Verbraucher
(rororo aktuell 13397)

Manuel Kiper
Seuchengefahr aus der Retorte
Vom sorglosen Umgang mit Genen, Viren und Bakterien
(rororo aktuell 13119)

Pat Mooney / Cary Fowler
Die Saat des Hungers *Wie wir die Grundlagen unserer Ernährung vernichten*
(rororo aktuell 12987)

rororo aktuell

Liberalität

«Kaum einer von denen, die über die deutsche Grenze drängen, ob Türken oder Afghanen, ob Boat people oder Tamilen, hat seine Heimat aus Übermut oder Leichtsinn verlassen.»
Wilhelm Wöste, Weihbischof in Münster

Bahman Nirumand (Hg.)
Angst vor den Deutschen *Terror gegen Ausländer und der Zerfall des Rechtsstaates*
(rororo aktuell 13176)
Angst ist zu einem prägenden Lebensgefühl im Alltag von Ausländern geworden. Das Buch sucht mit Appellen, Analysen und Berichten Betroffener nach den Ursachen des Fremdenhasses.
Mit Beiträgen von Hans Magnus Enzensberger, Peter Schneider, Bahman Nirumand, Heiner Geißler, Freimut Duve, Wolfgang Thierse u. a.

Barbara Malchow / Keyumars Tayebi / Ulrike Brand
Die fremden Deutschen
(rororo aktuell 12786)
Aussiedler erzählen ihre Lebensgeschichte, beschreiben ihre Ausreisemotive und schildern ihre ersten Eindrücke vom Leben in der Bundesrepublik.

Dorothee Sölle
Im Hause des Menschenfressers *Texte zum Frieden*
(rororo aktuell 4848)
Die Theologin berichtet von Menschenrechtsverletzungen in Brasilien, vom Bürgerkrieg in El Salvador, den «Verschwundenen» in lateinamerikanischen Diktaturen und der Vernichtung der Indianer in Guatemala.

Thomas Seiterich (Hg.)
Briefe an den Papst *Beten allein genügt nicht*
Ein Publik-Forum-Buch
(rororo aktuell 12140)

Erhard Eppler
Das Schwerste ist Glaubwürdigkeit
(rororo aktuell 4355)
Gespräche über ein Politikerleben mit Freimut Duve

Peter-Jürgen Boock
Schwarzes Loch
Im Hochsicherheitstrakt
(rororo aktuell Essay 12505)
Notizen und Erinnerungen aus den Haftjahren

rororo aktuell

Soziale Konflikte

Daniela Dahn
Wir bleiben hier oder Wem gehört der Osten *Vom Kampf um Häuser und Wohnungen in den neuen Bundesländern*
(aktuell 13423)
Mehrere Millionen Menschen in den neuen Bundesländern sehen die Grundlage ihrer Existenz gefährdet. Sie wissen nicht, ob und wie lange sie noch in ihren Häusern und Wohnungen bleiben können. Der Band beschreibt die desaströsen Folgen der bis heute üblichen Rechtspraxis – «Rückgabe vor Entschädigung» – und entwickelt Perspektiven für eine politisch wie sozial vertretbare Eigentumsregelung.

Götz Eisenberg/Reimer Gronemeyer
Jugend und Gewalt *Der neue Generationenkonflikt oder Der Zerfall der zivilen Gesellschaft*
(aktuell 13352)

Walter Hanesch u.a.
Armut in Deutschland *Der Armutsbericht des DGB und des Paritätischen Wohlfahrtsverbandes*
(aktuell 13420)

Holger Rosenberg/Marianne Steiner
Paragraphenkinder *Erfahrungen mit Pflege- und Adoptivkindern*
(aktuell 12989)

Wolfgang Schmidbauer (Hg.)
Pflegenotstand – das Ende der Menschlichkeit *Vom Versagen der staatlichen Fürsorge*
(aktuell 13118)

Die Autoren/innen dieses Bandes liefern mit ihren Beiträgen nicht nur eine dramatische Bilanz des Pflegenotstands, sondern unterbreiten Vorschläge für die Lösung des Problems, die über die Flickarbeit an Tarifen und Schichtdienstzeiten hinausreichen.

Burkhard Schröder
Heroin *Sucht ohne Ausweg? – Ein Aufklärungsbuch*
(aktuell 13276)
Heroin gilt als Symbol für den Drogenmißbrauch überhaupt. Diese zweifelhafte Prominenz basiert vor allem auf einem Mix von Mythen, Halbwahrheiten und gezielter Desinformation. Dieser Band soll Betroffene und Interessierte über die Wirkung und die Gefahren des Heroinkonsums, über Behandlungsweisen und –möglichkeiten sowie über Sinn und Praxis von Substitution aufklären. Darüber hinaus enthält das Buch praktische Hinweise für den Umgang mit Süchtigen.

rororo aktuell

Psychologie und Lernen

L. Ashner / M. Meyerson
Wenn Eltern zu sehr lieben
(rororo sachbuch 9359)

George R. Bach / Laura Torbet
Ich liebe mich - ich hasse mich
Fairness und Offenheit im Umgang mit sich selbst
(rororo sachbuch 7891)

Nathaniel Branden
Liebe für ein ganzes Leben
Psychologie der Zärtlichkeit
(rororo sachbuch 7867)

Kathleen Gose/Gloria Levi
Wo sind meine Schlüssel?
Gedächtnistraining in der zweiten Lebenshälfte
(rororo sachbuch 8756 und als Großdruckausgabe 33109-8)

Thomas A. Harris
Ich bin o.k. - Du bist o.k.
Wie wir uns selbst besser verstehen und unsere Einstellung zu anderen verändern können - Eine Einführung in die Transaktionsanalyse
(rororo sachbuch 6916)

Raymond Hull
Alles ist erreichbar *Erfolg kann man lernen*
(rororo sachbuch 6806)

Gerhard Krause
Positives Denken - der Weg zum Erfolg *13 Bausteine für ein erfülltes Leben*
(rororo sachbuch 7952)

Abraham H. Maslow
Motivation und Persönlichkeit
(rororo sachbuch 7395)

Erhard Meueler
Wie aus Schwäche Stärke wird
Vom Umgang mit Lebenskrisen
(rororo sachbuch 8540)

John Selby
Einander finden *Übungen zur Psychologie der Begegnung in Freundschaft, Beruf und Liebe*
(rororo sachbuch 7991)

Martin Siems
Dein Körper weiß die Antwort
Focusing als Methode der Selbsterfahrung - Eine praktische Anleitung
(rororo sachbuch 7968)

Frauke Teegen / Anke Grundmann / Angelika Röhrs
Sich ändern lernen *Anleitungen zur Selbsterfahrung und Verhaltensmodifikation*
(rororo sachbuch 6931)

Weitere Bücher und Taschenbücher zum Thema finden Sie in der *Rowohlt Revue*. Jedes Vierteljahr neu. Kostenlos in Ihrer Buchhandlung.

rororo sachbuch

Oliver Sacks

Oliver Sacks wurde 1933 in London geboren. Nach einem Medizinstudium in Oxford und neurophysiologischen Forschungen übersiedelte er in die USA. Er ist heute Professor für Klinische Neurologie am Albert Einstein College of Medicine in New York.

Der Mann, der seine Fau mit einem Hut verwechselte
(rororo sachbuch 8780)
Erzählt werden zwanzig Geschichten von Menschen, die aus der «Normalität» gefallen sind.
«Oliver Sacks ist ein Neurologe, der ein "Sachbuch" geschrieben hat – und was für eins! Ein Fachbuch, das ich jedem Neurologen, überhaupt jedem Arzt auf den Nachttisch legen möchte...»
Die Zeit

Der Tag, an dem mein Bein fortging
(rororo sachbuch 8884 und als gebundene Ausgabe)
«...wahrheitsgetreue, sachkundige Horrorgeschichten aus der Welt der Medizin und Neurologie, erzählt als Stoff, aus dem Romane sind.»
Stern-TV

Stumme Stimmen *Reise in die Welt der Gehörlosen*
(rororo sachbuch 9198 und als gebundene Ausgabe)
«Ein spannendes, auf jeder Seite neu befriedigendes, bewegendes Buch ... Am Ende möchte man fast dasselbe tun, was Oliver Sacks nach dem Schreiben getan hat: die Gebärdensprache lernen.»
Journal München

Awakenings – Zeit des Erwachens
(rororo sachbuch 8878)
Zwischen 1916 und 1937 grassierte weltweit eine Epidemie der sogenannten Europäischen Schlafkrankheit (encephalitis lethargica), eine Gehirnkrankheit, die neben Millionen Toten unzählige schwergeschädigte Menschen hinterließ. Ende der sechziger Jahre begann Oliver Sacks die Überlebenden dieser Krankheit mit einem neu entdeckten Medikament, L-Dopa, zu behandeln. Die Wirkung war überwältigend – jahrelang «erstarrte» Menschen erwachten plötzlich wieder zum Leben.
«Dies ist Literatur, wie sie nur wenige, Freud vielleicht und C. G. Jung, schreiben konnten, und ist zugleich sachliche Information.»
Gero von Randow

rororo sachbuch

Gesunde Ernährung

Ulrike Arens-Azevedo /
Michael Hamm
Fast Food – Slow Food *Plädoyer für eine neue Eßkultur*
(rororo sachbuch 9102)
Die beiden Ernährungswissenschaftler sind mißtrauisch gegen jede lautstarke Propaganda im «Mac-gegen-Müsli-Krieg». Sie zeigen den gangbaren Pfad im Dschungel der Eßstile unserer Zeit.

ÖKO-TEST
Ratgeber Ernährung
(rororo sachbuch 9171)
Tips und Informationen gegen Gesundheitsrisiken bei der täglichen Ernährung.

Bettina Muermann
Lexikon Ernährung
(rororo handbuch 6328)
Das Lexikon enthält rund 1000 Begriffe aus den Bereichen Gesundheit und Ernährung. Ein in dieser Form einmaliges Nachschlagewerk, das präzise und verständlich Auskunft gibt für alle, die sich schnell informieren möchten, ohne gleich wissenschaftliche Literatur zu wälzen.

Beate Seeßlen-Hurler
Das schmeckt Kindern in Europa *Eine kulinarische Reise von Oslo bis Valencia*
(mit kindern leben 9146)
Gerichte und Geschichten: Wie gemeinsames Essen mit Kindern zum großen Spaß wird.

Michael Hamm / Sylvia Strobel / Luigi Falavigna
Das Fitneß-Kochbuch *Leckere Rezepte für jeden Sport*
(rororo sportbuch 8694)
Wie man mit leckeren Rezepten seine Leistung steigert.

Michael Hamm
Fitnessernährung *Ratgeber für die Sportpraxis*
(rororo sportbuch 8648)
Was und wann soll man trinken und welchen Sinn haben spezielle Fitnessgetränke? Wie kombiniert man Ernährung und Bewegung zur Gewichtsreduktion Welches sind die typischen Ernährungsfehler bei Freizeit- wie Leistungssportlern? – Diese und weitere Fragen beantwortet Michael Hamm, Professor für Ernährungswissenschaft.

Volker E. Pilgrim
Zehn Gründe, kein Fleisch mehr zu essen
(rororo sachbuch 8273)

rororo sachbuch

Sämtliche Bücher und Taschenbücher zum Thema finden Sie in der *Rowohlt Revue*. Jedes Vierteljahr neu. Kostenlos in Ihrer Buchhandlung.

Das Kontrastprogramm kommt aus der Büchergilde

Für Vordenker und Nachdenker:

Literatur, die im Leben steht. Gekonnt ausgewählt als das Beste aus der alljährlichen Flut von Neuerscheinungen.
Politik und Geschichte mit dem Blick aus der richtigen Perspektive. Sozial engagiert und unbeirrt demokratisch.
Unterhaltung, die es in sich hat.
Krimis, Comics, Romane. Spritzig, witzig, spannend und entspannend.
Illustrierte Bücher. Kostbarkeiten. Mit Bildern bedeutender Künstler, etwa Klaus Böttger, M. M. Prechtl oder Alfred Hrdlicka.

Katalog anfordern. Natürlich gratis!

Büchergilde Gutenberg
Untermainkai 66
60329 Frankfurt/Main

Büchergilde Gutenberg